VIE
DE SAINT LOUIS

ROI DE FRANCE

[Double de la Salle
0.370]

A PARIS

DE L'IMPRIMERIE DE CRAPELET

RUE DE VAUGIRARD, 9

M. DCCC. XLVIII

VIE
DE SAINT LOUIS

ROI DE FRANCE

PAR LE NAIN DE TILLEMONT

PUBLIÉE

POUR LA SOCIÉTÉ DE L'HISTOIRE DE FRANCE

D'APRÈS LE MANUSCRIT INÉDIT DE LA BIBLIOTHÈQUE ROYALE
ET ACCOMPAGNÉE DE NOTES ET D'ÉCLAIRCISSEMENTS

PAR J. DE GAULLE

TOME TROISIÈME

A PARIS

CHEZ JULES RENOUARD ET Cie

LIBRAIRES DE LA SOCIÉTÉ DE L'HISTOIRE DE FRANCE

RUE DE TOURNON, N° 6

M. DCCC. XLVIII

EXTRAIT DU RÈGLEMENT.

Art. 14. Le Conseil désigne les ouvrages à publier, et choisit les personnes les plus capables d'en préparer et d'en suivre la publication.

Il nomme, pour chaque ouvrage à publier, un Commissaire responsable chargé d'en surveiller l'exécution.

Le nom de l'Éditeur sera placé à la tête de chaque volume.

Aucun volume ne pourra paraître sous le nom de la Société sans l'autorisation du Conseil, et s'il n'est accompagné d'une déclaration du Commissaire responsable, portant que le travail lui a paru mériter d'être publié.

Le Commissaire responsable soussigné déclare que le tome III *de l'édition de la* Vie de saint Louis, *préparée par M.* Jules de Gaulle, *lui a paru digne d'être publié par la* Société de l'Histoire de France.

Fait à Paris, le 8 janvier 1848.

Signé N. de **WAILLY**.

Certifié,

Le Secrétaire de la Société de l'Histoire de France,

J. DESNOYERS.

VIE
DE SAINT LOUIS.

CLXXXI.

De l'empire des Turcs en Asie. — Courage des Latins. — Révolte de Paperoissole.

¹ Ce fut en cette année que les Turcs furent défaits par les Tartares, et contraints de leur payer tribut.

² Nous avons déjà dit que l'on donnoit proprement le nom de Turcs à ceux qui occupoient la plus grande partie de l'Asie Mineure, et qui avoient leur siége royal à Iconium. Ils avoient en ce temps-cy pour prince et pour sultan Iathatin, nommé autrement Gajazadin et Giyathoddin Caïcosrau, qui régnoit depuis l'an 1236 ou 1237. ³ Vincent de Beauvais ⁴ parle amplement de ses richesses immenses, ⁵ et il suffit de dire que ses revenus alloient par jour à cinquante-sept mille marcs, de sorte que trois jours eussent presque suffi pour payer la rançon de saint Louis, taxée à deux cent mille marcs. ⁶ C'est proprement à luy qu'il

---

¹ Vinc. Bellov., l. XXX, c. CL, p. 1284, 1. — ² Voy. t. I, *Prélim.*, p. 176. — ³ Voy. t. I, *Prélim.*, p. 181. — ⁴ Vinc. Bellov., l. XXX, c. CXLIII, CL. — ⁵ C. CXLIII, p. 1281, 2. — ⁶ Ms. G, p. 157.

faut rapporter ce que Joinville dit du sultan *de Connie*, comme il l'appelle, page 26. [1] Il passoit pour le plus puissant aussi bien que pour le plus riche de tous les Infidèles. [2] On prétend que le sultan de Damas et plusieurs autres princes sarrazins de Syrie luy rendoient hommage, et lui faisoient serment de fidélité; et que le roy d'Arménie et les empereurs grecs d'Asie et de Trébisonde luy devoient de grands services comme ses vassaux, ce qui luy donnoit la sotte vanité de s'intituler le Seigneur du monde, et de faire proclamer, à la naissance d'un de ses fils, que le fils du soleil estoit né. [3] Cependant il vivoit plutost en beste qu'en homme, toujours plongé dans les plaisirs. [4] On écrit même que de sa naissance il n'estoit qu'un bastard, [5] fils d'une Grecque chrestienne, [6] et ne devoit avoir aucune part aux Estats du sultan Aladin ou Azatin, son père. Mais Aladin luy ayant donné son espée en mourant, comme à son héritier, un amiral ou capitaine fort puissant, nommé Sadadin, le mit sur le thrône, par le moyen d'environ mille François ou Latins qui estoient au service des Turcs à Césarée, en Cappadoce, et fit mourir deux enfants d'Aladin à qui le sceptre appartenoit, avec leur mère, sœur du sultan de Babylone ou d'Égypte. C'est pourquoy Iathatin témoigna toujours beaucoup d'affection pour les Latins. [7] On écrit qu'il eut même le dessein de venir trouver le pape pour se soumettre à luy, et qu'il fut sur le point de luy envoyer un ambassadeur. On ne

---

[1] Duchesne, p. 425, *a, c.* — [2] Vinc. Bellov., l. XXX, c. CXLIV, p. 1282, 1. — [3] Acropol., c. XLI, p. 37, *c, d.* — [4] Vinc. Bellov., l. XXX, c. CXLV, p. 1282, 1. — [5] Duchesne, p. 425, *b, c.* — [6] Vinc. Bellov., l. XXX, c. CXLV, p. 1282, 1. — [7] C. CXLIV, p. 1282, 1.

marque point ce qui l'en empescha. Ayant depuis témoigné du refroidissement pour les Latins, il commença luy-même à estre moins respecté par ses sujets.
[1] Car il est estrange combien les Latins estoient redoutez par ces peuples orientaux. Et il arriva une fois qu'un Latin de Plaisance ayant esté condamné à estre pendu parce qu'il avoit tué un Turc, et les Latins, qui n'estoient que sept cents hommes, ayant déclaré qu'ils ne le souffriroient pas, jamais les Turcs, qui estoient au nombre de soixante mille, n'osèrent faire l'exécution.

[2] L'an 1240, un nommé Paperoissole, commandant de quatre villages, s'estant imaginé se pouvoir rendre maistre de l'empire des Turcs par l'assistance des démons, [3] vint presque à bout de son dessein, [4] sans avoir qu'environ trois mille hommes, selon Vincent de Beauvais, et se rendit si redoutable, qu'en deux mois et demi il battit douze fois les Turcs qui avoient une armée de douze mille lances; de sorte que le sultan fut près de luy donner la ville de Césarée pour avoir la paix. Enfin, dans un dernier combat, où les Turcs avoient trois cents Latins avec eux, tous les Turcs ayant pris la fuite avant la meslée, les trois cents Latins se jettèrent sur les rebelles, et sans perdre qu'un seul homme, gagnèrent une entière victoire et mirent fin à la guerre. Le sultan ordonna qu'on leur donnast une grande somme d'argent; mais les officiers turcs la retinrent pour eux-mêmes. [5] Vincent de Beauvais dit que Paperoissole fut tué dans une ren-

---

[1] Vinc. Bellov., c. cxlvi, p. 1282, 1283. — [2] C. cxxxix, p. 1280, 2. — [3] C. cxli, p. 1281, 1. — [4] C. cxl, p. 1281, 1. — [5] P. 1280, 1281.

contre et mit à sa place un de ses parens qui continua la révolte; et néanmoins il continue toujours à parler de Paperoissole; c'est pourquoy, dans cette confusion, nous avons tout attribué à Paperoissole.

¹ Il faut que ce Paperoissole et son successeur soient ce Turc révolté en 1240 et 1241, qui, selon Abul-Pharaje, se qualifioit baba ou prophète, et son disciple Isaac, qui, s'estant fait suivre à Samosates et en d'autres endroits par six mille cavaliers et un grand nombre d'autres personnes, Turcs pour la plupart, faisoit un horrible carnage des mahométans et des chrestiens qui ne vouloient pas reconnoistre son baba pour Dieu ou pour envoyé de Dieu. Ces révoltez défirent plusieurs fois les Turcs jusqu'à ce que les François ou Latins, abandonnez des Turcs, qui, par superstition, n'osoient les combattre, les défirent entièrement auprès d'Amasée, et prirent le baba et son Isaac, qui eurent la teste tranchée.

CLXXXII.

Les Tartares attaquent les Turcs. — Baudoin II veut marier sa nièce au sultan.

²Cet événement faisant connoistre la foiblesse des Turcs, encouragea les Tartares à les attaquer de toutes leurs forces. Car il y avoit déjà environ vingt ans qu'ils leur faisoient la guerre, mais foiblement, ³ et durant ce temps-là ils furent vaincus deux fois en une même

---

¹ Abul-Phar, p. 313, 314. — ² Vinc. Bellov., c. CXLI, p. 1281, 1. — ³ C. CXLVI, p. 1282, 2.

journée par trois cents Latins qui les chassèrent encore le même jour d'une montagne qu'ils tenoient.
[1] Ils vinrent donc, l'an 1242, avec toutes leurs forces, assiéger Arzeron [Erzeroum], qui estoit la première ville des Turcs, dans la Turcomanie, sur l'Euphrate, et ayant promis la vie aux habitans pour les obliger de se rendre, après vingt jours de siége, ils les massacrèrent tous dès qu'ils furent dans la place. Ils traitèrent avec la même infidélité ceux d'Arsingan, dans l'Amasie, sur l'Euphrate, de Savaste ou Sébaste, et de Césarée qu'on appeloit alors Gazaria. Mais, sur un faux bruit que le roy d'Arménie marchoit contre eux, ils s'enfuirent tous, quoique ce roy fust bien éloigné d'avoir des forces pour les combattre. [2] Et on connut par cette expérience, aussi bien que par beaucoup d'autres, que ces peuples si terribles n'avoient de force et de courage que contre ceux qui n'osoient leur résister. [3] C'est pourquoy deux Latins, qui estoient dans Césarée, se vantoient de défendre la place s'ils eussent esté davantage de leur nation. Mais quoiqu'il y eust au moins cent mille habitans dans la ville, les Turcs aimèrent mieux se rendre.

[4] Ce fut en ce temps-là que deux Latins, nommez, l'un Guillaume de Brinde, l'autre Raimond de Gascogne, ayant esté pris dans Arsingan, les Tartares voulurent avoir le plaisir de les voir combattre à la françoise et se tuer l'un l'autre. Mais quand ils furent armez et à cheval, ils se jettèrent sur les Tartares mêmes et en laissèrent quinze morts sur la place et trente

[1] Vinc. Bellov., c. cxlvii, p. 1283, 1. — [2] L. XXIX, c. lxxxvii, p. 1215, 1. — [3] L. XXX, c. cxlvii, p. 1283, 1. — [4] C. cxlvi, p. 1282, 2; Duchesne, p. 340, a, b

blessez, avant que d'estre accablez par la multitude des autres. [1] Une chronique dit qu'ils taschèrent d'abord de s'enfuir, et ne se jetèrent sur les Tartares que quand ils se virent poursuivis. Je ne sçay si cela se peut accorder avec Vincent, qui est plus ancien.

[2] Les Tartares, sçachant que le roy d'Arménie ne venoit point, revinrent en Turquie, [3] et poussèrent leurs courses et leurs ravages jusques au delà d'Iconium, en l'an 1243.

Ce fut peut-estre ce qui obligea le sultan de chercher à s'allier avec les François de Constantinople, [4] qui de leur part avoient besoin d'un puissant secours pour résister à Vastaque, c'est-à-dire Jean Ducas Batalze, empereur des Grecs, [5] qui, en ce temps-cy même, se soumit Jean l'Ange, prince de Thessalonique, fils de Théodore Comnène, et l'obligea de changer la qualité d'empereur en celle de despote ou seigneur.

[6] La reine Blanche envoya en ce même temps quelque argent à Baudoin, qui en avoit une extrême nécessité. [7] Mais il avoit besoin d'un secours plus puissant pour subsister. C'est pourquoy il se résolut enfin d'envoyer au sultan, qui estoit alors en mauvaise intelligence avec Vastaque. Le sultan receut fort bien l'envoyé de Baudoin, et renvoya avec luy un des principaux amiraux, qui fit en son nom une ligue offensive et défensive avec Baudoin, et demanda une de ses nièces en mariage pour le sultan, avec assurance qu'elle et tous ses officiers laïques et ecclésias-

---

[1] Ms. F, p. 895. — [2] Vinc. Bellov., c. CXLVI, p. 1283, 1. — [3] C. CL, p. 1284, 1. — [4] Duchesne, p. 425, a. — [5] Acropol., c. XL, p. 35-37. — [6] Duchesne, p. 425, a. — [7] Ibid., a, b, c.

tiques auroient une entière liberté pour la religion, comme cela estoit assez ordinaire parmi les Turcs. L'amiral promit même que le sultan feroit bastir des églises dans toutes les villes, et obligeroit tous les évesques grecs, ibériens et russes, qui estoient en grand nombre dans ses Estats, de reconnoistre le patriarche de Constantinople de la communion romaine; et il ajousta que si la princesse sçavoit adroitement ménager l'esprit du sultan, elle n'auroit pas de peine à luy faire embrasser la foy catholique.[1] Mais il faut remarquer que le sultan avoit déjà plusieurs femmes vivantes dont il avoit des enfants. Cette considération n'arresta pas Baudoin,[2] et le 5 d'aoust 1243, il témoigna à Blanche qu'il trouvoit ces conditions avantageuses, et la pria de luy envoyer par Henry de Verjus, son député, l'une des filles de sa sœur, Élizabeth, femme d'Odon de Montaigu,[3] fils d'Alexandre, cadet de Hugues III, duc de Bourgogne.[4] On ne trouve point que ce projet ait esté accompli, et on présume qu'il fut empesché par l'alliance que le sultan fit peu après avec les Grecs.[5] Baudoin même estoit en Occident vers la fin de cette année.

[1] Vinc. Bellov., l. XXXI, c. xxvi, p. 1294, 1295. — [2] Duchesne, p. 426, a, b. — [3] Hist. de Bourgogne, p. 130. — [4] Hist. de Constant., p. 129; Acropol., c. xli, p. 37, 38. — [5] Hist. de Constant., p. 130.

CLXXXIII.

Les Turcs sont défaits par les Tartares et leur payent tribut.

¹ Le sultan voulut s'opposer aux progrès des Tartares, et assembla toutes ses forces pour les arrester; ² mais il fut vaincu par eux, ³ comme on le peut voir plus amplement dans Vincent de Beauvais; et perdit en cette défaite des richesses inestimables. ⁴ On disoit que les Tartares n'avoient que dix mille chevaux et les Turcs deux cent mille. ⁵ Il se fit depuis un lac en ce lieu par un tremblement de terre. ⁶ On prétend qu'entre les divers secours qu'il avoit demandez de toutes parts, il avoit deux mille Latins conduits par Jean de Liminate, Chypriot, et Boniface de Molinis, Vénitien. ⁷ La bataille se donna devers Arsingan, l'an 640 de l'hégire, et ainsi avant le 25 juin 1243. ⁸ Cette nouvelle fut mandée à l'évesque d'Orléans par Gui de Basainville, maistre des Templiers en la terre sainte, le 4 d'octobre. ⁹ Tous les princes orientaux, chrestiens et sarrazins, en furent effrayez. Les sultans de Damas et de Babylone, qui estoient ennemis, travaillèrent à se réconcilier. ¹⁰ Jean Ducas quitta le plus tost qu'il put les affaires de Macédoine, où il estoit alors, pour retourner en Asie, ¹¹ et le sultan luy ayant député pour luy demander conseil et secours dans

---

¹ Duchesne, p. 272, a. — ² Ibid., p. 272, b; Acropol.; Abul-Phar., p. 314. — ³ Vinc. Bellov., l. XXX, c. CL, p. 1284. — ⁴ Rubruq., p. 286. — ⁵ Ibid. — ⁶ Sanud, p. 235, 236. — ⁷ Abul-Phar., p. 314.— ⁸ Duchesne, p. 272. — ⁹ Ibid., p. 272, b. — ¹⁰ Acropol., c. XL, p. 36, c, d. — ¹¹ Ibid., c. XLI, p. 37, 38.

son malheur, il n'eut pas de peine à reconnoistre qu'il estoit de son intérest d'empescher la ruine de ce prince, de peur d'estre accablé luy-même par les victorieux. [1] C'est pourquoy dans la conférence qu'ils eurent ensemble à Tripoli, sur le Méandre, il lui promit de joindre ses armes aux siennes. Mais le sultan n'eut pas besoin de ce secours ; [2] car les Tartares se contentant de prendre et piller de nouveau Sébaste, Césarée et Arsingan, se retirèrent du pays des Turcs, et, [3] l'année suivante, portèrent leurs armes du costé d'Alep et de Bagdad où estoit le calife. [4] De sorte que le sultan s'en retourna à Iconium ; [5] Mais il pensa estre ruiné par un nommé Coterin, qui se faisoit passer pour son frère, et qui estoit déjà sur le point de se rendre maistre de son thrésor et de la ville d'Iconium, s'il n'eust esté pris par adresse et aussitost pendu.

[6] Le sultan Iathatin mourut l'an 1244, au mois d'octobre, lorsque son armée assiégeoit Tarse. [7] Il avoit fait déclarer son successeur, selon Vincent de Beauvais, un enfant tout petit, nommé Aladin, qu'il avoit eu d'une fille de la reine des Géorgiens ; mais un Persan, nommé Losyr, qui d'une extraction fort basse s'estoit rendu très-puissant, fit reconnoistre Raconade, fils aisné d'Iathatin, qui n'avoit néanmoins qu'onze ans, pour épouser la sultane, sa mère. [8] Cela causa beaucoup de troubles où la perfidie et la cruauté eurent une grande part ; mais ce n'est pas icy le lieu d'en trai-

---

[1] Acropol., c. xli, p. 38, b. — [2] Abul-Phar., p. 314, 315. — [3] Acropol., p. 38, 39 ; Abul-Phar., p. 318, 319. — [4] Acropol., p. 38, b. — [5] Vinc. Bellov., l. XXX, c. cli, p. 1284, 1285. — [6] Ibid., l. XXXI, c. xxvi, p. 1294, 1295 ; Abul-Phar., p. 319. — [7] Vinc. Bellov., p. 1294, 1295 — [8] Ibid., p. 1295.

ter. [1] Rubruquis parle de ces trois enfans en 1255. [2] Abul-Pharaje, au contraire, dit qu'Azadin, ou Ezzoddin, que Vincent fait le second des enfans d'Iathatin, estoit l'aisné, que son père le fit son successeur, et qu'il régna en effet après lui; [3] que ce fut sa mère que son vizir, qu'il nomme Shemsoddin, épousa ou voulut épouser, [4] mais qu'ayant envoyé, en 1245, son frère Raconade, ou Rucnoddin, au lieu de luy, à la cour du khan des Tartares, qui estoit encore Octaï, fils de Gingis-khan, et Octaï estant mort en ce temps-là, Cayuc, son fils et son successeur, à l'élection duquel, faite en 1246, Rucnoddin s'estoit trouvé, [5] donna, en 1247, l'empire des Turcs au même Rucnoddin. Néanmoins Rucnoddin s'accorda avec son frère Azadin, luy laissa Iconium, Ancyre et les autres provinces plus occidentales, et prit pour luy Césarée, Arsingan, Arzeron et tout ce qui estoit vers l'Orient; [6] et, après diverses guerres civiles entre eux, ce partage fut confirmé par Hulacou-khan, l'an 1259. [7] Le même auteur dit qu'Iathatin fit la paix avec les Tartares à condition de leur payer un certain tribut. [8] Vincent dit que ce fut Rucnoddin qui le fit aussitost après la mort de son père, qui avoit néanmoins commencé ce traité. [9] Quelques-uns de nos historiens mettent ce traité en 1246, et le font commun aux Arméniens et aux Turcs. [10] Par cet accord, les Turcs se soumirent nonseulement à un fort grand tribut, mais encore à

---

[1] Rubruq., p. 291. — [2] Abul-Phar., p. 319. — [3] *Ibid.*, p. 320. — [4] *Ibid.*, p. 321. — [5] *Ibid.*, p. 324. — [6] *Ibid.*, p. 347. — [7] *Ibid.*, p. 315. — [8] Vinc. Bellov., l. XXXI, c. xxviii, p. 1295, 1, 2. — [9] Duchesne, p. 345, 346; Matth. Par., p. 705; *Spicileg.*, t. VIII, p. 592. — [10] Vinc. Bellov., l. XXXI, c. xxviii, p. 1295, 2.

d'autres servitudes fâcheuses. ¹ Aussi, depuis qu'ils furent assujettis aux Tartares, cette nation, quoyque fort nombreuse, ne fit plus paroistre aucun courage ni aucune vigueur pour la guerre; et on prétend que si saint Louis les eust osé attaquer, au lieu d'aller en Égypte, il se fust rendu sans peine maistre de tout le pays.

² La lettre du mois d'octobre, qui mandoit à l'évesque d'Orléans l'irruption des Tartares dans la Turquie, parloit aussi d'un feu terrible qu'on disoit s'estre allumé à la Mecque.

CLXXXIV.

L'AN DE JÉSUS-CHRIST 1244. Pasques le 3 avril. C. B.

Ce que c'estoit que les Corasmins.

³ Le roi d'Arménie avoit averti les chrestiens de la Palestine que le dessein des Tartares estoit de s'aller rendre maistres, aussitost après l'hyver, et de Jérusalem et de toute la province. ⁴ Nous avons veu qu'au lieu de cela ils furent faire la guerre au caliphe de Babylone ou de Bagdad, ⁵ qui, quoyque chef de toute la religion des mahométans, vit néanmoins son pays ruiné par eux et fut contraint de s'obliger à leur payer un tribut, outre les présens qu'il leur envoyoit. Mais ce que les chrestiens appréhendoient des Tartares, Dieu le leur fit souffrir par les ⁶ Corosmins ou Coras-

---

¹ Vinc. Bellov., l. XXX, c. CLI, p. 1285, 1. — ² Duchesne, p. 272, b. — ³ Ibid., p. 272. — ⁴ Acropol., c. XLII, p. 39, a. — ⁵ Vinc. Bellov., l. XXXI, c. XVI, p. 1291, 2. — ⁶ Ibid., l. XXIX, c. LXXVIII, p. 1215, 2; Matth. Par., p. 631, 1; Sanud, p. 217, a.

mins, ¹ Chorasins, ² Coermins, Choerosmins ³ ou Grossons, car ils sont appelez fort différemment. (Voir sur les Corasmins, Sanud, p. 237, *e. f.*) ⁴ Mais on convient que c'estoient des peuples de la Perse, chassez par les Tartares, et appelez en Palestine par le sultan de Babylone. ⁵ Il paroist qu'ils étoient mahométans. ⁶ Leur conduite fit dire qu'ils estoient les plus cruels de tous les Barbares. ⁷ On marque qu'ils estoient si méchans qu'aucun des Sarrazins ne leur vouloit donner retraite ; ⁸ et même le sultan de Babylone leur ferma l'entrée de l'Égypte après qu'ils eurent défait les chrestiens. ⁹ Ils passoient pour les plus belliqueux d'entre les Sarrazins.

Je ne sçay si ce ne seroient point des peuples du Chorazan, qui est la province de Perse la plus proche des Tartares, ¹⁰ car on marque qu'ils furent attaquez les premiers par les Tartares, après les Indiens. ¹¹ Néanmoins, on les place sur les bords de la mer Rouge (ou plutost du Golfe de Perse), et on prétend qu'ils estoient en partie sujets du Sultan d'Égypte ; ¹² mais c'est peut-estre parce qu'ils vinrent avec quelques Orientaux, sujets de ce prince. Autant qu'on en peut juger par Abul-Pharaje, qui les appelle Chowaresmes, et parle fort des guerres qu'ils eurent contre les Tartares, il semble qu'ils tinssent non-seulement le Chorazan, mais généralement toute la Perse, sous divers

---

¹ *Spicileg.*, t. VIII, p. 531. — ² Matth. Par., p. 618, *f*; p. 621, *e*. — ³ Duchesne, p. 342, *b*. — ⁴ Vinc. Bellov., p. 1215, 2 ; Matth. Par., p. 631, *e*; Sanud, p. 217, *e*. — ⁵ Matth. Par., p. 632, *b*; p. 634, *a*. — ⁶ *Ibid.*, p. 631, *c*; p. 618, *d*. — ⁷ *Ibid.*, p. 631, *d*. — ⁸ Sanud, p. 217, 218. — ⁹ *Spicileg.*, t. VIII, p. 591. — ¹⁰ Vinc. Bellov., l. XXIX, c. LXXXVIII, p. 1215, 2. — ¹¹ Matth. Par., p. 618, *d*. — ¹² Sanud., p. 217, *e*.

princes ou shahs, qui est encore aujourd'huy le titre des rois de Perse.

¹ Selon Vincent de Beauvais, où l'on peut voir les particularitez de la défaite des Corasmins par les Tartares, il y avoit longtemps qu'ils estoient hors de leur pays. Ils s'estoient jetez, la plus part, sur Téflis, dans la Géorgie; mais les Tartares estant venus en ce pays-là, vers l'an 1220, ils passèrent dans les terres des Turcs. ² En l'an 1236, il y avoit seize mille Corasmins à Césarée, en Cappadoce, à la solde d'Azatin, sultan des Turcs, sous la conduite de Gayer, l'un de leurs khans ou princes. Mais Iathatin, successeur d'Azatin, ayant fait arrester ce Gayer, les autres se retirèrent, et, suivant le cours de l'Euphrate, pillèrent les environs de Melitine et de Samosates. Naser, roy d'Alep, les envoya à Rohas et Harran, dans la Mésopotamie, et par ce moyen ils cessèrent de piller. Ils ne s'arrestèrent peut-estre pas mesme dans la Mésopotamie, car il est marqué qu'ils n'avoient point de demeure fixe, ³ et qu'aucun prince sarrazin ne les vouloit laisser demeurer sur ses terres.

⁴ Ce fut ces mêmes Corasmins que le sultan de Babylone fit venir en Palestine. ⁵ D'autres, trompez sans doute par quelques paroles d'une lettre des évesques de Palestine qu'il est aisé d'accorder avec Vincent, disent qu'ils furent chassez en ce temps-là même par les Tartares, et qu'estant venus en armes demander au sultan de Babylone un lieu pour demeurer, le sultan,

---

¹ Vinc. Bellov., l. XXIX, c. LXXXVIII, p. 1215, 2. — ² Ibid., l. XXX, c. CXLV, p. 1282, d; Abul-Phar., p. 312. — ³ Matth. Par., p. 631, d. — ⁴ Vinc. Bellov., l. XXIX, c. LXXXVIII, p. 1215, 2. — ⁵ Matth. Par., p. 631, d; p. 638, d, c.

n'osant les refuser absolument de peur qu'ils n'usassent de violence, les envoya prendre les pays des chrestiens, ses ennemis.

CLXXXV.

Des enfants de Saladin et de Saphadin, et des sultans d'Alep, de Damas et de Crak.

Pour entendre ce que nous avons à dire dans la suite, il faut toucher en un mot l'estat où estoient les Sarrazins et les chrestiens dans l'Orient.

Saladin, qui avoit réuni ensemble les divers royaumes de Syrie avec celuy d'Égypte, et avoit conquis presque toute la Palestine sur les chrestiens, estant mort en 1193, ses enfans, qui avoient partagé entre eux cette grande monarchie, se ruinèrent bientost par leurs divisions, et Saphadin, frère de Saladin, s'empara presque de tous leurs Estats. (Voir tome I, *Prélim.*, chap. LXIX, p. 253.) [1][Al-Afdal Nur-Addin ou] Aphdal-Noradin, fils aisné de Saladin, qui s'estoit vu maistre de Damas, de Jérusalem [2] et de l'Égypte, [3] fut obligé de se contenter de Samosates et de quelques autres places, [4] qu'il conserva jusqu'en l'année 1224, qu'il mourut. [5] Il avoit de l'esprit et de la science, mais peu de jugement et de conduite. Je ne trouve point s'il laissa de la postérité, ni à qui Samosates passa après luy. [6] Daher Gazi, aussi fils de Saladin, qui avoit eu Alep pour partage, fut plus heureux, [7] car il acquit encore Apamée et quelques autres

---

[1] Abul-Phar., p. 277. — [2] *Ibid.*, p. 279. — [3] *Ibid.*, p. 279, 280. — [4] *Ibid.*, p. 294.—[5] *Ibid.*, p. 294, 295.—[6] *Ibid.*, p. 277.—[7] *Ibid.*, p. 280.

places en 1201, ¹ et sa postérité conserva sa grandeur jusqu'en l'an 1260. (Voir tome I, p. 255.) ²Naser Saladin, son petit-fils, estoit sultan d'Alep, lorsque saint Louis vint en Orient, depuis l'an 1236 ou 1237.

³Saphadin, qui mourut en 1218, durant le siége de Damiette, partagea aussi à ses enfans les pays qu'il avoit conquis sur ses neveux. Camel ou Kemel Mahomet eut l'Égypte; Mohadam Isa, nommé Conradin par Sanud, eut Damas et la Palestine; Achraph eut Harran, Rohas (c'est Charros et Edesse) et d'autres places de la Mésopotamie; Saleh Ismael eut Bostres et d'autres pays que je ne connois point et qui ne servent de rien pour nostre histoire. ⁴Mohadam, sultan de Damas, mourut au mois de novembre 1227. Il laissa un fils nommé Naser Saladin David, qui fut reconnu roy de Damas et de Jérusalem ⁵à l'âge de douze ans; ⁶mais aussitost après, ses oncles Camel et Achraph le dépouillèrent de ses Estats. ⁷Ce ne fut néanmoins qu'après que Camel eut traité avec Frédéric II, le 18 février de l'an 1229; ⁸car le sultan de Damas, neveu de Camel, estoit alors dans la Palestine avec de puissantes forces; mais ce fut aussitost après, ⁹puisque, dès la mesme année, Camel céda Damas à Achraph. ¹⁰Pour le jeune Naser, il se sauva à [Crach], Crak (ou Petra), ¹¹et fit d'inutiles efforts, en 1238, pour se rétablir dans Damas; ¹²car Camel estant mort le mardi 9 ou le mer-

---

¹ Abul-Phar., p. 312. — ² Ibid., p. 312. — ³ Ibid., p. 288, 304; Chron. Orient., p. 102; Ughell., t. III, p. 972. — ⁴ Abul-Phar., p. 304. ⁵ Sanud, p. 211, d. — ⁶ Ibid., p. 314, b. — ⁷ Matth. Par., p. 359, 360. — ⁸ Matth. Par., p. 357, a. — ⁹ Chron. Orient., p. 103. — ¹⁰ Sanud, p. 214, b — ¹¹ Ibid., p. 216, a, b. — ¹² Chron. Orient., p. 103.

credi 10 de mars 1238, à Damas, ¹ et Achraph estant mort la même année et dans la même ville (ce qui est remarquable), ² un autre neveu de Saladin, nommé Johet, s'en empara. ³ Johet en fut bientost dépouillé par Salah ou Saleh, fils de Camel; et Saleh même fut pris par Naser, qui espéroit par ce moyen recouvrer Damas; ⁴ mais il fut prévenu par un autre Salah, fils de Saphadin, et qualifié seigneur de Mahubet par Sanud. C'est assurément ⁵ Saleh Ismael, sultan de Bostres, en Arabie, et Sanson met une ville de Mahadetha vers le même quartier que Bostres. ⁶ Il est quelquefois appelé Saleh Hamadeddin Ismael. ⁷ Naser élargit alors Saleh, fils de Camel, et traita avec luy afin qu'il le rétablist dans Damas. ⁸ C'est pourquoy les sultans de Crak et d'Égypte furent longtemps ennemis de celuy de Damas. Mais Naser, n'espérant plus rien sans doute du sultan d'Égypte, et voyant qu'il se rendoit trop puissant, aima mieux quitter ses prétentions, et se joignit, en l'an 1244, avec celuy de Damas contre celuy d'Égypte.

CLXXXVI.

Des sultans d'Égypte, de Hama et de la Chamèle.

⁹ Abul-Pharaje donne d'assez grands éloges à Camel, entre lesquels il ne faut pas chercher la charité ni les autres vertus chrestiennes qui ne luy auroient

---

¹ Abul-Phar., p. 313. — ² Sanud, p. 215, c. — ³ F. — ⁴ E, f; p. 216, a. — ⁵ Abul-Phar., p. 288. — ⁶ Ms. G, p. 188, 202. — ⁷ Sanud, p. 216, a. — ⁸ Matth. Par., p. 615, b, c; p. 621, b. — ⁹ Abul-Phar., p. 313.

pas permis de dépouiller son neveu de ses Estats. ¹ Il osta encore, en 1233, Amede, apparemment Amide, en Mésopotamie, à celuy qui en estoit seigneur, et luy donna quelques places en Syrie. Il reprit, en 1235, sur les Turcs, la ville de Rohas, que l'on prenoit alors pour l'ancienne Edesse, quoyque sur les cartes de Sanson elle en soit fort éloignée. ² Camel donna ce qu'il avoit en Orient à son fils aisné Salah ³ou Saleh Nagemaddin Aijoub, ⁴ de sorte que lorsqu'il mourut, le 9 ou 10 mars 1238, Saleh s'estant trouvé absent, Edel ou Hadel Aububeker, son cadet, fut mis en possession de l'Égypte. ⁵Mais Saleh estant venu d'Orient et sorti de la prison du sultan de Crak, sceut si bien gagner les amiraux d'Égypte par présens et par promesses, ⁶que, le jeudi 3, ou le vendredi 4 avril de l'an 1240, ils arrestèrent Hadel et l'envoyèrent à Saleh, qui prit possession de l'Égypte, le mardi 22 ou le vendredi 25 d'avril. Sanud dit qu'Hadel fut mis en prison et ne parut plus depuis; mais la chronique orientale dit qu'ayant absolument refusé d'aller à Crak où son frère vouloit le faire mener prisonnier, douze valets envoyés par son frère le battirent outrageusement et enfin l'étouffèrent. ⁷Il passoit parmi les siens et parmi les estrangers pour un homme de nulle valeur et de nulle capacité. ⁸Il laissa un fils nommé Moghiat Omar. Pour Saleh, c'est celuy à qui saint Louis vint faire la guerre en 1249, et nous verrons alors sa mort. ⁹Il passoit pour un prince puissant et habile, *astutus*.

---

¹ Abul-Phar., p. 311. — ² Sanud., p. 215, *b*, *c*. — ³ *Chron. Orient.*, p. 104. — ⁴ *Ibid.*, p. 103; Sanud, p. 215, *b*. — ⁵ Sanud, p. 215, 216. — ⁶ *Ibid.*, p. 216, *b*; *Chron. Orient.*, p. 104. — ⁷ Ms. D, p. 474. — ⁸ *Chron. Orient.*, p. 130, 196. — ⁹ Matth. Par., p. 645, *e*.

On pourroit marquer icy ce que M. Renaudot [1] dit des Mamelucs et autres milices d'Égypte.

[2] Outre cès principaux sultans, il y avoit encore en 1193 un Mohammed, prince de Hama, sujet du sultan d'Alep, et un Shiracouh, prince d'Émèse, sujet de celuy de Damas. Hama, selon les cartes, semble estre la même chose qu'Apamée; [3] mais on voit qu'Apamée fut donnée, l'an 1201, au sultan d'Alep, [4] et dans un même endroit Hama et Apamée sont marquées comme deux villes différentes. Pour Émèse, les Latins la nommoient d'ordinaire la Chamèle, et le sultan de ce lieu est assez souvent marqué dans les histoires. [5] Naser estoit seigneur de Hama en 1221, et Mojahed d'Émèse, avec le titre de roi. [6] M. Renaudot fait une suite des princes d'Émèse, que je n'entends pas bien. Pour les autres sultans, entre lesquels celuy de Mosul ou Ninive estoit un prince fort puissant, je ne voy pas qu'ils soient nécessaires pour cette histoire.

CLXXXVII.

Frédéric, roy de Jérusalem. — Divisions entre les Templiers et les Hospitaliers.

Pour ce qui est de l'estat des chrestiens dans l'Orient, des quatre principautez de Jérusalem, d'Antioche, d'Édesse et de Tripoli, il y avoit longtemps que celle d'Édesse avoit esté reconquise par les Infidèles. Tripoli et Antioche reconnoissoient un même

---

[1] Ms. G, p. 128, 134, 173, 175. — [2] Abul-Phar., p. 277. — [3] Ibid., p. 280. — [4] Ibid., p. 257. — [5] Ibid., p. 294. — [6] Ms. G, p. 161.

prince dont on pourra parler s'il est besoin. L'empereur Frédéric II avoit pris le titre de roy de Jérusalem, l'an 1225, en épousant Isabelle, fille du roy Jean de Brienne et de Marie de Montferrat, dont la mère, nommée Isabelle, estoit sœur de Baudoin le Lépreux, roy de Jérusalem, et fille du roy Amauri d'Anjou. Nous avons veu cy-dessus que Saladin avoit entièrement deffait les chrestiens de Jérusalem en 1187 et pris ensuite Jérusalem et toutes les places du royaume, à l'exception de Tyr et de fort peu d'autres. Les chrestiens reprirent Acre en 1191 et en firent leur capitale. Ils fortifièrent ensuite Césarée, Joppé et Ascalon, que Saladin avoit abandonnées. Ils acquirent encore Béryte en 1197 (voy. t. I, p. 258). Ainsi ils estoient maistres de toute la coste de la Palestine; mais Jérusalem et tout le pays demeuroient soumis aux Infidèles. Les chrestiens eurent quelques occasions de reprendre Jérusalem, mais la crainte de ne la pouvoir garder au milieu des princes sarrazins, fit qu'ils songèrent davantage à ruiner la puissance de ces princes, et surtout de celuy d'Égypte. Ce dessein, qui venoit, ce semble, de la politique d'Innocent III, commença à s'exécuter en 1218 par le siége de Damiette; et la perte de cette place, que les chrestiens ne gardèrent qu'autant de temps qu'ils avoient esté à la prendre, n'empescha point qu'on ne continuast dans le même dessein. Car les deux entreprises de saint Louis semblent avoir esté formées dans la même veue, et Sanud, qui raisonne beaucoup sur ce point, prétend que cette voie est la meilleure.

L'empereur Frédéric ayant donc pris le titre de roy de Jérusalem, qu'il donna ensuite à Conrad, qu'il avoit eu d'Isabelle, envoya en Palestine quelques troupes et quelques officiers, plutost pour se maintenir en possession de son titre que pour soutenir aucune guerre. Le pape Grégoire IX, presque toujours ennemi de ce prince, soulevoit contre luy ceux de la Palestine aussi bien que ceux d'Italie et ceux d'Allemagne; de sorte que son autorité y estoit fort peu reconnue.

[1]Mais ce qui y ruinoit encore les affaires des chrestiens, estoit la jalousie qui estoit entre les Templiers et les Hospitaliers. « [2]Bini fratres, » dit le comte Richard, frère du roy d'Angleterre, « in gremio matris
« discordes, qui ut matrem defendant constituti, ex
« nimia rerum affluentia superbiæ facti sectatores,
« radicibus horum (schismatum et odiorum) præstant
« fomentum et humorem, et propagines in longum et
« latum traducunt. Bonorum namque copia tantum
« invicem confligendi præstat pruritum, quod, etc.
« Libenter enim portantes pecuniam, dum durat alli-
« ciunt; sed quum vindicandi matris verecundiam
« tempus advenerit, cito benevolentibus deficiunt,
« palliata fingentes impedimenta, ad matris consola-
« tionem nullum respectum habentes. » [3]La division de ces deux ordres, et la pensée qu'on avoit qu'ils ne cherchoient qu'à entretenir la guerre entre les chrestiens, afin de profiter de l'argent de ceux qui venoient au secours des Orientaux, faisoient qu'on n'ajoutoit pas aisément foy aux mauvaises nouvelles qu'ils mandoient. Et on prétendoit qu'usant bien de leurs richesses, sans

---

[1] Sanud, p. 216, b. — [2] Matth. Par., p. 566, e, f. — [3] Ibid., p. 616, 617.

demander secours à personne, les seuls Templiers pouvoient entretenir neuf mille chevaliers, ce qui suffisoit pour terrasser toute la puissance des Infidèles. ¹On peut voir dans Matthieu Paris d'autres passages sur la division des Templiers et des Hospitaliers. Il paroist que les Templiers et les évesques estoient contre l'empereur, avec les François. Au contraire, les Hospitaliers, Teutoniques et Anglois, estoient plus pour l'empereur.

CLXXXVIII.

Frédéric fait trêve avec les Sarrazins, qui rendent Jérusalem.—Alix, reine de Chypre, est reconnue reine de Jérusalem.

²Nonobstant toutes ces mauvaises dispositions, Frédéric estant abordé à Acre, le 7 septembre 1228, ³avec assez peu de forces, ⁴le sultan de Babylone, qui estoit Camel, embarrassé par d'autres guerres, ⁵ou craignant effectivement la puissance des chrestiens, comme dit un historien arabe, luy rendit Jérusalem avec diverses places du costé de la mer, ⁶c'est-à-dire Bethléem et tout le pays jusques à Joppé, Nazareth et tout le pays jusques à Acre, tout le territoire du chasteau de Touron, et même Sidon avec tout son territoire. Mais il faut remarquer que Jérusalem avoit esté entièrement démantelée en 1219 (voy. t. I, p. 273). Frédéric assure que par le traité il pouvoit la fortifier tant qu'il luy plairoit; mais il est certain qu'il ne le fit pas alors, ⁷quoyqu'on prétende qu'il l'avoit promis et qu'il

---

¹ Matth. Par., p. 615, d. — ² Ibid., p. 351, a, b. — ³ Ibid., p. 359, b. — ⁴ Ibid., p. 356, d. — ⁵ Abul-Phar, p. 305. — ⁶ Matth. Par., p. 357, b, c, d. — ⁷ Ibid., p. 359, e.

en fut fort pressé par les chrestiens du pays. [1] Il le promit même dans une lettre au roy d'Angleterre. [2] On ajouste que l'église du Temple, *Templum Domini*, et le temple de Salomon demeurèrent toujours au pouvoir des Turcs, qui y preschoient publiquement la loi de Mahomet; [3] que Frédéric y estant allé avec tous les pèlerins le samedi, 17 mars 1229, et y ayant pris la couronne le lendemain, [4] il en sortit le lundi dès le grand matin, donnant lieu de croire que les Sarrazins ne luy avoient rendu la ville que par forme et pour luy accorder un honneur imaginaire; [5] et que depuis l'an 1187 jusqu'en 1244, le nom de Dieu n'avoit point esté invoqué dans les saints lieux. Il est certain que la ville n'estant point fortifiée, elle demeuroit toujours au plus fort. Mais il ne seroit peut-estre pas difficile de justifier sur cela l'empereur, si c'en estoit icy le lieu. [6] Les chrestiens subsistèrent depuis dans Jérusalem, et apparemment jusqu'à l'irruption que firent les Corasmins en 1244, [7] nonobstant les efforts que les Sarrazins firent quelquefois pour les en chasser. [8] Frédéric y avoit un gouverneur en 1241; [9] et les chrétiens y firent quelques fortifications, qui furent détruites en 1239 ou 1240 par les Infidèles.

[10] Ce traité fut juré le dimanche de la Sexagésime, 18 de février l'an 1229, et on fit en même temps une trève pour dix ans avec le sultan de Babylone, [11] mais non avec celuy de Damas, son neveu, c'est-à-dire avec

---

[1] Matth. Par., p. 357, *f*. — [2] *Ibid.*, p. 359, *e*. — [3] *Ibid.*, p. 359, *d*; p. 357, *e*. — [4] *Ibid.*, p. 359, *d, e*. — [5] *Ibid.*, p. 615, *c, d*. — [6] Sanud, p. 214, *c*. — [7] Sanud, p. 214, *c*. — [8] *Ibid.*, p. 216, *d*. — [9] *Spicileg.*, t. II, p. 296. — [10] Matth. Par., p. 357, *d*. — [11] *Ibid.*, p. 359, 360.

Naser Saladin, ¹ qui estoit alors même dans le pays avec de puissantes forces. ² La trêve devoit durer jusques au mois d'aoust 1239.

³ L'empereur, pressé par la guerre que le pape luy faisoit en Italie, partit d'Acre pour s'en retourner, dès le 1ᵉʳ de may. ⁴ Il laissa un bailli ou vice-roy dans le pays ; et après avoir fait la paix avec le pape, il y envoya des forces considérables, avec son maréchal, pour arrester les violences que les Sarrazins faisoient aux chrestiens, nonobstant la trêve, tant dans Jérusalem que dans tout le pays.

⁵ Ce maréchal augmenta encore par sa mauvaise conduite la division du pays, ⁶ de sorte qu'en l'an 1239 ou 1240, Aylisie ou Alix, reine de Chypre, fille de Henri, comte de Champagne, et d'Isabelle, fille d'Amauri, roy de Jérusalem, et sœur de Baudoin le Lépreux, estant venue demander la couronne de Jérusalem, on la luy accorda, quoyqu'on la luy eust refusée dix ans auparavant, sous prétexte que Conrad, fils de Frédéric, qui estoit le plus proche héritier, ne venoit point se présenter, comme Frédéric l'avoit promis sur la sommation qu'on luy en avoit faite en 1229. ⁷ Ainsi l'on fit hommage à un Rodolphe, *fratri comitis Asasonis*, qu'elle avoit épousé depuis peu, sans préjudice néanmoins du droit de Conrad quand il se viendroit présenter, ce qu'il ne fit jamais, non plus que Conradin son fils. ⁸ Mouskes parle de ce roy esleu dans la Palestine par les chrestiens mécontens de Frédéric. Je croy avoir vu qu'il estoit fils du comte de Soissons.

¹ Matth. Par., p. 357, a. — ² Ibid., p. 366, a. — ³ Ibid., p. 360, c. — ⁴ Sanud, p. 214, a. — ⁵ Ibid., p. 214, c; p. 215, b. — ⁶ Ibid., p. 214, a; p. 216, d, e. — ⁷ Ibid., p. 216, d, e. — ⁸ Mousk., vers 31160.

¹ Les Impériaux furent en même temps chassez de Tyr; mais Rodolphe voyant qu'il n'estoit pas obéi, se retira avec le roy de Navarre et les autres François, ² qui partirent en 1240 sur la fin de septembre. ³ Alix, sa femme, tint néanmoins toujours le royaume tant qu'elle vescut. ⁴ Elle mourut en 1246, et Henri, roy de Chypre, son fils, fut reconnu roy de Jérusalem, ⁵ par l'autorité du pape, et ses descendans avec luy. ⁶ Mais on marque que ces descendans d'Alix ne se firent couronner roys de Jérusalem qu'en 1269, après la mort de Conradin. ⁷ Innocent, écrivant l'an 1247 à Henri, le qualifie roy de Chypre et seigneur du royaume de Jérusalem, ⁸ et en 1254 il conserve encore à Conradin le royaume de Jérusalem. ⁹ Et même lorsque saint Louis fut pris, les Sarrazins ayant voulu obliger les François à leur céder quelques places dans la Palestine, ils s'en défendirent par la bouche du comte de Bretagne, sur ce qu'elles appartenoient à l'empereur Frédéric. On voit que même après l'inthronization d'Alix et de Rodolphe, et la prise de Tyr, ¹⁰ Frédéric avoit encore un gouverneur à Jérusalem; et ce fut entre ses mains que Richard d'Angleterre remit Ascalon qu'il avoit fortifié. ¹¹ Il est marqué qu'au mois d'octobre 1241, Acre se révolta contre Frédéric.

---

¹ Sanud, p. 216, *e, f*. — ² Matth. Par., p. 567, *a*. — ³ *Abrégé Royal* du père Labbe, p. 514. — ⁴ Sanud, p. 218, *a*. — ⁵ Raynald., an. 1247, art. 55. — ⁶ *Abrégé Royal*, p. 360. — ⁷ Raynald., an. 1247, art. 55. — ⁸ *Ibid.*, p. 1254, art. 47. — ⁹ Joinville, p. 66. — ¹⁰ Sanud, p. 216, *d*; Matth. Par., p. 576, *a*. — ¹¹ Ughell., t. III, p. 1038, *a*.

CLXXXIX.

Les François et les Templiers font trêve avec le sultan de Damas contre celuy d'Égypte.

La trêve faite par Frédéric finissant au mois d'aoust 1239, le roy de Navarre et beaucoup d'autres François arrivèrent en Palestine aussitost après, mais ne firent rien qui répondist à ce qu'on attendoit d'eux, intimidez par le mauvais succès de la bataille donnée auprès de Gaza, le 12 ou 13 de novembre (voy. t. II, p. 361). [1] Néanmoins, le sultan de Damas, Saleh Ismaël, qui craignoit la puissance de Saleh Negemaddin, devenu sultan d'Égypte au mois d'avril 1240, envoya demander trêve aux chrestiens, à condition de leur rendre les chasteaux de Belfort et de Saphet, et tout le territoire de Jérusalem, [2] et généralement tout ce qui est en deçà du Jourdain, [3] à la charge qu'ils l'assisteroient contre le sultan d'Égypte, [4] avec lequel ni luy ni eux ne pourroient traiter l'un sans l'autre. [5] La trêve devoit estre pour dix ans, [6] d'autres disent pour trente. [7] Comme l'armée chrestienne estoit fort ennuyée de la guerre sans rien trouver à quoy elle se pust résoudre, quoyqu'on tinst souvent conseil pour cela, cette proposition fut reçue avec joie, [8] et la trêve fut acceptée et jurée par les barons de l'armée, avec le consentement des Templiers, mais non des Hospitaliers, et l'armée

---

[1] Sanud, p. 215, e, f. — [2] Matth. Par., p. 543, a. — [3] Sanud, p. 216, a — [4] Matth. Par., p. 543, a. — [5] Ibid., p. 547, f. — [6] Spicileg., t. II, p. 796; Ms. D, p. 483. — [7] Matth. Par., p. 542, 543. — [8] Sanud, p. 216, a, b.

chrestienne alla aussitost se camper à Joppé, selon le traité. [1]Herman de Périgord, grand maistre des Templiers, en manda la nouvelle en Angleterre, [2]et celuy qui la porta, et qui pouvoit estre parti d'Acre sur la fin de septembre, ajoustoit que le sultan de Damas estoit résolu à se faire baptizer. Il est difficile de douter que cette trêve ne soit celle que le comte Richard, frère du roy d'Angleterre, [3]dit avoir esté faite par le roy de Navarre et le comte de Bretagne avec Naser, seigneur de Crak, vers la fin d'aoust au plus tost, par laquelle Naser avoit promis de rendre dans quarante jours certaines terres et les prisonniers faits à Gaza, quoyqu'il ne les eust point, dit Richard, ayant donné en ostage son fils et ses frères. Les autres auteurs ne parlent d'aucune trêve avec Naser; et il n'y a point d'apparence qu'on en ait fait en même temps avec Naser et avec Ismaël, qui estoient les deux partis opposez; et c'estoit à cause de Naser qu'Ismaël craignoit la guerre du costé de l'Égypte et demandoit le secours des chrestiens (voy. p. 16).

[4]Matthieu Paris dit que le roy d'Arragon (il veut dire de Navarre) et le comte de Bretagne, jaloux de la réputation du comte Richard, traitèrent secrètement avec les principaux Sarrazins une trêve de dix ans, moyennant une grande somme d'argent qu'ils en receurent; [5]mais ils estoient partis de la terre sainte quinze jours avant que Richard y abordast.

[1] Matth. Par., p. 542, *f.* — [2] *Ibid.*, p. 543, *b.* — [3] *Ibid.*, p. 567, *a*, *b.* — [4] *Ibid.*, p. 547, *c, f.* — [5] *Ibid.*, p. 567, *a.*

CXC.

Richard et les Hospitaliers font une trêve contraire avec les Égyptiens.

[1] Richard aborda à Acre le 8 d'octobre 1240, avant la fin des quarante jours dans lesquels le sultan de Crak, ou plutost de Damas, devoit exécuter les articles de la trêve. Ce sultan luy promit de nouveau d'exécuter ces articles autant qu'il le pourroit. Mais les quarante jours se passèrent sans qu'il les exécutast, et au bout du terme il déclara à l'envoyé de Richard qu'il ne les pouvoit exécuter. De sorte que Richard, sans se mettre en peine du traité fait avec luy, traita avec le sultan d'Égypte, par le conseil des Hospitaliers et d'une partie de l'armée, même du duc de Bourgogne et de Gautier de Brienne, comte de Joppé, nonobstant l'opposition de quelques autres. Voilà de quelle manière Richard rapporte luy-même la chose.

[2] Mais Sanud avoue que cette seconde trêve fut une infraction de la première et un véritable parjure dont la jalousie des Hospitaliers contre les Templiers fut la cause; et il y a apparence qu'on prit un faux prétexte de rompre la première, [3] sur ce que le sultan de Damas, n'ayant pas les prisonniers faits à Gaza, [4] ou plutost n'en ayant qu'une partie, ne pouvoit pas rendre ceux qui estoient en Égypte; et assurément il n'avoit pas prétendu s'y obliger, quoyqu'il eust peut-estre promis en général de rendre les prisonniers. Il y avoit

---

[1] Matth. Par., p. 567, *b, c*. — [2] Sanud, p. 216. — [3] Matth. Par., p. 567, *a, b*. — [4] *Ibid.*, p. 547, *c*.

peut-estre de même des places dans la Palestine qu'il ne pouvoit pas rendre parce qu'il n'en estoit pas le maistre.

¹ Quoy qu'il en soit, Richard accepta la trêve que le sultan de Babylone luy envoya offrir ² pour dix ans, ³ ou même pour quinze, ⁴ dont les conditions furent que tous les prisonniers faits dans la dernière guerre seroient délivrez de part et d'autre, et que les chrestiens auroient Jérusalem et Bethléem avec tous les environs, Nazareth, Thabor, Saint-George de Rama, Tibériade, avec tous les villages qui se rencontreroient sur les chemins d'une de leurs places à l'autre, divers chasteaux dont il y en avoit un au-delà du Jourdain, et le pouvoir de fortifier tout ce qu'ils voudroient. Il y eut un article pour les biens qui se trouveroient appartenir aux Hospitaliers. ⁵ Gautier, gouverneur de Jérusalem pour Frédéric, intervint sans doute dans ce traité au nom de son maistre, ⁶ puisque les Templiers ayant rompu en 1244 avec le sultan d'Égypte, ⁷ Frédéric dit qu'ils avoient méprisé le traité « que nous avions fait, dit-il, en notre nom, avec le conseil des grands maistres des Hospitaliers et des chevaliers teutoniques. » ⁸ Frédéric dit autre part que Richard tenoit sa place dans la Palestine. ⁹ Les Templiers ne furent pas compris dans le traité. ¹⁰ Richard envoya au sultan d'Égypte, à la Saint-André, pour le luy faire signer, ¹¹ et en attendant sa ratification, dont il ne se

---

¹ Matth. Par., p. 567, c, d. — ² *Spicileg.*, t. II, p. 796. — ³ Ms. D, p. 483. — ⁴ Duchesne, p. 334; Ms. F, p. 892; Matth. Par., p. 567, *f.* ⁵ Sanud, p. 216, d. — ⁶ Matth. Par., p. 615, c. — ⁷ *Ibid.*, c. — ⁸ Raynald., an. 1243, art. 95. — ⁹ Ms. D, p. 483. — ¹⁰ Matth. Par., p. 568, a. — ¹¹ *Ibid.*, p. 567, 568.

tenoit pas fort assuré, il fit travailler à fortifier Ascalon, ¹ qu'il mit ensuite entre les mains de Gautier, lieutenant de l'empereur. ²Le sultan tint ses députez depuis la Saint-André jusqu'au jeudi 7 février de l'an 1241. Enfin néanmoins il jura la trêve, et délivra les prisonniers qui arrivèrent au camp de Richard le jour de Saint-Georges, 23 avril.

Richard, sans attendre davantage, partit d'Acre le 3 de may, pour retourner en Occident. ³ Un auteur semble dire qu'il fut visiter le saint sépulchre, et il y a bien de l'apparence que luy et tous les autres le firent, puisqu'au moins la trêve leur en donnoit la liberté.

⁴Il travailla beaucoup, mais fort inutilement, à assoupir la division qu'il trouva entre les Templiers et les Hospitaliers, ⁵ sans prendre le parti des uns ni des autres, dit Sanud; mais sa lettre sur la trêve monstre assez qu'il favorisoit les Hospitaliers.

On voit par la chronique de saint Médard qu'on publia en France, ⁶que les Sarrazins avoient rendu aux chrestiens tout ce qui avoit autrefois appartenu aux rois de Jérusalem, hors la forteresse de Crak ou Monréal, sans en excepter ni Naples (ou Sichem) ni même Gaza, que le sultan de Babylone n'avoit garde de leur céder.

⁷Durant cette dernière guerre de 1239 et 1240, le sultan de Damas avoit pris la tour de David, qu'on prétendoit avoir esté bastie par Hérode, et la

---

¹ Sanud, p. 216, *d;* Matth. Par., p. 576, *a.* — ²Matth. Par., p. 568, *a, b.* — ³ Ms. F, p. 892. — ⁴ Matth. Par., p. 566, *e, f; Spicileg.*, t. VIII, p. 588. — ⁵ Sanud, p. 216, *c.* — ⁶ *Spicileg.*, t. II, p. 796. — ⁷ *Ibid.;* Ms. D, p. 480.

rasa entièrement. ¹ D'autres disent que ce fut le sultan d'Égypte qui le fit en 1242. ² Les payens y ruinèrent de même quelques autres tours et d'autres fortifications que les chrestiens y avoient faites.

CXCI.

Les chrestiens traitent et rompent avec l'Égypte, et s'unissent aux sultans de Damas, de Crak et de la Chamèle.

³ Après le départ du comte Richard, la division s'augmenta encore dans la Palestine, particulièrement entre les Templiers et les Hospitaliers; et les premiers tenoient les autres comme assiégez à Acre dans leurs maisons; ⁴ favorisez par les bourgeois de la ville, ennemis de Frédéric. Je ne sçay si c'est ce qui a fait écrire ⁵ qu'au mois d'octobre 1241 Acre se révolta contre l'empereur, auquel les Templiers estoient les plus opposez. ⁶ Ils n'observoient point la trêve faite avec les Égyptiens, ⁷ sur lesquels on marque qu'ils emportèrent une grande victoire en 1242, sans en faire connoistre les circonstances. ⁸ Ils leur faisoient tous les maux qu'ils pouvoient, aussi bien qu'à Naser, prince de Crak, tant qu'il demeura dans l'alliance des Égyptiens. ⁹ Ils avoient trêve, au contraire, avec d'autres sultans, c'est-à-dire sans doute avec ceux de Damas et de la Chamèle, ¹⁰ que celuy de Babylone

---

¹ Freher, t. I, p. 456, *e*. — ² *Spicileg.*, t. II, p. 796. — ³ Matth. Par., p. 575, 576; *Spicileg.*, t. VIII, p. 590. — ⁴ Raynald., an. 1245, art. 95. — ⁵ Ughell., t. III, p. 1038, *a*. — ⁶ Matth. Par., p. 575, *f*; Raynald., an. 1245, art. 95. — ⁷ Matth. Par., p. 585, *b*. — ⁸ *Ibid.*, p. 615, *b*. — ⁹ *Spicileg.*, t. VIII, p. 590. — ¹⁰ Matth. Par., p. 615, *b*, *c*.

taschoit de soumettre à sa domination. ¹ Cette division des Barbares eust esté favorable aux chrestiens s'ils eussent esté unis entre eux. Pour en profiter, le pape Innocent IV, dès le 5 aoust 1243, c'est-à-dire aussitost après son élection, écrivit en Orient pour faire fortifier Jérusalem dont les murailles estoient encore toutes ruinées, n'y restant plus que les fondemens. Il en écrivit au patriarche de Jérusalem, à toutes les sociétés militaires et autres, et à tous les seigneurs du royaume ; et il vouloit même solliciter tous les fidèles de l'Occident d'y contribuer. ² Cependant les Corasmins la trouvèrent encore sans deffense l'année suivante.

On pourroit encore parler icy du roy de Chypre, du roy d'Arménie et du prince d'Antioche, qui avoient de grands démêlez ensemble et fort difficiles à débrouiller.

³ La victoire que les Tartares remportèrent, l'an 1243, sur les Turcs, estonna tout l'Orient ; et comme le bruit couroit qu'ils vouloient fondre sur la Palestine au printemps suivant, les sultans de Damas et de Babylone furent obligez de s'unir ensemble pour leur résister ; mais cette union ne dura pas. Ce fut peut-estre ce qui obligea encore le sultan de Babylone à traiter avec les Templiers ; ⁴ mais la raison que l'on en marque est que, comme l'ambition le portoit à se vouloir rendre maistre de toute la Syrie, la politique lui faisoit partager ses ennemis et rechercher en apparence l'amitié des chrestiens, pour ne les attaquer qu'après

---

¹ Raynald., an. 1243, art. 52. — ² Matth. Par., p. 631, *f*. — ³ Duchesne, p. 272, *a*, *b*. — ⁴ Matth. Par., p. 615, *b*, *c*.

qu'il auroit vaincu les sultans de Damas, de la Chamèle et de Crak, [1]qui ayant auparavant esté ennemis l'un de l'autre, s'estoient unis ensemble pour luy résister. [2]De sorte que, quelques maux qu'il eust receus des Templiers, il ne laissa pas de leur offrir une trêve, avec tout le pays d'au deçà du Jourdain, sans exception. Les Templiers lui envoyèrent pour cela quelques uns des leurs à Babylone; mais il les y retint prisonniers plus de six mois, et voulut encore se réserver dans la Palestine Gaza, Naples, et quelques autres lieux. [3]Les Templiers jugèrent par là qu'il ne songeoit qu'à gagner du temps. Ainsi, avec le conseil des évesques et de quelques seigneurs, ils rompirent entièrement avec les Égyptiens, [4]en quoy Frédéric prétend qu'ils firent une grande faute, [5]et traitèrent avec les sultans de Damas et de la Chamèle et avec Naser, devenu ennemi des Égyptiens, qui leur remirent aussitost tout ce qui est au deçà du Jourdain, hors Naples et deux autres places, et Gaza, qui estoit aux Égyptiens; [6]et les chrestiens s'obligèrent aussi à les assister de tout leur pouvoir contre les Égyptiens. [7]Pour un Seisser, ou Nathazar, avec qui on marque que les chrestiens traitèrent en même temps, je croy qu'il faut toujours lire Naser. [8]Ce traité se fit l'an 1244, au commencement de l'esté, [9]et les chrestiens allèrent aussitost camper avec les sultans auprès de Gaza, pour s'opposer aux Égyptiens. [10]Le grand-maistre des Tem-

---

[1] Matth. Par., p. 621, *b*; Raynald., an. 1244, art. 2. — [2] Matth. Par., p. 615, 616. — [3] *Ibid.*, *b*, *c*. — [4] *Ibid.*, p. 619, *c*. — [5] *Ibid.*, p. 615, *c*; p. 631, *e*. — [6] *Ibid.*, p. 621, *b*. — [7] *Ibid.*; Raynald., an. 1244, art. 2. — [8] Matth. Par., p 621, *b*. — [9] *Ibid.*, *b*, *c*; p. 615, *d*, *e*. — [10] *Ibid.*, p. 615, *a*.

pliers, Herman de Périgord, en manda la nouvelle au grand prieur (*præceptori*) d'Angleterre, et apparemment à tous les autres. ¹Sa lettre porte qu'enfin les chrestiens habitoient seuls dans Jérusalem, ²que les évesques avoient béni de nouveau tous les saints lieux, et qu'on y célébroit tous les jours les divins mystères, ce qui ne s'estoit point fait depuis cinquante-six ans, c'est-à-dire depuis la prise de Jérusalem par Saladin, le 2 octobre 1187 (voy. t. I, *Prélim.*, p. 223).

CXCII.

Les Corasmins saccagent Jérusalem, profanent le saint sepulchre et tous les saints lieux.

Cette nouvelle fut receue en Occident avec beaucoup de joie; mais cette joie devoit bientost estre changée en une extrême affliction, ³et les peschez des chrestiens ne leur permirent pas de jouir longtemps du repos dans lequel ils commençoient à respirer. ⁴La seule division des chrestiens de la Palestine pouvoit produire ce mauvais effet, et on le craignoit avec raison. Ce n'en fut pas néanmoins la cause. ⁵Mais le sultan de Babylone, irrité de l'union que les chrestiens avoient faite contre luy avec les sultans de Syrie, ⁶et voulant leur opposer un ennemi commun, ⁷envoya de grandes sommes d'argent dans les pays orientaux, dont il avoit esté roy dès le vivant de son père, pour

---

¹ Matth. Par., p 621, *b*. — ² *Ibid.*, p. 615, *c, d*. — ³ *Ibid.*, p. 631, *c*.
⁴ *Ibid.*, p 615, *d*. — ⁵ Raynald., an. 1244, art. 2; *Spicileg.*, t. VIII, p. 591. — ⁶ Matth. Par., p. 631, *c*. — ⁷ Sanud, p. 217, *e*.

exciter tant les naturels du pays ¹que les Corasmins, qui, comme nous l'avons veu, s'estoient retirez dans la Mésopotamie vers l'an 1237, à venir à son secours, ²leur promettant même de leur donner des terres dans la Palestine, s'ils vouloient s'arrester auprès de luy. ³Ces offres furent acceptées avec d'autant plus de joie, qu'outre le naturel des Corasmins porté à la guerre et au pillage, ⁴le voisinage des Tartares faisoit souhaiter aux Orientaux une demeure plus assurée. Les Corasmins vinrent donc au nombre de vingt mille chevaux, ⁵avec leurs femmes et toutes leurs familles; et comme ils avoient encore avec eux d'autres Orientaux, ⁶cela faisoit un nombre comme infini de personnes qui couvroient des pays entiers. ⁷Cependant ils vinrent avec tant de secret et de diligence, qu'ils estoient arrivez devant qu'on sceust qu'ils deussent venir. ⁸Joinville leur donne pour chef un nommé Barbacan, qu'il qualifie empereur de Perse; et il pouvoit en avoir possédé quelque canton. ⁹Ils entrèrent dans le royaume de Jérusalem par le costé de Saphet et de Tibériade, qu'ils emportèrent, ¹⁰et firent passer par le fer et par le feu tout ce qu'ils trouvèrent de vivant hors les places fortes. ¹¹Robert, qui d'évesque de Nantes avoit esté fait patriarche de Jérusalem par Grégoire IX vers le mois de may 1240, ¹²qui est nommé Gui par

---

¹ Vinc. Bellov., l. XXIX, c. LXXXVIII, p. 1215, 2, Raynald., an. 1244, art. 2. — ² Sanud, p. 217, e; Matth. Par., p. 631, d. — ³ Raynald., an. 1244, art. 2. — ⁴ Sanud, p. 217, e. — ⁵ Matth. Par., p. 631, d. — ⁶ Ibid., p. 621, c. — ⁷ Ibid., p. 631, d; Raynald., an. 1244, art. 2. — ⁸ Joinville, p. 98. — ⁹ Ibid., p. 99; Matth. Par., p. 631, d. ¹⁰ Matth. Par., p. 621, c; Joinville, p. 99. — ¹¹ Matth. Par., p. 631, b; Raynald., an. 1240, art. 47; Gall. Christ., t. III, p. 769, 1; Duchesne, p. 468, c. — ¹² Ms. D, p. 461, 482.

Albéric, et qui, avant d'estre évesque de Nantes, avoit eu un évesché dans l'Apouille, dont Frédéric l'avoit chassé, ¹estoit arrivé depuis peu en Palestine, et avoit voulu aussitost venir visiter le saint sépulcre. A peine se fut-il acquitté de cette dévotion, qu'on apprit l'entrée des Corasmins.

²Les grands maistres des Templiers et des Hospitaliers estoient aussi à Jérusalem avec le patriarche. ³Ils cherchèrent inutilement des remèdes à un mal si grand et si imprévu. Les chrestiens n'avoient pas assez de forces pour se défendre; c'est pourquoy, d'un commun accord, tant du patriarche et des évesques du pays, que des trois grands maistres et des seigneurs, on résolut de recourir aux sultans de Damas et de la Chamèle, ennemis des Corasmins et obligez par la tréve à défendre les chrestiens ; ⁴et leurs troupes estoient peu auparavant devers Gaza avec celles des chrestiens. ⁵Ils promirent leur secours, mais ils le différèrent trop longtemps; et les chrestiens ne se jugeant pas assez forts pour combattre les Corasmins à cause de leur nombre, ni pour se défendre dans Jérusalem qui n'avoit aucune défense, ⁶on résolut d'un commun accord que tous les habitants de Jérusalem, hommes et femmes, en sortiroient pour estre conduits à Joppé par les trois grands maistres et quelque cavalerie qui estoit dans la ville. Cela s'exécuta dès la nuit suivante. Il demeura néanmoins quelques chrestiens dans la ville.

Les Corasmins entrèrent presque en même temps

---

¹ Matth. Par., p. 621, c. — ² Raynald., an. 1244, art. 22. — ³ Matth. Par., p. 631, e. — ⁴ Ibid., p. 613, d; p. 621, c. — ⁵ Ibid., p. 631, e. f. — ⁶ Ibid., p. 620, e; p. 621, c, d; Raynald., an. 1244, art. 3.

dans Jérusalem, et y ayant trouvé quelques estendards des chrestiens, ils les arborèrent sur les murailles de la ville, afin que les chrestiens qui se retiroient crussent sur cela que ceux qui estoient demeurez avoient vaincu les Barbares, et y retournassent. Ce stratagème leur réussit trop heureusement. Quelques chrestiens cachez proche de Jérusalem ayant apperceu ces estendards, coururent en avertir ceux qui se retiroient, qui estoient déjà arrivez heureusement à my-chemin de Joppé. Les plus sages se doutèrent du dessein des Barbares et continuèrent leur marche vers Joppé; mais les autres, ou par dévotion, ou par attache à leurs biens, retournèrent avec joie vers Jérusalem, avec ce qu'ils en avoient emporté; et c'estoit apparemment ce que les Corasmins vouloient avoir. [1] A peine y furent-ils arrivez, que les Barbares, qui s'estoient un peu retirez, parurent en un nombre infini, environnèrent la ville et l'assaillirent avec toute l'impétuosité possible. Il paroist néanmoins qu'elle résista quelques jours; mais enfin les habitants trouvèrent que le moindre mal estoit de tascher de se sauver, durant les ténèbres, dans les cavernes et par les montagnes, pour gagner quelque place forte. Les habitants des montagnes estoient Sarrazins, sujets du sultan de Crak avec lequel ils avoient trève; mais ces Sarrazins mêmes les poursuivirent, les tuèrent ou les firent prisonniers; et ceux qui échappèrent tombèrent entre les mains des Corasmins, qui les taillèrent en pièces. Ainsi, de six ou sept mille personnes qui estoient sorties de Jérusalem, à peine s'en put-il sauver trois cents.

[1] Matth. Par., p. 621, *d, e*; p. 631, 632; Raynald., an. 1244, art. 5, 6.

[1244] **VIE DE SAINT LOUIS.** 37

¹ Après ce premier carnage, les Corasmins revinrent à Jérusalem où ils trouvèrent encore des enfants, des religieuses, et d'autres personnes que leur âge ou leur foiblesse avoit empeschées de fuir avec les autres; tous réfugiez dans l'église du saint sépulcre et le lieu du Calvaire, comme dans un asyle assuré; et véritablement, dans toutes les guerres précédentes, les Sarrazins avoient toujours témoigné du respect pour ces lieux sacrez. Mais les Corasmins, plus barbares que les autres, égorgèrent tous ces chrestiens devant le saint sépulcre même. ² Ils profanèrent ensuite ce lieu sacré et tous les autres qui estoient autour de Jérusalem, en ruinèrent les ornements ou les envoyèrent au tombeau de Mahomet[3]; agissant avec d'autant plus d'emportement, qu'ils vouloient venger leur faux prophète des railleries que les chrestiens en avoient faites sur la chute de son image à la Mecque, ⁴ ou plutost de son tombeau, englouti l'année précédente par un tremblement de terre.

⁵ Quelques-uns écrivent qu'ils détruisirent même le saint sépulcre; ⁶ et ce qu'Innocent IV écrivit sur ce sujet en Allemagne, donna lieu de le croire. Mais les lettres originales n'en parlent point.

Les lieux les plus sacrez du monde furent ainsi réduits au même estat où Dieu avoit souffert qu'ils fussent durant près de trois cents ans. Depuis ce temps-là, jamais les chrestiens n'ont possédé Jérusalem.

---

¹ Raynald., an. 1244, art. 7; Matth. Par., p. 621, *f*; p. 632, *a*. —
² Matth. Par., p. 621, *f*; p. 632, *a. b*; Raynald., an. 1244, art. 7. —
³ Matth. Par., p. 634, *a*. — ⁴ Duchesne, p. 272, *b*. — ⁵ Vinc. Bellov.,
l. XXIX, c. LXXXVIII, p. 1215, 2; *Spicileg.*, t. VIII, p. 591; t. II,
p. 531; Ms. F, p. 174. — ⁶ Raynald, an. 1245, art. 96.

CXCIII.

Les chrestiens sont entièrement défaits par les Corasmins.

¹ L'horreur de ces sacriléges effroyables excita dans tous les chrestiens un courage et une ardeur extraordinaire pour venger l'injure du Créateur. Ils invoquèrent le secours du ciel, et avec tout ce qu'ils purent ramasser de forces, ils donnèrent la bataille aux ennemis. On combattit depuis le matin jusques au soir, avec perte d'un grand nombre de chrestiens et de quatre fois autant d'infidèles. Les chrestiens ne perdirent point courage.

² Le patriarche prescha la croix, et anima tous les cœurs d'une dévotion et d'un zèle ardent pour venger l'honneur de Dieu et le sang de leurs frères, ³ et défendre ce qui leur restoit encore de pays : car le dessein des Corasmins estoit de les chasser entièrement de la Palestine. ⁴ Le patriarche rassembla donc par un édit public tout ce qu'il y avoit de milices dans la terre sainte, les Templiers, les Hospitaliers, ⁵ les Teutoniques et tous les barons du pays. ⁶ L'on demanda aussi, par l'avis de tous, le secours des sultans alliez de Damas et de Crak.

⁸ Frédéric semble dire en un endroit qu'ils vinrent tous deux en personne, et immédiatement après, que celuy de Damas avoit envoyé le sultan de Camel, ou

---

¹ Matth. Par., p. 621, 622. — ² Ib d., p. 619, a. — ³ Ibid., p. 632, c. — ⁴ Ibid., p. 622, a. — ⁵ Ibid., p. 619, b. — ⁶ Ibid., p. 632, c. — Ibid., p. 619, c, d. — ⁸ Ibid., p. 619, d, e.

la Chamèle, ¹vassal du sultan de Damas, dès l'an 1193. ²Sanud dit que le sultan de Damas envoya quatre mille chevaux aux chrestiens sous la conduite du sultan de la Chamèle. ³Joinville ne dit point non plus qu'il en soit venu d'autre. Il dit que ce sultan étoit l'un des meilleurs chevaliers et des plus loyaux de tous les infidèles ; ⁴et d'ailleurs il n'espéroit aucune composition du sultan de Babylone. ⁵Il fut receu à Acre avec beaucoup d'honneur. ⁶Frédéric se plaint de ce que les Templiers le receurent avec une pompe et une magnificence toute séculière, et souffrirent même que dans leurs cloistres il exerçast ses superstitions et invoquast Mahomet. ⁷Joinville ne luy donne que deux mille Turcs. Il en pouvoit avoir deux mille de ses sujets et deux mille ou plus des troupes du sultan de Damas.

⁸ Les chrestiens estoient environ six cents chevaliers, outre les autres chevaux et l'infanterie. ⁹Il y avoit trois cents Templiers et deux cents Hospitaliers. ¹⁰Philippe de Montfort portoit le premier estendard de l'armée.

¹¹Les chrestiens crurent se devoir haster de combattre les Corasmins avant que ceux-ci eussent receu le secours qu'ils attendoient de l'Égypte. ¹²Mais les Corasmins sceurent si bien gagner le temps par diverses retraites, qu'enfin les Égyptiens les vinrent joindre en grand nombre lorsqu'ils estoient campez à Gazara. ¹³On ne marque néanmoins que cinq mille Égyptiens.

---

¹ Abul-Phar., p. 277. — ² Sanud, p. 217, *e*. — ³ Joinville, p. 99. — ⁴ Matth. Par., p. 619, *e*. — ⁵ Joinville, p. 99. — ⁶ Matth. Par., p. 619, *d*. — ⁷ Joinville, p. 100. — ⁸ Sanud, p. 217, *e*, *f*. — ⁹ Matth. Par., p. 619, *b*. — ¹⁰ *Ibid.*, *b*. — ¹¹ Joinville, p. 99. — ¹² Matth. Par., p. 632, *c*. — ¹³ *Ibid.*, p. 622, *b*.

¹ Sanud dit que les Corasmins furent joindre le sultan même, campé à Gaza. J'aurois peine à le croire.

² L'armée chrestienne partit d'Acre le 4 d'octobre, et prit sa marche par Césarée et les autres places maritimes. ³ En passant par Joppé elle fut jointe par Gautier de Brienne, qui en estoit comte, ⁴ et qui estoit l'un des plus vaillants et des plus pieux seigneurs du pays. ⁵ On croit qu'il estoit fils de Gautier, comte de Brienne, qui avoit prétendu disputer le royaume de Naples contre Frédéric (voy. t. I, *Prélim.*, p. 99). ⁶ Il avoit épousé Marie, fille de Hugues, roy de Chypre, et d'Alix de Champagne. ⁷ L'armée chrestienne estant arrivée à Ascalon, on tint conseil; et comme les Corasmins avoient peut-estre joint alors les Égyptiens, le sultan de la Chamèle opina à mettre l'armée en un lieu sûr, où l'on pust trouver des vivres, en attendant que les ennemis, dont les forces estoient alors trop grandes, fussent contraints par la disette des vivres de se retirer. Beaucoup de chrestiens entrèrent dans ce sentiment; mais les autres voulurent combattre, et il fallut les suivre, ⁸ en quoy on prétend qu'ils suivirent plutost leur zèle que les règles de la guerre. Les ennemis, avertis de leur résolution, se préparèrent aussi au combat.

⁹ Ainsi cette malheureuse bataille se donna le lundi 17 d'octobre, ¹⁰ ou le lendemain, feste de saint Luc, ¹¹ devant Gazara ou Gaza, ¹² après qu'on eut invoqué le

---

¹ Sanud, p. 217, *e*. — ² Matth. Par., p. 632, *c*. — ³ Joinville, p. 99; Sanud, p. 217, *a*. — ⁴ Joinville, p. 98. — ⁵ Note de Duc. [sur Joinv.], p. 93 — ⁶ *Ibid.*, p. 94. — ⁷ Sanud, p. 217, *f*. — ⁸ Matth. Par., p. 619, *a*. — ⁹ *Ibid.*, p. 619, *a*; p. 632, *b*. — ¹⁰ *Ibid.*, p. 622, *a*. — ¹¹ *Ibid.*, p. 632; *d*; Duchesne, p. 342, *b*. — ¹² Matth. Par., p. 622, *a*.

secours de Dieu.¹ Les noms de Gaza et Gazara sont assez souvent confondus dans ces histoires; on marque néanmoins une ville de Gazer ou Gazara dans la tribu d'Éphraïm. La route de l'armée chrestienne fait juger que la bataille se donna plustost près de Gaza.

²Le patriarche et les autres évesques donnèrent l'absolution. ³Il semble qu'ils aient aussi combattu : *qui sub Patriarcha militarunt;* ⁴et en effet il y en eut de pris et de tuez dans le combat. ⁵Il faut voir le détail de la bataille dans Joinville.

⁶Le sultan de la Chamèle avoit amené quatre mille chevaux; mais ils estoient en partie au sultan de Damas, ⁷et ceux-cy fuirent les premiers, sans rendre presque aucun combat, ⁸et se retirèrent devers le sultan de Crak, ou du costé des ennemis ; car le discours de Frédéric est presque inintelligible à force de figures. ⁹Le sultan de la Chamèle se retira sans avoir que cinq hommes avec luy.

¹⁰Le combat fut rude, mais ne fut pas long. ¹¹Les chrestiens le soutinrent tant qu'il leur resta un peu de forces. ¹²Mais il fallut céder à la multitude des ennemis qui estoient dix fois plus que les chrestiens, et qui envoyoient sans cesse des gens tout frais au combat. ¹³Le nombre des morts fut aussi incomparablement plus grand du côté des ennemis ; ¹⁴et néanmoins les chrestiens y perdirent une infinité d'arbalestriers et

---

¹ *Spicileg.*, t. XI, p. 531; Ms. F, p. 173; Vinc. Bellov., p. 1215, 2. — ² Matth. Par., p. 632, *d*. — ³ *Ibid.*, p. 622, *c*. — ⁴ *Ibid.*, p. 619, *b*. — ⁵ Joinville, p. 99, 100. — ⁶ Sanud, p. 217, *e* — ⁷ *Ibid.*, *f*; Matth. Par., p. 619, *d*, *e*; p. 632, *d*, *e*. — ⁸ *Ibid.*, p. 619, *d*, *e*. — ⁹ *Ibid.*, p. 619, *d*. — ¹⁰ Sanud, p. 617, *f*. — ¹¹ Matth. Par., p. 622, *b*, *c*. — ¹² *Ibid.*, p. 632, *c*. — ¹³ *Ibid.*, p. 622, *b*. — ¹⁴ *Ibid.*, p. 632, *c*.

de gens de pied; ce que l'on considéroit encore moins que la perte des personnes qualifiées, qui furent presque tous pris ou plustost tuez, [1] car ils évitèrent autant qu'ils purent d'estre pris. [2] Toutefois on prétend que le guidon des Templiers commença le premier à fuir.

[3] Sanud dit qu'à peine le quart des chrestiens se put sauver. [4] Frédéric ne compte que le patriarche de Jérusalem, Philippe de Montfort, quatre chevaliers templiers et quelques frères, *servientes*; dix-neuf Hospitaliers et trois Teutoniques. [5] Un autre compte dix-huit Templiers et seize Hospitaliers, qui eurent regret d'estre échappez, et moins de cent chevaliers en tout. [6] La lettre des évesques et des abbez, écrite le 25 novembre, met trente-trois Templiers, vingt-six Hospitaliers et trois Teutoniques. [7] On ne sçavoit point encore alors ce qu'estoient devenus les évesques de Tyr et de Saint-George (de Rame), ny les grands maistres des Templiers et des Teutoniques. [8] Frédéric assure, sur les lettres des Teutoniques, que l'évesque de Saint-George et le seigneur de Caiphas avoient esté tuez dans le combat, *in acie*, et l'archevesque de Tyr, pris. [9] Une autre lettre met les maistres des Templiers et des Hospitaliers entre les morts, avec Philippe de Montfort; [10] mais il est certain que Philippe se sauva, [11] et la lettre des évesques porte que le grand maistre des Hospitaliers avoit esté emmené prisonnier à Babylone avec beaucoup d'autres. [12] Le grand maistre des Templiers eut le même sort. [13] Pour

---

[1] Matth. Par., p. 622, *c*. — [2] *Ibid.*, p. 698, *b*. — [3] Sanud, p. 217, *f*. — [4] Matth. Par., p. 619, *b*. — [5] *Ibid.*, p. 622, *e*. — [6] *Ibid.*, p. 632, *e*. — [7] *Ibid.*, p. 632, *c, f*. — [8] *Ibid.*, p. 619, *b*. — [9] *Ibid.*, p. 632, *c*. — [10] *Ibid.*, p. 619, *b*; p. 632, *f*. — [11] *Ibid.*, p. 632, *f*. — [12] *Ibid.*, p. 698, *a*. — [13] *Ibid.*, p. 632, *f*; p. 619, *b*; p. 622, *c*; Joinville, p. 100.

Gautier, comte de Joppé, on convient qu'il fut fait prisonnier. [1] Frédéric dit qu'il avoit esté blessé, et même mortellement; [2] il est certain néanmoins qu'il ne mourut pas de ses blessures. [3] On l'avoit mené à Babylone dès devant le 25 novembre.

CXCIV.

Suite de la défaite des chrestiens.

[4] Le patriarche, le connestable d'Acre, Philippe de Montfort et les autres qui s'estoient sauvez de la bataille, se retirèrent à Ascalon [5] et de là à Acre, où ils trouvèrent tout le monde dans la douleur et dans la consternation, ne restant point de troupes dans le pays. Les Corasmins couroient toute la campagne avec une entière liberté, et en disposoient comme en estant libres possesseurs. Ils menaçoient même les plus fortes places. Ils vinrent camper à deux milles d'Acre, et le bruit couroit que les Babyloniens y devoient venir en grand nombre pour assiéger la ville avec eux. On y receut nouvelles le 20 de novembre, que les Babyloniens estoient devant Ascalon et y formoient un siége. [6] Les Corasmins se présentèrent devant Joppé et menacèrent les habitans, s'ils ne se rendoient, de faire mourir devant eux le comte Gautier, leur seigneur; mais Gautier même les exhorta de ne se point rendre. Et ainsi ils se retirèrent et envoyèrent Gautier à Babylone, au sultan, avec le maistre de

---

[1] Matth. Par., p. 619, b. — [2] Joinville, p. 101. — [3] Matth. Par., p. 632, f. — [4] Ibid. — [5] Ibid., p. 633, a, b, c. — [6] Joinville, p. 100; Matth. Par., p. 813.

l'Hospital et plusieurs autres prisonniers de marque. ¹Le sultan abandonna Gautier aux marchands de Babylone qui le mirent en pièces. ²Ses os furent rapportez à Acre par un ambassadeur que saint Louis avoit envoyé en Égypte en 1250, et enterrez dans l'église des Hospitaliers. Saint Louis assista au service qui y fut fait avec beaucoup de solennité.

³On prétend que saint Louis, dans la grande maladie qu'il eut, comme nous verrons, au mois de décembre, vit en esprit cette grande défaite des chrestiens, dont il ne pouvoit pas avoir eu la nouvelle; qu'il luy fut ordonné en même temps d'en tirer la vengeance, et que ce fut pour cela qu'il prit aussitost la croix. ⁴Beaucoup crurent effectivement que Dieu ne l'avoit tiré de cette maladie que pour luy faire délivrer la terre sainte. Néanmoins, l'événement fit voir que Dieu luy vouloit plustost faire acquérir une couronne immortelle dans le ciel, que conquérir une terre qui, quoyque sanctifiée par la présence visible et par le sang du Sauveur, doit néanmoins périr un jour avec le reste du monde, et qui estoit encore moins profanée par les impiétez visibles des ennemis de Jésus-Christ que par les crimes de ceux qui le déshonoroient en faisant profession de l'adorer.

⁵Tout ce que purent faire les chrestiens qui restoient en Palestine après la défaite, fut d'écrire au roy de Chypre et au prince d'Antioche pour implorer leur secours. ⁶Ils firent la même chose à l'égard des Occidentaux, par la lettre qu'ils en écrivirent le 25 de no-

---

¹ Joinville, p. 100, 101. — ² *Ibid.*, p. 88, 89. — ³ *Spicileg.*, t. III, p. 367, 368. — ⁴ Matth. Par., p. 742, *e*. — ⁵ *Ibid.*, p. 633, *a*. — ⁶ *Ibid.*, p. 631, *b*; p 633, *c*.

vembre à tous les prélats de France et d'Angleterre, et qui porte en teste les noms des évesques de Jérusalem, de Nazareth, de Césarée, d'Acre et de Sidon, de quelques abbez, etc. ¹ Ils y protestent que si les Occidentaux ne les assistent dès le mois de mars suivant, ils ne doutent point de la ruine entière de la Palestine. Et ils députèrent pour solliciter ce secours Valeran, évesque de Béryte, et un Frère Arnoul, jacobin, ² qui s'embarquèrent pour cela le premier dimanche de l'Avent, 27 novembre.

³ Les Templiers et les Hospitaliers ordonnèrent des prières et des jeûnes extraordinaires pour la délivrance de la terre sainte. ⁴ Ils taschèrent d'obtenir l'élargissement de leurs grands-maistres pour de l'argent, ce qu'on prétend estre défendu par leurs règles. Les Égyptiens se mocquèrent d'eux. ⁵ On leur fit espérer de les délivrer gratuitement si Frédéric en écrivoit au sultan; mais ils ne voulurent jamais avoir recours à ce prince.

CXCV.

Les Corasmins sont défaits devant la Chamèle et périssent.—Le sultan d'Égypte prend Damas et Ascalon.

Dieu, qui ne vouloit pas encore abandonner entièrement les chrestiens de la Palestine, les défendit luy-même sans l'assistance des Occidentaux; ⁶ car Joinville rapporte comment le prince des Corasmins fut taillé en pièces avec vingt-cinq mille des siens, sans qu'il en

---

¹ Matth. Par., p. 633, d. — ² Ibid., f. — ³ Ibid., p. 698, a. — ⁴ Ibid., a, b, c. — ⁵ Ibid., d. — ⁶ Joinville, p. 100.

restast un seul, en voulant assiéger la Chamèle. Il faut que ç'ait esté dès cette année, puisque c'estoit avant le retour de ceux qu'il avoit envoyés mener le comte Gautier à Babylone. Il resta néanmoins encore assez de Corasmins pour continuer d'affliger les chrestiens, [1] et ce fut avec leur secours qu'en 1245, au commencement d'octobre, le sultan d'Égypte prit Damas, qui estoit dans l'alliance des chrestiens; et le sultan de Damas fut réduit à demeurer quelque temps caché pour sauver sa vie.

[2] Néanmoins les Corasmins ne s'estimant pas assez bien récompensez de leurs crimes par le sultan d'Égypte, [3] qui même ne vouloit pas leur permettre l'entrée de l'Égypte comme il le leur avoit fait espérer, et faisoit fortifier le pas de Belbeis pour les empescher d'y entrer malgré luy, [4] ils l'abandonnèrent tous en 1246, avec de grandes menaces, et se joignirent au sultan de Damas, qui donna même sa fille à celuy qui estoit alors leur chef, et par leur secours devint même plus fort que le sultan d'Égypte. Il y a apparence qu'il reprit Damas, [5] puisque le sultan d'Égypte la prit une seconde fois.

[6] L'abaissement des Égyptiens donna quelque espérance aux chrestiens. [7] Mais les Corasmins, s'estant divisez entre eux en se tuant les uns les autres, par les intrigues du sultan d'Égypte, [8] demeurèrent exposez à la vengeance des paysans de la Palestine, irritez des cruautez qu'ils commettoient. [9] Tout le monde s'éleva

---

[1] Matth. Par., p. 684, *b, c.* — [2] *Ibid.*, p. 702, *b.* — [3] Sanud, p. 217, 218. — [4] Matth. Par., p. 702, *b, c.* — [5] Sanud, p. 218, *a.* — [6] Matth. Par., p. 702, *c.* — [7] Sanud, p. 218, *a;* Matth. Par., p. 765, *c.* — [8] Sanud, p. 218, *a.* — [9] Matth. Par., p. 733, *c.*

contre eux ; ils furent battus de tous costez et réduits à manquer de tout. Ainsi leurs forces diminuant de jour en jour, ¹non-seulement ils furent entièrement chassez de la Palestine, en 1247, trois ans après y estre entrez, ²mais ils périrent presque tous, en punition des sacriléges qu'ils avoient commis dans les lieux saints. ³On prétend même que leur nom périt entièrement, sans qu'il restast d'eux que l'horreur de leur inhumanité et de leurs crimes. ⁴Moaz, sultan d'Égypte, fit estrangler un de leurs rois nommé Bakahsa, le 6 février 1251.

⁵D'autre part, le sultan de Damas fut défait en 1246, et pris prisonnier par celuy d'Alep, Naser Saladin ; ce que celuy d'Égypte ayant appris, il vint avec une puissante armée, prit Damas, la Chamèle et Mahubeth, et ensuite entra sur les terres des chrestiens, où il ruina un chasteau basti auprès de Tibériade, Ascalon, et les divers lieux fortifiez par Richard d'Angleterre et par le roy de Navarre, en 1240.

⁶Acre et les autres places des chrestiens, et Crak, qui appartenoit à son sultan, estoient réduits à une extrême misère, et n'attendoient plus que le siége. De sorte que beaucoup de chrestiens, dont la foy estoit foible, et qui adoroient la croix sans l'embrasser, abandonnèrent leur religion et devinrent les plus grands ennemis de ceux dont ils avoient esté de faux frères. Il y a apparence que Crak se rendit peu après, ⁷car en 1250 Moadam, sultan d'Égypte, en estoit maistre.

⁸Lorsque cette mauvaise nouvelle fut apportée en

---

¹ Sanud, p. 218, a. — ² Vinc. Bellov., l. XXIX, c. LXXXII, p. 1215. — ³ Matth. Par., p. 733, e. — ⁴ Ms. G. — ⁵ Sanud, p. 218, a. — ⁶ Matth. Par., p. 709, b, c. — ⁷ Ms. G. — ⁸ Matth. Par., p. 709, b, c.

Occident l'an 1246, Ascalon résistoit encore. ¹Saleh-Ismaël estoit en liberté en 1250 et portoit même les armes pour le sultan d'Alep; ²mais ayant esté pris lorsque l'armée de ce sultan fut défaite par les Égyptiens, ³il fut d'abord traité avec beaucoup d'honneur, et enfin estranglé (voy. ci-après, chap. cccvii).

⁴L'année 1247 fut plus favorable aux chrestiens, tant par la ruine et la dissipation des Corasmins, ⁵que parce que les infidèles ne doutant plus du voyage de saint Louis, ils furent obligez de songer à munir leurs places.

CXCVI.

Les Occidentaux travaillent pour le secours de la Palestine.

Voilà l'estat où estoit la terre sainte lorsque saint Louis vint en 1248 dans le dessein de la secourir. Il avoit pris la croix pour ce voyage à la fin de 1244, lorsqu'on sçavoit peut-estre déjà l'irruption des Corasmins et les profanations qu'ils avoient faites dans le saint sépulcre, mais non l'entière défaite des chrestiens; car la lettre par laquelle Frédéric manda cette défaite au comte de Cornouaille, et apparemment à tous les princes, ⁶sur les nouvelles qu'il en avoit receues des Teutoniques, ⁷n'est datée que du 26 février 1245. ⁸Mais il paroist assez qu'il en avoit déjà écrit une autre sur ce qui s'estoit passé auparavant, et c'est sans doute celle ⁹dont Raynaldus a donné quelques extraits.

¹ Ms. G, p. 200. — ² Ibid., p. 201, 188. — ³ Ibid., p. 188, 193, 202. — ⁴ Matth. Par., p. 733, c. — ⁵ Ibid., p. 725, c, d. — ⁶ Ibid., p. 619, b. — ⁷ Ibid., p. 620, d. — ⁸ Ibid., p. 618, f. — ⁹ Raynald., an. 1244, art. 2-7.

¹Innocent IV, dans sa lettre du 3 janvier 1245, marque qu'il vouloit assembler le concile de Lyon en partie à cause du danger où estoit la terre sainte. ²Pour l'évesque de Béryte, qui estoit parti le 27 novembre avec la lettre que les prélats de Palestine avoient écrite le 25, il fut six mois sur mer, et ne put aborder à Venise que vers l'Ascension. ³Le pape fit prescher la croisade contre les Corasmins en 1245, après le concile de Lyon.

⁴Saint Louis, qui s'estoit croisé durant sa maladie, manda, quand il fut guéri, aux Orientaux, qu'il avoit pris la croix pour l'amour de celuy qui, par l'excès de son amour pour les hommes, avoit voulu estre attaché à une croix; qu'il les exhortoit à défendre avec courage les places qu'ils tenoient encore, et qu'il les iroit secourir aussitost qu'il le pourroit. ⁵Mais pour essuyer, par un secours plus efficace, les larmes que l'Église répandoit pour la mort de ses enfants, il y envoya, la même année, quelques troupes, avec des sommes d'argent considérables. Les Templiers, les Hospitaliers, et le comte Richard d'Angleterre firent aussi la même chose.

⁶Le pape écrivit, et députa, en 1246, une personne qualifiée, au sultan d'Égypte, pour tascher de moyenner quelque paix ou quelque trêve, en attendant que saint Louis fust en estat de passer en Orient. Le sultan receut fort bien son envoyé et écrivit au pape une lettre fort respectueuse; mais pour ce qui est du traité, il répond que son père Camel et l'empereur Frédéric

---

¹ Matth. Par., p. 636, b. — ² Ibid., p. 633, 634. — ³ Duchesne, p. 344, c; Ms. F, p. 173, 174. — ⁴ Sanud, p. 217, d. — ⁵ Matth. Par., p. 657, e. — ⁶ Ibid., p. 711.

ayant toujours esté fort unis, il ne veut rien faire sans l'approbation de celuy-cy; qu'il a mandé la proposition du pape à l'envoyé qu'il a à la cour impériale, afin qu'il sceust les sentiments de Frédéric et qu'ensuite il se transportast à Rome pour négocier avec le pape; et que suivant ce qu'il aura appris de son envoyé, il prendra la résolution qu'il jugera la plus utile pour tous et la plus agréable à Dieu. Il se qualifie roy d'Égypte, de Syrie, de Mésopotamie, de la Médie, de l'Idumée, d'Ophir, etc. ¹Le pape prétendit que c'estoit un jeu de Frédéric, mais on y trouvoit peu d'apparence.

CXCVII.

Innocent IV se retire à Lyon.

²La division continuoit toujours entre le pape et l'empereur, et la guerre continuoit de même en Italie. ³L'empereur fit néanmoins diverses offres pour avoir la paix et la communion de l'Église, et fit au pape de grandes soumissions, mais qui n'estoient pas pour tout généralement. ⁴Il commit pour cela le comte de Toulouse, avec Pierre de la Vigne et Thaddée de Suesse, ses principaux conseillers, à qui il donna un plein pouvoir de faire en son nom toutes sortes de soumissions, ⁵et pour traiter avec l'évesque d'Ostie et trois autres cardinaux. ⁶Il pria le roy d'Angleterre, et apparemment tous les autres rois, de députer quelqu'un de sa part pour assister à ce traité. ⁷Enfin, après beau-

---

¹ Matth. Par., p. 712. — ² Raynald., an. 1244, art. 18, 19. — ³ Matth. Par., p. 629, 630. — ⁴ *Ibid.*, p. 629, *b*. — ⁵ *Ibid.*, *f*. — ⁶ *Ibid.*, *c*. —⁷ Raynald., an. 1244, art. 21.

coup de négociations, le jour du jeudi saint, 31 mars, l'empereur, par ses députez, fit publiquement un serment solennel de se soumettre au pape. Baudoin, empereur de Constantinople, fut présent à ce serment avec une infinité de personnes. On ne dit pas si les exceptions marquées dans l'écrit de Frédéric en estoient ostées. Il est seulement certain que la paix ne se fit pas. [1] Le pape mande au Lantgrave de Thuringe que, peu de jours après, Frédéric s'estoit résilié de son serment, et n'avoit point voulu se soumettre à ce qu'il luy avoit commandé, *quod sibi mandavimus*. [2] Matthieu Paris, qui est d'ordinaire assez favorable à ce prince, l'abandonne en ce point, et dit que par le mouvement du prince des superbes, il se repentit et se rétracta de l'humble satisfaction qu'il avoit jurée. [3] Néanmoins il dit dans la suite que le comte de Toulouse et même l'empereur de Constantinople rendoient un témoignage fort favorable à Frédéric dans des lettres qui estoient veues de tout le monde. [4] Frédéric même, pour se justifier de l'obstination que le pape luy reprochoit, soutenoit que le pape, avant que de l'absoudre, avoit voulu l'obliger de se dessaisir de diverses villes et chasteaux dont on doutoit s'ils appartenoient à l'Église, et de mettre hors de prison des personnes qui y estoient pour leurs crimes, *quasi suos seductores*. [5] Il offrit de se soumettre à la disposition et au jugement des rois de France et d'Angleterre et de leurs barons; mais le pape ne voulut point accepter cette offre; de quoy Frédéric fit de grandes plaintes à tous

---

[1] Raynald., an. 1244, art. 21. — [2] Matth. Par., p. 631, *a, b*; p. 636, *e*. — [3] *Ibid.*, p. 642, *e*. — [4] *Ibid., e, f*. — [5] *Ibid., f.*

les princes. ¹ On ne laissa pas de continuer à chercher quelques voies d'accord ; mais comme il y avoit peu d'apparence de les voir réussir, Innocent, qui se trouvoit engagé à Rome et aux environs au milieu des forces de son ennemi, sortit secrètement de Sutri, la nuit de la veille de Saint-Pierre, s'embarqua dès le lendemain à Civita-Vecchia sur la flotte de Gênes qui s'y trouva preste pour le recevoir, et arriva à Gênes le mardi, 5 de juillet. ² Le dessein de convoquer un concile général contre Frédéric le fit résoudre à quitter Gênes pour passer les Alpes et s'approcher de la France. ³ L'empereur faisoit garder soigneusement tous les environs de Gênes, particulièrement du costé de la France. ⁴ Néanmoins le pape passa secrètement à Ast, ⁵ et ensuite dans les terres d'Amédée, comte de Savoie, où il estoit vers la Saint-Luc. ⁶ Il estoit à Chambéri en Savoie vers la mi-novembre, ⁷ et enfin il arriva à Lyon vers le milieu de décembre, ⁸ ou à la Saint-André, ⁹ quoyque d'autres disent devant la Toussains.

¹⁰ Il establit sa résidence à Lyon, ¹¹ dans le monastère de Saint-Just. Cette ville, commode pour tenir un concile à cause qu'elle est placée entre la France, l'Allemagne et l'Italie, estoit, comme nous avons dit autre part (voy. t. I, *Prélim.*, p. 87), des dépendances de l'empire, et avoit son archevesque pour prince. ¹² C'estoit alors un Aimeri, ou Guerri, dont on parle avec éloge ;

---

¹ Matth. Par., p. 636, 637. — ² *Ibid.*, p. 650, *d*, *e*. — ³ *Ibid.*, *f*; p. 637, *e*. — ⁴ *Ibid.*, p. 650, *d*. — ⁵ Urstit., p 590, *e*. — ⁶ Raynald., an. 1244, art. 36. — ⁷ Duchesne, p. 341, *a*; *Spicileg.*, t. II, p. 815. — ⁸ Vinc. Bellov., l. XXX, c. CLII, p. 1285, 12 ; Ms. F, p. 171. — ⁹ Labbe, *Bibl.*, t. I, p. 342. — ¹⁰ Urstit., p. 590, *c*. — ¹¹ *Gall. Christ.*, t. I, p. 323, 1, *c*. — ¹² *Ibid.*, t. I, p. 323 ; *Évesques du Mans*, p. 514.

¹ mais il céda bientost cette dignité pour se retirer en l'abbaye de Grammont et faire place à Philippe de Savoie, qui avoit aussi peu l'esprit ecclésiastique que ses frères, Guillaume, Thomas et Boniface, qui ont tous esté le déshonneur de l'épiscopat. ²Il estoit tout ensemble archevesque de Lyon, évesque de Valence, prévost de Bruges et doyen de Vienne, c'est-à-dire qu'il avoit tous les revenus de ces dignitez ecclésiastiques et encore de quelques autres, ³car il n'entra jamais dans les ordres sacrés. ⁴Le pape Innocent le luy permettoit, apparemment pour des raisons plus séculières que spirituelles. ⁵Aussi il estoit son général d'armée. ⁶Mais Clément IV ne voulut pas souffrir qu'il se moquast plus longtemps de l'Église de Lyon. Il le pressa de quitter le titre et les revenus de l'épiscopat, ou d'en faire les fonctions, et le déclara suspens et privé des fruits et du titre de tous ses bénéfices, s'il ne prenoit les ordres et ne se faisoit sacrer dans un certain terme. Philippe s'opiniastra quelque temps; mais enfin il céda, après le 5 may 1267, ⁷et renonça à ses bénéfices pour épouser Alix, héritière de la Franche-Comté, et devenir ensuite, à son malheur, comte de Savoie. ⁸Il épousa Alix le 11 juin 1267. ⁹Clément le qualifie comte de Bourgogne le 26 juillet de la même année. ¹⁰Matthieu Paris luy donne, sur l'an 1245, le titre de garde de la paix ecclésiastique dans Lyon.

---

¹ *Gall. Christ.*, t. I, p. 323; *Évesques du Mans*, p. 514; Matth. Par., p. 661, *b*; p. 662, *c*, *d*. — ² *Ibid.*, *b*, *c*. — ³ *Gall. Christ.*, t. I, p. 324, 1, *c*. — ⁴ Matth. Par., p 661, *c*; p. 654, *c*. — ⁵ *Gall. Christ.*, t. I, p. 324, 1, *c*. — ⁶ Clem., *Ep.*, 322, 365. — ⁷ *Gall. Christ.*, t. I, p. 324, 2, *a*, *b*. — ⁸ Guichen., p. 296. — ⁹ Clem., *Ep.*, 363, 365. — ¹⁰ Matth. Par., p. 658, *d*.

[1] Mais tout le crédit qu'Innocent pouvoit avoir dans la ville, et par luy-même et par Philippe, ne l'en rendoit pas néanmoins tout à fait le maistre ; et ayant voulu mettre quelques-uns de ses parens dans le chapitre, les chanoines luy protestèrent que ni eux, ni l'archevesque ne pourroient pas empescher que ces gens-là ne fussent jetez dans la rivière.

[2] On remarque qu'Aimeri quitta l'archevesché de Lyon, « nolens, ut papam saginaret, ecclesiam suam
« destruere, imo potius dolens quod papa totam chris-
« tianitem et universalem Ecclesiam turbaturus illuc
« adventasset, et suum archiepiscopatum onerasset
« sua præsentia. »

CXCVIII.

Saint Louis va à Cisteaux.

[3] Innocent, avant que de venir à Lyon, avoit fait demander à saint Louis, au chapitre général de Cisteaux, auquel le roy se trouvoit cette année, sa protection contre Frédéric et la permission de venir en son royaume si la nécessité l'y obligeoit.

Saint Louis avoit apparemment témoigné au chapitre de l'année précédente le dessein qu'il avoit de venir à celui-cy ; [4] car les abbez d'Angleterre rapportèrent cette nouvelle à leur retour du chapitre, en 1243. [5] Matthieu Paris décrit ce qui se passa dans ce voyage de saint Louis à Cisteaux. [6] Il dit que ce fut vers la

---

[1] Matth. Par., p. 658, c, d. — [2] Matth. West., p. 321, f. — [3] Matth. Par., p. 649, e, f — [4] Ibid., p. 604, f. — [5] Ibid., p. 649, 650. — [6] Ibid., p. 649, e.

Saint-Michel, et je croy avoir veu que ce chapitre se tenoit toujours au mois de septembre, vers la Sainte-Croix. [1] Le chapitre, en reconnoissance de la dévotion de saint Louis, de Blanche, des comtes et des comtesses d'Artois, de Poitiers et de Boulogne, et d'Isabelle, sœur du roy, leur accorda des messes et des services. [2] Pour le respect du roy et de la reine, et à cause de la fatigue qu'ils avoient eue à venir au chapitre, on leur permit de manger de la viande dans la maison du duc et de la duchesse de Bourgogne, qui estoit hors de la closture, avec défense néanmoins d'accorder cette permission à l'avenir. Il fut aussi ordonné que quand le pape auroit permis à une femme d'entrer dans quelque maison de Cisteaux, on ne souffriroit pas néanmoins qu'elle y couchast. [3] Le roy, ni sa mère et sa sœur, ne voulurent point manger de viande qu'après en avoir obtenu la permission du chapitre général. [4] Le même chapitre ordonna comme une chose nouvelle que dans toutes les maisons de l'ordre en France, on écriroit au memento les noms de saint Louis et de Blanche pour en faire une mémoire particulière. [5] Ce chapitre remit à l'évesque d'Orléans deux abbayes de filles qui ne vouloient pas obéir à l'ordre. [6] Il y avoit alors une dispute entre l'abbé de Cisteaux et l'abbé des Vaux de Cernay : [7] c'estoit peut-estre sur la filiation de Port-Royal.

[8] Le roy, au retour de Cisteaux, estant à Vitteaux en Auxois, au mois de septembre, donna une rente de cent vingt livres parisis pour les frais du chapitre géné-

---

[1] *Cisterc.*, p. 298, 299. — [2] *Ibid.*, p. 298. — [3] *Ibid.*, p. 338. — [4] *Ibid.*, p. 297. — [5] *Ibid.*, p. 300. — [6] *Ibid.* — [7] *Ibid.*, p. 353, 354. — [8] Ms. G, p. 365-367.

ral. Blanche en donna quarante pour le même sujet, ce que saint Louis confirma en même temps. [1] Il avoit une dévotion particulière pour ce monastère.

[2] Pour la demande que le pape fit faire au roy par le chapitre de Cisteaux, saint Louis promit de défendre l'Église contre les violences injustes de Frédéric, « quantum honestas permitteret ; et ipsum dominum « papam, *si consilium optimatum suorum* (suppl. *haberet* « ou quelque mot semblable), quod non potest aliquis « rex Francorum subterfugere, exulantem liberaliter « receptaret. » [3] Raynaldus omet ces conditions dans son récit, quoyque nécessaires pour justifier saint Louis. [4] Car sçachant que le pape approchoit de son royaume, il assembla les barons pour sçavoir ce qu'il avoit à faire sur ce sujet. Durant qu'ils estoient assemblez, [5] il arriva une députation solennelle que le pape envoyoit au roy [6] et aux barons, avec une lettre fort bien écrite, où, alléguant l'exemple de Louis le Jeune qui avoit receu le pape Alexandre III persécuté par Frédéric I, il demandoit aussi d'estre receu dans la France, et de pouvoir demeurer à Reims, où il n'y avoit point alors d'évesque, [7] Henri de Dreux estant mort cette année même, le 6 de juillet, et Juhel de Mayence n'ayant esté transféré de l'église de Tours à celle de Reims que lorsqu'Innocent estoit déjà à Lyon, [8] quoyque d'autres mettent tout cela beaucoup plus tost.

[9] Ni l'élégance ni les raisons et les exemples de la lettre d'Innocent ne touchèrent point les barons. Ils

---

[1] Ms. G, p. 568. — [2] Matth. Par., p. 650, *a*. — [3] Raynald., an. 1244, art. 37. — [4] Matth. West., p. 318, *d*. — [5] Matth. Par., p. 655, *f*. — [6] Matth. West., p. 318, *d*. — [7] Ms. F, p. 658, 659. — [8] *Gall. Christ.*, t. I, p. 528, 1, *a*. — [9] Matth. West., p. 318, *d, e*.

craignoient qu'un hoste si puissant ne devinst le maistre et que son autorité ne fist tort à celle d'un prince qui n'estoit encore que dans sa trentième année, ce que Louis VII n'avoit pas eu à craindre d'Alexandre III. C'est pourquoi ils résolurent absolument de refuser la demande du pape. ¹Et saint Louis répondit au pape, avec modération et avec respect, que les barons n'avoient pu agréer qu'il vinst en France.

²Lorsqu'Innocent vint à Cluni en novembre 1245 pour conférer avec saint Louis, ce fut sur un ordre exprès du roy qui ne luy permettoit pas d'entrer plus avant en France.

³On luy refusa de même l'entrée de l'Arragon, ⁴et quelques cardinaux ayant écrit au roy d'Angleterre afin qu'il priast le pape d'honorer son isle de sa présence, ce roy, facile à tout, estoit près de le faire; mais les plus sages de son conseil l'en détournèrent.

⁵La raison de ces refus estoit l'avarice des officiers de la cour romaine. ⁶Le pape fut fort piqué de ces refus.

Ce fut sans doute dans ce voyage de Cisteaux que saint Louis fut à l'abbaye de Vézelay en Nivernois, où l'on croyoit alors qu'estoit le corps de sainte Madeleine, les Jacobins ne s'estant pas encore establis à la Sainte-Baume. ⁷Le roy estant cette année en cette abbaye, demanda en plein chapitre les prières du couvent pour luy, pour sa femme et pour sa mère.

---

¹ Matth. Par., p. 655, *f.* — ² *Ibid.*, p. 683, *d.* — ³ *Ibid.*, p. 655, *f.* — ⁴ *Ibid.*, *e, f.* — ⁵ *Ibid.*, *f.* — ⁶ *Ibid.*, p. 660, *b, c.* — ⁷ *Invent.*, t. VII, *Fondations*, II, pièce 7.

CXCIX.

Maladie de saint Louis.

[1] Un auteur assez peu considérable écrit que le pape estant arrivé à Lyon, ou près d'y arriver, manda à saint Louis qu'il souhaitoit de conférer avec lui, et que le roy voulant partir aussitost, fut arresté par sa grande maladie.

[2] Il estoit d'une complexion fort délicate, [3] et la chaleur, la mauvaise nourriture et les fatigues de la guerre de Poitou l'ayant fait tomber dans une grande maladie l'an 1242 (voy. t. II, p. 462), il n'en estoit point parfaitement guéri. [4] On prétend que ce fut ce qui luy causa la grande maladie qu'il eut cette année [5] à Maubuisson, ou, [6] selon la plupart des auteurs, à Pontoise. [7] Sa maladie commença vers la Sainte-Luce, [8] le samedi 10 de décembre. [9] Il marque luy-même qu'estant malade le 14 décembre, il avoit consenti que le chapitre de Paris nommast deux personnes pour s'informer de tous les différends qu'il avoit avec ce chapitre, et avoit promis de s'en tenir à ce que ces deux personnes en ordonneroient, ce qu'il confirma encore au mois de janvier 1246, après que le chapitre eut nommé pour cela un archidiacre et un chanoine de son corps.

[1] Ms. F, p. 318, 776. — [2] Matth. Par., p. 594, *f*. — [3] *Ibid*., p. 605, *a*; p. 631, *c, d*; p. 615, *a*. — [4] *Ibid*., p. 651, *c, d*. — [5] Guiart, p. 139, 1. — [6] Duchesne, p. 341, *a*; *Spicileg*., t. II, p. 815; Ms. F, p. 10, 1; p. 171, 47, 896. — [7] Sanud, p. 217, *c*; Matth. Par., p. 651; Ms. F, p. 171; Vinc. Bellov., p. 1285, 2. — [8] Duchesne, p. 341, *a*; *Spicileg*., t. II, p. 815. — [9] Ms. D, p. 126.

¹ La maladie de saint Louis estoit une grande dyssenterie, ² accompagnée d'une très forte fièvre ³ double-tierce. ⁴ Le danger de perdre un si bon prince alarma tous les François. Chacun accourut auprès du roy. On ordonna partout des aumosnes, des prières et des processions solennelles. (Voy. Nangis, p. 341, a b.) ⁵ On fit de grandes processions à Paris, où tant les seigneurs que le peuple, qui l'aimoit beaucoup, demandèrent sa santé à Dieu avec grande dévotion. ⁶ Cependant la maladie du roy augmentoit en sorte qu'on désespéroit de sa vie. Il fit tout ce qu'un bon chrestien doit faire en cet estat. Il disposa de ses affaires et ayant fait venir tous ses officiers, il les remercia avec beaucoup d'humilité de leurs bons services, les exhorta à servir Dieu, leur fit faire sur cela un discours fort utile, ⁷ et leur en fit un luy-même. ⁸ Sa maladie augmentant toujours, il tomba dans un évanouissement qui luy fit perdre tout sentiment. On le crut mort un assez long espace de temps. ⁹ Matthieu Paris dit même durant quelques jours; ce qui est peu croyable, ¹⁰ aussi bien que ce que d'autres écrivent que le clergé estoit déjà assemblé pour faire ses funérailles. ¹¹ De deux dames qui le gardoient dans sa maladie, l'une vouloit déjà luy couvrir le visage, comme estant mort; l'autre l'empescha, en soutenant qu'il vivoit.

¹² Sur la créance que le roy estoit mort, le palais fut

---

¹ Guiart, p. 139, 1; Ms. F, p. 318. — ² Duchesne, p. 341, a; Spicileg., t. II, p. 815. — ³ Ms. F, p. 10, 1. — ⁴ Duchesne, p. 341, a, b; Chron. de Saint-Denys. — ⁵ Ms. F, p. 171. — ⁶ Ibid., p. 10, 1; p. 172. — ⁷ Ibid., p. 47, 48. — ⁸ Ibid., p. 10, 1; p. 171, 318; Duchesne, p. 341, b; Sanud, p. 217, c; Guiart, p. 137, 1. — ⁹ Matth. Par., p. 651, d. — ¹⁰ Sanud, p. 217, e. — ¹¹ Joinville, p. 22 — ¹² Duchesne, p. 341, b.

aussitost rempli de cris et de pleurs. Ce bruit alla jusqu'à Lyon, où le pape, qui y estoit arrivé depuis peu, en témoigna un extrême déplaisir, et avec sujet. [1] Le peuple témoigna de même sa douleur par ses gémissemens, quitta tout pour courir aux églises, et fit de grandes aumosnes pour obtenir de Dieu la vie d'un roy qu'il appelloit un prince de paix et de justice. [2] Sa mère, ses frères et les autres, qui estoient autour de luy, prioient sans cesse pour sa vie, *corde sincero et perfecto;* mais sa mère sur tous les autres. [3] Elle ne cessa de prier durant plusieurs jours et plusieurs nuits que dura le fort de la maladie du roy, et joignit à ses prières de grandes austéritez. [4] Matthieu Paris et Matthieu de Westminster disent qu'elle fit apporter la vraie croix, la couronne d'épines et la lance, et les fit toucher au roy.

CC.

Saint Louis guérit et prend la croix.

[5] Dieu exauça enfin les larmes d'une mère et de tout un peuple, et rendit au roy le mouvement et la vie. [6] Durant qu'on prioit autour de luy, il commença à soupirer. Il retira ses bras et ses jambes, et puis les estendit, et ensuite proféra ces paroles : *voce præcordiali*, comme s'il fust revenu du tombeau : « Visitavit « me per Dei gratiam, Oriens ex alto, et a mortuis re- « vocavit me. » [7] Dès qu'il fut un peu revenu à luy, il

---

[1] Ms. F, p. 318. — [2] Matth. Par., p. 651, *d*. — [3] Ms. F, p. 318. — [4] Matth. Par., p. 651, *d;* Matth. West., p. 319, *a*. — [5] Ms. F, p. 318; Duchesne, p. 341, *b*. — [6] Matth. Par., p. 651, *e*. — [7] Duchesne, p. 341, *b;* Sanud, p. 217.

demanda Guillaume d'Auvergne, évesque de Paris. Il vint aussitost, [1] avec l'évesque de Meaux, et quand le roy le vit, il luy dit : « Monsieur l'évesque, je vous prie de me mettre sur l'épaule la croix du voyage d'outre-mer. » [2] Les deux évesques luy alléguèrent des raisons considérables pour le détourner de cette pensée. [3] Les deux reines, sa mère et sa femme, le conjurèrent à genoux d'attendre qu'il fust guéri, et qu'après cela il feroit ce qu'il luy plairoit. Mais il protesta avec chaleur qu'il ne prendroit aucune nourriture qu'il n'eust receu la croix. Il la demanda une seconde fois à l'évesque de Paris, [4] et le fit avec tant d'instance, quelques remonstrances qu'on pust luy faire, [5] qu'enfin l'évesque, n'osant la luy refuser, la mit sur luy tout fondant en larmes. Tous ceux qui estoient dans la chambre et dans tout le palais estoient aussi dans les pleurs et ne témoignoient pas moins de douleur que s'ils l'eussent veu mort.

[6] Blanche, qui avoit eu une extrême joie lorsqu'il eut recouvré la parole, tomba dans une extrême tristesse lorsqu'elle le vit croisé. [7] Saint Louis, au contraire, témoignoit beaucoup de joie. [8] Il prit la croix, la baisa et la mit sur sa poitrine, [9] et dit qu'enfin il estoit guéri. [10] Il ne pouvoit moins faire, dit Ménard, dans la paix et le bonheur que Dieu luy avoit donné, que de luy offrir la vigueur de son âge et de ses armes.

---

[1] Duchesne, p. 487, c; Ms. F, p. 10, 2. — [2] Duchesne, p. 488, a; Ms. F, p. 10, 2. — [3] Sanud, p. 217, d; Spicileg., t. III, p. 368. — [4] Duchesne, p. 488, a. — [5] Sanud, p. 217, d. — [6] Joinville, p. 22. — [7] Duchesne, p. 488, a. — [8] Ms. F, p. 10, 2. — [9] Sanud, p. 217, d. — [10] Joinville, note, p. 378.

¹ Un auteur du temps prétend que, dans le temps qu'on le croyoit mort, il avoit veu en esprit la défaite des chrestiens arrivée dans la Palestine le 17 d'octobre, et il ajoute que dans la douleur qu'il en avoit, on disoit qu'il luy avoit esté ordonné de venger leur mort. ² Beaucoup de personnes crurent que Dieu luy ayant rendu la santé ou plutost la vie, par un miracle visible, c'estoit assurément parce qu'il vouloit se servir de luy pour retirer la terre sainte des mains des infidèles; et cela fit que plusieurs Anglois le voulurent suivre lorsqu'il entreprit le voyage d'Orient. Mais l'événement fit voir que les pensées de Dieu sont bien différentes de celles des hommes; et le confesseur de la reine Marguerite en a assurément mieux jugé lorsqu'il a dit³ que Dieu avoit prolongé sa vie par un miracle, afin qu'il accomplist les desseins qu'il avoit faits pour son service, et pour donner aux rois un modèle de ce qu'ils doivent faire dans leur estat.

⁴ Thomas de Cantimpré assure avoir veu une grande croix en l'air avant que saint Louis se croisast en MCCXLVI (il faut MCCXLIV). Il en fait la description.

⁵ Quoyque le roy fust sorti de l'estat où on l'avoit creu mort, sa maladie ne laissoit pas de continuer et d'estre même si violente, que les médecins le trouvoient encore en très-grand péril. Ce fut pourquoy saint Louis et Blanche prièrent Odon Clément, abbé de Saint-Denys, de faire porter en procession les corps de saint Denys et de ses compagnons, ce qui fut fait le vendredi 23 de décembre, comme Nangis

---

¹ *Spicileg.*, t. III, p. 367, 368. — ² Matth. Par., p. 79, 2, c. — ³ Ms. F, p. 10, 2. — ⁴ Cantipr., l. II, c. III, art. 9, p. 137; Raynald., an. 1245, art. 99. — ⁵ Duchesne, p. 341, 342; Ms. F, p. 896.

le décrit amplement (voy. Duchesne, p. 341, 342); [1] et depuis cela la maladie du roy diminua peu à peu jusqu'à ce qu'il fust parfaitement guéri, ce qui apporta une extrême joie à toute la France.

[2] Divers grands, mais particulièrement la reine Blanche et l'évesque de Paris, voulurent depuis persuader à saint Louis qu'il n'estoit point obligé au vœu qu'il avoit fait d'aller en la terre sainte en prenant la croix, et qu'il en devoit demander dispense au pape, puisqu'il l'avoit fait dans le fort d'une maladie et sans avoir le jugement bien libre. Il fit semblant d'estre touché de leurs raisons, et osta sa croix; et aussitost après obligea l'évesque de la luy rendre, afin qu'on ne pust plus dire qu'il l'avoit prise sans sçavoir ce qu'il faisoit. « Ce que je rapporte, dit l'historien anglois, afin qu'on voie combien ce roy très-chrestien estoit ferme et immuable dans le service de Jésus-Christ. » [3] Il écrivit, dès qu'il fut guéri, aux chrestiens d'Orient qu'il avoit pris la croix (voy. chap. cxcvi, p. 49).

[4] Saint Louis après cette maladie s'appliqua encore plus qu'auparavant à procurer le bien de son royaume, ce qui donna lieu de juger que sa maladie avoit esté un effet des jugemens secrets de Dieu qui en avoit voulu tirer de grands avantages.

[5] Le mardi 10 janvier, le roy n'estoit pas encore en estat d'apprendre la mort de Jeanne, comtesse de Flandre, arrivée le 5 décembre 1244, de peur qu'il n'en fust troublé. C'est pourquoy Marguerite, sœur et

---

[1] Duchesne, p. 342, *a*. — [2] Matth. Par., p. 743. — [3] Sanud, p. 217, *d*. — [4] Duchesne, p. 342, *b*. — [5] Galland, note, p. 147.

héritière de Jeanne, estant venue pour faire hommage au roy, elle fut remise à un autre temps, ¹ et il paroist qu'elle ne fit son hommage qu'au mois de mars suivant. ² Blanche gouvernoit cependant avec le conseil et les frères du roy, Robert et Alphonse.

CCI.

Naissance des princes Louis et Philippe III. — Saint Louis défend aux Anglois de rien posséder en France. — Guerre entre l'Angleterre et la Navarre. — Vincent de Beauvais fait son Miroir.

Ce qui faisoit appréhender aux François la mort de saint Louis, n'estoit pas seulement les qualitez avantageuses de ce prince, mais encore la confusion et le danger où l'estat fust tombé par sa mort; car il n'avoit alors que sa fille Isabelle, et un fils, ³ né seulement le 25 février de cette année. Dès qu'il fut né, saint Louis manda l'évesque de Paris, Guillaume d'Auvergne, et Odon Clément, abbé de Saint-Denys. L'évesque le baptiza et l'abbé le tint sur les fonts comme son parrain. Le roy voulut qu'on luy donnast le nom de Louis à cause de son père Louis VIII. ⁴ Jusques là saint Louis n'avoit point encore eu de garçon, ⁵ et on avoit longtemps attendu ce bonheur. C'est pourquoy ayant envoyé des courriers porter cette nouvelle de toute part, les François en receurent une extrême joie.

Ce n'estoit pas luy néanmoins que Dieu leur avoit

¹ Galland, p. 150. — ² *Ibid.*, p. 147; Ms. D, p. 299. — ³ Duchesne, p. 340, c. — ⁴ Vinc. Bellov., l. XXX, c. CLII, p. 1285, 2. — ⁵ Duchesne, p. 340, c.

destiné pour roy, [1] car il mourut au commencement de l'an 1260, dans la seizième année de son âge, plus de dix ans avant son père; et la couronne passa à Philippe III, [2] qui vint au monde l'an 1245, la veille de Saint-Jacques et Saint-Philippe, la nuit du 30 avril au 1er de may, [3] que d'autres marquent pour le jour de sa naissance. Saint Louis lui fit donner le nom de Philippe à cause de Philippe-Auguste, son grand-père. [4] On fit aussi de grandes réjouissances par tout le royaume à la naissance de ce prince.

[5] Saint Louis estoit à Roquemadour, en Querci, le 2 de may (voy. chap. CLXXVIII, t. II, p. 495). Nous ne trouvons point le sujet de ce voyage.

[6] On marque que vers le commencement de cette année, saint Louis ayant fait assembler à Paris tous ceux qui tenoient des terres en France et en Angleterre, leur ordonna de se défaire des unes ou des autres, afin de n'estre plus sujets à deux rois. Je ne doute pas qu'il ne leur permist de vendre les terres qu'il les obligeoit de quitter. Cette rigueur n'avoit pas été pratiquée jusqu'alors à l'égard de l'Angleterre, de l'Arragon ni de l'Allemagne, comme on le voit par cet endroit même, par le comte de Roussillon, et par les comtes de Bar, de Flandre et de Toulouse. Ceux qui possédoient ainsi des terres sous divers seigneurs, souverains ou non, rendoient à chacun de leurs seigneurs, même lorsqu'ils estoient en guerre, le service deu par leurs fiefs, servant en personne celuy dont ils dépendoient principalement, ou souffroient que

---

[1] Duchesne, p. 442, c. — [2] Ibid., p. 342, c; Ms. F, p. 897. — [3] Ms. F, p. 171; Spicileg., t. II, p. 815; t. XI, p. 531, 532. — [4] Ms. F, p. 171. — [5] Ms. D, p. 567. — [6] Matth. Par., p. 614, 615.

l'autre se saisist des fiefs mouvant de luy, pour les leur rendre après la guerre. Mais saint Louis n'ayant avec l'Angleterre que des trèves souvent rompues, sans espérance de paix, crut peut-estre en devoir user autrement. [1]On voit par quelques jugements rendus en 1264 que des Normans estant allés demeurer en Angleterre, saint Louis se saisit de leurs terres, comme Philippe-Auguste avoit fait avant luy, et même, quand ils redemandèrent ces terres après la paix, il ne se crut pas obligé de les leur rendre. Henry luy en avoit donné l'exemple en refusant à Amauri, comte de Montfort, l'investiture du comté de Leicester (voy. chap. LXXI, t. II, p. 121).

[2]Innocent IV, par sa bulle du 9 de may, exhorta saint Louis à faire brusler le Thalmud et les autres livres des rabbins, examinez et condamnez par l'université de Paris, comme il avoit déjà commencé de faire en 1244 (voy. chap. CLIV, t. II, p. 408). Il luy recommande encore d'empescher les juifs d'avoir des serviteurs chrestiens, et même des nourrices.

[3]Vincent de Beauvais finit cette année son *Miroir historial*, [4]comme il le dit luy-même. [5]Nous y trouvons néanmoins encore l'histoire de la première croisade de saint Louis jusqu'en 1250, presque en mêmes termes que dans Nangis, [6]et il parle de la canonization de saint Pierre, jacobin, faite par Innocent IV en 1253. [7]Trithème dit que c'estoit saint Louis qui luy faisoit faire ce travail et luy fournissoit l'argent nécessaire pour cela. [8]Il estoit jacobin, originaire de

---

[1] *Olim*, p. 11, 2. — [2] Du Boulay, p. 191, 192, *Bullar.*, p. 93, 2. — [3] Matth. West., p. 319, *c.* — [4] Vinc. Bellov., l. XXXI, c. αv, p. 1323, 2. — [5] *Ibid.*, p. 1315-1322. — [6] *Ibid.*, c. CIII, p. 1322, 1. — [7] Du Boulay, p. 277; Vossius; *Hist. Lat.*, t. II, c. LIX, p. 477. — [8] Vossius, p. 477.

Bourgogne, selon Trithème. Il fut surnommé de Beauvais, à cause qu'il demeuroit ordinairement dans le monastère que les Jacobins ont dans cette ville, [1] où il est enterré. [2] Louvet dit même qu'il estoit natif du Beauvaisis. [3] Pour ce que dit Vossius qu'il en a esté évesque, c'est une chose sans fondement. [4] On trouve dans un de ses ouvrages une des principales parties de la Somme de saint Thomas, ce qui donne grande matière de disputer; mais cela ne nous regarde pas.

[5] Saint Louis fut à Paris, au mois d'aoust, [6] et à Crespi. Il fut le mois suivant à Cisteaux (voy. ci-dessus, p. 54). [7] Il estoit à Asnières à la fin de novembre, et tomba malade à Pontoise au mois de décembre (voy. p. 58).

[8] Il y avoit en ce temps-cy quelque guerre entre les rois d'Angleterre et de Navarre, dont on ignore et le sujet et les événements, [9] sinon que Jean de Molis, sénéchal de Gascogne pour les Anglois, eut cette année quelque avantage sur la Navarre. [10] Il se fit diverses prises et pillages de part et d'autre. Thomas, comte de Flandre, oncle de la reine d'Angleterre, et qui se dit cousin du roy de Navarre, travailla à assoupir cette guerre. Il eut parole du roy d'Angleterre qu'il ratifieroit et tiendroit tout ce qu'il feroit ou feroit faire pour cela. Ensuite de quoy il envoya le 12 aoust 1245 un nommé maistre Robert Anretil au roy de Navarre, avec une lettre de créance en françois, où il prie ce roy, d'une manière assez haute, de faire ce que cet envoyé luy diroit de sa part, et d'agréer qu'il travail-

---

[1] Louvet, t. I, p. 707. — [2] Ibid. — [3] Vossius, p. 477. — [4] Vinc. Bellov., in Prolegom. — [5] Ms. B, p. 112, 11. — [6] Ibid., p. 119. — [7] Ms. G, p. 212. — [8] Hist. de Béarn, p. 583. — [9] Matth. Par., p. 651, t. — [10] Ms. B, p. 306.

last à l'accommoder avec les officiers que le roy d'Angleterre avoit en Gascogne.[1] On croit que ce fut pour éteindre cette guerre, que le roy de Navarre céda quelques places, en 1247, aux vicomtes de Tartas et de Béarn.

CCII.

Raimond, comte de Toulouse, revient en France. — Prise de Montségur.

Le pape ayant donné l'absolution à Raimond, comte de Toulouse, au mois de décembre 1243 (voy. chap. CLXXV, t. II, p. 486), [2]Pierre, archevesque de Narbonne, la luy donna aussi au mois de mars suivant, pour tous les dommages faits par le comte tant à luy qu'à ses suffragans. La suite fait juger que ce n'estoit qu'à condition de faire les satisfactions nécessaires lorsqu'il seroit revenu en France. Car nous avons veu qu'il estoit allé, l'année précédente, en Italie, où il estoit encore le 31 mars de cette année (voy. ci-dessus, p. 50). Il y obtint du pape son absolution, comme nous avons dit, et peut-estre encore son rétablissement dans le marquisat de Provence (voy. t. II, p. 488).

[3]L'empereur, de son costé, voulant punir ceux d'Avignon rebelles à luy et au comte, les priva de quelques fiefs, qu'il donna à Raimond. L'acte est du mois d'aoust, à Pise. [4]Quelques copies le mettent en 1245, indiction 2; mais la seconde indiction est celle de l'an 1244, [5]et le même Frédéric, révoquant quelques

---

[1] *Hist. de Béarn*, p. 583. — [2] *Invent.*, t. V, *Toul.*, III, pièce 28. — [3] *Ibid.*, *Toul.*, I, pièce 31 ; Catel, *Toul.*, p. 38. — [4] Catel, *Toul.*, p. 38; Ms. D, p 543. — [5] Ms. D, p. 544.

péages accordez à l'évesque de Viviers, date de Pise au mois d'aoust, indiction 2.¹ Raimond avoit donné ces fiefs à la commune d'Avignon le 25 mars 1240, ou 1241. Le texte porte 1240.

²Il revint en automne en France, ³et au mois de novembre il receut au chasteau Narbonois, à Toulouse, l'hommage que lui rendit Bernard, comte de Comminge, pour tout ce qu'il possédoit dans les diocèses de Comminge et de Couserans, quoyque de temps immémorial, porte l'acte, le comte de Comminge et ses prédécesseurs eussent tenu le tout en aleu, sans le reconnoistre à foy et hommage d'aucune personne laïque ou ecclésiastique. ⁴ Néanmoins, au mois d'octobre 1227, Bernard, comte de Comminge, père de celuy-cy, avoit rendu hommage lige à saint Louis pour tout ce qu'il possédoit. ⁵Au même mois de novembre, Centulle, comte d'Astarac, fit hommage de son comté à Raimond, ⁶ qui en prit possession avec les cérémonies ordinaires en ce temps-là. ⁷Arnaud de Comminge fit aussi hommage à Raimond au mois de décembre.

⁸A la feste de Noël, Raimond tint une grande cour à Toulouse, où il donna l'épée de chevalier au comte de Comminge, au vicomte de Lautrec et à environ vingt autres gentilshommes.

Ces hommages et ces pompes ne le dispensèrent point d'une humiliation assez grande. ⁹ Car luy et Amauri, vicomte de Narbonne, ayant obligé, en 1242, l'archevesque de Narbonne, les chanoines et plusieurs

---

¹ Ms. D, p. 548. — ² Duchesne, p 699, b. — ³ Invent., t. V, Toul., VII, pièce 86; Hist. de Béarn, p. 619; Ms. D, p. 538. — ⁴ Regist. 3, p. 86; Hist. de Béarn, p. 618. — ⁵ Invent., t. V, Toul., VII, pièce 88. — ⁶ Ibid, pièce 89. — ⁷ Ibid., pièce 93. — ⁸ Duchesne, p. 699, b. — ⁹ Catel, Chron., p. 172; Lang., p. 619.

bourgeois de quitter la ville (voy. t. II, p. 468), ils y rentrèrent solennellement l'an 1244, le comte et le vicomte à pied et sans manteau, *sine supertunicalibus*, tenant les resnes du cheval sur lequel l'archevesque estoit monté, *ac si esset sponsus*, et le conduisant en cet estat depuis les Cordeliers jusqu'au palais archiépiscopal. L'archevesque leur donna ensuite l'absolution, confirmant celle qu'il n'avoit donnée que conditionnellement à Raimond au mois de mars.

¹Ce fut, ce semble, durant l'absence du comte de Toulouse, que fut pris le chasteau de Montségur, comme on le peut voir amplement dans Puy-Laurent. ²Une chronique met ce siége en 1244 et fixe le nombre des hérétiques qui y furent brûlez, à deux cent vingt-trois; ³une autre dit aussi en 1244, mais au mois de mars, selon quoy il le faudroit mettre l'année suivante. ⁴Montségur fut rendu au maréchal de Mirepoix à quy il appartenoit. ⁵Saint Louis en fit une inféodation à Gui de Lévis, maréchal de Mirepoix, au mois de juin 1245, le luy rendant s'il luy appartenoit, ou le luy donnant s'il ne lui appartenoit point.

CCIII.

L'AN DE JESUS-CHRIST 1245. Pasques le 16 avril. A.

Le pape assemble le concile de Lyon.

Innocent IV estant venu à Lyon dans le dessein de tenir un concile général contre Frédéric, ⁶il écrivit

---

¹ Duchesne, p. 698, 699; Raynald., an. 1243, art. 31. — ² Ms. F. — ³ Catel, *Chron.*, p. 162. — ⁴ Duchesne, p. 699, *b*. — ⁵ *Invent.*, t. VIII, *Hommages*, I, p. 17; Ms. D, p. 568.— ⁶ Raynald., an. 1245, art. 1

pour la convocation de ce concile, dès le 3 de janvier, à l'archevesque de Sens et à divers autres prélats, et leur ordonna de se trouver pour ce sujet auprès de luy dans la feste de saint Jean-Baptiste. Il marque dans la lettre qu'il veut traiter dans le concile du secours de la terre sainte, de la guerre contre les Tartares, et aussi de l'affaire de Frédéric, qu'il appelle simplement *le prince*, tant dans cette pièce que dans beaucoup d'autres. [1]La même lettre, adressée aux prieurs et abbez d'Angleterre, est du 30 janvier. [2]Il voulut aussi avoir les députez des chapitres. [3]Il convoqua à cette assemblée, non-seulement les prélats des Églises, mais aussi les rois et les princes de la terre; [4]et l'on a encore la lettre qu'il en écrivit à saint Louis, [5]qu'il se contente de prier d'y envoyer ses ambassadeurs. [6]Il l'avoit fait offrir à Frédéric dès l'an 1243. [7]Il ne cita point Frédéric, sinon qu'en preschant à Lyon, il le somma de venir comparoistre devant le concile, en personne ou par procureur, pour répondre et à luy et aux autres qui auroient quelque chose à proposer contre luy, sans rien spécifier. [8]Cependant, sur quelques nouvelles injures de Frédéric, il le fit dénoncer pour excommunié dans toute la France, durant le caresme; sur quoy un curé de Paris déclara que ne sçachant qui avoit raison des deux, il excommunioit le coupable et absolvoit l'innocent. [9]Le patriarche d'Antioche travailloit néanmoins à ménager quelque accord, mais ce fut inutilement.

[1] Matth. Par., p. 656, *a*, *b*, *c*. — [2] *Concil.*, t. XI, p. 636, 637. — [3] Matth. Par., p. 636, *d*. — [4] Raynald., an. 1245, art. 1. — [5] *Concil.*, p. 637, *b*. — [6] Raynald., an. 1243, art. 15. — [7] *Ibid.*, an. 1245, art. 1; Goldast., *Const.*, t. III, p. 376. — [8] Matth. Par., p. 654, *d*, *e*. — [9] Raynald., an. 1245, art. 2, 3, 4.

¹ Les évesques s'assemblèrent à Lyon au nombre de cent quarante-quatre, en y comprenant le pape et les patriarches latins de Constantinople, d'Antioche et d'Aquilée, ² auxquelles autres disputèrent inutilement le rang de patriarche. ³ Les évesques d'Espagne y vinrent en plus grand nombre que les autres. ⁴ L'empereur de Constantinople, les comtes de Toulouse et de Provence et d'autres seigneurs y furent présens en personne, ⁵ avec les ambassadeurs de France, d'Angleterre ⁶ et d'un grand nombre de princes. ⁷ Thaddée de Suesse, homme prudent et très-éloquent, qui faisoit tout ensemble profession des armes et de la science des loix, y estoit pour défendre la cause de l'empereur, ⁸ avec quelques autres. ⁹ Les Templiers et les Hospitaliers y estoient en grand nombre et en armes pour la défense du pape et des prélats. Beaucoup de gens armés gardoient la ville jour et nuit, ¹⁰ et Philippe de Savoie, qui estoit comme le chef des troupes du pape, estoit establi pour maintenir la paix de l'Église et du concile. ¹¹ Ce fut dans ce temps-là même qu'il fut fait archevesque de Lyon.

CCIV.

Premières séances du concile. — L'empereur y est accusé et refuse d'y comparoistre.

¹² Le lundi 26 de juin, quoyque les prélats ne fussent pas encore tous arrivez, le pape commença le concile

¹ Raynald., an. 1245, art. 25. — ² Concil., p. 638, a. — ³ Ibid., p. 639, c. — ⁴ Ibid., p. 637, e; Duchesne, p. 699, c. — ⁵ Matth. Par., p. 665, c. — ⁶ Ibid., p. 662, f. — ⁷ Ibid., p. 663, e. — ⁸ Ibid., p. 672, d. — ⁹ Concil., t. XI, p. 639, d. — ¹⁰ Matth. Par., p. 658, d; p. 661, c. — ¹¹ Ibid., p. 661, b, c; p. 662, c. — ¹² Ibid., p. 663, b, c.

dans le réfectoire de l'abbaye de Saint-Just. Les patriarches de Constantinople et d'Antioche, dont Matthieu Paris ne fait qu'un, représentèrent le déplorable estat de leurs Églises et des latins de Constantinople et de Syrie, sur quoy le pape ne parla point. ¹On demanda la canonization de saint Edmond, que le pape remit à une autre fois. ²Enfin Thaddée parla pour l'empereur, tascha de le justifier, et promit pour l'avenir tout ce qu'on en pouvoit désirer. Le pape se mocqua de ces promesses sur la difficulté qu'il y auroit de les faire exécuter à un prince qu'on accusoit de tout promettre et de ne rien tenir. ³Thaddée promit que les rois de France et d'Angleterre répondroient pour luy; mais le pape rejeta cette proposition. Quand il viendra, dit-il, à manquer à sa parole, il faudra procéder contre ces deux rois, et que l'Église ait pour ennemis les trois plus puissants princes chrestiens. Néanmoins, Frédéric manquant à sa parole, les deux rois eussent dû se déclarer contre luy et prendre le parti de l'Église : ⁴aussi, ce qui fit que cette proposition n'eut pas de lieu, fut que Thaddée n'avoit pas une procuration assez ample pour engager la parole des deux rois, et qu'il eust fallu trop de temps pour en avoir une. ⁵Valeran, évéque de Béryte, député des prélats de la Palestine pour obtenir secours des Occidentaux, fit lire alors la lettre que ces prélats avoient écrite sur la défaite des chrestiens par les Corasmins, et cette lecture tira des larmes des yeux de tous ceux qui l'entendirent. ⁶Le mercredi suivant, veille de Saint-Pierre, le pape

---

¹ Matth. Par., p. 663, d. — ² Ibid., e, f. — ³ Ibid., p. 664, a. — ⁴ Ibid., p. 664, a. — ⁵ Ibid., a, b. — ⁶ Ibid., p. 664, b; Concil., t. XI, p. 637.

et tous les prélats se trouvèrent, avec les ornements de leur dignité, dans l'église de Saint-Jean, cathédrale de Lyon: [1] Un auteur anonyme décrit l'ordre des séances, et les cérémonies par lesquelles on commença cette séance et les suivantes. [2] Le pape fit ensuite un grand discours, qu'il commença par le déréglement qui s'augmentoit dans les mœurs des prélats et des fidèles, et qu'il finit par de grandes plaintes contre Frédéric. [3] Thaddée se leva pour justifier son maistre ; le pape répliqua ; on produisit diverses pièces de part et d'autre, et la séance finit ainsi sans autre conclusion, mais avec préjugé plus favorable pour le pape, selon que le disent les historiens, que pour l'empereur.

[4] La séance suivante se tint huit jours après, le mercredi 5 juillet. [5] L'évesque de Calène (*hod.* Carinola, dans la terre de Labour) et l'archevesque de Tarragone ou de Compostelle en Espagne, y déclamèrent beaucoup contre l'empereur, particulièrement sur sa vie déréglée et sur le dessein qu'il sembloit avoir de rabaisser, autant qu'il pourroit, l'estat ecclésiastique, [6] ce qui paroissoit assez par ses propres lettres écrites devant le concile [7] et même depuis. [8] L'archevesque s'estendit sur la prise des prélats qui alloient à Rome en 1241, et ce point paroissoit fort odieux. [9] Luy et beaucoup d'autres prélats promirent au pape de l'assister jusques au bout dans cette affaire. [10] Thaddée

---

[1] *Concil.*, p. 637, 638. — [2] *Ibid.*, p. 638; Matth. Par., p. 664, *c*, *d*, *e*. — [3] *Concil.*, p. 638, 639; Matth. Par., p. 664, 665. — [4] *Concil.*, p. 639, *b*, *d*. — [5] *Ibid.*, *a*, *b*; Matth. Par., p. 703, *a*. — [6] *Concil.*, p. 639, *b*. — [7] Matth. Par., p. 680, 681. — [8] *Ibid.*, p. 665, 666. — [9] *Concil.*, p. 639, *e* — [10] *Ibid.*, *c*; Matth. Par., p. 665, 666.

tascha de répondre à ces invectives; ¹mais il avoit presque tout le monde contre luy. ²On ne fit rien davantage dans cette séance. ³Thaddée supplia instamment qu'on différast la suivante de quelque temps, ⁴ afin qu'il pust mander à l'empereur l'estat des choses et le conjurer de venir en personne au concile, ou au moins avoir de luy un pouvoir plus entier et plus ample. Le pape, dit Matthieu Paris, rejeta d'abord cette proposition, et dit même que si l'empereur venoit, il seroit obligé de se retirer, n'estant pas encore préparé à souffrir la prison et le martyre. Néanmoins, comme il s'en vit pressé par les ambassadeurs de France, et encore plus par ceux d'Angleterre, ⁵ et pour témoigner qu'il estoit prest à tout ce qui pouvoit faciliter l'accord, ⁶ il consentit le lendemain à attendre près de deux semaines, ⁷ c'est-à-dire jusqu'au lundi 17 de juillet. ⁸ Gautier d'Ocre, qui assistoit au concile au nom de l'empereur avec Thaddée, ⁹ fut envoyé vers luy avec le consentement tacite du pape. ¹⁰ Frédéric ne voulut point venir se soumettre au jugement du concile; ¹¹mais il y envoya, comme il l'assure, l'évesque de Freisingue, Herman, grand maistre des Teutoniques, et Pierre de la Vigne, son ministre, pour achever le traité que l'on taschoit de ménager.

---

¹ Matth. Par., p. 665, d. — ² Concil., p. 639, c. — ³ Ibid., c; Matth. Par., p. 685, b. — ⁴ Matth. Par., p. 665, b, c. — ⁵ Concil., p. 639, d. — ⁶ Matth. Par., p. 665, c. — ⁷ Concil., p. 639, d. — ⁸ Matth. Par., p. 672, d. — ⁹ Ibid., p. 703, e. — ¹⁰ Ibid., p. 665, c, d. — ¹¹ Ibid., p. 703, d, e.

CCV.

Frédéric est condamné et déposé.

[1]On prétend que ce refus que fit l'empereur de venir au concile, aliéna ceux qui jusqu'alors avoient esté pour luy. [2]Beaucoup de seigneurs et de prélats pressèrent inutilement le pape d'attendre trois jours les députez qu'il envoyoit. [3]Il ne voulut point non plus attendre le retour de Gautier d'Ocre, qui devoit arriver dans deux jours, et qu'on devoit attendre durant vingt jours, dit Frédéric. [4]Le pape voulut qu'on tinst la séance au jour même qu'il l'avoit marquée, 17 de juillet. Il y fit lire quelques ordonnances sur diverses matières, dont nous pourrons parler dans la suite, [5]et fit signer par tous les prélats présents de nouvelles copies des priviléges accordez par les princes à l'Église romaine. [6]Enfin, lorsqu'on vint à parler de l'affaire de l'empereur, Thaddée comparut encore pour le défendre, et comme il vit qu'on n'avoit point d'égard à tout ce qu'il pouvoit dire, [7]il déclara que si l'on prétendoit procéder contre l'empereur, il en appeloit au pape futur et à un concile plus général, se fondant sur ce que divers évesques n'estoient point venus au concile et n'y avoient point envoyé. Le pape luy répondit avec humilité et avec douceur que le concile estoit général, et que tous les princes séculiers et ec-

---

[1] Matth. Par., p. 665, *d.* — [2] Goldast., *Constit.*, t. III, p. 376. — [3] Matth. Par., p. 703, *e.* — [4] *Concil.*, t. XI, p. 639, *e.* — [5] *Ibid.*, p. 640, *a.* — [6] Matth. Par., p. 666, *d.* — [7] *Ibid., d; Concil.*, t. XI, p. 640, *a, b.*

clésiastiques y avoient esté invitez, et qu'il n'y manquoit que ceux que Frédéric même empeschoit d'y venir; qu'ainsi il ne pouvoit déférer à son appel. [1] Les ambassadeurs d'Angleterre, qui voyoient où alloit l'affaire, taschèrent de l'interrompre par les plaintes qu'ils firent contre les officiers du pape (voy. ci-après, p. 79); [2] mais le pape, qui vouloit terminer l'affaire de Frédéric, ne fit pas semblant de les entendre, et dit que ce qu'ils proposoient estant d'une longue discussion, il les satisferoit une autre fois. [3] Il commença ensuite à faire un discours sur l'affection qu'il avoit eue pour Frédéric et sur le soin avec lequel il l'avoit ménagé depuis, même dans le concile, de sorte qu'il y en avoit qui se persuadoient que jamais il ne prononceroit contre luy; mais il tourna aussitost son discours et prononça par cœur la sentence de condamnation, qui fut ensuite leue dans le concile.

[4] Par cette sentence, après un long préambule sur les raisons de la condamnation de l'empereur, nonseulement il le déclare lié par ses péchez et rejetté de Dieu; mais il le dépouille, par autorité apostolique, de toutes sortes d'honneurs et de dignitez, dégage tous ses sujets des serments qu'ils luy avoient prestés, défend de luy obéir comme empereur ou roy de Sicile, ou sous quelque autre titre que ce soit, déclare excommunié *ipso facto* quiconque luy donnera aide ou conseil comme roy ou empereur, permet aux princes de l'Empire d'élire un autre empereur, et se réserve la disposition du royaume de Sicile. [5] Cette sentence est

---

[1] Matth. West. p. 322, d. — [2] *Ibid.*, e, f; Matth. Par., p. 668, c. — [3] *Concil.*, p. 640, b. — [4] *Ibid.*, p. 643, b, c; Matth. Par., p. 672, b; Raynald., an. 1245, art. 45. — [5] Matth. Par., p. 672, c.

datée du 16, ¹ou plustost du 17 de juillet. ²Elle fut rendue en présence du concile, ³après que le pape en eut délibéré avec ses frères les cardinaux et avec le sacré concile, *deliberatione diligenti*, porte la pièce. ⁴La chronique de Sénone dit que Frédéric fut exclu de la dignité impériale, avec sa postérité. ⁵Il semble qu'Innocent en ait parlé dans le concile ; mais les Anglois s'y opposèrent à cause de Henry, fils de Frédéric et neveu de leur roy, et il n'y en a rien dans la sentence. Pour Conrad, aisné de Frédéric, éleu roy des Romains, quoy qu'on n'eust point procédé contre luy, néanmoins, ayant porté les armes pour son père, il méritoit bien de perdre le titre de roy des Romains, puisqu'il perdoit par la sentence du concile tous les droits de la communion de l'Église. ⁶Il y en eut qui trouvèrent que cette sentence avoit esté donnée avec trop de précipitation : sur quoy le pape protesta en écrivant au chapitre général de Cisteaux. ⁷Après la lecture de la sentence, le pape se leva et commença le *Te Deum*, lequel estant fini, le concile se sépara tout à fait. ⁸Tout le concile estant encore assemblé, soit le même jour, soit le mardi, jour de Saint-Jacques, le pape et les évesques prononcèrent solennellement anathème à Frédéric, en renversant et esteignant leurs cierges. ⁹Outre la bulle originale, scellée du sceau du pape, on en fit une autre copie à laquelle tous les évesques mirent leurs sceaux.

¹ *Concil.*, p. 645, *c*; Raynald., an. 1245, art. 45 ; Duchesne, p. 342, *c*. — ² *Concil.*, p. 640, *c*. — ³ *Ibid.*, p. 645, *a*. — ⁴ *Spicileg.*, t. III, p. 367; Labbe, *Bibl.*, t. I, p. 342. — ⁵ Matth. Par., p. 666, *c*. — ⁶ *Ibid.*, p. 682, *a*, *b*. — ⁷ *Concil.*, p. 640, *b*, *c*. — ⁸ *Ibid.*, p. 675, *a*; Matth. Par., p. 672, *d*; p. 679, *d*. — ⁹ Matth. Par., p. 681, *c*, *f*.

¹ Cette condamnation de Frédéric fut comme un coup de tonnerre qui jeta l'épouvante dans tous les esprits, ²et on n'en entendit la lecture qu'avec étonnement et avec frayeur. ³Le pape protesta qu'il la maintiendroit jusques au bout, ⁴et les députez de l'empereur, voyant qu'il n'y avoit plus de remède à ce mal, se retirèrent vers leur maistre, en protestant que ce jour-là estoit un jour de colère et de ténèbres, un jour qui alloit produire une infinité de maux. Nous en verrons la suite en son lieu (voy. ci-après, chap. ccx).

CCVI.

Diverses ordonnances du concile. — Plaintes inutiles des Anglois contre le pape. — Foiblesse de leur roy.

⁵Outre l'affaire de Frédéric, on fit encore plusieurs ordonnances dans le concile de Lyon, dont il n'est pas nécessaire de parler icy. ⁶Il y en a plusieurs qui regardent l'Église de Reims. ⁷Il y est parlé d'une affaire du doyen d'Orléans contre le bailli. ⁸On y ordonna l'Octave de la Nativité de la Vierge.

⁹Les ambassadeurs d'Angleterre lurent dans la séance du 17 juillet une lettre des grands d'Angleterre et de tout l'Estat, par laquelle ils se plaignoient au pape des grandes exactions faites sur les ecclésiastiques de leur pays par les ministres des papes, ¹⁰et sur ce que ces

---

¹ Matth. Par., p. 672, c. — ² Ibid., p. 668, d. — ³ Ibid., p. 679, d. — ⁴ Ibid., d; p. 672, c, d. — ⁵ Concil., t. XI, p. 646-651; p. 666-674; Raynald., an. 1245, art. 54; Matth. Par., p. 696, 697. — ⁶ Concil., p. 671, 673, 674. — ⁷ Ibid., p. 674. — ⁸ Ibid., p. 639, c. — ⁹ Matth. Par., p. 666, e, f; p. 659, a. — ¹⁰ Ibid., p. 667, c, d.

mêmes ministres donnoient les bénéfices à des Italiens qui ne s'acquittoient ni de l'hospitalité, ni des aumosnes, ni des autres obligations des bénéfices, mais tiroient tous les ans du royaume soixante mille marcs d'argent, et plus que le roy ne pouvoit avoir de revenu. [1]Ces ambassadeurs se plaignirent encore des abus causez par la clause *non obstante*, [2] et du tribut de mille marcs imposé sur le royaume, du temps du roy Jean, sans le consentement de l'Estat. [3]Innocent, qui vouloit prononcer dans cette séance contre Frédéric, ne répondit rien à tout cela, et remit la chose à un autre temps. [4]Les ambassadeurs continuèrent dans la suite du temps à poursuivre une réponse. Ils n'en purent avoir une favorable; de sorte qu'ils se retirèrent en menaçant que jamais ils ne payeroient d'argent au pape. Le pape dissimula cela et attendit un temps favorable pour agir avec rigueur. [5]On prétend qu'il voulut engager saint Louis à faire la guerre aux Anglois. [6]Il ne laissa pas d'accorder quelques rescrits favorables à cet Estat; [7]mais pour ne durer qu'autant qu'il voudroit par la clause *non obstante*. [8]Le roy Henry s'y laissa tromper d'abord; [9]mais il suivit bientost les impressions de son parlement assemblé à Londres au mois de mars 1246, où tout le monde se souleva contre les vexations de Rome. On se contenta néanmoins d'y écrire diverses lettres au pape. [10]On remarque, entre autres choses, que le pape avoit ordonné depuis peu à quelques prélats de luy fournir, l'un cinq,

---

[1] Matth. Par., p. 668, *e*. — [2] *Ibid.*, p. 666, *c*. — [3] *Ibid.*, *e*, p. 668, *c*. — [4] *Ibid.*, p. 683, *d*. — [5] *Ibid.*, p. 691. *b*, *c*. — [6] *Ibid.*, p. 696, 697. — [7] *Ibid.*, p. 697, *b*. — [8] *Ibid.*, p. 698, *c*. — [9] *Ibid.*, p. 698-702. — [10] *Ibid.*, p. 702.

l'autre dix, l'autre quinze chevaliers entretenus à leurs dépens, pour servir durant un an où il luy plairoit. ¹On résolut aussi dans le parlement de Londres qu'on ne payeroit rien de la taille imposée pour le pape jusqu'à ce que les députez qu'on luy envoieroit fussent revenus. ²Le roy, irrité d'une nouvelle imposition de six mille marcs que le pape fit alors, employoit toute son autorité pour maintenir ce décret; ³ et cependant les ecclésiastiques n'osoient refuser de payer, par la crainte des censures et par la connoissance du peu de fermeté qu'avoit le roy dans ses résolutions et de la foiblesse de son conseil. ⁴Aussi le pape, se mocquant de tous les efforts des Anglois, ne leur accorda quoy que ce soit, fit maltraitter tous ceux qui avoient des affaires à sa cour, comme des schismatiques, dit du roy même qu'il vouloit donc *Frédérizer*, menaça les évesques mêmes d'excommunication et de suspense et le royaume d'un interdit général s'il n'estoit promptement payé. Henri, plus irrité que jamais, assemble de nouveau son parlement à Winchester le 7 de juillet 1246, fait de nouvelles défenses de rien payer, mais il succombe aussitost sous les menaces du pape et abandonne son royaume au pillage et à l'avarice de la cour romaine. ⁵On prétend qu'il fut affoibli par ceux qui craignoient que le pape ne leur ostast leurs bénéfices, et même par Richard, son frère, gagné par les faveurs du pape. Nous verrons ce qui arriva en France sur le même sujet.

---

¹ Matth. Par., p. 707, c, d. — ² *Ibid.*, p. 707, 708. — ³ *Ibid.*, p. 709, a — ⁴ *Ibid.*, p. 709, d, e, f. — ⁵ *Ibid.*, p. 715, a, b.

CCVII.

Le pape fait signer les priviléges de l'Église romaine, et reçoit de grands présens.

¹ Pour retourner au concile de Lyon, le pape ayant fait faire une copie de divers actes ou concessions des princes en faveur de l'Église romaine, tirée, disoit-il, des actes originaux, dont quelques-uns, au moins, estoient encore entiers et authentiques, il présenta cette copie à la séance du 17 juillet, et obligea tous les évesques d'y mettre leur sceau; ensuite de quoy il déclara par une ordonnance qu'il vouloit que cette copie tînt lieu des actes originaux et authentiques. ² A la teste de ces actes estoient les soumissions de Jean sans Terre et l'hommage de Pierre, roy d'Arragon, à Innocent III. ³ Les ambassadeurs d'Angleterre s'opposèrent à cette vérification, *authenticationi*, des actes de Jean, soutenant qu'ils avoient esté faits sans le consentement des princes, quoyque les actes portassent le contraire. Ils en appelèrent même au pape futur, autant qu'on en peut juger de l'endroit, qui est corrompu. ⁴ Il semble par Matthieu Paris que les évesques d'Angleterre n'aient signé ces actes détestables, comme il les appelle, que quelques jours après cette séance. Ils le firent par un commandement exprès du pape, auquel ils n'eurent pas le courage de résister. ⁵ Beaucoup croyoient que l'original de ces actes de Jean avoit

---

¹ Raynald., an. 1245, art. 56, 57; *Concil.*, t. XI, p. 640. — ² Raynald., an. 1245, art. 56. — ³ *Concil*, p. 640, *a*. — ⁴ Matth. Par., p. 681, *d, e*. — ⁵ *Ibid*., p. 658, *c*.

esté bruslé peu auparavant par un feu qui avoit pris, aux Rogations, dans le palais du pape, et qui avoit brûlé la garde-robe avec tout ce qui y estoit. ¹ Il semble que cet embrasement donna en partie occasion à une chose que l'on trouva fort honteuse. ² Car on prétend que quand les prélats vinrent à Lyon même, devant le concile, le pape leur fit représenter la nécessité d'argent où il se trouvoit et par les persécutions de l'empereur et par divers autres accidents; de sorte que ceux qui estoient riches des biens du siècle (ou des pauvres) et qui souhaitoient de l'estre encore davantage, luy firent de forts grands présents. On marque entre autres l'abbé de Cluni qui donna l'exemple, l'abbé de Cisteaux, qui eut peur de ne le pas suivre, et Odon, abbé de Saint-Denys ; et même on prétend que ce fut par cette voie que l'abbé de Cluni, Hugues, qui souhaitoit d'estre pair de France, fut fait évesque de Langres, et l'abbé de Saint-Denys, Odon, archevesque de Rouen, ³ vers le commencement de cette année. Ce dernier ayant laissé, par ce moyen, son église extrêmement appauvrie, ⁴ saint Louis, qui en estoit le patron et le protecteur, condamna l'ambition d'Odon, et l'obligea à chercher autre part de quoy s'acquitter de l'argent qu'il avoit dépensé. ⁵ On voit des marques de l'argent donné et promis au pape par ceux de Cisteaux, dans le chapitre général de cette année, qui se trouve même engagé à autoriser le paiement des usures.

¹ Matth. Par., p. 658, c. — ² Ibid., p. 661, 662; Matth. West., p. 321, d, e, f. — ³ Matth. Par., p. 662, c; p. 732, b, c. — ⁴ Ibid., p. 662, c. — ⁵ Cisterc., p. 303.

CCVIII.

Ordonnances du pape touchant les Tartares et la croisade.

¹ Innocent avoit convoqué le concile de Lyon en partie pour trouver quelques remèdes pour l'empire de Constantinople, contre les Tartares et pour la terre sainte. ² Il ordonna, pour le premier chef, avec l'approbation du concile, que tous les bénéficiers qui ne résideroient pas au moins six mois par an, payeroient durant trois ans la moitié de leur revenu aux députez nommez par le pape, hors ceux qui seroient au service du pape et des cardinaux. Il n'est point parlé de ceux qui résidoient, ³ mais on voit qu'en conséquence de ce décret, le pape vouloit avoir le tiers de leur revenu. ⁴ Le pape promit luy-même un dixième de son revenu. ⁵ Pour les Tartares, il écrivit par l'avis du concile, aux peuples qui en estoient voisins, et leur commanda de si bien fortifier leurs frontières de fossez et de murailles, que les Tartares ne les pussent pas forcer avant que l'Église romaine en eust avis et leur eust envoyé du secours; leur promettant de contribuer à cette dépense, et d'y faire contribuer les autres chrestiens.

⁶ Il ordonna pour le secours de la terre sainte, avec l'approbation du concile, ⁷ que les évesques et autres pasteurs des ames prescheroient la croix; ⁸ que tous les ecclésiastiques et religieux, hors les croisez et

---

¹ *Concil.*, t. XI, p. 636, *a*. — ² P. 651, *c, d, e*. — ³ Matth. Par., p. 716, 717. — ⁴ *Concil.*, p. 652, *a*. — ⁵ P. 653. — ⁶ P. 654, *a*. — ⁷ E; p. 655, *a*. — ⁸ P. 655, *c, d, e*.

quelques religieux, seroient obligez, sur peine d'excommunication, de mettre, durant trois ans, le vingtiesme de leurs revenus entre les mains des commissaires nommez par le pape, [1]promettant pour luy et les cardinaux, non le vingtiesme, mais le dixiesme tout entier; [2]que les croisez seroient exempts de toutes tailles et levées, sans pouvoir estre inquiétez même en leurs biens jusqu'à leur retour; [3]que leurs créanciers seroient obligez par les censures de leur remettre les usures qu'ils pouvoient devoir, et les juifs obligez à la même remise par la puissance séculière, ou privez de tout commerce avec les chrestiens; [4]que les pirates qui pilloient les pèlerins seroient excommuniez et défenses faites à toutes personnes de leur rien vendre ou acheter d'eux; [5]que tous les chrestiens qui porteroient aux Infidèles du fer, des armes, du bois pour des navires, qui leur vendroient des vaisseaux, qui serviroient dans leurs galères, à leurs machines, etc., seroient anathématisez tous les dimanches, privez de leurs biens, et déclarez esclaves de ceux qui les prendroient; [6]que les tournois, déjà généralement défendus dans d'autres conciles, le seroient particulièrement durant trois ans, sous peine d'excommunication; [7]que tous les chrestiens seroient obligez par excommunication et par interdit d'observer la paix entre eux durant quatre ans; [8]que tous les croisez s'assembleroient pour partir au lieu et au temps que les nonces du pape leur marqueroient; [9]que les ecclésiastiques qui seroient dans l'armée exhorteroient les

---

[1] *Concil.*, p. 655, *d*; p. 652, *a*. — [2] P. 655, *c*. — [3] P. 656, *a*, *b*. — [4] *Ibid.*, *c*, *d*. — [5] P. 656, 657. — [6] P. 657, *b*. — [7] P. 657, *d*. — [8] P. 651, *a*. — [9] *Ibid.*, *a*, *b*, *c*.

autres à une humilité, une modestie, une sobriété dignes de soldats de Jésus-Christ.

CCIX.

Saint Louis demande le légat Odon; tient son parlement à Paris. — Beaucoup de seigneurs se croisent.

¹ Dès devant le concile, le pape avoit envoyé partout des lettres circulaires pour la croisade. ² Il ne faut pas douter qu'il n'ait aussi envoyé partout des prédicateurs pour exciter les fidèles à prendre les armes pour secourir la terre sainte. ³ Il paroist que l'évesque de Béryte, député de ceux de la Palestine, alloit en divers pays pour ce sujet. Il vint en Angleterre; mais le roy Henri ne voulut point qu'il y preschast, lassé, disoit-il, de tant de prédicateurs venus de Rome, qui n'avoient fait qu'amuser le peuple et en tirer de l'argent. Et sur ce que l'évesque luy représentoit que beaucoup de personnes se croisoient en France, il répondit que c'estoit pour suivre leur roy, et que pour luy il avoit trop d'ennemis pour se croiser.

⁴ Saint Louis pria le pape d'envoyer un légat en France pour y prescher la croisade, *quo prædicante, negotium crucis efficatius promoveretur.* ⁵ Le pape choisit pour cela Odon de Chasteau-Raoul en Berri, fait chancelier de l'Église de Paris l'an 1238, ⁶ depuis moine de Cisteaux, ⁷ et fait par luy évesque cardinal

---

¹ *Concil.*, p. 655, *a.* — ² Raynald., an. 1245, art. 96. — ³ Matth. Par., p. 685, *d, e.* — ⁴ *Ibid.*, *c, d.* — ⁵ Duchesne, p. 344, *c*; Ms. D, p. 467. — ⁶ Du Boulay, p. 200. — ⁷ *Ibid.*; Duchesne p. 344, *c*; Ms. F, p. 755, 895.

de Tusculum, *hodie* Frascati. [1] On marque qu'Innocent, dans une lettre, le qualifie « virum secundum cor suum, « morum honestate decorum, litterarum scientia præ- « ditum, consilii maturitate præclarum. » Il accompagna saint Louis dans tout son voyage d'Orient. [2] Innocent l'envoya à Paris dès le mois d'aoust, [3] aussitost après le concile. [4] Ce fut sur sa réquisition que le chapitre de Cisteaux ordonna des prières pour la croisade et pour saint Louis, durant la messe, après le *Pater*. [5] Il estoit envoyé pour prescher la croisade dans toute la France. [6] Luy et ceux qui l'assistèrent dans cette fonction animèrent un grand nombre de personnes à suivre l'exemple de leur roy.

[7] Saint Louis assembla pour ce sujet un grand parlement à Paris, dans l'octave de Saint-Denys. Le légat y vint; beaucoup d'évesques, d'abbez, de comtes et de barons s'y trouvèrent. Ce fut là que, sur les exhortations du légat et du roy, beaucoup de personnes se croisèrent.

[8] Entre ceux qui prirent la croix, soit en cette occasion, soit dans la suite, l'histoire nomme Juhel, archevesque de Reims, saint Philippe, archevesque de Bourges, les évesques Robert, de Beauvais, Garnier, de Laon, et Guillaume, d'Orléans; Robert, comte d'Artois, Alphonse, comte de Poitiers, et Charles, comte de Provence, avec leurs femmes; Hugues de

---

[1] Ciacon., p. 695. — [2] Duchesne, p. 344, c. — [3] Ms. F, p. 895. — [4] *Cisterc.*, p. 301, 302. — [5] Ms. F, p. 895; Duchesne, p. 344, c; Guiart, p. 135, 1, 2; *Spicileg.*, t. XI, p. 532. — [6] Vinc. Bellov., l. XXXI, c. I, p. 1286, 1. — [7] Duchesne, p. 344, c; Ms. F, p. 895, 10, 2. — [8] Ms. F, p. 895, 10, 2; Guiart, p. 139, 2; Joinville, p. 22; Duchesne, p. 347, a.

Chastillon, comte de Saint-Paul et de Blois, Jean et Guillaume des Barres, Pierre de Dreux et Jean, comte de Bretagne, son fils; Hugues comte de la Marche et son fils aîné; Jean, comte de Montfort, Raoul de Couci, Gautier de Chastillon, mari de Jeanne de Boulogne; Jean, comte de Dreux; [1] le duc de Bourgogne, le duc de Brabant, Marguerite, comtesse de Flandre, et ses deux fils Guillaume et Guion ou Gui; Jean (c'est Thibaud), comte de Bar; le comte de Soissons, le comte de Rhétel, Philippe de Courtenay, Gautier de Joigny, Gille de Mailli, l'avoué de Béthune, le comte de Sarrebruk, Gosbert d'Apremont et ses frères, Jean, sire de Joinville, sénéchal de Champagne.

[2] Le nombre des croisez s'augmentoit tous les jours, *quia ipse jam rex, vices prædicatoris agens, stimulavit.* [3] Matthieu Paris remarque une invention agréable dont saint Louis se servit à Noël pour engager divers seigneurs à prendre la croix. [4] Il envoya dès cette année quelques secours d'hommes et d'argent aux chrestiens de la Palestine (voy. p. 49); [5] et le bruit de son armement obligea les Infidèles à songer à leur défense. Le poivre qui vint cette année d'Orient s'estant trouvé empoisonné, plusieurs crurent que c'estoit un artifice de ces Infidèles; d'autres l'attribuèrent à la malice des marchands, qui vouloient débiter le vieux.

[6] C'est sans doute au parlement tenu à Paris dans l'octave de Saint-Denys qu'il faut rapporter une ordonnance de saint Louis, datée de Paris au mois d'octobre. Il l'adresse à un bailli nommé André le Jeune,

---

[1] Matth. Par., p. 685, 686; Joinville, p. 22. — [2] Matth. Par., p. 686, *a*. — [3] P. 690, *d, e, f*. — [4] P. 657, *e*. — [5] P. 686, *b*. — [6] *Anc. Ordon.*, p. 102.

¹ et on la cite comme une ordonnance générale pour tous les autres. ² Il y ordonne à ce bailli de faire cesser par autorité royale toutes les guerres particulières qui pouvoient estre entre ceux de sa jurisdiction, et d'obliger les parties à se donner trèves pour cinq ans à compter de la Saint-Jean prochaine. Il ordonne encore que les croisez auront un délai de trois ans pour ce qu'ils devoient aux bourgeois. ³ Le concile de Lyon avoit fait des ordonnances presque semblables; mais saint Louis ne les cite pas, et y change quelque chose. Quoiqu'il n'accordast pas aux débiteurs un délai absolu jusqu'à leur retour, comme avoit fait le concile, mais seulement pour trois ans, ⁴ il paroist néanmoins que l'on y trouva à redire, parce que Dieu ne veut point que nous lui offrions ce qui ne nous appartient pas.

CCX.

Frédéric écrit pour se justifier contre le pape.

⁵ L'empereur Frédéric estoit à Turin lorsqu'il apprit la nouvelle de sa condamnation et de sa déposition. ⁶ Il est aisé de croire qu'il en fut extrêmement irrité, et qu'il ne manqua pas de faire tout le mal qu'il put et au pape et à ses parents; mais les actions que Matthieu Paris luy attribue sont trop puériles. ⁷ Il se retira à Crémone et ensuite dans le royaume de Naples, et

---

¹ Joinville, note, p. 338. — ² *Anc. Ordon.*, p. 102. — ³ *Concil.*, p. 656, *a, b*; p. 657, *c, d*. — ⁴ Ms. F, p. 776; P. Matth., p. 238. — ⁵ Urstis., p. 591, *b*. — ⁶ Matth. Par., p. 679, *e, f*. — ⁷ Urstis., p. 591, *b*.

envoya son fils en Allemagne. ¹Mais il fit un grand tort à sa réputation par une lettre qu'il écrivit, apparemment dans la première chaleur de sa colère, à tous les princes chrestiens. ²Il s'y plaint en général de la sentence rendue contre luy au concile de Lyon, et représente aux princes qu'ils doivent considérer en sa personne ce qu'ils peuvent appréhender pour eux-mêmes, etc.; ³mais il s'y déclare ouvertement ennemi des ecclésiastiques, et ne dissimule point qu'il souhaite et a toujours souhaité de les réduire à la pauvreté qu'ils pratiquoient dans les premiers siècles.

⁴Avant que de partir de Turin, et peut-estre le 31 de juillet, il écrivit une autre lettre adressée, dans Matthieu Paris, aux prélats et à la noblesse d'Angleterre, ⁵et dans Goldast, au roy de France, avec les différences nécessaires. ⁶Il y témoigne tout le respect possible pour l'autorité spirituelle du pape et de l'Église; ⁷mais il soutient que ni les lois divines ni les humaines ne donnent point droit au pape de disposer des Estats et de punir temporellement les princes par la privation de leurs seigneuries, ⁸et qu'ainsi tous les princes et toutes les dignitez temporelles estoient intéressées dans sa condamnation. « A nobis incipitur
« (dit-il), sed pro certo noveritis quod in aliis regibus et
« principibus finietur, a quibus publice gloriantur resis-
« tentiam aliquam minime formidare, si posset nostra
« potentia primitus conculcari. »⁹ Il prétend de plus, par

¹ Matth. Par., p. 680, *a, b;* p. 681, *b*. — ² P. 680, *b, c*. — ³ P. 680, 681; Goldast., *Const.*, t. III, p. 374, 375; Knigt., p. 2441.— ⁴ Matth. Par., p. 702-704. — ⁵ Goldast., *Const.*, t. III, p. 375-377. — ⁶ Matth. Par., p. 702, *e;* p. 703, *f*.—⁷ P. 702, *c*.—⁸ P. 704, *a*.—⁹ P. 702, 703.

des raisons dont nous n'examinons point la force ou la foiblesse, que quand le pape auroit eu le pouvoir de le condamner, il ne l'a point fait dans les formes nécessaires. ¹ Il proteste qu'il soutiendra puissamment sa cause par les armes, et prie seulement les princes de ne s'y point opposer et de ne point donner de secours au pape. ² Cette lettre fit une forte impression sur les esprits, qui craignoient la cour romaine. ³ Les prélats mêmes entroient dans ce sentiment général, ⁴ et l'on fit dès lors cette réflexion, que les dernières hérésies n'ont que trop vérifiée, que l'abus que la cour romaine faisoit de son pouvoir, soulèveroit enfin les puissances contre elle, et que Dieu dans sa colère permettroit qu'elle perdist même l'autorité qui luy appartient légitimement. ⁵ C'est pourquoy, quoyque les rois de France et d'Angleterre n'approuvassent nullement l'aversion que Frédéric témoignoit dans sa première lettre pour le clergé, néanmoins ils ne voulurent point se déclarer contre luy. ⁶ Le moine Richer, auteur de la chronique de Sénone, qui se déclare absolument contre Frédéric, dit néanmoins que saint Louis ne voulut point approuver sa condamnation.

⁷ L'empereur, voulant le persuader de plus en plus de l'injustice de sa condamnation et luy représenter plusieurs autres entreprises des papes sur la jurisdiction civile, luy députa Pierre de La Vigne et Gautier d'Ocre, en le priant de vouloir prendre connoissance de sa cause avec l'assemblée des pairs laïques et de la

---

¹ Matth. Par., p. 704, b, c. — ² Ibid., c, d. — ³ P. 681, b, c. — ⁴ Ibid., c. — ⁵ Ibid., b. — ⁶ Spicileg., t. III, p. 367. — ⁷ Joinville, note, p. 56, 57; Libertez, c. IV, art. 4, p. 37, 38; Goldast., t. V, p. 306, 307; Ms. D, p. 54; Pairs, t. I, p. 132.

noblesse de son royaume, ou au moins de ne point souffrir que le pape tirast aucun secours contre luy ni des laïques ni des ecclésiastiques de France. Il offroit au roy de remettre entièrement sa cause entre ses mains et de faire à l'Église toutes les satisfactions que luy et ses barons jugeroient qu'il dust faire ; et il promettoit que quand il auroit la paix, il passeroit en Orient ou y envoieroit son fils Conrad, soit avec saint Louis, s'il vouloit y aller en personne, soit sans luy s'il aimoit mieux demeurer en Occident pour défendre la chrestienté et y maintenir la paix ; et il s'engageoit à recouvrer tout ce qui avoit jamais appartenu aux rois de Jérusalem. Mais il paroist qu'il vouloit qu'avant toutes choses le pape rétractast au moins la condamnation prononcée contre luy dans le concile de Lyon et abandonnast les Lombards rebelles à l'empire, ce qu'il ne falloit pas espérer d'obtenir. Il offrit en même temps à saint Louis et aux autres qui se seroient croisez avec luy tout le secours qu'il pourroit leur fournir en l'estat où il estoit, soit en vivres, soit en vaisseaux, quand même la paix de l'Église ne se feroit pas. Il écrivit sans doute sur cela à saint Louis ; [1] mais nous n'avons que la lettre qu'il en écrivit en général à tous les François, datée du 22 de septembre, à Crémone. [2] Il écrivit une autre lettre au roy et aux barons de France, où il entreprenoit de faire toute l'histoire de son différend avec les papes ; mais on n'en a que le commencement.

[1] Joinville, note, p. 56, 57; *Libertez*, c. IV, art. 4, p. 37, 38; Goldast., t. V, p. 306, 307; Ms. D, p 54; *Pairs*, t. I, p. 152. — [2] Goldast., *Const.*, t. III, p. 383.

CCXI.

Saint Louis confère à Cluni avec le pape.

Cette lettre du 22 septembre fut peut-estre la cause du voyage que saint Louis fit à Cluni pour voir le pape, au mois de novembre, [1] et on prétend que dès l'année précédente, il vouloit aller conférer avec le pape, lorsqu'il tomba malade. [2] Il estoit encore à Paris au mois d'octobre. [3] Il mena avec luy sa mère, ses trois frères Robert, Alphonse et Charles, et sa sœur la B. Isabelle, [4] et beaucoup de troupes, parce qu'on craignoit quelques ennemis, et nous verrons qu'au retour il en envoya une partie en Provence. [5] Le pape vint au-devant de luy à Cluni, [6] saint Louis luy ayant permis de venir jusques-là pour conférer avec luy, sans entrer plus avant en France. Il y avoit quinze jours que le pape l'y attendoit, lorsqu'il y arriva vers la Saint-André. [7] Il y fut quinze jours. [8] Le jour de Saint-André, le pape y célébra solennellement la messe, accompagné de douze cardinaux, des patriarches d'Antioche et de Constantinople, de dix-huit évesques nommez, en présence de saint Louis, de sa mère et de sa sœur, du comte d'Artois, de l'infant d'Arragon, de l'infant de Castille, du duc de Bourgogne, et d'un grand nombre d'autres princes. L'empereur de Constantinople estoit aussi

---

[1] Ms. F, p. 318, 776. — [2] *Anc. Ordon.*, p. 102, 2. — [3] Duchesne, p. 345, *b;* Ms. F, p. 318; Raynald., an. 1245, art. 75. — [4] Duchesne, p. 345, *b;* Ms. F, p. 318, 896. — [5] Matth. Par., p. 697, *c.* — [6] P. 683, *c, d.* — [7] Ms. F, p. 318, 776. — [8] Raynald., an. 1245, art. 79; *Bibl. Cluniac.*, p. 1666, *a, b, c.*

alors à Cluni. ¹On remarque que toutes ces cours et tous ces princes logèrent dans l'abbaye, avec leur train, sans que néanmoins les religieux quittassent aucun des lieux qu'ils occupoient d'ordinaire.

²Le roy fut sept jours en une conférence fort secrette avec le pape, n'y ayant que la reine Blanche avec eux. ³On tenoit néanmoins pour assuré qu'ils traitèrent de faire quelque accord avec Frédéric et de faire la paix ou une plus longue trêve avec l'Angleterre. ⁴Frédéric mandoit au roy d'Angleterre que saint Louis estoit allé voir le pape pour réunir l'Église avec l'empire. Raynaldus le croit aussi.

⁵On prétend que le pape, irrité des plaintes que les Anglois avoient faites au concile contre les exactions de ses ministres, voulut persuader à saint Louis de leur faire la guerre, mais qu'il s'en éloigna entièrement. ⁶On ajoute qu'ils résolurent dans cette entrevue tout ce qui regardoit le voyage d'outre-mer, et que le pape y donna à saint Louis une absolution générale, à condition qu'il accomplirait ce voyage. ⁷Avant que de se séparer, ils prirent jour à quinze jours après Pasque pour une nouvelle conférence à laquelle ils tascheroient de faire que Frédéric se trouvast (voy. chap. ccxxxix).

⁸Ainsi saint Louis prit congé du pape avec beaucoup d'humilité; et, après avoir reçu sa bénédiction, il partit de Cluni, ⁹et alla voir la ville de Mascon qu'il avoit

---

¹ *Bibl. Cluniac.*, p. 1666, *d, e.* — ² Matth. Par., p. 683, *d;* Duchesne, p. 345, *b.* — ³ Matth. Par., p. 683, *d, e.* — ⁴ Raynald., an. 1246, art. 27. — ⁵ Matth. Par., p. 691, *b, c.* — ⁶ Ms. F, p. 318, 319, 776. — ⁷ Matth. Par., p. 683, *e, f.* — ⁸ Duchesne, p. 343, *b, c.* — ⁹ Matth. Par., p. 683, *f.*

achetée, non cette année, mais dès l'an 1239 (voy. t. II, p. 355). Il estoit à Paris au mois de janvier 1246 (voy. chap. ccxxv). ¹ Le pape s'en retourna aussi à Lyon, après avoir demeuré à Cluni près d'un mois; ² mais avant qu'il en partist, il accorda à l'abbé Guillaume de Pontoise, de pouvoir lever un dixiesme sur toutes les maisons de sa congrégation, pour s'indemniser de ce qu'il luy avoit cousté, pour bien recevoir le pape, et pour en donner trois mille marcs au pape. ³ En sortant de Cluni, il vint aussi à Mascon, où il dédia l'église de saint Pierre, le jour de la Conception (8 de décembre), accompagné de douze cardinaux, deux patriarches et sept évesques. Saint Louis assista à cette dédicace avec sa mère et ses trois frères.

⁴ Le pape écrivant cette année au chapitre général de Cisteaux sur la condamnation de Frédéric, proteste qu'il ne veut plus employer à l'avenir contre luy l'épée matérielle, mais seulement l'épée spirituelle; et c'estoit peut-estre avant cette lettre ⁵ qu'il avoit fait publier par toute l'Église la déposition de ce prince, et défendu à toutes personnes, sur peine d'excommunication, de le traiter d'empereur. Mais ce ne fut que l'année suivante qu'il obtint de quelques princes d'Allemagne l'élection d'un nouveau roy des Romains.

¹ Matth. Par., p. 685, e. — ² Ibid., e, f. — ³ Gall. Christ., t. III, p. 684, 2. — ⁴ Matth. Par., p. 682, a. — ⁵ Raynald., an. 1245, art. 47.

CCXII.

Innocent dépose Sanche, roy de Portugal. — Saint Louis oste un péage à Ghisnes, etc.

Il ne faut pas s'estonner après cela de la manière dont il traita Sanche II, roi de Portugal. [1] Ce prince estoit accusé de faire beaucoup de fautes et dans sa conduite particulière et dans le gouvernement de son Estat. Innocent luy en écrivit, le 20 de mars, une lettre forte et sévère; [2] mais, sur l'avis qu'il ne se corrigeoit point, il écrivit, le 24 juillet, une grande lettre à tous les Portugais, où il leur commande, sur peine des censures de l'Église, de remettre toutes les places à la disposition d'Alphonse, comte de Boulogne, frère de Sanche, et de luy rendre une entière obéissance, sans prétendre néanmoins oster la couronne à Sanche, ni à ses enfants, s'il en avoit de légitimes, ordonnant même aux Portugais de conserver leurs personnes, et remettant à Alphonse le soin de pourvoir à leurs besoins. [3] En un mot, son intention n'estoit point, dit-il, de faire aucun préjudice au droit ni à l'honneur de Sanche, s'il revenoit en estat de gouverner. [4] Alphonse, en qui l'ambition avoit estouffé l'amitié fraternelle, se hasta de venir en Portugal, [5] et Sanche, se voyant abandonné de ses sujets, particulièrement des ecclésiastiques, fut contraint de se retirer en Castille, où il mourut au bout d'environ treize ans, après avoir

---

[1] Raynald., an. 1245, art. 5-10. — [2] Art. 67-71; an. 1246, art. 42. — [3] An. 1247, art. 18. — [4] An. 1245, art. 67. — [5] Art. 72-74.

fait d'inutiles efforts pour se rétablir. ¹On prétend que le gouverneur de Coimbre se maintint toujours en son obéissance tant qu'il vescut, et ne rendit la ville à Alphonse qu'après avoir esté à Tolède s'assurer luy-même de sa mort. ²Frédéric ne manqua point de se servir de cet exemple pour faire voir aux princes ce qu'ils pouvoient craindre de ceux qui n'avoient aucun pouvoir légitime sur le temporel des rois.

Saint Louis commença l'année à Pontoise, où la maladie le retenoit encore le 10 de janvier. Il estoit à Paris au mois de mars (voy. ci-après, chap. ccxxii), ³ et au mois de juin. Nous ne trouvons point où il fut depuis cela jusqu'au mois de septembre, auquel,⁴ estant à Vincennes, il borna à treize le nombre des religieuses de l'hospital de la Saussaye, auprès de Villejuive. Il tint une grande assemblée à Paris, le 16 octobre, pour la croisade (voy. p. 87). ⁵ Il fut le même mois à Maubuisson. Au mois de novembre, il fut conférer avec le pape à Cluni, où il passa une partie du mois de décembre. Il fut de là à Mascon et s'en revint ensuite à Paris (voy. p. 94, 95).

⁶ Roger Bigod, ambassadeur d'Angleterre au concile de Lyon, passant par Ghisnes, le comte de Ghisnes fit arrester ses gens et ses chevaux pour luy faire payer un péage ⁷ que ces comtes avoient establi dès devant la bataille de Bovines; en haine de quoy les Anglois brûlèrent la ville et le chasteau de Ghisnes en 1214. ⁸ Le comte estant allé peu de temps après en Angle-

---

¹ Raynald., an. 1245, art. 74. — ² Ibid., art. 73; Goldast., Constit., t. III, p. 383. — ³ Ms. D, p. 568. — ⁴ Antiq. de Paris, t. IV, p. 97. — ⁵ Ms. B, p. 112, 11. — ⁶ Matth. Par., p. 769, e. — ⁷ Spicileg., t. IX, p. 608. — ⁸ Matth. Par., p. 769, e, f.

terre, Roger l'y fit arrester, ou donna ordre de le faire. Le comte s'en plaignit au roy Henri ; mais Roger luy ferma la bouche en rapportant la manière incivile dont il l'avoit traité, et l'avarice avec laquelle il vendoit l'air et les chemins. Cela vint jusqu'aux oreilles de saint Louis, et ce prince si pieux aima mieux donner d'autres revenus au comte de Ghisnes pour modérer ou esteindre, *temperari,* un impost si honteux.

On pourroit parler ici du collége des Bernardins à Paris. La chose est considérable, mais ne regarde pas saint Louis.

[1] On voit par une lettre d'Innocent, du 24 septembre, qu'un prince sarrazin d'Afrique ou d'Espagne, qu'il nomme *Zeid Aazon, rex Zale,* parloit de se faire chrestien et même de donner son royaume aux chevaliers de Saint-Jacques en Espagne. Le pape, sur l'exposé de ces chevaliers, leur permet d'accepter ce royaume, d'acquérir encore les pays des Sarrazins qui en estoient proches, pourveu qu'ils n'appartinssent à aucun prince chrestien, de les retenir pour toujours et d'y fonder des Églises qui soient gouvernées par les clercs de leur congrégation, sans estre soumises qu'au saint siége ; en luy payant tous les ans un certain cens pour marque de cette liberté. On ne dit point que cela ait eu aucune suite.

[1] Raynald., an. 1245, art. 75.

CCXIII.

Le comte de Toulouse, séparé de Marguerite de la Marche, recherche Béatrix de Provence. — Le comte de Provence meurt; son testament.

¹Le comte de Toulouse fit cette année, durant le caresme, un voyage à Lyon, pour y visiter le pape Innocent; et de là il revint en France : est-ce à dire à la cour du roy. ²Il estoit à Toulouse au mois de juin, lorsqu'il somma Roger, comte de Foix, de luy remettre tout le bas Foix depuis le Pas de la Barre, selon une convention faite avec son père. Mais par la paix de Lorris, saint Louis avoit déchargé Roger de cette convention (voy. t. II, p. 484); aussi on ne voit pas que cette sommation ait eu aucune suite.

³Le comte de Toulouse avoit recherché, dès l'an 1241 ou 1242, Marguerite, fille du comte de la Marche. La parenté qui se trouva entre eux, du costé de Louis le Gros, bisayeul de Raimond et trisayeul de Marguerite, empescha que ce mariage ne se fist, dit Guillaume de Puy Laurent. ⁴Du Tillet dit qu'il l'épousa et en fut séparé avant que d'en avoir eu des enfants. ⁵L'inventaire du thrésor des Chartes porte aussi que le mariage fut déclaré nul. ⁶Cette sentence fut rendue à Lyon au mois d'aoust 1245 par le cardinal Octavien, commis par le pape pour ce sujet, ensuite d'une information faite, le mois précédent, sur leur

---

¹ Duchesne, p. 699, *a, b*. — ² *Invent.*, t. V, *Toulouse*, I, pièce 7; *Hist. de Béarn*, p. 465. — ³ Duchesne, p. 697, *c*. — ⁴ Du Tillet, p. 112. — ⁵ *Invent.*, t. V, *Toul.*, I, pièce 8. — ⁶ *Ibid.*

parenté; [1] et elle fut confirmée par une bulle du pape, du 25 septembre suivant.

[2] Ce mariage estant rompu ou déclaré nul, Raimond tascha d'épouser Béatrix, dernière fille de Raimond Bérenger, comte de Provence, [3] à qui son père avoit destiné le comté par son testament. [4] Les deux comtes, qui s'estoient trouvez au concile de Lyon, traitèrent de ce mariage devant le pape, qui devoit donner la dispense à cause qu'ils estoient aussi parents, ce qui avoit déjà empesché le comte de Toulouse, en 1241, d'épouser Sancie, sœur aisnée de Béatrix (voy. t. II, p. 421). [5] Tout estoit assez bien disposé pour ce mariage; mais le comte de Toulouse n'en ayant pas assez pressé l'exécution, et luy et le comte de Provence s'en estant retournez chez eux, le comte de Provence mourut [6] à Aix, le 19 d'aoust; d'où l'on peut juger que ce mariage avoit esté traité avant que l'autre eust esté déclaré nul. [7] Il fut enterré dans l'église d'Aix, à laquelle il donna la rose d'or qu'Innocent avoit bénie et portée solennellement le quatriesme dimanche de caresme, et dont ce pape luy avoit fait présent lorsqu'il le fut visiter à Lyon; et à cause de cela, Innocent, par sa bulle du 10 avril 1249, donna des indulgences à ceux qui visiteroient l'église d'Aix le même dimanche. [8] Raimond Bérenger avoit fait son testament dès le 20 juin 1238, où il n'avoit ajousté que cent marcs aux dix mille qu'il avoit promis en mariage aux reines de France et d'Angleterre. Il laisse en tout cinq mille

---

[1] *Invent.*, t. V, *Toul.*, II, pièce 19. — [2] Duchesne, p. 699, *c.* — [3] Ms. A. — [4] Duchesne, p. 699, *e.* — [5] *Ibid.*; *Invent.*, t. V, *Toul.*, VIII, pièce 16. — [6] Labbe, *Bibl.*, t. I, p. 342. — [7] Ms. B, p. 299. — [8] Ms. A, p. 1.

marcs à Sancie, la troisième de ses filles, mariée, l'an 1243, à Richard, comte de Cornouaille et depuis roy des Romains, et institue Béatrix héritière des comtez de Provence et de Forcalquier, et généralement de tous ses biens. Il fait ensuite diverses substitutions où l'on voit qu'il ne vouloit point que son pays tombast entre les mains d'un prince trop puissant. Il laisse à sa femme cinq mille marcs pour lesquels il luy engage divers chasteaux et tout le comté de Forcalquier. Il luy laisse le revenu de ce qu'il luy engageoit, ou même de toutes ses terres tant qu'elle demeurera veuve. Il destine le comté de Nice, avec plusieurs autres terres et droits, pour réparer tous les torts et les injustices qu'il pouvoit avoir faits; ce qu'il recommande avec un très-grand soin et de grandes précautions, jusqu'à priver son héritier de sa succession comme son ennemi, s'il s'oppose à cette restitution. Il institue pour ses exécuteurs les évesques d'Aix, de Riés et de Fréjus, et les barons Romée de Villeneuve et Guillaume de Cotignac. Il ordonne que les deux derniers seront régents jusqu'à ce que son héritière soit mariée à un prince qui puisse gouverner le pays; les obligeant néanmoins de prendre le conseil de sa veuve et des trois évesques ses exécuteurs.

[1] Il paroist en effet qu'après la mort du comte, Romée gouvernoit en Provence avec un nommé Alberas ou Albert de Tarascon, qui avoit esté substitué à Guillaume de Cotignac. [2] Les historiens de Provence remarquent que par l'avis de ces deux ministres on assembla à Aix les estats généraux des trois ordres de la pro-

---

[1] Duchesne, p. 699, c. — [2] Ms. B, p. 300.

vince, le 13 de septembre, où la jeune Béatrix receut le serment de fidélité des prélats, des barons et seigneurs et de toutes les communautez de la Provence, hors quelques-unes trop affeqtionnées à la liberté, comme Arles et Marseille. Elle accorda dans cette assemblée de grands priviléges à la ville d'Aix. [1]Le titre des actes qu'elle faisoit estoit conceu en ces termes :
« *Nos Beatrix juvenis* (pour se distinguer de sa mère),
« *Dei gratia, comitissa et marchionissa Provinciæ, et
« comitissa Forcalquerii,* filia et hæres domini Rai-
« mundi Berengarii, comitis quondam et marchionis
« Provinciæ, assistentibus et consentientibus nobis Ro-
« meo de Villanova et Alberto de Tarascone administra-
« toribus et gardiatoribus (tuteurs ou exécuteurs testa-
« mentaires) datis nobis à R. Berengario quondam patre
« nostro. » [2]On marque qu'elle avoit toujours auprès d'elle quelques religieuses, qui signoient même dans les actes publics.

CCXIV.

Charles, frère de saint Louis, épouse Beatrix, comtesse de Provence. — Il est fait chevalier et comte d'Anjou.

[3]On croit que le dessein de Romée et d'Albert fut tout d'abord de marier la jeune Béatrix à Charles, frère de saint Louis. [4]Béatrix la mère y contribua aussi de sa part; et ce dessein estoit fort sage, puisqu'il maintenoit la disposition de Raimond Bérenger et la paix de la province, en désintéressant en quelque sorte

---

[1] Ms. B, p. 300; Guesnay, p. 315, 510. — [2] Ms. B, p. 300. — [3] Duchesne, p. 699, c. — [4] Matth. Par., p. 704, f.

saint Louis, [1] qui, ayant épousé l'aisnée des filles du comte, pouvoit prétendre sa succession, nonobstant le testament du père. Matthieu Paris dit qu'il le fit effectivement, et qu'aussitost qu'il eut appris la mort de Raimond Bérenger il envoya cinq cents chevaliers bien équippez pour se saisir de la Provence au nom de la reine sa femme. [2] Mais luy et son conseil entrèrent aisément dans la pensée des Provençaux de faire tomber ce comté entre les mains de Charles. Il y songeoit, ce semble, dès le mois de septembre, [3] puisqu'il demanda alors les prières du chapitre de Cisteaux pour Charles.

[4] Romée et Albert cachèrent d'abord leur dessein, et, de peur qu'avant qu'il fust exécuté, le comte de Toulouse n'usast de violence pour avoir Béatrix, ils luy firent mander par Raimond Gaucelin, de Lunel, qu'il vinst en diligence, mais qu'il ne falloit pas qu'il vinst en armes ni avec un grand nombre de personnes. Gaucelin ayant donc envoyé promptement avertir le comte de la mort de Raimond Bérenger, et de l'avis que luy donnoient Romée et Albert, il partit un jour après avec peu de monde et se hasta inutilement d'aller en Provence. « Quot vero occursus quotve colloquia « cum comite Sabaudiæ, avunculo puellæ, et baroni- « bus terræ intervenerint, loquentibus in corde et corde « Provincialibus cum comite Tolosano, longa retro « series; donec fere transierunt quinque menses; » ce qui va jusqu'au mois de janvier 1246. [5] Le pape, d'ailleurs, ne vouloit point accorder la dispense, les trois sœurs de Béatrix l'ayant envoyé prier de ne le pas

---

[1] Matth. Par., p. 684, a; p. 684, a, b. — [2] Ibid., p. 704, f. — [3] Cisterc., p. 304. — [4] Duchesne, p. 699, c. — [5] Ibid., p. 700, a.

faire; et les Provençaux s'estoient mis en estat de n'estre point forcez par les armes, [1] car, outre le comte de Savoie, Boniface et Philippe, archevesques de Cantorbéry et de Lyon, avoient armé, à ce qu'on prétend, pour la défense de leur nièce. Matthieu Paris dit que c'estoit contre un homme de qualité qui, ayant peu de bien, mais un grand cœur et beaucoup d'expérience dans la guerre, avoit enlevé secrètement la princesse dans une place forte et prétendoit l'épouser; de quoy les autres ne parlent point, et cela a assez peu d'apparence. [2] Jacques, roy d'Arragon, cousin germain de Raimond Bérenger, se mesla dans cette querelle. Il vint à Aix, [3] et on dit qu'il y estoit avec une armée pour obliger la princesse d'épouser son fils. [4] D'autres croyoient qu'il favorisoit la poursuite du comte de Toulouse; [5] c'est pourquoy on ne souffrit pas même qu'il vist la princesse.

Nous avons veu que saint Louis estoit venu sur la fin de novembre à Cluni avec des troupes considérables, et qu'il y conféra avec le pape durant quinze jours. [6] On écrit que dans ce voyage il traita avec Amédée, comte de Savoie, et Thomas son frère, et convint avec eux du mariage de Charles, son frère, avec Béatrix, leur nièce. [7] En s'en retournant, il envoya une grande partie de ses troupes en Provence pour mettre Béatrix en liberté et s'opposer aux desseins du roy d'Arragon. [8] Ce sont sans doute ces cinq cents chevaliers dont parle Matthieu Paris. [9] Cette af-

---

[1] Matth. Par., p. 653. — [2] Duchesne, p. 699, c. — [3] Ibid., p. 345, c; Ms. F, p. 896; Guiart, p. 139, 2. — [4] Duchesne, p. 699, c. — [5] Ibid., c. — [6] P. Matth., p. 106. — [7] Duchesne, p. 345, c. — [8] Matth. Par., p. 689, b. — [9] Duchesne, p. 345, c.

faire fut bientost achevée, ¹ et le roy d'Arragon se retira, cédant à son commandement et à ses menaces. ² La princesse estant ainsi délivrée de tous ceux qui luy eussent pu faire violence, et entièrement libre, sa mère la remit entre les mains de saint Louis et de ses officiers pour la marier à Charles, sans néanmoins l'envoyer hors de la Provence; ³ et saint Louis, par l'avis de son conseil, consentit que son frère l'épousast et jouist du comté de Provence. ⁴ Ainsi le roy ayant eu le consentement de la princesse, envoya son frère pour l'épouser, ⁵ le comte de Savoie et les seigneurs de Provence ayant traité secrètement cette affaire. ⁶ Matthieu Paris semble dire que Béatrix maria sa fille à Charles par l'estime qu'elle avoit de la sagesse de saint Louis. ⁷ Raimond n'avoit point perdu jusque-là l'espérance de son mariage, et il envoyoit même à la reine Marguerite pour la prier de l'agréer et de l'y favoriser; mais son envoyé trouva Charles en chemin qui se hastoit de la venir épouser.

L'AN DE JÉSUS-CHRIST 1246. Pasques le 8 d'avril. G.

⁸ Charles fut accompagné dans ce voyage d'un grand nombre de noblesse. ⁹ Béatrix, la mère, qui, n'ayant plus d'ennemis à craindre, pouvoit disposer de sa fille avec toute liberté, la mit entre les mains des députez du roy pour la marier à Charles, avec son droit entier sur la Provence, ¹⁰ sans en rien réserver au roy d'An-

---

¹ Ms. F, p. 777; Guiart, p. 139, 2. — ² Matth. Par., p. 691, e. — ³ Ibid., p. 704, f. — ⁴ Duchesne, p. 345, c. — ⁵ Chron. Martin., p. 135, 4. — ⁶ Matth. Par., p. 691, d, e. — ⁷ Duchesne, p 701. — ⁸ Ibid., p. 345, e. — ⁹ Matt. Par., p. 691, e; p. 704, f.— ¹⁰ P. 691, d, e.

gleterre, qui prétendoit s'y conserver quelques chasteaux et avoit fait jurer à la comtesse de ne les remettre à qui que ce fust. ¹ Ainsi le mariage se fit le 31 de janvier, ² en présence de la mère et des oncles de la jeune Béatrix, Amédée, comte de Savoie, Thomas, autrefois comte de Flandre, et Philippe, archevesque de Lyon, avec toute la pompe, toute la magnificence et toute la joie possible. ³ Charles estoit à Fréjus le 15 de mars. ⁴ Il amena sa femme en France, ⁵ et saint Louis ayant assemblé, à la Pentecoste (27 may), un grand nombre de barons à Melun, il y fit Charles nouveau chevalier. ⁶ On prétend que ce prince ambitieux, ne trouvant pas encore cette solennité assez magnifique parce qu'elle ne l'estoit pas autant que celles que l'on avoit faites pour ses frères, il s'en plaignit à sa mère. ⁷ Belleforest croit que Charles fit hommage de la Provence à Frédéric II, sur ce qu'un Michel Coccinie de Tubinge dit qu'il receut de luy l'investiture de l'Anjou: ce seroit une grande preuve qu'on ne considéroit point en France la déposition de Frédéric; mais je voudrois que cela fust plus autorisé. ⁸ Au mois d'aoust suivant, saint Louis estant à Orléans, céda à Charles les comtez d'Anjou et du Maine, avec le conseil de ses frères, à la réserve des régales des deux éveschez, de Loudun, de l'abbaye de Fontevrauld, etc. Charles fit peut-estre un second voyage en Provence au mois d'octobre, pour y recevoir les hommages des villes et de la noblesse. ⁹ Au mois d'octobre 1247, saint Louis luy assi-

---

¹ Labbe, *Bibl.*, t. I, p. 342. — ² Duchesne, p. 345, *c*. — ³ Bouche, p. 266. — ⁴ Guiart, p. 139, 2. — ⁵ Duchesne, p. 345, *c*. — ⁶ Matth. Par., p. 704, 705. — ⁷ Bellef., l. IV, c. x, p. 667, 2. — ⁸ *Spicileg.*, t. XI, p. 372; Ms. B, p. 158; *Regist.* 3, p. 203. — ⁹ Ms. F, p. 525.

gna une pension viagère de 5 000 livres parisis jusqu'à ce qu'il luy fust venu quelque revenu de cette valeur, outre ce qu'il avoit alors.

¹ Pour le comte de Toulouse, après avoir mal réussi dans la recherche de tant de mariages illustres, il en voulut faire un autre en Espagne qui luy eust esté tout à fait honteux. Il fut même en Espagne l'an 1246, à son retour de Provence, et s'estant rencontré dans l'église de Saint-Jacques de Compostelle avec une dame estrangère, on crut que c'estoit celle qu'il recherchoit, et on publia aussitost qu'on les avoit veu marier, ce qui estoit faux. Ainsi il parut que Dieu ne vouloit point qu'il eust d'autres héritiers que Jeanne, femme d'Alphonse. ² Il paroist qu'il estoit à Toulouse au mois de mars. ³ Il estoit à Rhodès au mois d'avril, ⁴ et estoit revenu à Toulouse au mois de novembre.

CCXV.

Henri, landgrave de Thuringe, est élu roy des Romains, défait Conrad, et meurt.

Le pape Innocent, ⁵ qui avoit témoigné, l'année précédente, ne vouloir plus user de l'épée matérielle contre Frédéric, ⁶ ne laissa pas de soulever contre luy ses sujets du royaume de Sicile, ce qui produisit des effets tout à fait funestes, et donna occasion à Frédéric de publier que le pape même l'avoit voulu faire as-

---

¹ Duchesne, p. 700, a. — ² Invent., t. V, Toul., VII, pièce 31. — ³ Ibid., pièce 40. — ⁴ Ibid., pièce 42. — ⁵ Matth. Par., p. 682, a. — ⁶ Ibid., p. 710, 714; Raynald., an. 1246, art. 11, 15.

sassiner. ¹Mais voulant ruiner absolument Frédéric, il travailla à luy opposer un prince qui, prenant le titre de roy d'Allemagne, pust former un puissant parti contre luy. ²L'archevesque de Cologne et quelques autres princes électeurs, persuadez par luy, jettèrent les yeux, dès l'an 1245, sur Henri, landgrave de Thuringe, ³qui, à ce qu'on prétend, descendoit en ligne masculine de Charlemagne par Charles de France, premier duc de Lorraine, et finit par sa mort cette illustre race. ⁴Il estoit beau-frère de sainte Élizabeth. ⁵Ce prince, satisfait de sa grandeur et de son repos, et craignant la puissance de Frédéric, n'y vouloit point consentir. ⁶Mais enfin le pape et les Lombards rebelles l'animèrent tellement par leurs exhortations et leurs promesses, ⁷qu'il consentit à accepter l'empire, s'il estoit éleu. ⁸Innocent écrivit donc, le 21 d'avril 1246, aux archevesques et aux autres princes électeurs en général, pour leur commander d'élire le landgrave, supposant que l'empire estoit vacquant; ⁹et il en écrivit en particulier au roy de Bohême, aux ducs de Bavière, de Brabant, de Brunswick, de Saxe, et aux marquis de Misnie et de Brandebourg, qui ne vouloient point du tout qu'on fist d'élection. ¹⁰Le pape vit enfin ce qu'il souhaitoit, et Henri fut éleu roy des Romains, auprès de Wirtzbourg, à l'Ascension, 17 de may, par les archevesques de Mayence et de Cologne et quelques princes laïques, ¹¹mais non avec toutes les formes nécessaires.

---

¹ Matth. Par., p. 688, 704, *d.* — ² *Ibid.*, p. 688, *b.* — ³ Sainte-Marthe; Pistor., p. 696, 2, *a.* — ⁴ Raynald., an. 1246, art. 1. — ⁵ Matth. Par., p. 688, *b.* — ⁶ *Ibid.*, *c.* — ⁷ Raynald., an. 1246, art. 2. — ⁸ *Ibid.* — ⁹ Art. 3. — ¹⁰ Art. 4; Urstis., t. II, p. 91, 2. — ¹¹ Ms. F, p. 896.

Le pape fit tout son possible pour maintenir cette élection. ¹Il avoit ordonné par avance à l'évesque de Ferrare, son légat en Allemagne, et en même temps aux Jacobins et aux Cordeliers, d'employer les exhortations, les prédications, les indulgences, et d'autre part les menaces, les dépositions, les privations de bénéfices, les anathèmes, pour obliger tout le monde à abandonner Frédéric et à obéir à Henri. ²Il luy envoya une infinité d'argent pour soutenir la guerre contre Frédéric, ³car on dit que depuis saint Pierre jamais pape n'avoit esté si riche. ⁴Il luy envoya, selon un auteur, jusqu'à vingt-cinq mille marcs d'argent pur. ⁵Il fit prescher la croisade en Allemagne en sa faveur.

⁶Frédéric envoya contre luy son fils Conrad avec de grandes troupes, ⁷et il y avoit encore beaucoup de princes, particulièrement des laïques, attachez à son parti; ⁸mais dans la bataille qui se donna le jour de Saint-Jacques, 25 juillet, ⁹ou le 5 aoust, ¹⁰auprès de Francfort, ¹¹Conrad fut vaincu. ¹²On en accusa deux comtes de son parti, gagnez, disoit-on, par l'argent du pape pour prendre la fuite. ¹³Conrad se retira en Italie, selon les uns, ¹⁴selon d'autres chez Othon, duc de Bavière, qui luy donna sa fille, cette année même, en mariage, ¹⁵quoyqu'on accusast Fré-

---

¹ Raynald., an. 1246, art. 5, 8. — ² Matth. Par., p. 704, *d*; Pistor., t. I, p. 696, 1, *e*. — ³ Pistor., t. I, p. 742, *e*. — ⁴ *Ibid.*, t. I, p. 926, 1. — ⁵ Duchesne, p. 345, *a*; Vinc. Bellov. — ⁶ Matth. Par., p. 704, *e*. — ⁷ *Ibid.*, p. 705, *d*. — ⁸ *Ibid*, p. 714, *e*. — ⁹ Pistor., t. I, p. 696, 1, *f*; p. 927, *b*; Urstis., t. II, p. 92, *a*. — ¹⁰ Raynald., an. 1246, art. 9; Pistor., t. I, p. 696, 1, *f*.—¹¹ *Ibid.*— ¹² Matth. Par., p. 704, *e*; p. 714, *e*, *f*; Urstis, t. II, p. 92, *b*. — ¹³ Matth. Par., p. 704, *f*; Raynald., an. 1246, art. 9. — ¹⁴ Canisius, t. I, p. 267; Urstis., p. 591, *d*. — ¹⁵ Urstis, p. 591, *d*.

déric d'avoir fait autrefois assassiner le père de ce duc.
[1] Une lettre au roy d'Angleterre, écrite aussitost après par Gautier d'Ocre, ministre de Frédéric, porte que Conrad s'estoit d'abord sauvé dans Francfort; que les prisonniers ayant tous esté délivrez peu de jours après par rançon ou autrement, il continuoit à poursuivre et à combattre ses ennemis; que les ducs de Bourgogne et de Lorraine, et les comtes de Châlons et de Bar luy devoient amener cinq cents chevaliers de France et de Bourgogne. [2] Henri poursuivit Conrad en Souabe, dont il estoit duc héréditaire; [3] mais au retour de ce voyage, il mourut, sans enfans, au commencement de l'an 1247, [4] avant le 15 de mars. [5] Matthieu Paris seul remarque que ce fut durant le caresme, en suite d'un grand combat où il avoit esté vaincu par Conrad, la veille même du jour qu'il devoit estre couronné roy des Romains.

Il ne tint pas à saint Louis qu'il n'arrestast tous ces maux. Il fit pour cela un second voyage à Cluni, apparemment vers la fin d'avril, comme il en estoit convenu l'année précédente avec le pape; et quoyqu'il n'eust pas trouvé dans le pape la disposition qu'il souhaitoit, il ne laissa pas de luy en écrire de nouveau, en luy envoyant l'évesque de Senlis, vers le mois d'octobre (voy. chap. ccxxxix et ccxli); mais il n'eut que la consolation d'estre un ange de paix au milieu de ceux qui ne vouloient point de paix.

[1] Matth. Par., p. 715, a. — [2] Pistor., t. I, p. 927, b. — [3] Raynald., an. 1247, art. 1, 2. — [4] Ibid., art. 2. — [5] Matth. Par., p. 726.

CCXVI.

Saint Louis se prépare à son voyage d'Orient.

Ces troubles de l'Allemagne n'empeschoient pas que saint Louis ne se préparast à son voyage d'Orient. [1] Il commença dès cette année à faire faire de grandes provisions de bleds et de vins dans l'isle de Chypre, [2] par ceux qu'il y avoit envoyez. [3] Il fut sans doute aidé en cela par les Vénitiens et plusieurs autres villes et isles d'Italie, à qui il avoit envoyé pour cela Thibaud, comte de Bar, et Imbert de Beaujeu. Les Vénitiens, entre autres, envoyèrent pour luy en Chypre six vaisseaux chargez de bled, de vin et d'autres provisions qu'il avoit fait acheter chez eux.

[4] Frédéric n'empeschoit point ce secours; il le favorisoit même. [5] Il avoit promis dès l'année précédente, à saint Louis, de l'aider autant qu'il pourroit de vivres, de vaisseaux et de toutes autres choses; [6] et par un acte daté de Luceria, au mois de novembre 1246, il ordonne à tous ses sujets du royaume de Sicile de fournir au prix courant les chevaux, les armes, les vivres et les autres choses dont saint Louis auroit besoin dans son voyage pour luy et pour sa maison, depuis le 1er mars de l'année 1248, en laquelle saint Louis devoit partir, jusqu'à son retour. La lettre est fort obligeante pour saint Louis; mais je ne sçay pourquoy il restreint si fort sa permission. On voit par cette

---

[1] Joinville, p. 25. — [2] Sanud, p. 218, e. — [3] Matth. Par., p. 764, 765. — [4] Ibid., p. 765, a. — [5] Joinville, note, p. 57. — [6] Ibid., p. 57; Invent., t. VII, Bulles d'or, pièce 5.

lettre que saint Louis avoit déjà pris la résolution de partir, comme il fit l'esté de l'an 1248.

¹ La trêve avec l'Angleterre devant finir le 29 septembre 1248, ² saint Louis, qui ne vouloit point laisser d'occasion de trouble dans son royaume, envoya, dès le mois de janvier de cette année, en demander la continuation à Henri. ³ Henri témoigna y estre disposé en considération du voyage qu'il vouloit faire pour Jésus-Christ. Mais il demandoit en même temps que saint Louis luy cédast, ou luy fist céder par son frère, une partie de la Provence, prétendant y avoir droit à cause de sa femme; ce que saint Louis ne fit pas; et ainsi on ne conclut rien pour lors. ⁴ On prétend que saint Louis luy fit même offrir secrètement que, s'il vouloit faire la paix et renoncer au droit qu'il prétendoit sur la Normandie, il luy rendroit tous les autres pays que son père et son ayeul avoient possédés en France; sur quoy Henri ne voulut point répondre, disant qu'il en délibéreroit plus à loisir. La paix qu'il accepta en 1259 luy estoit beaucoup moins avantageuse.

C'estoit alors la coustume que ceux qui s'estoient croisez estoient sous la protection de l'Église, en sorte que les princes et les magistrats n'osoient presque prendre d'autorité sur eux; ⁵ et le pape leur avoit accordé de nouveau cette protection dans le concile de Lyon. ⁶ L'effet de cette liberté estoit que les croisez, au lieu de faire paroistre plus de piété que les autres, commettoient avec plus de licence les plus grands

---

¹ Ms. B, p. 192. — ² Matth. Par., p. 691, *f*. — ³ *Ibid.*, p. 692, *a*. — ⁴ *Ibid.*, p. 691, 692. — ⁵ *Concil.*, t. XI, p. 255. — ⁶ Duchesne, p. 862, *a*; Raynald., an. 1246, art. 54.

crimes, comme des voleries, des meurtres, des rapts. Saint Louis, n'osant pas les punir luy-même, en fit plainte au pape, qui ordonna aux prélats de France, le 6 de novembre, de ne point protéger ceux qui seroient coupables de ces crimes.

CCXVII.

Saint Louis fortifie Aigues-Mortes.

[1] Saint Louis n'avoit aucun port sur la mer Méditerranée, que celuy d'Aigues-Mortes, au diocèse de Nismes; [2] dont même le territoire appartenoit aux Bénédictins de l'abbaye de Psalmodi, à une demi-lieue de là, jusqu'en l'an 1248 auquel saint Louis l'échangea pour d'autres terres avec cette abbaye, qui a depuis esté transférée dans la ville et changée en collégiale.

[3] Ce lieu d'Aigues-Mortes estoit si décrié pour le mauvais air, *propter loci corruptionem et infirmitatem*, que, comme on conseilloit, l'an 1240, à Richard d'Angleterre de s'y aller embarquer, tous ceux de sa compagnie n'en voulurent point entendre parler. Le nom donne lieu de croire que cela venoit de quelques eaux croupies. [4] Il estoit d'ailleurs inhabitable à cause que les vents n'y trouvant rien qui les arrestast, y élevoient des montagnes de sable. Néanmoins saint Louis ne prit point d'autre port pour ses deux embarquemens.

---

[1] *Franc-Aleu*, p. 365; Joinville, note, p. 101. — [2] *Franc-Aleu*, p. 373; *Invent.*, t. V, *Lang.*, pièce 12; *Gall. Christ.*, t. IX, p. 767, 1, 2; Ms. D, p. 531. — [3] Matth. Par., p. 537, d. — [4] *Franc-Aleu*, p. 365.

[1] Il y bastit une tour, avec beaucoup de dépense, pour la sûreté des pèlerins et des marchands qui vouloient aller en la terre sainte, afin qu'ils y fussent protégés contre les ennemis et contre les vents. [2] Elle servoit aussi de phare. On l'appelle aujourd'huy la tour de Constance. [3] C'est sans doute ce qu'a voulu marquer Matthieu Paris lorsqu'il dit que ce roy, pour n'avoir point à craindre les insultes de Frédéric, fit, l'an 1246, un fort bon port dans la Provence (qui, dans les auteurs de ce temps-là, marque souvent le Languedoc), et l'environna d'excellentes fortifications, ce qui luy cousta beaucoup, mais fut une action très-sage.

[4] Il y fit aussi une ville, aux habitans de laquelle il donna beaucoup de priviléges et diverses lois datées du mois de may 1246, à Paris. [5] Cette ville n'estoit pas encore fort considérable, ni bien peuplée, ni même fermée de murs en l'an 1266. On pressa fort saint Louis de la faire fermer; et comme il falloit faire de grands frais pour cette closture et ensuite pour garder la ville, il eut la pensée de mettre quelque impost sur les marchandises qui y entreroient ou en sortiroient. Il y avoit assez de personnes qui luy disoient qu'estant roy, il pouvoit sans difficulté establir un impost si utile pour tout le pays, ou plutost si nécessaire. Néanmoins, pour agir avec plus de sûreté et de prudence, il en voulut avoir l'avis et le consentement du pape. C'estoit alors Clément IV, qui, ayant autrefois esté officier du roy en Languedoc, avoit souvent veu les

---

[1] *Franc-Aleu*, p. 364, 365. — [2] Joinville, note, p. 101. — [3] Matth. Par., p. 705, a, b. — [4] *Franc-Aleu*, p. 365-374; *Invent.*, t. IX, *Titres meslez*, pièce 19. — [5] *Franc-Aleu*, p. 364, 365; Ms. F, p. 539, 1061.

lieux. C'est pourquoy il approuva aussitost le dessein qu'avoit saint Louis de fermer ce lieu, et luy permit d'y mettre un impost modéré, avec l'avis des prélats, des barons et des villes voisines, nommément des consuls de Montpellier, en luy recommandant que ses successeurs ne le pussent augmenter. Ce bref est du 20 ou 21 septembre 1266.

Saint Louis n'eut pas sans doute le loisir d'exécuter son dessein, [1] car, en l'an 1272, Philippe III, son fils, traita avec un nommé Guillaume Bouchenoire pour fermer et fortifier la ville, et même pour en faire et en réparer le port que les sables avoient peut-estre gasté. Dans la suite, il n'est parlé [2] que de raccommoder le port, et non pas de le faire. [3] Par cet acte, Philippe ordonne que toutes les marchandises qui viendront au port payeront un denier pour livre, hors les vivres qui se consumeront sur le lieu et tout ce que les croisez emporteront pour leur usage.

[4] Il n'y a plus aujourd'huy de port à Aigues-Mortes, et la mer en est éloignée de demi-lieue.

CCXVIII.

Saint Louis lève une décime sur le clergé.

Comme saint Louis avoit besoin de beaucoup d'argent pour son voyage, [5] il leva, durant trois ans, une décime sur le clergé, avec le consentement des François, et avec la permission et même à la persuasion

---

[1] *Régist.* 30, p. 227. — [2] *Ibid.*, p. 227, 2. — [3] *Ibid.*, p. 228. — [4] Joinville, note, p. 101. — [5] Matth. Par., p. 709, 710, 849, *d*.

du pape, qui prétendoit lever aussi un vingtième pour le même sujet, ¹ après que le roy auroit levé son dixième, ² se fondant sans doute sur ce que le concile de Lyon avoit ordonné à tous les ecclésiastiques de payer un vingtième de leurs revenus aux commissaires du pape pour le secours de la terre sainte. ³ On ajouste que le pape exigeoit, outre cela, un nouveau subside pour le landgrave contre Frédéric ; ⁴ et il ne faut pas douter qu'il n'ait encore demandé, en France aussi bien qu'en Angleterre, l'impost accordé par le concile de Lyon pour l'empereur de Constantinople, qu'on faisoit monter extrêmement haut. ⁵ Quelques Églises de France se plaignent, l'an 1267, d'un dixième et d'un douzième levé vers ce temps-cy durant douze ans (s'il n'y a faute). Elles y ajoustent un centième, et en général beaucoup d'autres exactions dont elles ne marquent pas le temps, ⁶ quoyque d'ailleurs les François fussent plus portez que d'autres à résister à ces sortes de vexations et le fissent avec plus de force.

⁷ Saint Louis employa des ministres du pape pour lever ce dixième, afin qu'ils fust levé plus exactement, ⁸ ou parce que le pape l'avoit ainsi ordonné dans le concile de Lyon. ⁹ Et le pape en estoit bien aise pour connoistre davantage les revenus des ecclésiastiques et sçavoir à quoy il pourroit faire monter son vingtième. ¹⁰ Blanche doutant si les distributions quotidiennes estoient comprises dans la décime, Innocent les y

---

¹ Matth. Par., p. 797, e. — ² Concil., t. XI, p. 655, c. — ³ Matth. Par., p. 710, a. — ⁴ Ibid., p. 716, 717; Concil., t. XI, p. 651, c, d. — ⁵ Hist. Normann., p. 1012, c. — ⁶ Matth. Par., p. 849, d. — ⁷ Ibid., p. 797, f. — ⁸ Concil., t. XI, p. 655, c, d. — ⁹ Matth. Par., p. 797, f. — ¹⁰ Invent., t. VII, Croisades, III, pièce 28; Bzov., p. 1251, art. 8.

comprit le 18 mars 1251, ne voulant pas néanmoins qu'elles fussent levées à la rigueur.

[1] On représente cette exaction comme ayant esté très-fascheuse et ayant beaucoup appauvri le royaume. [2] On en rapporte une histoire particulière qu'il faut voir; mais il y en eut sans doute peu de semblables, [3] car saint Louis même pria le pape d'exempter les pauvres de la décime, et le pape manda au légat de voir ceux qui avoient besoin de cette exemption. [4] Le concile de Lyon ordonnoit en général que quelques religieux en seroient exempts. [5] Saint Louis ne fit rien payer à ceux de l'ordre de Cisteaux, espérant plus du secours de leurs prières que de l'argent qu'il en auroit pu tirer, dit Urbain IV.

[6] Le clergé de France se plaint, en 1267, d'avoir esté si maltraité par tant de levées, qu'on disoit communément dans le royaume que les ecclésiastiques y estoient plus esclaves que les laïques. [7] Il dit que beaucoup de prestres, d'ecclésiastiques et de moines, avoient esté excommuniez et déclarez irréguliers pour n'avoir pas entièrement payé ce qu'on leur demandoit pour saint Louis. [8] Il attribue à cette levée le peu de succès qu'avoit eu le voyage de saint Louis; [9] et d'autres ont eu la même pensée. [10] On a dit la même chose de la croisade de Philippe-Auguste en 1191; [11] car ce prince et Richard, roy d'Angleterre, levèrent sur leurs sujets, et ecclésiastiques et laïques, le dixième de leurs

---

[1] Matth. Par., p. 710, 797, 798. — [2] *Ibid.*, p. 798, *a*, *b*. — [3] Raynald., an. 1246, art. 38. — [4] *Concil.*, t. XI, p. 655, *d*. — [5] Matth. Par., p. 925, *b*. — [6] *Hist. Normann.*, p. 1012, *b*, *d*. — [7] *Ibid.*, *d*. — [8] *Ibid.*, *c*. — [9] Matth. Par., p. 798, *a*; p. 849, *d*; p. 891, *e*. — [10] *Spicileg.*, t. XI, p. 461; Bar., p. 1188, art. 16. — [11] Bar., p. 1188, art. 16-19.

revenus, [1] à l'exception des Bernardins, des Chartreux, de l'ordre de Fontevrauld et des Lépreux. [2] Et quoyque cela ne se fust fait que pour un an et avec le consentement des évesques et des barons, [3] néanmoins le célèbre Pierre de Blois condamna beaucoup cette usurpation des biens consacrez aux pauvres, et cette vexation qu'on faisoit à des personnes qui avoient renoncé au tumulte des affaires. On peut voir sa lettre rapportée par Baronius. [4] Mais Philippe même la condamne encore plus fortement dans une lettre adressée, l'an 1189, à tous les ecclésiastiques et laïques de la province de Reims. Il défend, à la prière des prélats et barons, de faire jamais rien de semblable, et il s'en oste à luy-même le pouvoir. Il appelle cette levée une action énorme, une entreprise damnable, *damnatam exactionem.* « Visum est nobis (dit-il) Deum « potius offendi quam placari, si ex pauperum et vi- « duarum lacrymis, nec placabilis nec accepta Deo « talis victima offeratur. »

[5] Les villes contribuèrent aussi à fournir au roy le secours dont il avoit besoin pour son voyage. Paris donna dix mille livres, Laon trois mille, Beauvais trois mille quatre cents, etc. On trouve par un compte de cette année que le roi eut de cette aide cinquante-deux mille livres, outre ce qui fut donné par Rouen, Reims, Mascon et quelques autres lieux qui ne sont point marquez dans ce compte. On voit par les sommes particulières, que la Picardie fournissoit plus que les autres pays.

---

[1] Duchesne, p. 26, *b.* — [2] *Ibid.,* p. 25, *b.* — [3] Bar., p. 1188, art. 16-19. — [4] Louvet; *Hist. de Beauv.,* t. II, p. 311.— [5] *Compte Ms. de* 1248.

Nous parlerons autre part de ces contributions que les villes fournissoient aux rois et à leurs autres seigneurs pour les voyages d'outre-mer et pour quelques autres occasions particulières.

CCXIX.

Les seigneurs de France se soulèvent contre le clergé.

¹ Les historiens du temps remarquent que les grandes levées que le pape faisoit sur le clergé scandalizoient extrêmement tout le monde, jusqu'à porter les personnes moins instruites de la doctrine de l'Église à douter si un homme dont la conduite estoit si opposée à celle de saint Pierre pouvoit être le successeur de sa jurisdiction et de sa puissance. Ainsi ils perdoient peu à peu le respect qu'ils devoient et au pape et à l'Église, et après avoir longtemps murmuré en secret, ils passoient à des soulèvements publics contre la jurisdiction dont l'Église jouissoit alors. ² Cela arriva dans l'Angleterre, comme on peut le voir dans les historiens du pays, ³ et même en France, où cela estoit plus extraordinaire.

Nous avons veu les demandes qui avoient esté faites contre le clergé par la noblesse de Poitou en 1226 (voy. t. I, *Préliminaires*), et par tous les barons de France en 1235 (voy. t. II, p. 253). ⁴ Enfin ils s'unirent ensemble au mois de novembre de cette année, et se promirent de se secourir les uns les

---

¹ Matth. Par., p. 715, *e*; p. 719, *d*. — ² *Ibid.*, p. 727, *c, d*. — ³ *Ibid.*, p. 719, *e*. — ⁴ *Ibid.*, p. 719, 720.

autres, pour poursuivre et maintenir leurs droits contre le clergé, sans se mettre même en peine des excommunications. [1] Ils résolurent entre eux et arrestèrent par un serment solennel, de ne point souffrir qu'aucun laïque fust ajourné devant le juge ecclésiastique, ordinaire ou délégué, hors l'hérésie, le mariage et l'usure; et que quiconque les y voudroit faire comparoistre, perdroit tous ses biens et un de ses membres. [2] Ils firent un fonds pour cela, et établirent quatre seigneurs pour agir au nom des autres. Ce furent le duc de Bourgogne, le comte Pierre de Bretagne, le comte d'Angoulesme, fils aisné du comte de la Marche, et le comte de Saint-Paul. L'acte de cette délégation fut fait en françois, [3] et ils en publièrent un autre en latin, très-injurieux au clergé, où ils témoignoient ouvertement que leur désir estoit de réduire les ecclésiastiques à l'estat et à la pauvreté de l'Église primitive; [4] ce qui donnoit lieu de craindre à tout le monde, et particulièrement au pape, qu'ils n'eussent intelligence avec l'empereur, qu'on sçavoit estre dans le même dessein. [5] Il est dit en général que ces seigneurs liguez estoient tous les grands du royaume, [6] et on en parle comme d'une conspiration générale de la France appauvrie par la cour romaine. [7] Le pape dit: quelques barons et quelques seigneurs. [8] On remarque que saint Louis favorisa cette ligue, et en fit sceller l'acte de son sceau. [9] On ajoute même que, suivant l'avis de son conseil, il révoqua la permission qu'il avoit donnée au pape de lever de l'argent sur les ecclésiastiques, protestant

---

[1] Matth. Par., p. 720, c. — [2] Ibid., p. 719, c. — [3] Ibid., p. 720, b, c, d. — [4] Ibid., d, e. — [5] Ibid., c. — [6] Ibid., p. 715, e. — [7] Du Boulay, p. 210. — [8] Matth. Par., p. 727, c. — [9] Ibid., p. 797, e, f.

qu'il ne souffriroit point du tout qu'on appauvrist les Églises de son royaume pour faire la guerre à des chrestiens : car le pape vouloit employer cet argent contre Frédéric.

¹ L'an 1245, le pape ayant envoyé des Jacobins et des Cordeliers, ses légats ordinaires, à tous les évesques de France, pour leur demander à chacun une certaine somme d'argent à emprunter, saint Louis, qui avoit le crédit de cette cour pour suspect, leur défendit de rien donner.

² On remarque que dans le Livre manuscrit des Additions de Matthieu Paris, il y a un discours et une plainte faite en la présence du pape par un ambassadeur de France, sur ces exactions, avec une description terrible de la cour romaine, adressée à Boniface, archevesque de Cantorbéry, par Pierre de Savoie, son frère. Je ne trouve point ces deux pièces dans l'imprimé.

CCXX.

Le pape soutient le clergé par les menaces et par les promesses.

³ Le clergé de France tint sur ce sujet diverses assemblées à Paris et ailleurs. ⁴ Guillaume de Broa, qui avoit esté éleu archevesque de Narbonne le 24 may 1245, à la place de Pierre Ameli, mort le 20 du même mois, ⁵ tenant son concile provincial à Béziers, le 19 avril 1246, ⁶ ordonne qu'après les monitions ordinaires, on ex-

---

¹ Matth. Par., p. 723, a. — ² In Adversariis. — ³ Raynald., an. 1247, art. 49. — ⁴ Gall. Christ., t. I, p. 384, 2, c. — ⁵ Concil., t. XI, p. 676, a; p. 695, b. — ⁶ Ibid., p. 681, b, c.

communiera ceux qui feront des statuts contre la liberté ecclésiastique, ou même qui les écriront, ou qui jugeront conformément à ces statuts, ou qui interdiront aux ecclésiastiques et aux religieux les moulins, les fours et les autres lieux publics.

[1] Les ecclésiastiques ne se trouvant pas assez forts d'eux-mêmes eurent sans doute recours à l'autorité du pape Innocent, [2] qui fut extrêmement surpris de ce soulèvement des François, [3] et d'autant plus que cette noblesse, qui, par une générosité naturelle, a accoutumé de secourir les autres nations dans leurs oppressions, et d'oublier même pour cela les injures qu'elle en peut avoir receues, s'élevoit contre les ecclésiastiques dans un temps où Frédéric faisoit de nouveaux efforts contre le pape, comme nous verrons l'année suivante. [4] Il écrivit donc au clergé de France une lettre fulminante contre les barons et leurs articles; [5] mais il y reconnoist néanmoins que la juridiction des ecclésiastiques dans les choses temporelles est un honneur que Charlemagne leur a accordé en confirmant la loy que Théodose en avoit faite auparavant. [6] Il exhorte les ecclésiastiques de se maintenir sans rien craindre dans la possession de leur autorité, de déclarer nuls les statuts des confédérez, de procéder contre les rebelles selon les formes, et de s'assurer qu'il ne manqueroit pas de leur donner toute l'assistance nécessaire. [7] Il ordonne aussi qu'on fasse signifier aux barons un décret qu'Honoré III avoit fait, [8] l'an 1220,

---

[1] Raynald., an. 1247, art. 48. — [2] Matth. Par., p. 720, d. — [3] Raynald, an. 1247, art. 50. — [4] Ibid., art. 49-52; du Boulay, p. 210. — [5] Raynald., an. 1247, art. 50. — [6] Ibid., art. 52. — [7] Ibid., art. 51, 52. — [8] Ibid., an. 1236, art. 36.

en couronnant Frédéric; par lequel il excommunioit tous ceux qui faisoient, observoient, et mettoient en forme authentique des ordonnances et des statuts contre la liberté ecclésiastique, s'ils ne les abolissoient dans deux mois. [1] Grégoire IX avoit déjà signifié ce décret à saint Louis, l'an 1236, dans une rencontre pareille.

[2] Innocent écrivit sur cette même affaire à l'évesque de Tusculum, légat en France, luy manda de se trouver au concile que les évesques de France devoient tenir, de dénoncer pour excommuniez tous ceux qui avoient part aux statuts, qui estoient entrez dans la ligue, etc.; et de déclarer que ceux qui persisteroient dans leur rébellion à l'Église seroient privés des fiefs qu'ils tenoient d'elle, et que leurs enfants ne seroient point admis à la cléricature ni aux bénéfices.

Raynaldus rapporte tout ceci sur l'an 1247, sans marquer les dates des pièces; [3] mais dans une copie manuscrite, la lettre à Odon est datée du 4 janvier 1247.

On ne voit pas qu'Honoré entrast dans les deux questions les plus importantes pour décider la difficulté, sçavoir : si l'Église a droit de soutenir par des anathèmes des choses qu'elle ne tient que de la grâce des princes; et si les souverains n'ont point droit de révoquer ce qui a esté accordé par leurs prédécesseurs. [4] Aussi l'histoire remarque que cette voie des fulminations et des anathèmes eut peu d'effet, ce qui obligea Innocent d'y en joindre une fort différente, et

---

[1] Raynald., an. 1236, art. 36. — [2] *Ibid.*, an. 1247, art. 53, 54. — [3] Ms. B, p. 108. — [4] Matth. Par., p. 720, d.

même contraire à ses menaces, qui fut de faire de grands présents aux seigneurs liguez et de donner beaucoup de bénéfices à leurs parents, avec pouvoir d'en obtenir encore davantage, et d'autres faveurs de cette nature. Par ce moyen, il retira de la ligue beaucoup de ceux qui s'y estoient engagez;[1] et beaucoup de barons et d'autres l'abandonnèrent, soit par la veue de Dieu et de leur salut, soit par le respect du pape.

[2] On voit qu'en ce temps-cy les habitants du chasteau de Provins prétendoient ne pouvoir estre obligez de comparoistre devant le juge ecclésiastique hors du chasteau. Le pape ne fulmina pas néanmoins contre cette prétention, mais il commit l'évesque de Paris et quelques autres pour en connoistre.

CCXXI.

Les laïques continuent à combattre la juridiction du clergé. — Saint Louis ne veut pas que durant son absence le pape y emploie les anathèmes.

[3] Dans le concile tenu à Valence en Dauphiné, par ordre du pape Innocent IV, [4] le 5 décembre 1248, où se trouvèrent les cardinaux Pierre de Colmieu et Hugues, avec les archevesques de Narbonne, de Vienne, d'Arles et d'Aix, et quinze autres évesques, [5] il est dit que quelques personnes excommuniées faisoient des statuts et proclamations contre ceux qui les avoient

---

[1] Du Boulay, p. 240. — [2] Invent., t. II, Champ., XI, pièce 21. — [3] Concil., t. XI, p. 696, c. — [4] Ibid., d; p. 702, d. — [5] Ibid., p. 700, a, b.

excommuniées, leur défendoient l'entrée des fours et des moulins, l'usage du feu et de l'eau et tout autre commerce de la vie humaine. Le concile décerne de grandes excommunications contre eux et dit que leur conduite est comme une hérésie, *quasi hæreticum*. ¹ Il défend toutes les sociétez faites contre les décrets des conciles. ² Il déclare même que toutes sortes de sociétez, de ligues, de confréries, sont condamnées par les canons sous peine d'excommunication, et que tous ceux qui dans deux mois ne renonceront pas à ces associations et aux serments par lesquels ils s'y sont engagez, seront déclarez excommuniez.

Comme les évesques n'employoient ces fulminations que pour soutenir des droits purement civils, qui ne leur ont point été attribuez par Jésus-Christ, mais par les princes séculiers, ³ elles n'empeschèrent pas que quelques barons et divers gentilshommes du diocèse de Paris ne s'unissent ensemble, vers l'an 1252, pour renouveler les statuts faits en 1246. Ils attaquèrent même par leurs décrets cette prétendue plénitude de puissance que les papes s'attribuoient, et ils ordonnèrent que ceux qui violeroient leurs statuts seroient non-seulement condamnez à l'amende, mais même punis du dernier supplice. On prétend en effet qu'il y eut des personnes dont les unes perdirent la vie, les autres des membres, pour s'estre opposées à eux.

⁴ L'évesque de Paris estoit alors Renaud de Corbeil, qui avoit succédé à Gautier de Chasteau-Thierry, et avoit fait son entrée le 10 juillet 1250. ⁵ Cet évesque

---

¹ *Concil.*, t. XI, p. 701, *a*, *b*. — ² *Ibid.*, *b*, *c*, *d*. — ³ Du Boulay, p. 210, 211. — ⁴ *Gall. Christ.*, t. I, p. 445, 1, *a*. — ⁵ Du Boulay, p. 210, 211.

voyant son autorité presque ruinée par la conjuration de ces seigneurs, s'en plaignit sans doute au pape, qui adressa, le 21 mars 1253, une grande constitution à l'évesque d'Orléans, pour luy ordonner de faire déclarer solennellement tous ces seigneurs excommuniez, leurs terres mises en interdit et leurs aumosniers obligez de les quitter, sur peine d'estre privez de leurs bénéfices et même du privilége de la cléricature. Il ajouste que si ces seigneurs persistent dans leur rébellion, qu'il dit estre peut-estre l'abomination de la désolation, ils seront privez des fiefs qu'ils tiennent de l'Église, et leurs enfants incapables de posséder aucun bénéfice, particulièrement dans le diocèse de Paris.

Le soulèvement de la noblesse s'estendoit sans doute au delà de ce diocèse, [1] car Pierre de Lamballe, archevesque de Tours, tenant son concile à Saumur, le 2 décembre de la même année, après la visite qu'il avoit faite de sa province, [2] remarque que diverses personnes taschoient de diminuer la juridiction de l'Église, refusoient d'en exécuter les sentences, et procuroient que d'autres en empeschassent l'exécution. Le concile excommunia ces personnes, [3] et encore tous ceux qui empeschoient, soit par menaces, soit par violence, de porter au tribunal ecclésiastique les affaires qu'on prétendoit y appartenir. [4] Mais il paroist que ce soulèvement de la noblesse contre le clergé estoit comme général dans toute la France, [5] et que les officiers du roy y prenoient part comme les autres ;

---

[1] *Concil.*, t. XI, p. 708, *a*; p. 715, *c*. — [2] *Ibid.*, p. 713, *d*, *e*. — [3] *Ibid.*, *e*. — [4] Raynald., an. 1254, art. 22. — [5] *Ibid.*, art. 23.

[1] car tout le clergé de France se plaignit au pape vers ce temps-là, que depuis que saint Louis estoit passé en Orient, quelques personnes malitieuses et téméraires entreprenoient de rabaisser les Églises et les ecclésiastiques, en ruinant leur liberté sous prétexte de quelques coutumes et de certains statuts qu'ils avoient faits depuis peu. Innocent fulmina sur cela ses excommunications ordinaires appuyées sur l'autorité d'Honoré III, et commanda aux évesques de faire publier partout cette excommunication.

[2] Saint Louis ayant appris cela en Orient en fut très-fasché. Il souhaitoit la liberté et la tranquillité du clergé, vouloit le conserver dans les biens et dans les droits qui luy appartenoient légitimement, et estoit très-résolu de punir ses officiers et ses baillis s'ils commettoient en cela quelque faute, dès qu'il en auroit connoissance; mais il sçavoit aussi que le clergé entreprenoit souvent au delà de ce qui luy appartenoit, et que ces excommunications n'estoient capables que de mettre le trouble dans son royaume. [3] Ainsi il écrivit au pape et le pria de ne rien faire qui fist tort à la dignité royale, et d'empescher qu'on ne se servist de sa constitution pour vexer ses baillis et les autres durant qu'il combattoit pour l'Église dans la Palestine. [4] Le pape écrivit aussitost aux évesques de France, le 13 janvier 1254, et leur défendit de se servir de sa constitution contre les baillis et les officiers du roy, sans parler des autres que saint Louis y joignoit, et qui devoient, ce semble, comprendre tous les François.

---

[1] Raynald., an. 1254, art. 22. — [2] *Ibid.*, art. 23. — [3] *Ibid.* — [4] *Ibid.*

¹ Le concile de Bordeaux, du 13 avril 1255, ne veut point que les confréries fassent de statuts, hors certains cas qu'il exprime, à cause qu'ils en faisoient quelquefois contre la liberté ecclésiastique. ² Le pape Alexandre IV renouvela le 7 juillet 1257 les anathèmes d'Honoré et d'Innocent IV contre ceux qui feroient observer les décrets et les coustumes contraires à la liberté du clergé. ³ Les évesques de la province de Bordeaux, dans le concile qu'ils tinrent à Ruffec en Angoumois, le 21 aoust 1258, se plaignent tout d'abord de ce que les gentilshommes et les seigneurs, *tyranni*, estoient extrêmement opposez, *molesti*, aux ecclésiastiques, et de ce que, presque dans tous les pays, les barons, la noblesse, les communes, les bourgeois, et les paysans même, faisoient des confédérations et des règlements contre eux, publioient des défenses aux laïques d'aller plaider devant eux, hors en quelques cas particuliers, et ne vouloient pas que leurs femmes et leurs valets leur fissent certaines oblations autorisées par le droit ou par la coustume. Les évesques fulminèrent sur cela de grandes excommunications. ⁴ Ils renouvelèrent les mêmes excommunications l'an 1262 dans le concile de Cognac; ⁵ et les évesques de la province de Tours firent une ordonnance semblable, le 22 juillet 1268, dans le concile de Chasteaugontier en Anjou, où ils reconnoissent que les laïques et les juges séculiers estoient fort opposez aux ecclésiastiques.

¹ *Concil.*, t. XI, p. 744, 745. — ² Raynald., an. 1257, art. 54-56. — ³ *Concil.*, t. XI, p. 774. — ⁴ *Ibid.*, p. 821, *d*. — ⁵ *Ibid.*, p. 909, 910.

CCXXII.

Mort de Jeanne, comtesse de Flandre. — Marguerite, sa sœur, luy succède.

Saint Louis jugea cette année un différend très-important, soit pour la qualité des personnes, soit pour les effets qu'il estoit capable de produire et qu'il produisit en effet, jusqu'à ce que saint Louis estant revenu pour ce sujet d'Orient, l'apaisa une seconde fois par sa sagesse et par son autorité.

Baudoin, comte de Flandre par sa mère, et de Hainaut par son père, et depuis élu empereur de Constantinople, n'avoit laissé que deux filles, Jeanne et Marguerite. Jeanne, héritière de ses deux comtez, épousa Ferrand de Portugal en 1211, et Thomas de Savoie en 1237. Elle eut quelques enfants du premier; mais ils ne vécurent pas. [1] Elle mourut le 5 de décembre l'an 1244. [2] Son testament est daté du 4, lorsqu'elle doutoit encore si elle ne releveroit point de sa maladie. Elle n'y ordonne rien que pour des aumosnes, pour récompenser ses serviteurs, et surtout pour faire restituer ce qui pouvoit avoir esté usurpé injustement par elle ou par ses prédécesseurs. Il fut scellé par le comte Thomas, son mari, et par Marguerite, sa sœur, et confirmé après sa mort par saint Louis au mois de mars 1245. [3] On voit par l'histoire qu'elle avoit fondé beaucoup de monastères. [4] Ce qui regarde les Cordeliers de Valenciennes en 1226, est tout à fait

---

[1] Meyer, p. 74, 2. — [2] Ms A, p. 2. — [3] *Chron. de Hainaut*, t. III, c. xxxviii, *et alii*. — [4] *Ibid.*, c. cxlvii.

édifiant et fait voir l'amour que cet ordre avoit, dans son origine, pour l'humilité, la pauvreté et la simplicité religieuse. ¹Après la mort de Jeanne, Thomas, son mari, s'en retourna en Savoie chargé de beaucoup de présens, ayant acquis durant son gouvernement l'affection des peuples et l'estime d'un prince habile, vaillant et fidèle. ²Il se conserva une pension de six mille livres sur la Flandre et quelques revenus dans le Hainaut jusqu'en l'an 1258, qu'il céda tout cela, un an devant sa mort, à la comtesse Marguerite, pour une somme de soixante mille livres qu'elle luy paya. ³On ajoute qu'on luy laissa le titre de comte de Flandre et de Hainaut. ⁴Il le prend en effet dans un acte du mois d'aoust 1245. Je ne voy pas néanmoins qu'on le luy donne dans les titres, où on le qualifie seulement : le comte Thomas de Savoie.

⁵Marguerite, sœur et unique héritière de Jeanne, avant que de recevoir les hommages des Flamands, vint à la cour de France pour rendre hommage au roy, payer le rachat, et faire les autres choses auxquelles elle estoit obligée à cause de la Flandre, car le Hainaut relevoit de l'empire. Elle trouva saint Louis qui n'estoit pas encore guéri de sa grande maladie, de sorte qu'on n'osa pas luy parler de cette affaire, de peur que la nouvelle de la mort de Jeanne, sa cousine, ne le troublast. Mais la reine Blanche, les frères du roy, Robert et Alphonse, et le conseil, furent d'avis que Marguerite fist serment de fidélité au roy sur les saints Évangiles, et qu'on receust son rachat ; moyennant quoy

---

¹ Meyer, p. 74, 2. — ² Ms. B, p. 309. — ³ Guichenon, p. 301. — ⁴ *Ibid.*, note, p. 31 ; Ms. B, p. 306. — ⁵ Ms. D, p. 299 ; Galland, *Preuv.*, p. 147.

la cour luy permit d'aller recevoir les hommages de la Flandre, quoyqu'elle n'eust pas encore rendu le sien au roy. Cela se fit à Pontoise, le mardi, 10 de janvier 1245. [1] Au mois de mars, Marguerite revint trouver le roy à Paris, se soumit au traité fait avec Ferrand l'an 1226, comme avoit fait Thomas, comte de Flandre, l'an 1237, et luy rendit sans doute hommage. [2] Saint Louis confirma en même temps le testament de Jeanne. [3] Les villes et les seigneurs de Flandre s'obligèrent avant Pasques de la même année de servir le roy contre Marguerite en cas qu'elle contrevinst au traité fait avec Ferrand. Frédéric Pasté, maréchal de France, et Amauri de Meudon, estoient commis du roy pour recevoir leurs serments. [4] Guillaume, clerc du roy, *custos Bajocensis*, est nommé dans l'un de ces actes avec Amauri de Meudon. Cet acte est daté du mois de février, et néanmoins a relation à celuy de Marguerite.

CCXXIII.

Marguerite épouse Bouchard d'Avesnes, sous-diacre.

C'estoit entre les enfants de Marguerite qu'estoit le différend dont nous parlons. [5] Mais pour l'entendre, il faut sçavoir qu'après la mort de l'empereur Baudoin, Philippe, comte de Namur, son frère, et tuteur de ses deux filles Jeanne et Marguerite, mit ces deux princesses entre les mains de Philippe-Auguste en

---

[1] Ms. D, p. 300; Galland, notes, p. 149, 150. — [2] Ms. A, p. 2. — [3] *Invent.*, t. VIII, *Flandre*, 5ᵉ sac, pièces 1-16. — [4] Ms. N, p. 76. — [5] *Chron. de Hain.*, t. III, c. xcix.

l'an 1207, pour les marier comme il luy plairoit. ¹ Philippe-Auguste fut néanmoins obligé de les remettre, l'an 1208, entre les mains des Flamands à Bruges; et Jeanne ayant esté mariée, l'an 1211, à Ferrand, ²Marguerite fut mise en la garde de Bouchard, frère de Gautier, seigneur d'Avesnes, où elle vescut toujours avec beaucoup de piété et *sans aucune reprise*, dit Jacques de Guyse, cordelier, auteur de la chronique de Hainaut, fort favorable à Bouchard. ³ Ce Bouchard estoit entré d'abord dans l'estat ecclésiastique et avoit esté fait chantre de Laon et thrésorier de Tournay. Il avoit même pris le sous-diaconat ⁴ et en avoit fait les fonctions, ⁵ y ayant esté obligé, dit Meyer, par les Églises dont il estoit chanoine; mais on prétend qu'il le prit secrettement à Orléans, en sorte que même la pluspart de ses parents ne le sçavoient pas. ⁶Quelques-uns disent même qu'il estoit diacre, ce qui ne peut estre. ⁷ Comme il avoit de fort grandes qualitez pour paroistre dans le monde, ⁸il renonça à l'estat ecclésiastique, prit l'espée, ⁹et acquit la réputation d'estre le mieux *famé et renommé* de son pays; ¹⁰de sorte que l'empereur Baudouin l'avoit donné pour collègue au comte de Namur, tuteur de ses filles, ¹¹et régent de ses comtez. ¹²Il paroist qu'il estoit fort bien dans l'esprit de Mathilde, veuve de Philippe, comte de Flandre, oncle maternel de Baudouin. ¹³Marguerite ayant donc esté mise en sa garde, et beaucoup de seigneurs

---

¹ *Chron. de Hain.*, t. III, c. c. — ² *Ibid.*, c. ci. — ³ *Ibid.*, c. cxxix. — ⁴ Duchesne, p. 361, c. — ⁵ Meyer, p. 65, 2. — ⁶ Matth. Par., p. 785, *b*; *Chron. de Flandre*, c. xviii, p. 47. — ⁷ Meyer, p. 65, 2. — ⁸ Duchesne, p. 721, c. — ⁹ *Chron. de Hain.*, c. ci. — ¹⁰ *Ibid.* — ¹¹ *Ibid.*, p. 89, 99, 100. — ¹² *Ibid.*, p. 100. — ¹³ *Ibid.*, p. 101, 102.

la recherchant, Mathilde témoigna à Bouchard par quelques paroles qu'il pouvoit bien la rechercher luy-même. Sur cela, il la demanda effectivement. Mathilde, Jeanne, Philippe, et toutes les villes de Flandre et de Hainaut y consentirent; et enfin il l'épousa solennellement en face de l'Église, sans que personne s'y opposast, parce qu'on ne sçavoit pas qu'il fust sous-diacre. [1] D'autres rapportent les choses d'une manière encore plus fascheuse. [2] Gautier, frère aisné de Bouchard, ne témoignoit point non plus sçavoir que son frère fust sous-diacre, quoyqu'assurément il le sceust bien, [3] puisque Bouchard est qualifié sous-diacre dans un bref d'Innocent III donné le 11 décembre 1211 en faveur de Gautier même, et sans doute sur son exposé, pour le dispenser d'aller en Orient sur ce que Bouchard luy faisoit la guerre. [4] On marque que ce mariage se fit en 1212; [5] et Jacques de Guyse y rapporte un accord entre Gautier et Bouchard fait le 23 juillet 1212.

CCXXIV.

Le mariage de Bouchard et de Marguerite est cassé. — Marguerite épouse Guillaume de Dampierre.

[6] Cependant le bruit commença à se répandre que Bouchard estoit sous-diacre, et son mariage illégitime; ce qui obligea Bouchard d'aller à Rome pour obtenir dispense du pape; mais il n'en obtint que le pardon

---

[1] *Chron. de Flandre*, c. xviii, p. 47; Matth. Par., p. 884, b. — [2] *Chron. de Hain.*, c. ci. — [3] Duchesne, p. 721, 722. — [4] Meyer, p. 69. — [5] *Chron. de Hain.*, c. cii, p. 77, 4. — [6] *Ibid.*, p. 78, 1, 2.

de sa faute, à la charge qu'il iroit passer un an en la terre sainte, et qu'à son retour seulement (ce qui est difficile à croire), il remettroit Marguerite entre les mains de ses parents, en leur faisant satisfaction pour l'injure qu'il leur avoit faite. On ajouste qu'il fit le voyage d'Orient, et qu'estant revenu en Hainaut dans le dessein de se séparer de Marguerite, les caresses innocentes de cette princesse, qui ne sçavoit rien de tout cela, l'attendrirent tellement, qu'il jura en pleurant que, quand on le devroit écorcher tout vif, il ne feroit jamais ce qu'il avoit promis au pape; ce qui surprit fort Marguerite, mais ne la fit point douter de ce que c'estoit. [1] Cependant on prétend qu'il fut excommunié *par droit de fait;* de sorte qu'après la bataille de Bovines et la prise de Ferrand, comme les villes eslisoient diverses personnes pour gouverner le pays, on ne le choisit point pour cela, de peur, disoit-on, qu'estant excommunié, il n'attirast la malédiction de Dieu. Jeanne s'estonna de cette injure qu'on faisoit à son beau-frère, et ce fut ce qui obligea de luy découvrir l'estat de Bouchard. [2] Elle en fut fort surprise, et après avoir consulté l'évesque de Tournay et les plus habiles du pays, elle écrivit et envoya plusieurs fois à Bouchard luy redemander sa sœur; et on luy conseilloit de la mettre dans un monastère pour luy faire passer le reste de sa vie dans l'humilité. Mais Bouchard la retint toujours, nonobstant toutes les menaces de la comtesse; de sorte que Jeanne consulta sur cela le pape Innocent III et le grand concile de Latran qui fut tenu au mois de novembre 1215.. [3] Le pape ordonna que

---

[1] *Chron. de Hain.*, c. cxxvi. — [2] C. cii, p. 78, 2; c. cxxvi. — [3] C. cxxix.

Bouchard seroit dénoncé excommunié tous les dimanches dans toute la province de Reims, dont la Flandre et le Hainaut dépendoient alors, jusqu'à ce qu'il eust rendu Marguerite, et même jusqu'à ce qu'il eust repris l'estat ecclésiastique ; ce qu'on auroit peine à accorder avec l'ancienne discipline des canons. [1] On a encore l'ordre que Guillaume, archevesque de Reims, qui estoit alors au concile, envoya pour cela à tous les évesques et ecclésiastiques de sa province par un commandement exprès du pape. Il y traite le mariage de Bouchard d'enlèvement. [2] Innocent III et après luy Honoré III donnèrent encore des bulles sur ce sujet. Ces excommunications eurent peu d'effet pendant quelque temps ; [3] car on voit par un acte de l'an 1234 que Jean et Baudoin, fils de Bouchard et de Marguerite, avoient alors, l'un seize ans et l'autre quinze, et ainsi estoient nez vers 1218 et 1219. [4] Ils eurent un troisième enfant, [5] qui fut une fille. [6] Marguerite confirme encore en 1222 une donation de Bouchard son mari. [7] Néanmoins ils se séparèrent et firent divorce aussitost après ; après quoy Marguerite demeura à Valenciennes dans une maison que sa sœur avoit fait bastir auprès d'un hospital. [8] Bouchard vivoit encore l'an 1239, auquel Gautier son frère aisné fit don à luy et à ses enfans, Jean et Baudoin, de quelques redevances, le mardi d'après la mi-caresme, 8 de mars ; [9] ce qui fut confirmé le lendemain par Thomas, comte de Flandre, et Jeanne sa femme.

---

[1] *Invent.*, t. VIII, *Flandre*, 2ᵉ sac, pièce 5. — [2] *Ibid.*, 3ᵉ sac, pièce 3 et suiv. — [3] *Ibid.*, 4ᵉ sac, pièce 1. — [4] Matth. Par., p. 885, b. — [5] Mousk., vers 24 527. — [6] *Chron. de Hain.*, c. CII, p. 78, 1. — [7] *Ibid.*, c. CXXXIII. — [8] *Ibid.*, c. CLXXIV. — [9] *Ibid.*, c. CLXXVI.

Marguerite ne laissa pas de se remarier du vivant de Bouchard. [1] Dès devant la fin de 1223, elle avoit épousé Guillaume, seigneur de Dampierre en Champagne, frère puisné d'Archambaud, sire de Bourbon. [2] Ce fut la comtesse Jeanne qui fit ce mariage, et elle donna ensuite de grandes terres à sa sœur. [3] Bouchard estoit alors à Rome, [4] où il taschoit encore d'obtenir du pape qu'il approuvast, ou au moins qu'il tolérast son mariage. Mais durant qu'il y travailloit, il apprit le nouveau mariage de Marguerite. Il luy en fit des reproches, mais inutilement. [5] Guillaume trouva de l'opposition à son mariage du costé du comte de Champagne avec lequel il avoit alors quelque différend; et le pape nomma des commissaires pour le casser; mais le dernier jour de l'an 1223, Guillaume s'accorda avec le comte par un traité dont le principal article estoit que ce traité ne tiendroit point dès que les commissaires commenceroient à procéder contre luy. On convint aussi que le comte tascheroit d'obtenir des commissaires qu'après avoir fait une première citation aux parties, ils ne passeroient point outre jusqu'au 8 septembre 1224, afin que Guillaume travaillast durant ce temps-là à faire confirmer son mariage par le pape. Il obtint sans doute cette confirmation, car nous voyons que son mariage a toujours passé pour bon, et les enfants qui en vinrent, pour légitimes.

[6] Bouchard estant revenu de Rome, ne put avoir ni sa femme ni ses enfants, [7] et depuis cela il ne songea

---

[1] *Invent.*, t. II, *Champ.*, III, pièce 16; *Hist. de Chast.*, p. 130. — [2] Mousk., vers 24 515 et 24 517.— [3] *Ibid.*, vers 23 307.—[4] Matth. Par., p. 885, *b, c*. — [5] Chantereau, *Act.*, p. 15, 1. — [6] Mousk., vers 24 520-24 525. — [7] Matth. Par., p. 885, *c*.

plus qu'à faire légitimer ses enfants, et retourna pour cela à Rome ; mais ils ne furent légitimez qu'en 1249 (voy. ch. ccxxv, p. 141).

¹ Marguerite eut de son second mari, Guillaume, Gui et Jean, avec une fille nommée Jeanne, ² mariée, l'an 1238, à Thibaut, comte de Bar, ³ et Marie, religieuse de l'ordre de Cisteaux, pour qui sa mère demanda, l'an 1246, qu'elle ne fust point obligée d'estre abbesse avant l'âge de trente ans. ⁴ On marque que Guillaume, mari de Marguerite, mourut en 1241. ⁵ Mais Mouskes assure qu'il mourut un an devant Ferrand, comte de Flandre, et ainsi en 1232 (voy. t. II, p. 145).

⁶ Jean et Baudoin d'Avesnes estoient alors prisonniers depuis plus de deux ans, et, ce semble, entre les mains d'Archambaud de Dampierre, sire de Bourbon, frère de Guillaume, qui les traitoit assez bien. Guillaume estant mort, Jeanne se réconcilia avec Bouchard et luy accorda l'élargissement de ses enfants, qui vinrent luy rendre leurs services et alloient, quand ils vouloient, voir leur père. ⁷ L'an 1241, ⁸ ou, selon d'autres, l'an 1244, Jean d'Avesnes épousa Alix, sœur de Guillaume, sire, comte ou duc de Hollande, Zélande et Frise, et depuis roy des Romains ; et de plus, Marie, fille de Gautier, seigneur d'Avesnes, son oncle, héritière du comté de Blois, avoit épousé Hugues de Chastillon, comte de Saint-Paul. ⁹ Marguerite avoit plus d'inclination pour ses enfants du second lit, et

---

¹ Ms. D, p. 50. — ² Hist. de Bar, preuv., p. 28. — ³ Cisterc., p. 305 ; Hist. de Chastill., p. 130. — ⁴ Ms. D, p. 49 ; Oudegh., c. cx, p. 182, 2. — ⁵ Mousk., vers 28 943. — ⁶ Ibid., vers 24 848. — ⁷ Oudegh., c. cx, p. 182, 2. — ⁸ Chron. de Hain., c. clxix, Ms. D, p. 49. — ⁹ Chron. de Hain., c. clxix ; Matth. Par., p. 885, d.

se déclaroit même tout à fait contre les autres à cause de leur père.

CCXXV.

Saint Louis juge entre les enfans de Marguerite.

Les enfans de ces deux lits se sentant donc ainsi appuyez de part et d'autre, [1] et voyant que, selon la rigueur du droit, il falloit que les deux comtez de Flandre et de Hainaut passassent, après la mort de leur mère, à l'aisné des uns ou des autres, il ne faut pas s'estonner s'ils poursuivirent leurs droits avec chaleur, [2] quoyqu'ils ne pussent rien dire qui ne tournast à la honte et d'eux-mêmes et de leur mère. [3] Les Dampierre contestèrent la naissance des d'Avesnes devant le pape, soutenant qu'ils estoient illégitimes et incapables de succession; ce qui se fit apparemment en l'an 1245, [4] auquel on marque un *vidimus* de trois bulles données contre Bouchard, fait par deux cardinaux. Mais cette querelle fit encore plus de bruit dans la Flandre et dans le Hainaut, [5] où, selon Matthieu Paris, elle produisit une guerre ouverte qui causa de grands ravages dans le pays. [6] Meyer parle d'une conférence tenue sur ce sujet à Péronne, l'an 1245, en présence de saint Louis, dont le respect n'empescha point que les frères ne se maltraitassent extrêmement de paroles. Il dit que Jean et Baudoin, traitez de bastards par leurs frères, soutinrent que le pape avoit

[1] Ms. D, p. 50. — [2] Matth. Par., p. 885, d. — [3] Miræi *Diplom. Belg.*, p. 178. — [4] *Invent.*, t. VIII, *Flandre*, V, pièce 3. — [5] Matth. Par., p 705. — [6] Meyer, p. 75, 1.

approuvé le mariage de leur père, et que d'ailleurs, quand même ils seroient bastards, cela ne les empeschoit pas de succéder, selon la coustume de Flandre. J'ay peur que ces deux points ne soient aussi faux l'un que l'autre.

[1] Enfin les deux parties convinrent, par le conseil de leurs amis, que les différends qu'ils avoient, non sur la qualité de leur naissance, mais sur la succession future de leur mère, seroient jugez par saint Louis et par le légat Odon, ou par le comte d'Artois au défaut du légat, qui ne seroient point obligez de suivre la rigueur du droit qui vouloit que les deux comtez fussent ajugez à un seul, mais pourroient, ou partager les comtez, ou donner l'un à une des parties et l'autre à l'autre. Ils accordent encore que ce jugement ne pourra faire tort à l'honneur des uns ni des autres (ce qui regarde apparemment la naissance contestée des d'Avesnes), et qu'il demeurera stable, sans qu'aucun puisse se pourvoir contre le partage qui sera fait devant quelque juge que ce soit, ecclésiastique ou laïque, par où ils semblent promettre que si les d'Avesnes estoient déclarez illégitimes en cour de Rome, ils ne laisseroient pas de jouir de leur partage; et que s'ils estoient déclarez légitimes, ils ne pourroient rien prétendre de plus. [2] La comtesse Marguerite autorisa ce compromis et promit d'y acquiescer. [3] Les trois actes sont datez de Paris, au mois de janvier de cette année. [4] Le roy et le légat donnèrent aussi quelques actes sur ce compromis.

---

[1] Ms. D, p. 50, 52; Matth. Par., p. 885, d. — [2] Ms. D, p. 53. — [3] Ibid., p. 50, 52, 53. — [4] Invent., t. VIII, Flandre, V, pièce 6.

¹ Au mois de mars, le vidame de Piquigny, le sénéchal de Flandre et divers autres seigneurs se firent cautions des Dampierre, par des actes passez à Vincennes, promettant, en cas de contravention, de se rendre prisonniers à Paris. ² Le connestable de Flandre et divers autres seigneurs promirent, aussi au mois de mars, d'obéir, après la mort de la comtesse, ou de son vivant si elle le demandoit, à celuy à qui saint Louis et le légat ajugeroient le comté, et de soutenir la cause de la partie qui se soumettroit à la sentence du roy contre celle qui ne s'y soumettroit pas. Les villes de Flandre firent la même chose.

³ Suivant ce compromis, saint Louis et le légat ajugèrent le comté de Hainaut à Jean d'Avesnes et le comté de Flandre à Guillaume de Dampierre, pour en jouir après la mort de leur mère; à la charge que chacun d'eux partageroit ceux de son lit sur ce qui luy estoit assigné suivant les coustumes du pays. Cette sentence fut rendue à Paris, au mois de juillet, en présence des parties, qui la ratifièrent aussitost et en donnèrent acte, promettant de n'y contrevenir jamais. L'acte de Dampierre est de même date. Celui des d'Avesnes, qui, apparemment, en est un second, est du mois de novembre 1248; ce qui suffit pour réfuter ⁴ Matthieu Paris, qui, d'ailleurs, n'a pu trouver à redire à ce jugement de saint Louis que par un raisonnement visiblement ridicule. ⁵ Le roy et le légat se conservèrent le droit d'expliquer les doutes que les parties pourroient former sur leur sentence.

¹ Ms. D, p. 41; *Hist. de Bar, preuv.*, p. 28. — ² Ms. D, p. 42; *Invent.*, t. VIII, *Flandre*, V, pièces 7 et 8. — ³ Ms. D, p. 43; *Spicileg.*, t. II, p. 815. — ⁴ Matth. Par., p. 885, c. — ⁵ Ms. D, p. 43, 44.

¹ Au mois d'octobre, le roy estant à Pontoise, Marguerite y vint aussi et pria le roy de recevoir Guillaume à hommage de la Flandre, comme il l'avoit promis dans l'arbitrage. Ainsi Guillaume lui fit dès-lors hommage sous les conditions accordées entre le roy et Ferrand, sans préjudice néanmoins des droits du roy et de Marguerite, de quoy ils donnèrent des actes, où il ne prend que titre d'héritier de Flandre.

² Guillaume, ainsi assuré du comté de Flandre, promit, au même mois d'octobre, au roy de Navarre, de céder quand il voudroit sa seigneurie de Dampierre à l'un de ses frères, pour en rendre à ce roy les hommages et les services qu'elle devoit au comte de Champagne.

³ L'action intentée devant le pape sur la naissance des d'Avesnes n'y estoit point encore jugée en 1248. C'est pourquoy les d'Avesnes ayant représenté au pape qu'il estoit d'une grande conséquence pour eux ou pour leurs héritiers que cela fust décidé, ils en obtinrent une commission à Pierre, évesque de Châlons, et à l'abbé du Saint-Sépulcre de Cambray, datée du 9 décembre 1248, pour informer sans formalitez, *de plano*, de l'estat de leur naissance, et juger ensuite sans appel, réservant au prince ce qui regardoit les biens. ⁴ L'évesque, et Hugues, abbé de Liessies en Hainaut, délégué par l'abbé du Saint-Sépulcre, écoutèrent les propositions des deux frères, qui prétendoient estre nez durant que le mariage de Bouchard passoit publiquement pour légitime, examinèrent leurs pièces, et

---

¹ Ms. D, p. 46, 47. — ² *Invent.*, t. II, *Champ.*, IV, pièce 27. — ³ Miræi *Diplom. Belg.*, p. 177, 178. — ⁴ *Ibid.*, p. 178, 179.

sur cela les déclarèrent légitimes par sentence rendue à Reims le 20 novembre 1249. Personne ne parut dans ce jugement pour contester la naissance des d'Avesnes; et peut-estre que les Dampierre, croyant qu'après la sentence de saint Louis, ratifiée de nouveau au mois de novembre 1248 par les d'Avesnes, ils n'avoient rien à craindre de ce costé-là, ne voulurent pas contester cet honneur à leur mère et à leurs frères. Nous verrons néanmoins en son lieu les guerres furieuses qui s'élevèrent sur ce sujet l'an 1253. Cependant cette sentence fait voir que les d'Avesnes n'avoient point esté légitimez par le pape avant l'an 1246, ¹ comme on pourroit le croire sur l'autorité de Matthieu Paris, qui, d'ailleurs, attribue aux deux enfants de Bouchard ce qui ne peut estre vray que des enfants des deux lits de Marguerite.

² Oudegherst donne de grands éloges à la comtesse Marguerite, et luy attribue la fondation de huit ou neuf monastères. ³ Elle renonça à divers droits onéreux aux peuples.

CCXXVI.

Mélanges.

⁴ Durand, évesque de Limoges, estant mort le 29 décembre 1245, ⁵ le chapitre élut tout d'une voix, le 9 février 1246, Aimery de Malemort, ⁶ sans avoir demandé au roy la permission de faire leur élection,

---

¹ Matth. Par., p. 705, c. — ² Oudegh., c. III, p. 184, 1. — ³ Ibid., c. CXII, p. 185. — ⁴ Gall. Christ., t. II, p. 636, b. — ⁵ Ms. D, p. 193. — ⁶ Ibid., p. 303.

comme c'estoit alors la coustume générale des Églises du royaume. ¹C'est pourquoy Aimery ayant esté confirmé par saint Philippe, archevesque de Bourges, ²et estant ensuite venu à Paci sur l'Eure, devers Évreux, où estoit logé le roy, au mois de mars, pour luy faire serment de fidélité et luy demander main levée de la régale, conformément à la demande que saint Philippe en faisoit au roy par sa lettre du samedi 3 de mars, ³le roy luy refusa d'abord les régales à cause que le chapitre ne luy avoit pas demandé la permission d'élire; mais enfin il les luy accorda par bonté, sans préjudice du droit qu'il prétendoit s'il se trouvoit suffisamment fondé, de quoy Aimery luy donna acte.

⁴Au mois de février, Pierre, évesque de Périgueux, tenant, dit-il, lieu d'abbé en l'église de Saint-Front, céda au roy la moitié de certains droits dans la ville de Puy Saint-Front, afin que le roy prist cette abbaye en sa protection. L'acte est daté de Paris. ⁵Les habitants du même lieu de Puy Saint-Front accordèrent quelques droits au roy. ⁶Elie, comte de Périgord, qui avoit arresté quelques habitants de ce lieu, n'ayant pas voulu obéir au commandement que le roy luy fit de les élargir, il fut enfin contraint d'en demander pardon au roy au mois de novembre et de se soumettre à l'amende qu'il voudroit luy imposer. ⁷Il y a encore divers actes sur ce sujet du mois de juillet 1247, ⁸ce

---

¹ Ms. D, p. 193. — ² *Ibid.*, p. 193, 303. — ³ *Ibid.*, p. 303; *Libertes*, c. xv, p. 625; p. 556, 557. — ⁴ *Regist.* 31, f° 72. — ⁵ *Invent.*, t. VII, *Oblig.*, I, pièce 10; *Anc. Invent.*, p. 52, 1, 2. — ⁶ *Invent.*, t. V, *Périgord*, pièce 16; *Anc. Invent.*, p. 122, 2. — ⁷ Ms. D, p. 304. — ⁸ *Anc. Invent.*, p. 123, 1, 2; p. 125, 1, *Invent.*, t. V, *Périgord*, pièces 17 et suiv.

qui monstre le soin que prenoit saint Louis de ceux qui se mettoient sous sa protection.

[1] Isabelle, reine d'Angleterre et comtesse de la Marche, mourut cette année, [2] après avoir prié le roy, cette année même, de recevoir l'hommage de ses enfants, [3] quoyque leur père vescust encore en 1248, et jusqu'en 1249. Isabelle estoit morte au mois de novembre, [4] auquel son fils aisné prenoit le titre de comte d'Angoulesme. [5] Elle fut enterrée à Fontevrauld, dans le cimetière, d'où le roy Henri, son fils, la fit transporter dans l'église, l'an 1254.

[6] Au mois de may, saint Louis estant à Orléans, y rassembla les seigneurs de l'Anjou et du Maine, et par leur avis arresta divers articles sur les rachats des fiefs et les gardes-nobles de ces deux provinces, où cela n'avoit point esté bien réglé jusques alors.

[7] Nous avons un acte du mois de février de cette année, par lequel il semble que saint Louis ait fait bastir un pont sur la Loire à Gien.

[8] Les évesques de Languedoc s'estant plaints au pape que lorsque quelques-uns de leurs vassaux estoient condamnez comme hérétiques, les officiers du roy et de la reine Blanche s'emparoient de tous leurs biens au préjudice de leurs églises, et même des déposts qui appartenoient à d'autres; le pape en escrivit le 19 de juin à Guillaume, évesque de Paris, afin qu'il en parlast au roy et à Blanche et qu'il fist corriger cet abus.

---

[1] Matth. Par., p. 710, 2. — [2] Invent., t. IV, la Marche, pièce 8. — [3] Ibid., t. I, Poitou, 1ᵉʳ sac, pièces 33 et 34. — [4] Matth. Par., p. 719, f. — [5] Ibid., p. 898, c. — [6] Anc. Ordonn., p. 100; Invent., t. I, Anjou, (non trouvé). — [7] Invent., t. VII, Oblig., II, pièce 9. — [8] Concil. Narbon., App., p. 94, 95.

¹ Il y avoit alors de grandes divisions entre la ville de Cahors et l'évesque Géraud, qui en estoit seigneur sous le roy. L'évesque prétendant avoir esté fort offensé par les bourgeois, les poursuivit par les censures, et excommunia les consuls. Saint Louis prétendoit contre l'évesque qu'il estoit seigneur du corps de ville, et qu'ainsi, dans les affaires qui regardoient la ville en commun, les bourgeois n'avoient à répondre qu'à luy et non à l'évesque. Il en écrivit à Géraud et l'avertit de ne point vexer ceux de Cahors. Il manda encore à G. de Malemort, son sénéchal, de luy en parler de sa part. Le sénéchal le fit ; mais l'évesque soutint hautement que les bourgeois estoient ses vassaux aussi bien en corps qu'en particulier, qu'ainsi il n'avoit rien fait qu'il n'eust pu et dû faire ; et donnant sa réponse par écrit, datée du mercredi 12 septembre, il la finit en disant qu'il ne croyoit point que la lettre du roy au sénéchal eust esté faite par l'ordre de Sa Majesté, « quum « ab ipso vel a curia sua non exeat nisi illud quod est « justum et æquum necnon et licitum et honestum. » ² Le pape voulut se rendre juge de cette affaire, et par un acte du 5 février 1247, il fit citer l'évesque pour comparoistre devant luy et devant un cardinal diacre, qu'il avoit commis pour instruire cette affaire. On ne voit pas néanmoins que cela ait eu de suite ; ³ car la querelle duroit encore le mardi 16 mars 1249, auquel l'évesque Géraud défend aux conseillers de ville d'avoir aucun commerce avec les consuls éleus depuis quatre ans, si ce n'estoit pour les faire rentrer dans

---

¹ *Regist.* 3, p. 77 ; *Invent.*, t. V, *Cahors*, pièce 11. — ² *Episc. Cature.*, p. 101. — ³ *Ibid.*, p. 103, 105.

leur devoir; et cela à cause qu'ils persistoient dans leur désobéissance nonobstant les excommunications prononcées contre eux. Il marque les causes de cette excommunication et les sujets de plaintes qu'il avoit contre la ville, entre lesquels il y a même des hommes tuez en sa présence. ¹ Enfin les deux parties compromirent entre les mains de Guillaume, évesque d'Agen, qui les mit d'accord entre elles par un traité ² fait avant la fin de février 1250 (car il faut assurément 1249 au lieu de 1246). ³ Tout ce qu'on en trouve, c'est qu'il obligea l'évesque à accorder quelque chose aux bourgeois pour le changement de sa monnoie, ⁴ et les bourgeois à payer cinq cents marcs d'argent à l'évesque. ⁵ L'évesque mourut aussitost après cet accord, l'onzième may 1250.

CCXXVII.

L'AN DE JÉSUS-CHRIST 1247. Pasques le 31 mars. F.

Menaces des Tartares. — Saint Louis tient ses estats sur son voyage.

⁶ On prétend que saint Louis receut vers le commencement de cette année une lettre du prince ou khan des Tartares, qui luy faisoit commandement de se soumettre à luy, s'attribuant par un horrible blasphème le titre d'immortel, et prétendant que luy et ses Tartares estoient ces enfants des hommes à qui Dieu avoit donné la terre. Saint Louis se mit peu en peine de ces

---

¹ *Episc. Cature.*, p. 105, 107. — ² *Ibid.*, p. 106. — ³ *Ibid.*, p. 105, 106. — ⁴ *Ibid.*, p. 107, 108. — ⁵ *Ibid.*, p. 108. — ⁶ Matth. Par., p. 725, *b, c.*

bravades, et, abandonnant à Dieu les événements de
l'avenir, il ne songea qu'à s'acquitter avec soin, selon
toutes les règles de la prudence, de ce qu'il devoit à
Dieu, sçachant que c'estoit le moyen le plus solide de
renverser tous les efforts de la malice des hommes et
des démons. ¹On croyoit en effet que la magie avoit
beaucoup de part dans les victoires des Tartares ; mais
cette fierté des Tartares estoit plustost un artifice de
leur crainte qu'un effet de leur courage, ²car ils craignoient les François sur tous les hommes du monde,
et appréhendoient beaucoup qu'ils ne vinssent en
Orient, comme ils avoient appris des marchands qu'ils
en avoient le dessein. C'est pourquoy ils usoient de
toutes sortes d'artifices pour les empescher de leur
faire la guerre. Ainsi ils vouloient d'abord leur donner
de la terreur, et ne l'ayant pu faire, ³ils taschèrent de
gagner leur amitié en feignant d'estre chrestiens,
comme nous verrons l'année suivante.

⁴Saint Louis, sans s'arrester donc à leurs menaces
insolentes, fit assembler son parlement vers la mi-caresme, qui estoit le 7 mars, pour délibérer sur les affaires de l'Estat, et particulièrement sur son voyage
d'Orient. Le clergé et la noblesse s'y trouvèrent, et
ainsi l'on y parla sans doute du grand différend qui estoit alors entre ces deux ordres ; mais nous ne sçavons
point ce qui s'y fit sur ce sujet. ⁵Saint Louis avoit résolu, comme nous avons dit, de partir l'esté de l'année suivante, et c'estoit une chose toute publique
dès le mois de novembre 1246 (voy. p. 111). Mais

¹ Raynald., an. 1241, art. 8. — ² Vinc. Bellov., l. XXXI, c. xlɪ,
p. 1299, 1300. — ³ *Ibid.*, p. 1301, 1. — ⁴ Matth. Par., p. 725, *b*. —
⁵ Joinville, note, p. 57.

afin que ceux qui avoient dessein de le suivre en fussent encore plus assurez et eussent soin de se tenir prests, [1] il déclara solennellement qu'il estoit absolument résolu à partir de Paris dès la Saint-Jean prochaine en un an, au plus tard. Il en fit même serment devant tout le monde et le fit jurer par les siens; consentant que celuy qui s'opposeroit à l'exécution de ce serment fust excommunié et déclaré ennemi public. Il excepta dans son serment les cas inopinez dont les hommes ne sont pas maistres, ce qui se suppléoit assez de soy-même; mais l'exemple de Frédéric faisoit voir qu'il estoit bon de l'exprimer. [2] La nouvelle de cette déclaration de saint Louis obligea les Corasmins et autres ennemis des chrestiens orientaux de songer à fortifier leurs places. [3] Il semble qu'il avoit dessein de partir dès le mois de mars 1248.

[4] C'est peut-estre à ce parlement ou assemblée qu'il faut rapporter ce que dit Joinville, que saint Louis, avant que de partir pour l'Orient, fit assembler tous les barons de France, leur fit faire foy et hommage et jurer fidélité à ses enfants en cas qu'il luy arrivast quelque malheur durant son voyage. Il ordonna aussi que la reine Blanche, sa mère, gouverneroit le royaume pendant son absence; mais cela ne se fit qu'au mois de juin 1248. [5] Le roy manda aussi le sire de Joinville à l'assemblée; mais il ne voulut point faire serment comme les autres aux enfants du roy, parce qu'il ne vouloit pas demeurer et parce qu'il n'estoit pas son sujet, dit-il; [6] c'est-à-dire qu'il ne tenoit rien immé-

---

[1] Matth. Par., p. 725, c. — [2] Ibid. — [3] Raynald., an. 1248, art. 29. — [4] Joinville, p. 23. — [5] Ibid., p. 23. — [6] Ibid., note, p. 222.

diatement de luy; car les arrière-vassaux ne faisoient serment qu'à leur seigneur immédiat.

Quoyque le pape fist encore prescher cette année la croisade dans l'Allemagne contre Frédéric, [1] néanmoins, à la prière de saint Louis, il ordonna à son légat d'y laisser aussi prescher la croisade contre les Sarrazins et de ne point souffrir que ceux qui s'y seroient engagés en fussent dispensez; [2] ce qui ne l'empescha pas de les en faire quelquefois dispenser.

CCXXVIII.

Le roy de Norwége et divers Anglois se croisent.

[3] Le comte de Leicester, Simon de Montfort, avec sa femme Éléonore d'Angleterre, et beaucoup de ceux qui dépendoient d'eux, et un grand nombre d'autres gentilshommes d'Angleterre, prirent la croix pour suivre saint Louis, dans la créance que Dieu, l'ayant délivré de la mort par un miracle si visible, vouloit sans doute délivrer par luy la terre sainte. [4] Pour le comte et la comtesse de Leicester, on croyoit qu'ils vouloient expier la faute qu'ils avoient faite en se mariant après que la comtesse avoit fait vœu de chasteté entre les mains de saint Edmond.

[5] Guillaume Longuespée, fils d'un bastard de Henri II, roy d'Angleterre, fut un des principaux Anglois qui se croisèrent vers les Rogations, 8 may, à l'exemple

---

[1] Raynald., an. 1247, art. 56. — [2] Ibid., an. 1248, art. 13. — [3] Matth. Par., p. 742, d, e; p. 732, c. — [4] Ibid., p. 742, d. — [5] Ibid., p. 732, c, d.

de saint Louis et des François. Le pape luy permit de tirer quelque argent sur les croisez qui se vouloient faire dispenser de leur vœu. Matthieu Paris luy fait faire une plaisante harangue.[1] Il vint trouver saint Louis à Damiette en 1249 avec environ deux cents chevaux anglois.

[2] Le roy d'Angleterre avoit voulu que Gui de Lusignan, son frère utérin, qu'il avoit fait venir cette année même en Angleterre avec quelques-uns de ses frères, [3] commandast les croisez de ses Estats, et qu'il ne partissent qu'après saint Louis. C'est pourquoy Gui, qui avoit fait serment d'accompagner saint Louis, en écrivit au pape; et le pape luy manda qu'il en communiqueroit avec le roy et la reine de France.

[4] Hacon ou Haquin, roy de Norwége, prit aussi la croix pour la terre sainte. [5] C'estoit un prince sage, modeste et habile dans les lettres. [6] Son père Haquin, roy de Norwége, l'avoit eu avant que d'estre marié, ce qui ne l'avoit pas empesché de luy succéder. Néanmoins Innocent luy accorda à sa prière, par un acte du 8 novembre 1246, que nonobstant le défaut de sa naissance il seroit admis à la dignité royale et à tous actes légitimes, et que sa postérité lui succéderoit. [7] Il luy envoya en même temps le cardinal Guillaume, évesque de Sabine, pour le couronner solennellement de sa part, [8] comme il fit le 29 aoust 1247, dans la ville de Berg. [9] Hacon avoit donné pour cela au pape quinze mille marcs d'ester-

---

[1] Matth. Par., p. 766, 767. — [2] *Ibid.*, p. 731, *e*. — [3] Raynald., an. 1247, art. 57. — [4] *Ibid.*, an. 1246, art. 35; Matth. Par., p. 741, *a*; p. 814, *d*. — [5] Matth. Par., p. 741, *d*. — [6] Raynald., an. 1246, art. 34. — [7] *Ibid.*, art. 32, 33. — [8] Matth. Par., p. 740, *f*. — [9] *Ibid.*, p. 741, *a*.

lings. Le pape luy accorda aussi de prendre le tiers des revenus ecclésiastiques de son royaume pour son voyage. [1] Le pape en luy accordant ce couronnement avoit dessein de l'engager à accepter l'empire contre Frédéric; mais après avoir esté couronné, il déclara nettement qu'il estoit prest à combattre tous les ennemis de l'Église, mais non pas tous les ennemis du pape. [2] Ce prince ayant dessein de passer en Orient écrivit à saint Louis pour pouvoir descendre sur les costes de France et y prendre les vivres dont il auroit besoin. Non-seulement saint Louis le luy accorda et luy en fit expédier ses lettres, qu'il luy envoya par Matthieu Paris l'historien, mais il luy écrivit par le même Matthieu une autre lettre pleine d'amitié pour le prier de vouloir faire le voyage avec luy, luy promettant en ce cas que, comme il estoit puissant et expérimenté dans la marine, il luy donneroit la conduite de toute sa flotte et le commandement d'une grande partie de son armée. Matthieu estant arrivé en Norwége présenta d'abord cette dernière lettre à Hacon, qui témoigna estre fort obligé au roy de ce qu'il agréoit sa compagnie; mais il répondit sur-le-champ à Matthieu qu'il sçavoit que les siens estoient impétueux, indiscrets et incapables de rien souffrir, et que les François avoient la réputation d'estre fiers et insolents; qu'ils ne s'accorderoient pas ensemble, et qu'ainsi il valoit mieux qu'ils fissent le voyage séparément. Il demanda ensuite des nouvelles de ce qu'il avoit demandé à saint Louis, et Matthieu luy en ayant aussitost présenté la réponse, il en témoigna beaucoup de satisfaction et donna de

---

[1] Matth. Par., p. 808, *b*. — [2] *Ibid.*, p. 741, *a, b, c, d.*

grands présents à Matthieu. Il eust même eu bien de la peine à partir aussitost que saint Louis, car le passeport que saint Louis luy envoya par Matthieu ne fut expédié que l'année suivante après Pasques. [1]Hacon n'estoit point encore parti au mois de décembre 1252.

CCXXIX.

Saint Louis fait des restitutions, mais ne rend rien aux Anglois.

On remarque que le grand Théodose se prépara à la guerre contre Eugène en remettant quelques imposts. [2]Saint Louis, imitant sa piété, voulut, avant que d'entreprendre une guerre sainte, satisfaire à toutes les injustices dont il est presque impossible qu'une puissance souveraine se puisse exempter. [3]C'est pourquoy il ordonna, dès l'automne de cette année, à ses baillis, de rechercher avec soin s'il n'y avoit point quelque marchand ou quelque autre personne qui se plaignist de quelque prest forcé ou qu'on l'eust obligé de donner de l'argent ou des vivres, comme cela est ordinaire aux officiers des rois; déclarant que si quelqu'un fournissoit des preuves de ces sortes d'extorsions, il ne manqueroit point d'en faire la restitution : et cela fut exécuté. Il envoya aussi des Jacobins et des Cordeliers partout le royaume pour faire ces sortes d'enquestes.

Il faisoit faire de semblables informations sur la conduite des officiers de la justice; [4]car nous trouvons

---

[1] Raynald., an. 1252, art. 22. — [2] Voy. saint Ambroise. — [3] Matth. Par., p. 735, a. — [4] *Invent.*, t. V, *Toulouse*, I, pièce 16.

qu'au mois de novembre, un chanoine de Chartres et un religieux de l'ordre du Val-des-Écoliers, envoyez par le roy, receurent les plaintes que les habitants du bailliage d'Alais en Languedoc voulurent faire contre les sénéchaux, chastellains et autres officiers du roy, depuis le commencement de son règne.

¹ Dans les comptes de la dépense du roy du terme de l'Ascension 1248, il y a beaucoup d'articles pour la dépense des moines envoyez pour informer à Paris, à Orléans, à Amiens, à Tours, à Issoudun, à Sens, à Moret, à Beaumont, à Saint-Germain, à Laon, à Mascon.

² Comme l'abbaye de Bonport, près du Pont de l'Arche, prétendoit avoir beaucoup perdu à des bois que saint Louis avoit fait mettre en labour, saint Louis, pour dédommager ces religieux, leur fit donner, au commencement de cette année, cent acres de terre et une rente de cinq muids et demi de grain.

³ Ainsi il travailloit avec sagesse à se préparer à son voyage, en faisant d'une part toutes les provisions nécessaires pour la guerre, et en purifiant de l'autre sa conscience par les restitutions qu'il faisoit de tout ce qui ne luy appartenoit pas. ⁴ Le comte Richard estant venu en France, crut pouvoir profiter de cette bonne disposition du roy, et fit de grandes instances pour obtenir qu'il rendist à l'Angleterre la Normandie et les autres pays conquis. Mais l'opposition de quelques grands dont le roy prenoit conseil, et le jugement des évesques de Normandie à qui saint Louis s'en rap-

---

¹ Ms. G, p. 82. — ² *Neustria pia*, p. 897, 898. — ³ Matth. Par., p. 733, b. — ⁴ Ibid, c, d.

porta pour assurer sa conscience, firent qu'il s'en retourna à la fin d'octobre sans rien faire.

[1]Henri, fils de Frédéric, envoya, à la sollicitation du roy d'Angleterre, son oncle, une ambassade solennelle à saint Louis pour le même sujet, et Frédéric luy en écrivit aussi, mais sans l'en presser. Comme saint Louis estoit alors sur le point de son départ, il répondit qu'il ne pouvoit pas entreprendre en cet estat une chose de cette importance contre l'avis de sa mère et de tout son royaume.

[2]On remarque que c'estoit une chose ordinaire à ceux qui entreprenoient le voyage de la terre sainte, de s'y préparer par ces sortes de restitutions, et de faire toutes les autres choses qui sont ordinaires à ceux qui sont en danger de mort. Les titres des églises et des monastères sont pleins des restitutions que les seigneurs leur faisoient dans ces occasions, et on croit que c'est ce qui a donné origine à la pluspart des monastères bastis sur la fin de l'onzième siècle et depuis.

[3]Il ne faut pas oublier sur cela ce que fit Jean, sire de Joinville, l'an 1248, à Pasques, avant que de partir pour suivre saint Louis. M. du Cange parle amplement de ce seigneur dans ses notes (p. 17-21). [4]On remarque qu'il fut plus de vingt-quatre ans auprès de saint Louis, ce qui commence au moins cette année, [5]en laquelle il estoit encore fort jeune.

---

[1] Matth. Par., p. 765, c. — [2] Joinville, note, p. 52. — [3] *Ibid.*, p. 22, 23. — [4] Ms. F, p. 48. — [5] Joinville, note, p. 17.

CCXXX.

Le comte de Toulouse se croise. — Il ne peut faire enterrer son père.

¹ Le comte de Toulouse, qui avoit promis depuis si longtemps de passer en Orient, estant venu cette année en France après Pasques, y prit, ou plustost y reprit la croix ² pour aller en la terre sainte avec saint Louis, ³ pour l'amour de ce saint qui l'en pressa; et comme il ne pouvoit pas dresser si tost un équipage convenable à sa qualité, saint Louis promit de luy donner vingt mille livres parisis s'il passoit avec luy, dont il luy en donna cinq mille au mois de may 1248. ⁴ La reine Blanche luy presta aussi de l'argent pour le même sujet. ⁵ On remarque que ce comte et beaucoup de barons mangèrent à Saint-Denys le jour de la feste, dans le réfectoire, avec saint Louis et ses trois frères. ⁶ Estant retourné en Languedoc, il y prépara les vaisseaux et toutes les autres choses nécessaires pour son voyage. Beaucoup de chevaliers et de toutes sortes de personnes de ses terres prirent aussi la croix, ⁷ et quelques-uns le firent par son ordre. ⁸ Le pape écrivit au roy pour le remercier de ce qu'il avoit bien receu ce comte, et luy recommander ses intérests, le prit, luy et ses terres, en sa protection pour tout le temps qu'il seroit en la terre sainte, commit quelques éves-

---

¹ Duchesne, p. 700, a. — ² Invent., t. VII, Croisades, III, pièce 22. — ³ Ms. D, p. 391; Invent., t. V, Toulouse, V, pièce 13. — ⁴ Catel, Toulouse, p. 375. — ⁵ Spicileg., t. II, p. 815. — ⁶ Duchesne, p. 700, b. — ⁷ Catel, Toul., p. 375. — ⁸ Invent., t. VII, Croisades, III, pièce 24.

ques pour empescher qu'on ne luy fist aucun tort, écrivit au patriarche de Jérusalem et aux Templiers de le bien recevoir et de l'assister de tout leur pouvoir, et donna même ordre qu'on luy fournist en Orient deux mille marcs d'esterlings [1] et d'autres sommes d'argent. [2] Il luy fit donner aussi quelque partie du vingtième des églises et des autres deniers destinez pour la terre sainte. Mais le comte ne passa point avec saint Louis, et lorsqu'il paroissoit estre prest de passer l'année suivante, la mort l'arresta.

[3] Il souhaitoit extrêmement de faire enterrer son père, prétendant qu'il avoit donné de suffisantes marques de pénitence avant sa mort. Il avoit obtenu du pape Grégoire IX des commissaires pour en informer. [4] Il renouvela ses instances auprès d'Innocent, au commencement de cette année, et il en obtint une nouvelle commission aux évesques d'Auch, du Puy et de Lodève pour informer s'il avoit donné des marques de pénitence à sa mort, et en ce cas luy accorder l'absolution et la sépulture ecclésiastique. [5] On a encore une information faite sur cela le 3 de juillet par Guillaume, évesque de Lodève, qui entendit jusqu'à cent six témoins. Mais assurément les preuves ne se trouvèrent pas assez fortes, [6] et Innocent, toujours sollicité par Raimond, commit encore quelques évesques, au mois de décembre 1247 (s'il n'y a faute), pour informer de la pénitence et de l'absolution de Raimond le père, en obligeant le fils d'exécuter les conditions auxquelles le père se seroit obligé pour

---

[1] Raynald., an. 1248, art. 27. — [2] Catel, *Toul.*, p. 375. — [3] Duchesne, p. 700, *b.* — [4] Raynald., an. 1247, art. 44, 45. — [5] Catel, *Toul.*, p. 316, 317. — [6] *Invent.*, t. VII, *Croisades*, III, pièce 25.

estre absous.¹ Un homme que le comte avoit envoyé à la cour du pape pour cette affaire, l'assura que le pape estoit prest de luy accorder de faire enterrer son père, pourveu que saint Louis l'en priast. Le comte en écrivit aussitost à saint Louis par un homme exprès qui trouva ou suivit le roy à Lyon lorsqu'il y fut voir le pape, l'an 1248, en s'en allant embarquer. Saint Louis en parla au pape *satis leniter ;* mais le pape s'en excusa. Le second envoyé insinua au pape l'assurance qu'on avoit donnée au comte. Il en fut surpris et protesta que cette assurance ne venoit point de luy. Cependant celuy qui l'avoit donnée en avoit esté fort bien récompensé par le comte, et il est assez ordinaire de voir des ministres tromper leurs maistres pour tirer avantage de leurs mensonges. ² Le corps du vieux Raimond demeura donc ainsi, sans sépulture, dans la maison des Hospitaliers de Toulouse où il avoit esté porté d'abord. Un auteur du dernier siècle dit l'avoir encore veu dans une bierre de bois au cimetière de cette maison, mais qu'il avoit esté depuis réduit en poudre, hors le crâne, que Catel dit avoir veu gardé dans le thrésor de la maison parmi les joyaux les plus précieux : c'est-à-dire que quand peu de gens sauront ce que c'est, on en fera une relique. Le pape ne prétendoit pas qu'on ne pust enterrer Raimond, quoyque excommunié, pourveu que ce fust sans cérémonie et hors de la terre sainte ; mais comme son fils ne voulut pas qu'il fust enterré de cette manière ignominieuse, il est ainsi demeuré sans aucune sépulture. ³ Néanmoins

---

¹ Duchesne, p. 700, *b*. — ² Catel, *Toul.*, p. 317-319. — ³ *Concil.*, t. XI, p. 802, *a*.

le concile de Cognac, en 1260, défend d'enterrer les excommuniez, même hors des cimetières.

CCXXXI.

Saint Louis traite avec Trincavel de Béziers. — Baudoin II vient en France.

¹Saint Louis estoit à Vincennes au mois de février de cette année, et à Paris, au mois de mars, lorsqu'il y tint son parlement. ²Il receut à Crespi, au mois d'avril, le serment de fidélité que luy fit Élie Taleyrand, comte de Périgueux. ³Il estoit sans doute à Saint-Germain en Laie au mois de juin, lorsque Baudoin de Constantinople donna en ce lieu une déclaration des reliques qu'il luy avoit cédées. ⁴Il donna au mois de juillet, à Paris, un amortissement à l'abbaye de Mondée, de l'ordre de Prémonstré, au diocèse de Bayeux. ⁵Il ratifia à Vincennes, au mois de septembre, un acte par lequel Mabile, dame de Marli, avoit confirmé à l'abbaye de Port-Royal tout ce que les seigneurs de Marli y avoient donné.

⁶Le bruit courut, au commencement de cette année, que saint Louis vouloit se rendre maistre de la Gascogne, ce qui assurément estoit bien éloigné de son intention; mais on jugeoit qu'il le vouloit, parce qu'il le pouvoit et le devoit, selon les règles de la politique, dans l'occasion que luy en fournissoit Gaston, seigneur de Béarn, ⁷qui faisoit alors la guerre aux An-

---

¹ *Neustria pia*, p. 898. — ² Ms. D, p. 304. — ³ Ms. C, p. 6. — ⁴ *Neustria pia*, p. 916. — ⁵ *Chartr. Port-Roy.*, n° 259, p. 83, 84. — ⁶ Matth. Par., p. 720, e. — ⁷ *Ibid.*, p. 732, c.

glois dans cette province. ¹Le roy de Navarre avoit aussi eu guerre contre les Anglois en 1244, ²quoyqu'on n'en sçache pas le sujet. Nous verrons que saint Louis fit diverses trêves entre ces deux rois.

³Comme la monnoie d'Angleterre, qui passoit pour estre de meilleur aloy que celle de France et des pays voisins, estoit alors rognée jusqu'à l'excès, saint Louis ordonna que toute celle qui ne se trouveroit pas de poids fust aussitost fondue, de peur que cela ne fist tort aux marchands et au commerce, ⁴ce que le roy d'Angleterre ordonna aussi de son costé. ⁵On fit une recherche exacte de ceux qui la rognoient ainsi, pour les punir ; et on marque particulièrement que saint Louis en fit pendre plusieurs : *patibulis laqueatos vento præsentari.* ⁶Ce crime tomba entre autres sur divers juifs, alors fort maltraitez en Angleterre, ⁷en France et en Allemagne; ⁸ce qui les obligea de recourir à la prudence du siége apostolique. Innocent écrivit en effet en leur faveur aux évésques, le 5 de juillet, ne voulant pas qu'on violast les priviléges qui leur avoient esté accordez bonnement par le saint-siége.

Saint Louis s'assura en cette année la possession d'une grande partie des conquestes du Languedoc ⁹par la cession que luy fit Trincavel, fils de Raimond Roger, autrefois vicomte de Béziers et de Carcassonne, de tout ce qu'il pouvoit prétendre sur ces deux seigneuries et sur toutes les autres terres que ses prédécesseurs avoient possédées dans les diocèses de Nar-

---

¹ Matth. Par., p. 654, c. — ² *Hist. de Béarn*, p. 583. — ³ Matth. Par., p. 725, d; p. 733, c, d. — ⁴ *Ibid.*, p. 747, b. — ⁵ *Ibid.*, p. 747, c; p. 733, c. — ⁶ *Ibid.*, p. 725, d. — ⁷ Raynald., an. 1247, art. 83. — ⁸ *Ibid.*, art. 84. — ⁹ Ms. D, p. 389.

bonne, Agde, Maguelone, Nismes, Albi, et dans quelque autre pays que ce pust estre. Nous avons veu cy-dessus (t. II, p. 373) la guerre qu'il avoit excitée l'an 1240 pour se rétablir dans ces mêmes terres, et comment il en fit hommage, l'an 1241, au roy d'Arragon, pour avoir sa protection. Nous ne sçavons point ce qu'il devint depuis, ni quel traité saint Louis fit avec luy. [1]Il est certain seulement qu'il remit tous ses droits ou prétentions au roy et à ses successeurs, entre les mains de Jean de Cranes, sénéchal du roy à Béziers et à Carcassonne; et il proteste qu'il l'a fait « consulte et ex certa scientia, omni remota fraude « et dolo, nulla vi seu violentia intercedente, sed « gratis, bono animo et bona fide atque gratuita volun- « tate. » [2]En conséquence de cette cession, il déchargea ceux de Béziers de la foy qu'ils avoient due à luy ou à ses prédécesseurs, par un acte authentique daté du 7 avril 1247, en présence de Guillaume, archevesque de Narbonne. [3]Au mois de may 1247, estant à Castres, il donna une décharge semblable à ceux de Lombers en Albigeois, et il fit sans doute la même chose pour les autres principaux lieux. [4] Au mois d'octobre, il fit un nouvel acte de cette cession de ses terres à saint Louis. [5]On trouve en 1258 un Trincavel de Béziers à qui saint Louis presta deux cent quatre-vingts livres, [6] et en 1269 un Roger de Béziers, fils de Trincavel, dit vicomte de Béziers, à qui saint Louis donna deux cents livres pour aller avec luy

---

[1] Ms. D, p. 389. — [2] *Ibid*; *Invent.*, t. V, *Langued.*, pièce 12; Catel, *Lang.*, p. 647. — [3] *Invent.*, t. V, *Toul.*, I, pièce 14. — [4] *Ibid.*, t. V, *Langued.*, pièce 17. — [5] *Anc. Invent.*, p. 43, 1. — [6] *Invent.*, t. VII, *Croisades*, V, pièce 29.

en la terre sainte avec six chevaliers et quatre arbalestriers.

Baudoin de Constantinople, qui estoit à Rome l'an 1244, à Pasques, et au concile de Lyon l'an 1245, [1] estoit cette année, au mois de juin, à Saint-Germain en Laie, où il fit une donation absolue à saint Louis de la couronne d'épines et des autres reliques qui, ayant esté engagées par luy, avoient esté rachetées par ce saint. Il y fait l'énumération de ces reliques. [2] Il estoit à Paris le 26 du même mois. Il revenoit alors de son comté de Namur,[3] où il estoit encore le douzième du même mois. Il avoit engagé cette terre à saint Louis l'an 1239 pour cinquante mille livres parisis (voy. t. II, p. 344); [4] mais on croit qu'il l'avoit dégagée, ou que saint Louis luy avoit remis cette somme, [5] car, par un acte du 12 juin, il ordonne, sans parler d'aucun engagement, que, dans son absence, ceux de Namur et des autres places de ce comté obéiront aux ordres qu'ils recevront de saint Louis, ou de sa mère, ou de l'un de ses frères, qui mettront et osteront les gouverneurs et les officiers; que, quelque nouvelle qui arrivast de sa mort, ils ne remettront les places à personne que par leur ordre, et cela jusqu'à ce que l'impératrice sa femme y vinst, ou quelqu'un de ses enfants en âge de gouverner. [6] Baudoin fut aussi cette année en Angleterre pour trouver quelque secours dans les libéralitez que le roy Henri faisoit souvent aux étrangers. [7] Dans l'acte du 12 de juin il témoigne qu'il estoit prest de quitter

---

[1] Ms. G, p. 6. — [2] *Invent.*, t. I, *Poitou*, I, pièce 7. — [3] *Hist. de Bourgogne*, preuv., p. 139. — [4] *Hist. de Constant.*, p. 135. — [5] *Hist. de Bourgogne*, note, p. 138; *Invent.*, t. VIII, *Emp. de Constant.*, pièce 3. — [6] Matth. Par., p. 731, *b*. — [7] *Hist. de Bourgogne*, note, p. 138.

Namur pour retourner servir Dieu à Constantinople.
¹ Il y estoit au mois d'octobre 1248.

² Les historiens parlent fort de quelques miracles arrivez cette année au mois de juin dans Iconium, capitale des Turcs, à l'occasion d'une croix. Il faut voir l'endroit dans Vincent de Beauvais, l. XXI, c. LIII, p. 1303, 2.

CCXXXII.

Frédéric veut attaquer le pape. — Saint Louis arme pour le défendre. — Siége de Parme.

³ L'empereur Frédéric, qui s'estoit retiré sur la fin de l'an 1245 dans son royaume de Sicile, ⁴ en sortit cette année, ⁵ après y avoir fait rendre hommage par ceux de cet estat à Henri son fils, qu'il avoit eu d'Isabelle d'Angleterre l'an 1236; ⁶ et vint au mois de may en Lombardie, avec de grandes forces, pour exécuter quelque entreprise, ⁷ c'est-à-dire pour terminer enfin, par la violence ouverte, la querelle qu'il avoit avec le pape Innocent. ⁸ On prétend que luy ou ses ministres avoient fait inutilement divers efforts pour faire assassiner le pape, ⁹ quoyqu'il eust protesté l'année précédente qu'il avoit toujours rejeté des desseins si noirs lorsque des personnes s'y estoient offertes. ¹⁰ Il avoit aussi fait pendre un des parents du pape que Sa Sainteté aimoit sur tous les autres, ce qui avoit,

¹ *Hist. de Constant.*, p. 135. — ² Duchesne, p. 347, 1; *Spicileg.*, t. XI, p. 533; Ms. F, p. 319, 898. — ³ Urstis., t. II, p. 591, *d*. — ⁴ *Ibid.*, p. 592, *b*. — ⁵ Matth. Par., p. 727, *b*. — ⁶ Urstis., p. 592, *b*. — ⁷ Raynald., an. 1247, art. 11. — ⁸ Matth. Par., p. 717, 718, 724, 725. — ⁹ *Ibid.*, p. 713, *f*. — ¹⁰ *Ibid.*, p. 727, *b, c*.

dit-on, porté le pape à fulminer tout de nouveau contre luy une excommunication terrible, le jour du vendredi saint.

L'occasion sembloit assez favorable pour Frédéric; car le landgrave estoit mort dès le caresme (voy. p. 110); [1] et personne ne vouloit accepter après luy le titre de roy des Romains. [2] Les Milanois, ses plus irréconciliables ennemis, avoient esté réduits, selon Matthieu Paris, à se soumettre à luy (peut-estre à luy demander à traiter). [3] Il avoit gagné le comte de Savoie, Amédée, dont la famille avoit esté jusqu'alors un des plus puissants appuis du pape, [4] et qui, l'année précédente, avoit pris en fief du roy d'Angleterre Suze, Avillano et Saint-Maurice de Chablais, ce qui assurément estoit au préjudice de l'empire, quoy qu'en dise Matthieu Paris. [5] Il maria Mainfroy, son fils naturel, avec Béatrix, fille de ce comte, le 24 avril 1247. [6] Il maria vers le même temps une de ses filles avec Thomas de Savoie, frère du comte, et luy donna Turin et Verceil avec le pays d'alentour. [7] Il ne manquoit pas même au delà des Alpes de personnes qui souhaitoient et qui procuroient son approche. [8] Se croyant donc assuré de la victoire par tant d'avantages, il se résolut, dit-il, à laisser là tous les entremetteurs et tous les détours inutiles, et à s'en aller droit à Lyon, faire voir luy-même la justice de sa cause aux nations de deçà les Alpes, à la face de son adversaire, et

---

[1] Matth. Par., p. 808, *a, b*. — [2] *Ibid.*, p. 725, 726. — [3] *Ibid.*, p. 730, *e, f*. — [4] *Ibid.*, p. 706, *b, c*. — [5] Guichenon, note, p. 71-72; Ms. B, p. 63. — [6] Matth. Par., p. 740, *d, e*. — [7] *Concil.*, t. XI, p. 702, *a*. — [8] Raynald., an. 1247, art. 11; Petr. de Vin., l. II, ep. XLII, p. 356.

passer de là en Allemagne pour en apaiser les troubles.

Il est aisé de deviner ce que veulent dire ces paroles de Frédéric.[1] Il s'estoit déjà avancé avec son armée jusques au pied des Alpes pour aller à Lyon, et estoit arrivé à Turin,[2] lorsque, sur le milieu de juin, les parents et les amis du pape, qu'il avoit chassez de Parme, trouvèrent moyen d'y rentrer et de se rendre maistres de la ville. Cette surprise, qui lui faisoit peut-estre craindre la révolte de toute la Lombardie (et il paroist que Milan estoit déjà retombé dans la rébellion), luy fit quitter son dessein du voyage de Lyon pour aller assiéger Parme. Mais la crainte des armes de saint Louis eut peut-estre aussi beaucoup de part à ce changement. Comme le roy de France avoit tasché d'apaiser la colère du pape contre Frédéric, aussi il n'eust pas dû souffrir de voir ce pape exposé à toute la violence du ressentiment de ce prince à la porte de ses Estats.[3] Il résolut de prendre les armes et de marcher en personne avec ses trois frères au secours du pape; et même la reine Blanche vouloit y aller avec eux. Innocent leur écrivit à tous, le 17 de juin, pour les remercier de leur zèle. Mais ayant peut-estre déjà appris ce qui se passoit à Parme, quoyqu'il n'en dise rien, il les pria (*volumus*, dit-il,) de ne se point mettre en marche et de ne point faire avancer leurs troupes jusqu'à ce qu'il leur eust mandé d'autres nouvelles. Je ne sçay s'il n'appréhendoit point que saint Louis venant en armes à Lyon n'exigeast de luy, pour

---

[1] Raynald., an. 1247, art. 11; Matth. Par., p. 734, *d, e*. — [2] Urstis., t. I, p. 592, *c*; Raynald., an. 1247, art. 11; Matth. Par., p. 734, *e*. — [3] Raynald., an. 1247, art. 12-16.

Frédéric ou pour la noblesse de son royaume, plus qu'il n'eust voulu luy accorder.

¹ Frédéric trouva plus de résistance qu'il n'avoit cru au siége de Parme; et lorsqu'au bout de six mois et plus, il se croyoit près de la réduire par la famine, les assiégez, qui avoient demandé plusieurs fois à capituler, firent une sortie le 18 février 1248, forcèrent la nouvelle ville de la Victoire, qu'il avoit bastie auprès de la leur, deffirent toutes ses troupes, le contraignirent luy-même de fuir jusques à Crémone et demeurèrent maistres de son camp où ils trouvèrent des richesses infinies. ² Ils prirent et mirent en pièces le célèbre Thaddée de Suesse, député de Frédéric au concile de Lyon, ³ qui avoit toujours porté Frédéric à ne leur pas même accorder la vie. ⁴ Trois jours auparavant, Frédéric avoit fait pendre, dans son camp de la Victoire, Marcellin, évesque d'Arezzo, qui avoit tasché de soulever contre luy la Marche d'Ancône.

CCXXXIII.

Guillaume, comte de Hollande, est éleu et couronné roy des Romains.

⁵ La crainte de Frédéric obligea Innocent d'envoyer solliciter tous les princes de prendre les armes contre luy, ⁶ et d'amasser partout de l'argent. Il travailla sans

---

¹ Urstis., t. I, p. 592, *d*, *e*; Matth. Par., p. 735, 736; p. 740, *a*, *b*, *c*; p. 746, 747; *Addit.*, p. 164; Raynald., an. 1248, art. 17, 19; Matth. West., p. 341, 344. — ² Matth. Par., p. 746, *e*. — ³ *Ibid.*, p. 740, *b*, *c*. — ⁴ *Ibid.*, p. 762, *a*, *b*. — ⁵ Raynald., an. 1247, art. 17. — ⁶ *Ibid.*, art. 19.

doute particulièrement à faire élire un nouveau roy des Romains. [1]Il avoit envoyé pour cela un légat en Allemagne dès le 15 de mars, sçavoir le cardinal Pierre Capoce [ou Capuce], [2]à qui il manda au commencement de juin de faire exercer des rigueurs terribles contre ceux qui avoient repris le parti de Frédéric. [3]Il pressoit extrêmement les princes d'Allemagne d'élire quelque seigneur puissant et capable pour roy, [4]et promettoit pour cela de grandes sommes d'argent. [5]Mais il ne pouvoit trouver de prince qui voulust accepter un honneur si dangereux. [6]Le comte de Gueldres, le duc de Brabant, Richard, comte de Cornouailles, Hacon, roy de Danemark, furent tous proposez et le refusèrent tous. [7]Enfin, Henri, duc de Brabant, ayant proposé son neveu Guillaume, comte de Hollande, [8]Zélande et Frise, [9]jeune homme de vingt ans, bien fait, plein de cœur, [10]bien allié, d'une maison illustre, [11]le pape le fit élire, [12]et il fut nommé roy des Romains, le lundi 30 septembre, [13]ou le jeudi 3 octobre, à Nuys, où l'archevesque de Cologne avoit fait assembler tous les évesques qu'il avoit pu. Il s'y trouva aussi quelques princes laïques.[14]D'autres disent qu'il fut éleu à Cologne. [15]Nous avons un mémoire, qui est apparemment de l'archevesque de Cologne, où l'on voit que Guillaume n'estant pas encore chevalier, on luy donna solennellement ce titre avant que

[1] Raynald., an. 1247, art. 2; Urstis., t. I, p. 592, *e*. — [2] Raynald., an. 1247, art. 3. — [3] Urstis, t. I, p. 592, *a*. — [4] Matth. Par., p. 730, *d*. — [5] Urstis., t. II, p. 92, *c*, *d*. — [6] Matth. Par., p. 808, *a*, *b*. — [7] Urstis., t. II, p. 92, *d*. — [8] *Chron. de Hain.*, t. III, c. CLXIX. — [9] Matth. Par., p. 735, *c*. — [10] *Ibid.*, p. 730, *d*. — [11] *Ibid.* — [12] *Ibid.*, p. 735, *c*. — [13] Raynald., an. 1247, art. 4. — [14] Urstis, t. II, p. 92, *d*. — [15] Goldast., *Constit.*, t III, p 100.

de l'élire, dans l'église de Cologne. Le cardinal-légat receut son serment, et le roy de Bohême le fit chevalier. Cette pièce est à voir. Elle porte à la fin *qu'à cette élection et cette cour* furent présents le légat Pierre Capuce, le roy de Bohême et ses enfants, les évesques de Trèves, de Cologne, de Mayence, de Liége, d'Utrecht; et neuf autres, le marquis de Brandebourg avec plusieurs ducs, marquis et vassaux de l'empire. [1] Il paroist que le duc de Brabant estoit considéré comme le chef de ce parti. Tous les prélats luy promirent par écrit de luy donner toute assistance; et le pape, par sa lettre du 20 novembre, ordonne au légat de les obliger, même malgré eux, à s'acquitter de leur promesse. [2] Il faut voir ce que Beka dit de cette élection. [3] Nous y apprenons que Guillaume fut élu le 3 d'octobre, près de Cologne, [4] c'est-à-dire à Wering ou Worunch, [5] bourg sur le Rhin, environ à quatre lieues de Cologne et de Nuys.

[6] Les églises de Cologne, de Mayence et de Strasbourg prirent le parti de Guillaume; mais Metz, Worms, Spire, les autres villes du Rhin, de la Souabe et de la Bavière estoient pour Frédéric et pour Conrad. [7] Les ducs de Saxe et de Bavière, le marquis de Misnie, la noblesse d'Autriche et de Stirie, et même les évesques de Magdebourg, de Passau et de Freisingue suivirent le même parti; [8] de sorte que Conrad eut toujours moyen de soutenir la guerre et même de la porter dans les terres de ses adversaires, [9] jusqu'à ce

---

[1] Raynald., an. 1247, art. 7. — [2] *Chron. Ultraj.*, p. 70, 78. — [3] *Ibid.*, p. 78. — [4] *Ibid.*, p. 76, 81. — [5] Sanson. — [6] Urstis., t. II, p. 92, *d.* — [7] Raynald., an. 1247, art. 8. — [8] Urstis., t. II, p. 92, *d, c.* — [9] Matth. Par., p. 818.

qu'après divers événemens Guillaume fut réduit à ses anciennes seigneuries, qui même n'estoient plus à luy, les ayant cédées à son frère Florent, s'il en faut croire Matthieu Paris, [1] après le 10 aoust 1248; et il fut enfin tué malheureusement par les Frisons, l'an 1256.

[2] Conrad mit une forte garnison dans la ville d'Aix-la-Chapelle pour empescher Guillaume de s'y faire couronner roy des Romains, comme c'estoit la coustume. Mais Guillaume ayant assiégé la ville, les Jacobins et les Cordeliers, par leurs prédications, y firent aller tant de croisez, qu'après des combats fort rudes et fort sanglans, la famine contraignit les assiégés de se rendre; Conrad, qui venoit au secours, ayant esté défait par une grande armée de croisez, conduite par les évesques de Mayence, Metz et Strasbourg. La ville estant prise, Guillaume s'y fit couronner l'an 1248, le jour de la Toussaint, par l'archevesque de Cologne, quoyque les ducs de Saxe et de Bavière, et beaucoup d'autres princes, n'y fussent pas et n'y consentissent pas. [3] Beka décrit en particulier ce couronnement; mais il y fait venir les ducs de Bavière et de Saxe, ayant peut-estre plus consulté les cérémoniaux que les histoires originales. [4] On cite la même chose de Trithême.

[5] Le 30 may de cette année, le pape écrivit à saint Louis en faveur de l'archevesque de Narbonne qui se plaignoit qu'Amauri, vicomte de la même ville, le dépouilloit de beaucoup de droits qui luy appartenoient.

[1] Ms. N, p. 98. — [2] Matth. Par., p. 741, 742; p. 747, *d, e;* p. 750, *d, e;* Raynald., an. 1248, art. 14. — [3] *Chron. Ultraj.*, p. 78, 79. — [4] Goldast., *Constit.*, p. 307. — [5] *Concil. Narbon.*, App., p. 39.

CCXXXIV.

L'AN DE JÉSUS-CHRIST 1248. Pasques le 19 avril. E. D.

Saint Louis et les autres croisez terminent plusieurs affaires.

[1] Le temps auquel saint Louis devoit partir pour l'Orient estant proche, le pape écrivit une lettre circulaire par laquelle il excitoit la noblesse et tous les peuples à prendre les armes, pour le service de Dieu sous un si grand chef, dont la piété, les richesses et les grands préparatifs donnoient lieu de croire que Dieu l'avoit choisi entre tous les princes chrestiens pour achever ce que tant d'autres avoient inutilement tenté. Il l'appelle « virum utique qui cordis et corpo- « ris munditia nitidus, et virtutum opulentia plenus, « nunc pollet operibus. » [2] Il déclara dans la même lettre qu'il avoit establi Odon, évesque de Tusculum, son légat dans cette croisade. La lettre est du 23 février. [3] Il écrivit sur le même sujet aux évesques de Palestine, de Chypre et d'Arménie. Il manda aux évesques d'Évreux et de Senlis de donner ordre que tous les croisez de France fussent prests pour partir avec le roy dès le mois de mars, s'il estoit besoin. Il fit le même commandement, dit Raynaldus, à ceux qui avoient pris la croix dans la Hollande, Zélande et Frise, et menaça de la rigueur des censures ceux qui n'obéiroient pas. Il défendit particulièrement au légat de dispenser personne du vœu de ce voyage,

---

[1] Raynald., an. 1248, art. 28. — [2] Ibid., art. 29. — [3] Ibid.

¹ ce qu'il permit depuis, pourveu que ceux qui demanderoient cette dispense donnassent de l'argent pour ceux qui feroient le voyage.

Les croisez employèrent donc les premiers mois de cette année à donner ordre à leurs affaires. ²C'est pourquoy nous trouvons qu'Alphonse, comte de Poitou et d'Auvergne, s'accorda au mois de mars avec Archambaud de Bourbon (voy. cy-dessus, t. II, p. 274). ³ Il fit aussi cette année quelques statuts et quelques règlements pour la ville de Riom.

⁴ Hugues, comte de La Marche, qui avoit partagé ses terres entre ses enfants dès l'an 1242, fit son testament, le 1ᵉʳ et le 7 d'aoust, pour faire quelques fondations et ordonner qu'en cas qu'il mourust dans son voyage, son fils aisné de même nom prendroit cinq mille livres sur ses meubles et ses provisions, à la charge qu'il demeureroit un an à la terre sainte.

⁵ Robert, comte d'Artois, receut au mois de may la reconnoissance que luy fit Arnoul, comte de Guines, dans la ville de Saint-Omer, qu'il devoit quatre hommages liges à luy et aux autres comtes d'Artois pour différentes terres qu'il possédoit.

⁶ Guillaume des Barres, qui tenoit la vicomté de Provins, la vendit, au mois de juin ou de juillet, à Thibaud, roy de Navarre.

Saint Louis, de son costé, terminoit aussi plusieurs affaires et faisoit diverses aumosnes pour obtenir les

---

¹ *Invent.*, t. VII, *Bulles des Croisades*, I, pièce 58. — ² *Ibid.*, t. I, *Poitou*, I, pièce 8; t. V, *Toulouse*, VII, pièce 73. — ³ *Ibid.*, t. IV, *Auvergne*, II, pièce 9. — ⁴ *Ibid.*, t. VI, *Testam.*, pièce 5. — ⁵ *Regist. des comptes*, t. II, p. 119, 120. — ⁶ *Invent.*, t. II, *Champagne*, II, pièce 16.

prières des serviteurs de Dieu. [1]Les Jacobins, qui tenoient leur chapitre général à Paris après Pasques, luy promirent les prières de tout l'ordre et plusieurs messes pour son voyage. [2]Il fit quelques nouvelles donations à l'abbaye de Royaumont, au mois de février, à Paris. [3]Il ratifia à Paris la fondation de Maubuisson, au mois d'avril (voy. t. II, p. 478). [4]Au mois de may, il donna cinq mille livres parisis au comte de Toulouse sur les vingt mille qu'il luy avoit promis pour dresser son équipage (voy. ci-dessus, p. 155). [5]Il fit divers voyages à Chartres, à Beauvais, à Soissons, à Reims et aux environs. Il avoit eu avec luy le fils du roy d'Arragon à Chauni. Par le compte rendu cette année à l'Ascension, il y a près de onze mille livres employez « pro « navibus et materialibus, vinis et aliis ducendis apud « Aquas-mortuas, et aliis expensis factis in Burgundia « et ad portum, pro fusta, tela, filo, stuppis, anten- « nis et thimotis que M. P. de Medunta recepit; pro « vinis et doliis novis emendis; pro navibus reparandis, « armaturis et aliis necessariis ad naves; pro præmio « nautarum. » [6]Il fut, au mois de may, à l'abbaye de Perseigne, dans le Perche, dont il confirma tous les biens. [7]Au même mois, Geoffroy, archevesque de Tours, et le chapitre de cette église reconnurent que chaque archevesque devoit recevoir et défrayer une fois le roy de France, ce qui s'appeloit alors le droit de giste ou procuration.

---

[1] *Invent.*, t. VII, *Fondations*, II, pièce 21. — [2] Ms. G, p. 44. — [3] Ms. B, p. 118. — [4] Ms. D, p. 394; *Invent.*, t. V, *Toulouse*, V, pièce 13. — [5] *Compte de* 1248. — [6] *Hist. du Perche*, p. 255; *Neustria pia*, p. 819, 820. — [7] *Anc. Invent.*, p 109, 110; *Invent.*, t. I, *Tours*, II, pièce 7.

CCXXXV.

Saint Louis fonde l'abbaye du Lys, et donne à divers monastères.

[1] Saint Louis estant revenu à Paris au mois de juin, il fit la charte des donations qu'il faisoit à l'abbaye des religieuses de Cisteaux qu'il avoit fondée auprès de Melun sous le nom de *Sainte-Marie* [2] ou *Nostre-Dame du Lys*. [3] Il dit qu'il a fait cette donation pour obtenir le secours de Dieu, estant difficile en cette foible vie d'éviter les occasions infinies de la mort, et parce qu'il croit fermement qu'il est méritoire aux fidèles, pour leur salut et pour estre retirez de la perte des méchans, d'aimer avec le prophète le lieu où réside la gloire du Seigneur et d'y faire ses prières. [4] La reine Blanche, qui avoit, comme douairière, le domaine du territoire de Melun, y donna aussi beaucoup de choses. [5] C'est pourquoy elle dit que son fils et elle l'avoient fondée; [6] et même saint Louis dit dans un acte que c'estoit sa mère qui l'avoit fondée. [7] Il confirma, au mois de juin 1248, tout ce que sa mère avoit donné à ces religieuses, amortit ces donations et tout ce qu'elles pourroient encore acquérir à l'avenir dans sa censive jusqu'à la concurrence de six cents livres de rente, et ordonna qu'elles demeureroient toujours en la garde et sous la protection des rois. [8] Luy et Blanche leur firent encore depuis de nouvelles donations en divers

---

[1] Ms. B, p. 93. — [2] *Ibid.*, p. 94. — [3] *Ibid.*, p. 93. — [4] *Ibid.*, p. 93, 95. — [5] *Ibid.*, p. 92, 99. — [6] *Ibid.*, p. 94. — [7] *Ibid.*, p. 93. — [8] *Ibid.*, p. 92, 94, 99, 100, 101.

temps. ¹On remarque que la première abbesse de ce monastère fut Alix, qui, après avoir vendu à saint Louis, l'an 1239, le comté de Mascon, dont elle estoit propriétaire, en distribua tout l'argent aux pauvres et se fit religieuse à Maubuisson après la mort de Jean de Dreux son mari (voy. t. II, p. 355 et 356).

²Saint Louis accorda en même temps un amortissement général à l'abbaye de Saint-Antoine des Champs près de Paris, ³et à celle de Royaumont, avec plusieurs autres dons et grâces. Celuy-cy est daté d'Asnières. ⁴Il donna, estant à Paris, cinquante livres tourn. de rente à l'abbaye de Port-Royal, avec cette clause, que s'il se croyoit obligé de restituer la terre de Petiteville qu'il affectoit à cette rente, cette donation ne le pourroit empescher. ⁵Il paroist, par la donation qu'il fit en même temps de cette terre de Petiteville à Bouchard de Marli, qu'elle estoit en Normandie.

⁶Saint Louis termina aussi, après Pasques, divers différends qui estoient entre le comte d'Anjou, l'évesque de Chartres, et Pierre, comte de Vendosme, sur la terre de Mondoubleau en Vendômois, tenue par le vicomte de Chasteaudun sous l'hommage du comte d'Anjou.

---

¹ *Gall. Christ.*, t. IV, p. 569, 1. — ² *Ibid.*, p. 62, 1, 2. — ³ Ms. G, p. 47, 48. — ⁴ *Gall. Christ.*, t. IV, p. 751, 1, 2; *Chartr. de Port-Roy.*, n° 264, p. 87, *Invent.*, t. VII, *Oblig.*, II, pièce 13. — ⁵ *Chartr. de Port-Roy.*, n° 263, p. 86. — ⁶ *Invent.*, t. I, *Chartres*, II, pièce 17.

CCXXXVI.

Mort de Jean, fils de saint Louis, et de Guillaume, évesque de Paris.

¹Durant que saint Louis se préparoit ainsi à son voyage, il perdit un de ses enfants, nommé Jean, qui mourut tout petit le 10 de mars, et fut enterré à Royaumont. Il ne pouvoit pas avoir deux ans, Philippe n'estant né que le 1ᵉʳ de may 1245 (voy. p. 65).

²Le célèbre Guillaume d'Auvergne, évesque de Paris, de qui saint Louis avoit reçu la croix, mourut aussi le mardi de la semaine sainte, 14 avril, et fut enterré à Saint-Victor. Nous avons parlé de luy (voy. t. I, p. 483). ³Il fit condamner la pluralité des bénéfices par une célèbre assemblée de docteurs, en 1238. ⁴Saint Louis rapportoit, l'ayant appris de luy-même, comment il consola un docteur en théologie tenté d'infidélité sur l'Eucharistie. ⁵On remarque qu'un chanoine de Paris, du nombre de ceux qui ne considèrent pas que leurs biens appartiennent aux pauvres, estant mort sans faire de testament, et Guillaume pouvant, selon le droit, prendre ce qu'il avoit laissé, et qui se montoit à trois mille marcs, somme très-considérable pour le temps, il n'en voulut jamais rien toucher, témoignant avoir horreur d'un argent digne de périr avec le misérable qui l'avoit amassé. Il ordonna néan-

---

¹ *Gall. Christ.*, t. IV, p. 776, a; Duchesne, p. 442, c. — ² *Gall. Christ.*, t. I, p. 445, 1; du Boulay, p. 213. — ³ Cantipr., l. I, c. xix, art. 5, 6, p. 70, 71. — ⁴ Joinville, p. 10. — ⁵ Cantipr., l. II, c. lv, art. 3, 4, p. 534, 535.

moins qu'on le distribuast aux pauvres. ¹ Il eut pour successeur Gauthier de Chasteau-Thierry, qui estoit éleu et confirmé, mais non encore sacré, au mois de juin 1249 ; ce qui peut faire douter si l'an 1248, marqué pour la mort de Guillaume, ne se doit point entendre de la manière qu'on comptoit alors ; et ainsi il ne seroit mort que le 30 mars 1249. ² Néanmoins il n'est point nommé parmi les évesques qui donnèrent des indulgences à la Sainte-Chapelle au mois d'avril 1248. Ces évesques sont au nombre de dix-sept entre lesquels est l'archevesque de Tolède. Ces évesques estoient sans doute assemblez pour la dédicace de cette chapelle qui se fit le 25 d'avril (voy. t. II, p. 413).

³ Raynaldus rapporte à ce temps-cy ce que dit Thomas de Cantimpré d'une prédication faite dans une assemblée d'évesques de la part du démon. ⁴ Mais Thomas dit seulement que cette histoire fut rapportée dans un sermon presché cette année à Paris.

⁵ Jean, archevesque de Tolède, qui estoit à Paris au mois d'avril, obtint de saint Louis pour son église une sainte épine et quelques autres parties des reliques qu'il avoit receues de Constantinople ; sur quoy il écrivit une lettre que les historiens d'Espagne nous ont conservée, datée d'Estampes, au moy de may, ⁶ auquel nous avons veu qu'il avoit esté jusques dans le Perche.

---

¹ *Gall. Christ.*, t. I, p. 445, 1. — ² *Chartr. de Port-Roy.*, n° 269, p. 88, 2. — ³ Raynald., an. 1248, art. 53. — ⁴ Cantipr., l. I, c. xx, art. 8, p. 80. — ⁵ Mariana, l. XIII, c. viii, p. 594, 595 ; Raynald., an. 1248, art. 44, 46. — ⁶ *Hist. du Perche*, p. 255.

CCXXXVII.

Saint Louis part de Paris. — Il renonce à la magnificence des habits.

¹ Ceux qui entreprenoient les croisades avoient accoutumé d'aller recevoir le baston ou bourdon, et l'escharpe ou escarcelle, en qualité de pèlerins, en quelque lieu de dévotion. ² Joinville, voulant partir pour ce voyage même, envoya quérir l'abbé de Cheminon, l'un des plus estimés de l'ordre de Cisteaux, pour se réconcilier à luy. Cet abbé luy ceignit son écharpe et luy mit son bourdon à la main; ensuite de quoy il alla en pèlerinage à quelques lieux de dévotion autour de Joinville, *tout à pié, déchaux, et en lange.*

³ On remarque que quand Charlemagne alloit à Rome, il portoit une écharpe de pèlerin qui estoit d'or. ⁴ Quand nos rois ont esté à la terre sainte, ils ont aussi esté prendre l'écharpe et le bourdon à Saint-Denys, où ils recevoient en même temps l'oriflamme.

⁵ Ainsi, après que saint Louis eut esté visiter quelques autres lieux de dévotion, ⁶ entre lesquels on marque l'abbaye de Saint-Victor, ⁷ il vint à Saint-Denys, ⁸ le vendredi d'après la Pentecoste, 12 de juin. Il y prit le drapeau (l'oriflamme), l'écharpe et le baston de la main du cardinal Odon; et ensuite, estant allé au chapitre, il y prit congé des religieux avec beaucoup d'humilité. Ses frères Robert et Charles l'accompa-

---

¹ Joinville, note, p. 236. — ² *Ibid.*, p. 23. — ³ *Ibid.*, note, p. 236. — ⁴ *Ibid.* — ⁵ Matth. Par., p. 749, *b.* — ⁶ Sainte-Marie, p. 269. — ⁷ Matth. Par., p. 749, *b.* — ⁸ *Spicileg.*, t. II, p. 815, 816; Ms. F, p. 10, 2.

gnèrent dans cette action, et la reine Marguerite fit la même chose le dimanche suivant. [1] Saint Louis revint de là à Paris où il vint nu-pieds à Nostre-Dame pour y faire ses prières, y entendre la messe, et prendre congé de cette église, comme il fit encore à son dernier voyage; [2] et quittant tout à fait Paris le même vendredi 12 de juin, il fut jusqu'à l'abbaye de Saint-Antoine, [3] toujours nu-pieds et en son habit de pèlerin, suivi de beaucoup de peuple [4] et accompagné des processions de la ville en grand nombre. [5] Il entra dans cette abbaye et se recommanda aux prières des religieuses; [6] et ensuite il prit congé du peuple qui le suivoit, et monta à cheval pour aller sans doute coucher à Corbeil, où il paroist qu'il arresta un peu.

[7] Depuis qu'il fut ainsi parti de Paris, il n'usa plus d'habits ni de fourrures d'écarlate, de vert ou d'autre couleur éclatante, de petit-gris, de menu-vair, ou d'autres choses prétieuses dont les Occidentaux faisoient alors leurs cottes d'armes. Il voulut toujours estre habillé fort simplement de bleu ou de *pers*, de camelot, ou de *noire brunette*, ou de soie noire; et toutes les fourrures de ses robes et de ses couvertures estoient de peaux de lapin, d'agneau, de lièvre et quelquefois d'écureuil. Il quitta de même tous les ornements d'or et d'argent en ses selles, brides et autres choses de cette nature. Il ne vouloit pas même que les

---

[1] Ms. F, p. 19, 1; *Chart. Paris.*, p. 54. — [2] Vinc. Bellov., l. XXXI, c. LXXXIX, p. 1315, 2; Duchesne, p. 346, *c*; Ms. F, p. 176, 320. — [3] Ms. F, p. 19, 1. — [4] Duchesne, p. 346, *c*; Vinc.... — [5] Ms. F, p. 320. — [6] *Ibid.*, p. 19, 1. — [7] *Ibid.*, p. 84, 85, 320; Duchesne, p. 346, *b*, *c*; p. 447, *a*; Joinville, note, p. 118; Guiart, p. 139, 2; Ms. D, p. 488.

resnes ni le poitrail de ses chevaux fussent de soie, ni que ses estriers, mors et esperons fussent dorez, n'y souffrant que de simple fer.

Le concile de Lyon avoit fort recommandé aux croisez la modestie dans les habits; [1] et même dans les autres croisades on avoit quelquefois défendu de porter de l'écarlate, des peaux de vair, d'hermines, de gris, et d'autres semblables. [2] Joinville dit que tant qu'il fut en Orient avec saint Louis, il ne vit jamais dans toute l'armée aucune broderie sur les cottes d'armes.

Mais saint Louis ayant une fois commencé cette modestie dans son voyage, [3] la continua toujours depuis jusques à la mort. [4] Ses cottes d'armes n'estoient que de sendal ou taffetas battu à ses armes. [5] « Vestes ejus, » dit Boniface VIII, « non erant regiæ, sed religiosæ; « non erant militis, sed viri simplicis. » [6] Il portoit souvent du camelot moindre que des personnes peu considérables et que des ecclésiastiques, [7] et quelquefois de la bure. [8] On écrit qu'il ne portoit jamais d'écarlate, de pourpre, ni même de soie, que lorsqu'il tenoit sa cour les grandes festes; car alors il paroissoit dans tout l'éclat de la majesté royale. [9] Sa modestie faisoit qu'on n'osoit paroistre à la cour avec des habits magnifiques. [10] Il paroist qu'il avoit accoustumé de donner ses habits aux pauvres quand il ne les vouloit plus porter; [11] ce que Philippe Auguste avoit aussi accous-

---

[1] Joinville, note, p. 128. — [2] Ibid., p. 5. — [3] Ibid., p. 118; Ms. F, p. 84, 85; Duchesne, p. 490, b. — [4] Joinville, p. 5; note, p. 34. — [5] Duchesne, p. 482, c. — [6] Joinville, p. 8. — [7] S. Amour, p. 96. — [8] Ms. F, p. 163. — [9] Duchesne, p. 470, b. — [10] Ibid., p. 346, b. — [11] Ibid., p. 21, b, c; Ms. F, p. 818, 819.

tumé de faire depuis l'an 1185; condamnant beaucoup ceux qui, en les donnant à des comédiens, sacrifient aux démons. ¹Mais ne voulant pas que son humilité fist tort aux pauvres, il leur faisoit donner en argent, par ses aumosniers, ce que des habits plus riches leur eussent pu valoir davantage; ²ce qui estoit estimé à soixante livres par an. Il n'estoit pas le seul qui vesquist dans cette modestie. ³On remarque que beaucoup de princes de ce temps-là ne portoient souvent que des étoffes de laine et fort communes. Thomas de Cantimpré, jacobin, dit que Philippe Auguste ne portoit que des étoffes grises *camelini coloris*, et qu'il n'avoit jamais vu Louis VIII vestu de pourpre. ⁴Il dit que c'estoient les Jacobins qui portoient saint Louis à cette modestie; ce qui fit qu'un professeur en théologie soutint en preschant qu'ils péchoient mortellement en cela et qu'il falloit que le roy portast la pourpre et non pas des habits vils et ordinaires. ⁵Il veut assurément marquer Guillaume de Saint-Amour, qui a esté accusé nommément de cela, et qui l'avoue en partie. ⁶Le même jacobin rapporte qu'Othon, comte de Gueldres, ayant envoyé un homme porter une lettre à saint Louis, et cet homme se contrefaisant le visage pour se mocquer de l'air humble et modeste du roy, il demeura ainsi contrefait. ⁷Au reste, le sentiment de saint Louis estoit que chacun se doit porter, vestir et orner selon sa condition, sans en faire ni trop ni trop peu.

¹ Duchesne, p. 346, *b*. — ² *Ibid.*, p. 447, *a*. — ³ Cantipr., l. II, c. LVII, art. 64, p. 589. — ⁴ *Ibid.*, p. 588. — ⁵ S. Amour, p. 91, 96. — ⁶ Cantipr., l. II, c. LVII, art. 63, p. 588. — ⁷ Joinville, p. 5, 8.

CCXXXVIII.

Saint Louis déclare sa mère régente. — Il voit le pape à Lyon.

Pour continuer le voyage de saint Louis, estant venu de Paris à Corbeil, [1] il y donna à la reine sa mère le pouvoir d'admettre, durant son absence, au gouvernement de l'État, et d'en rejeter ceux qu'il lui plairoit; d'establir et de destituer les baillis, chastelains et autres officiers du royaume, de conférer même les bénéfices qui vacqueroient à sa nomination; de donner aux chapitres et couvents les permissions d'élire; de recevoir de ceux qui seroient éleus le serment de fidélité et de leur donner les régales. L'acte est daté de l'hospital près Corbeil, au mois de juin 1248. On voit par divers actes que Blanche exerça toutes ces fonctions et les autres qui regardoient l'administration du royaume comme régente, [2] et qu'elle présidoit aux assemblées des barons et au jugement des affaires. [3] Saint Louis, en luy laissant le gouvernement du royaume, luy laissa aussi ses principaux amis et ceux en qui il avoit plus de confiance, pour l'assister. Personne n'envia cet honneur à Blanche, qui avoit donné tant de preuves de sa foy et de sa prudence dans sa première régence, et qui, estant alors dans un âge plus avancé, devoit aussi avoir encore plus de sagesse et de conduite qu'elle n'en avoit eu vingt-deux ans auparavant. [4] Saint Louis luy donna aussi le pouvoir de

---

[1] *Libertez*, c. xvi, art. 15, p. 602; Ms. B, p. 29. — [2] Joinville, note, p. 54. — [3] *Chron. de saint Louis*, c. xvii, p. 35. — [4] Ms. B, p. 97.

donner en aumosnes et fondations jusqu'à trois cents livres de rente sur les terres dont elle jouissoit en douaire.

[1] Ce fut aussi à Corbeil que saint Louis termina le différend qu'il avoit depuis si longtemps avec l'église de Beauvais.

De Corbeil, le roy fut apparemment à la célèbre abbaye de Fleuri ou Saint-Benoist sur Loire, près de Sulli, [2] d'où l'abbé du lieu date une composition qu'il avoit faite, au mois de juin, avec le roy, sur un bois que le roy faisoit couper alors. L'abbé prétendoit la moitié de ce bois en vertu d'un don de Louis VII. Les officiers du roy objectoient le défaut d'usage et beaucoup d'autres choses. Enfin par l'avis des gens de bien, on convint que l'abbé auroit le tiers des ventes et des autres profits de ce bois.

[3] Saint Louis fit aussi une composition avec l'abbaye de Mortemer en Lions, au pays de Bray, diocèse de Rouen. L'acte est encore du mois de juin, *apud Castrum Noeriarum*. C'est sans doute Noyers en Bourgogne, sur le Serain. [4] Il avoit apparemment passé à Pontigni, sur la même rivière, où estoit le corps de saint Edmond de Cantorbéry, canonizé dix-huit mois auparavant (voy. t. II, p. 390).

[5] Une vie de saint Louis porte que Blanche accompagna son fils jusques à Cluni, où ils se séparèrent, non sans beaucoup de larmes et de soupirs. [6] Une autre dit que ce fut à Lyon. [7] Une ancienne chronique de

---

[1] *Regist.* 31, f° 63; Louvet [*Hist. de Beauv.*], t. II, p. 394; *Invent.*, t. VII, *Gistes*, pièce 9. — [2] Ms. D, p. 307. — [3] *Regist.* 31, f° 63; *Invent.*, t. IX, *Eaux et forests*, pièce 16. — [4] Matth. Par., p. 778, c. — [5] Ms. F, p. 176. — [6] Ms. F, p. 320. — [7] *Chron. de Flandre*, c. xxi, p. 51, 52.

Flandre, qu'on cite quelquefois, quoyqu'elle soit fort pleine de fautes, dit que cela se fit à quatre journées de Paris. Elle donne des paroles à saint Louis et à Blanche, qu'elle fait tomber pasmée entre les bras de saint Louis.

[1] Saint Louis ayant traversé la Bourgogne, arriva à Lyon, où il **vit le pape**, [2] qui luy donna sa bénédiction, à luy et à ceux qui l'accompagnoient. Saint Louis luy parla pour enterrer le père du comte de Toulouse, comme nous avons veu cy-dessus (voy. p. 157). [3] Il obtint de luy qu'il prist son royaume en sa protection contre l'Angleterre; de quoy nous parlerons dans la suite (voy. ci-après, chap. CCXLV). [4] Il luy fit sa confession *cum morosa deliberatione*, ensuite de laquelle le pape luy accorda l'absolution de tous ses péchez.

CCXXXIX.

Saint Louis travaille inutilement à réconcilier Frédéric avec le pape.

Saint Louis n'eut pas la même satisfaction du pape pour ce qui regarde Frédéric. Nous avons veu qu'il luy avoit déjà parlé de la même affaire à Cluni sur la fin de 1245 (voy. p. 93). [5] Matthieu Paris dit qu'ils résolurent de conférer de nouveau sur ce sujet l'année suivante, quinze jours après Pasques, le 22 avril 1246, et de tascher que Frédéric s'y trouvast; [6] et qu'en effet saint Louis retourna à Cluni l'an 1246, et y conféra

---

[1] Duchesne, p. 346, e; Guiart, p. 140, 1. — [2] Guiart, p. 140, 1. — [3] Matth. Par., p. 749, c, d. — [4] *Ibid.*, c. — [5] *Ibid.*, p. 683, e, f. — [6] *Ibid.*, p. 697, c.

avec le pape. On ne voit point que Frédéric y soit venu ; ¹il paroist, au contraire, qu'il fut dans l'Apouille durant toute l'année 1246. ²Mais il avoit donné pouvoir à saint Louis d'agir en son nom, et d'offrir au pape de se consacrer pour tout le reste de sa vie à servir l'Église dans la Palestine, en donnant l'empire à son fils Conrad. Saint Louis fit tout ce qu'il put pour obtenir du pape la réconciliation de Frédéric; mais cela fut impossible. On peut dire même que Frédéric y envoya une ambassade solennelle, sur l'instance que luy en fit saint Louis, ³selon une lettre de cet empereur qui paroist se rapporter mieux à ce temps-cy qu'à aucun autre.

⁴Ce fut sans doute dans le dessein du même traité, que Frédéric, voyant qu'on l'avoit accusé d'hérésie dans le concile de Lyon, se fit interroger devant un notaire sur les articles de la foy par les évesques de Palerme et de Pavie, par les abbez du Mont-Cassin, de la Cave et de Caseneuve, et par deux jacobins, qui ensuite de cet examen et du serment que fit Frédéric de croire tout ce qu'ils luy avoient proposé, ne craignirent point de se charger d'une procuration de sa part, pour aller faire serment devant le pape qu'il croyoit toutes les choses nécessaires pour le salut, et offrir au pape qu'il le viendroit luy-même assurer de la pureté de sa foy, pourveu que ce fust dans un lieu convenable, et se purger du soupçon qu'on avoit eu contre luy. ⁵Il n'est peut-estre pas difficile de croire qu'il y avoit plus d'artifice que de sincérité dans

---

¹ Urstis., t. I, p. 582. — ² Matth. Par., p. 697, c. — ³ Goldast., Constit., t. III, p. 380, 381. — ⁴ Raynald., an. 1246, art. 18; an. 1248, art. 4. — ⁵ Ibid., an. 1246, art. 17-21.

cette action de Frédéric, et ceux qui n'ont point de religion font aisément profession de toutes. Mais la manière dont le pape en usa paroist difficile à justifier. [1] Il trouvoit d'abord qu'il ne falloit point écouter des religieux, des abbez et des évesques, et qu'il falloit même les punir comme des excommuniez, par cette seule raison qu'ils s'estoient chargez d'une procuration où Frédéric se qualifioit empereur et roy, [2] et jugeoit que le notaire qui avoit receu l'interrogatoire avoit encouru l'excommunication. C'estoit rompre absolument toute voie d'accord. Néanmoins les députez aimèrent mieux faire préjudice au droit de leur prince, [3] et dirent qu'ils venoient au nom de Frédéric, non comme empereur, mais comme simple chrestien. Sur cela le pape commit les cardinaux de Porto, d'Albe (Pierre de Colmieu) et de Sainte-Sabine, pour entendre leur commission. Les députez leur présentèrent donc la lettre de Frédéric, et déclarèrent de vive voix qu'ils estoient prests de faire serment de l'intégrité de sa foy. [4] Les cardinaux firent leur rapport au pape, qui trouva les députez extrêmement téméraires d'avoir entrepris d'examiner la foy de Frédéric sans en avoir eu pouvoir de luy. [5] Il fit venir ces députez, mais non en qualité de députez; et en présence des cardinaux et de beaucoup de prélats, il leur déclara qu'il condamnoit absolument leur procédé et l'examen qu'ils prétendoient avoir fait de la créance de Frédéric; qu'il n'y avoit nul égard comme n'ayant point esté fait ni en un lieu, ni par des examinateurs, ni devant

---

[1] Raynald., an. 1246, art. 18. — [2] Ibid., art. 19. — [3] Ibid., art. 18. — [4] Ibid., art. 19. — [5] Ibid., art. 20.

des notaires juridiques; ¹ ayant d'ailleurs des présomptions trop fortes contre sa foy. ² Pour l'offre que Frédéric faisoit de venir se justifier en personne, il dit que s'il vouloit venir avec peu de compagnie et sans armes, dans le temps prescrit par les loix (ce qu'il ne détermine point autrement), il luy feroit donner seureté pour luy et les siens et l'écouteroit quoyqu'il ne le méritast pas, *si de jure et sicut de jure fuerit.*
³ Voilà ce qu'Innocent nous apprend de cette affaire dans une lettre écrite à toute l'Église, le 23 may 1246. Ces députez sont différents de ceux dont Frédéric parle dans une lettre, ⁴ qui estoient chargez de faire, dit-il, toutes les offres raisonnables pour la paix; ou bien ils avoient encore d'autres ordres dont le pape ne jugea pas à propos de parler dans sa lettre.

CCXL.

Saint Louis continue inutilement à négocier entre le pape et Frédéric.

⁵ Frédéric n'accepta point la manière en laquelle le pape luy offroit de le recevoir. Il ne falloit pas prétendre qu'ils se confiassent à la foy l'un de l'autre; et l'élection du landgrave, qui se fit sur la fin de may, changeoit les affaires. ⁶ Néanmoins saint Louis envoya la même année Adam, évesque de Senlis, au pape, tant sur son voyage d'Orient et sur quelques autres affaires, que pour luy témoigner que le zèle de Dieu

---

¹ Raynald., an. 1246, art. 19. — ² *Ibid.*, art. 20. — ³ *Ibid.*, art. 18-20. — ⁴ Goldast., *Constit.*, t. III, p. 380, 381. — ⁵ Raynald., an. 1248, art. 4. — ⁶ *Ibid.*, an. 1246, art. 24-26.

et le respect de l'Église luy faisoient souhaiter extrêmement de voir Frédéric réconcilié avec l'Église, et qu'il estoit prest de faire pour cela tout ce qui seroit en luy. Le pape luy répondit, le 5 de novembre, qu'il luy estoit fort obligé de son zèle, mais que, devant le concile de Lyon, luy et les cardinaux avoient fait inutilement tous leurs efforts pour trouver quelque voie d'accord avec Frédéric; néanmoins, que l'Église n'estoit fermée à personne, et que s'il vouloit revenir, on le traiteroit avec toute la douceur que l'honneur du saint-siége pourroit permettre, en considération de son intercesseur, qui assurément ne permettroit pas que l'Église, sa mère, fust trompée. On ne voit point quel effet eurent, en cette rencontre, les soins de saint Louis. [1] Un auteur dit seulement, sur cette année, que l'empereur rendoit sa cause fort favorable en s'humiliant extrêmement et en offrant à l'Église toute sorte de satisfactions, et que le pape, au contraire, en ne voulant user d'aucune condescendance envers un prince si humilié, scandalizoit beaucoup de personnes. [2] Raynaldus remarque, sur l'an 1247, que Frédéric publioit qu'on traitoit de paix entre le pape et luy; mais le pape tascha d'étouffer cette espérance de paix, et écrivit au marquis d'Est, que depuis la déposition de Frédéric on n'avoit admis aucun traité avec luy. La mort du landgrave, arrivée au commencement de 1247, changea peut-estre les affaires, et nous avons veu qu'au mois de juin Frédéric avoit voulu venir attaquer le pape à Lyon, ce qui avoit obligé saint Louis de prendre les armes contre luy (voy. p. 164).

---

[1] Matth. Par., p. 710, *b*. — [2] Raynald., an. 1247, art. 17.

Mais ce dessein n'ayant pas réussi, Guillaume ayant ensuite esté éleu roy des Romains le 3 octobre 1247, et Frédéric trouvant de grandes difficultez au siége de Parme, où il fut même défait le 18 février 1248 (voy. p. 165),[1] il consentit encore, sur l'instance que luy en fit saint Louis, à travailler à la paix, quelque peu de lieu qu'il y eust d'en rien espérer après tant de fausses tentatives, et envoya une ambassade solennelle à Lyon.

[2] Saint Louis y estant donc aussi arrivé, comme nous avons dit, fit de grandes instances au pape afin qu'il agréast les soumissions de Frédéric; mais il ne put rien gagner sur son esprit. [3] L'intérest des Lombards estoit un obstacle invincible à tous les traitez, car plusieurs villes de Lombardie s'estant liguées ensemble contre l'empire, ou pour elles-mêmes, ou pour les papes, Frédéric s'obstinoit à vouloir punir leur révolte, [4] et les papes à ne les point abandonner. [5] Frédéric prétend que le pape avoit alors de fort mauvais desseins contre luy, qu'il ne voulut faire paroistre qu'après avoir conféré avec saint Louis et lorsqu'il estoit en Orient, à dessein qu'on crust que saint Louis y consentoit : ce que Frédéric proteste néanmoins qu'il ne croit pas; et assurément saint Louis estoit bien éloigné d'agir avec cette duplicité.

[6] Frédéric luy envoya cette année des vivres en Orient, qu'il luy faisoit sans doute acheter fort cher, [7] puisqu'il dit que par un accident particulier ils estoient alors fort chers dans le royaume de Sicile. [8] Saint Louis

---

[1] Goldast., *Constit.*, t. III, p. 382. — [2] Matth. Par., p. 749, *a, d*. — [3] Goldast., p. 382. — [4] *Ibid.* — [5] *Ibid.* — [6] *Ibid.*; Matth. Par., p. 765, *a;* Joinville, note, p. 56. — [7] Goldast., p. 382. — [8] Matth. Par., p. 765, *a, b*.

ne laissa pas de l'en remercier, et se crut obligé à écrire encore au pape en sa faveur pour le conjurer de luy accorder sa grâce. Blanche fit la même chose de son costé ; elle envoya de grands présents à Frédéric et écrivit pour luy au pape. « Sed dominus papa, « omnes tales preces spernens, magis ac magis ipsum « Fredericum diatim impugnavit. »

Frédéric se soutenoit de son costé par les armes. Car il demeuroit toujours maistre d'une grande partie de l'Italie, [1] et il semble qu'il le fut de Rome même. [2] Ses crimes faisoient un grand tort à sa réputation, mais il en avoit d'autres à reprocher à la cour romaine, qui n'estoient guère moins odieux.

[3] On sçait peu ce que le pape fit en 1249, parce que les registres VI et VII de ses lettres sont perdus. [4] On sçait néanmoins qu'il envoya un légat dans le royaume de Sicile, qui y souleva le peuple et la noblesse, en leur faisant espérer le pardon de leurs péchez, et leur donnant de l'argent. [5] Il y envoya pour le même sujet des Cordeliers et des Jacobins, pour y publier d'y faire observer les sentences d'excommunication et d'interdit fulminées contre Frédéric ; et au lieu d'envoyer les croisez en Orient, il les employoit pour luy faire la guerre.

Frédéric, [6] déjà peut-estre irrité de diverses pertes qu'il fit en la même année, [7] en fut extrêmement picqué. Il en écrivit une lettre à saint Louis, pleine d'aigreur contre le pape, aigreur qu'il fait tomber jusques sur saint Louis, prétendant qu'on pouvoit l'accuser d'es-

---

[1] Matth. Par., p. 703, a. — [2] Ibid., f; p. 764, a. — [3] Raynald., an. 1248. — [4] Matth. Par., p. 767, e, f. — [5] Goldast., p. 382. — [6] Raynald, an. 1249, art. 12, 13. — [7] Goldast., p. 382, 383.

tre d'intelligence avec le pape, puisque c'estoit après les conférences qu'il avoit eues avec luy, que le pape le persécutoit de la sorte. Il proteste fort néanmoins qu'il n'en croit rien et qu'il conserve toujours pour luy une affection plus grande que pour les autres princes; mais il le prie de l'excuser si la nécessité de se défendre contre le pape l'empesche de l'assister de ses armes comme il eust souhaité, et même de luy fournir des vivres comme il avoit fait l'année précédente; qu'il le fera néanmoins autant qu'il luy sera possible.

CCXLI.

Pertes de Frédéric. — Il ne peut se réconcilier avec le pape, et le presse par les armes.

Ce soulèvement que le pape taschoit d'exciter contre luy, luy estoit peut-estre d'autant plus sensible que son esprit estoit déjà irrité par ses malheurs. [1]Car il perdit cette année-là un de ses fils naturels, qui mourut dans l'Apouille. [2]Hentius, aussi son fils naturel, qu'il avoit fait roy de Sardaigne, et qui avoit remporté plusieurs victoires sur mer et sur terre, fut surpris, au moy de may, dans une embuscade par ceux de Bologne, et après s'estre défendu avec grand courage, il fut défait et mené prisonnier à Bologne. [3]Frédéric écrivit aux Bolonois pour le faire délivrer, mais ils se mocquèrent de ses promesses et de ses menaces, [4]et il fallut leur donner dix-huit mille livres pour obtenir

---

[1] Matth. Par., p. 767, d. — [2] Ibid.; Urstis., t. I, p. 593, a. — [3] Raynald., an. 1249, art. 12. — [4] Matth. Par., p. 767, d.

seulement qu'ils ne le traitassent pas avec la dernière rigueur. ¹ Raynaldus paroist avoir cru qu'Hentius estoit mort dans cette captivité, et je ne voy pas qu'on en parle jamais depuis. ² Frédéric ressentit aussi la main de Dieu en sa personne, ayant esté affligé d'une maladie *qui dicitur lupus, vel sacer ignis*. ³ On crut aussi qu'il avoit esté empoisonné. ⁴ Mais ce qui luy fut extrêmement sensible, fut la trahison de Pierre des Vignes. ⁵ Ce Pierre des Vignes estoit un Italien de Capoue, qui avoit beaucoup de science et d'éloquence, mais nulle conscience, s'il estoit véritablement coupable de ce crime. Nous avons encore divers écrits de luy, et on lui attribue tous ceux qui ont esté faits pour la défense de Frédéric contre les papes.

⁶ On prétend que Frédéric, accablé de tant de maux, céda enfin et s'humilia sous la puissance de Dieu, et offrit au pape des conditions d'accord très-raisonnables. « Sed papa, lætificatus de adversitatibus suis, « noluit quæ obtulit acceptare; unde multorum indi- « gnationem incurrit et rancorem nobilium, qui cœ- « perunt Fridericum consolari et eidem adhærere, et « superbiam servi servorum Dei detestari. »

⁷ L'Histoire de Savoie porte que le 8 novembre 1248, Frédéric fit expédier des ordres à Thomas de Savoie, autrefois comte de Flandre, pour aller négocier quelque traité avec le pape, en prenant l'avis d'Amédée, comte de Savoie, son frère; que Thomas gagna quelque chose sur l'esprit du pape, et en rapporta à Fré-

---

¹ Raynald., an. 1249, art. 12 — ² *Ibid.*, art. 13; Matth. Par., p. 767, *d*, *e*. — ³ Matth. Par., p. 764, *b*. — ⁴ *Ibid.*, *a*, *b*, *c*, *d*, *e*. — ⁵ Raynald., an. 1249, art. 13. — ⁶ Matth. Par., p. 767, *e*. — ⁷ Guichenon, p. 303.

déric, en juin 1249, des propositions qui ne luy déplurent pas. Je n'ai point veu sur quoy cela est fondé pour sçavoir ce qu'on en doit croire. [1] Cette histoire ajoute que le traité ne se conclud pas à cause de la mort de Frédéric ; ce qui ne s'accorde pas, Frédéric n'estant mort que le 13 décembre 1250. [2] Aussi Matthieu Paris dit que quoyque Frédéric continuast en 1250 à faire des offres qui paroissoient raisonnables, le pape persistoit toujours à les refuser, soit qu'il en voulust de plus grandes, soit qu'il ne se pust fier à Frédéric, soit qu'il ne pust se résoudre à changer ce qu'il avoit fait dans le concile de Lyon, soit qu'il voulust avoir l'honneur d'accabler un empereur, pour épouvanter les autres princes.

[3] Cependant Frédéric se rendoit redoutable. [4] Il envoya une armée de Naples en Lombardie, l'an 1250, contre les rebelles et contre le pape; [5] laquelle surprit Parme, tint Bologne et d'autres villes rebelles fort resserrées, et obligea même celle de Bologne à envoyer des députez à l'empereur, qui ne voulut pas les écouter. [6] Les villes d'Arles et d'Avignon luy firent aussi serment de fidélité, et lui ouvrirent ainsi le chemin pour s'approcher de Lyon. [7] Il estoit prest de venir luy-même joindre ses troupes en Lombardie, lorsqu'il apprit la nouvelle de la prise de saint Louis. Cette nouvelle l'arresta, dit-il, et luy fit même rappeler ses troupes, pour pourvoir à la sûreté des chrestiens de l'Orient et faire sentir les effets de sa puissance en

---

[1] Guichenon, p. 303. — [2] Matth. Par., p. 773, 774. — [3] *Ibid*., p. 763, e; Raynald., an. 1250, art. 31. — [4] Goldast., *Constit*., t. III, p. 380. — [5] Matth. Par., p. 703, e; p. 788, 789. — [6] *Ibid*., p. 789, b. — [7] Goldast., p. 380.

faveur de saint Louis. ¹Il envoya en effet une ambassade au sultan d'Égypte, avec une lettre à saint Louis, à qui il assuroit que cette ambassade estoit pour presser le sultan de le délivrer luy et tous ses gens. Ils estoient déjà délivrez lorsque les ambassadeurs arrivèrent en Palestine, c'est pourquoy ils s'en retournèrent sans aller plus loin. Et beaucoup dirent qu'ils eussent esté bien faschez que cette ambassade fust arrivée avant leur délivrance, car ils craignoient beaucoup que le dessein de Frédéric ne fust pas de les faire sortir de prison, mais de les y faire retenir. Ainsi l'on voit que les peines que saint Louis prenoit pour l'accommodement de Frédéric venoient d'un pur amour de la paix, et non pas qu'il eust aucune confiance en l'amitié de ce prince. ²Aussi on remarque qu'en même temps que Frédéric témoignoit s'affliger de ce qui estoit arrivé en Égypte, ses partisans en faisoient des feux de joie.

CCXLII.

Mort de l'empereur Frédéric.

³Il se préparoit alors à faire de nouveaux efforts contre le pape. Il espéroit un grand secours de Batatze, empereur des Grecs, ⁴et il sollicitoit les rois catholiques de se joindre à luy en une cause qui regardoit, dit-il, l'interest général de tous les rois. ⁵Mais tous ses grands desseins furent arrestez par la mort, qui

---

¹ Joinville, p 89. — ² Raynald., an. 1250, art. 31. — ³ Ibid., art. 31. — ⁴ Goldast., p. 380. — ⁵ Raynald., an. 1250, art. 32; Matth. Par. p. 804, b; Urstis., p. 593, d.

l'emporta le 13 décembre de cette année [1250], [1] en un lieu de la Capitanate nommé Florentin. [2] On écrit que le démon luy avoit prédit qu'il mourroit à Florence, et que pour cela il évitoit toujours cette ville. [3] Innocent IV luy dit encore anathème après sa mort. [4] La plupart des historiens écrivent néanmoins qu'il témoigna à la mort s'humilier et se repentir; [5] que voyant qu'il ne pouvoit échapper, il fit une confession fort ample et avec beaucoup de larmes, promit de satisfaire l'Église, [6] et, sur cette promesse, fut absous des excommunications prononcées contre luy, par l'archevesque de Palerme. [7] On assuroit qu'il avoit pris l'habit de Cisteaux avant que de mourir, [8] et qu'il avoit receu les sacrements de l'Église. « [9] Suum in fine
« recognoscens errorem, exhiberi sibi in morte funera
« imperialia et plangi etiam interdixit, quod Ecclesiæ
« inobediens fuerat et rebellis. » [10] Un auteur plus nouveau dit, au contraire, qu'il mourut dans l'excommunication et dans l'anathème, sans sacrement et sans pénitence. [11] L'extrait de son testament est bien plein de faste. Il y ordonne à Conrad d'employer cent mille onces d'or pour la terre sainte et de restituer à l'Église ce qui luy appartenoit, pourveu qu'elle traite Conrad comme elle le doit. [12] Il ordonne d'élargir tous les prisonniers, hors les traistres. [13] On écrit qu'il fut étouffé par une fluxion qui luy boucha la gorge (une esqui-

---

[1] Ughell., t. IX, p. 754, a. — [2] Raynald., an. 1250, art. 32. — [3] Matth. Par., p. 825, e. — [4] Matth. Par., p. 884, b; Raynald., an. 1240, art. 32. — [5] Matth. Par., p. 812, d. — [6] Ibid., d ; Raynald., an. 1250, art. 32. — [7] Matth. Par., p. 804, b; p. 812, d. — [8] Pistor., p. 696, 2, c. — [9] Duchesne, p. 702, b. — [10] Ibid., p. 782, b. — [11] Raynald., an. 1250, art. 33. — [12] Matth. Par., p. 812, e. — [13] Ms. F, p. 780.

nancie). ¹D'autres disent que Mainfroy, son fils naturel, craignant qu'il ne guérist de sa maladie, l'étouffa avec un oreiller qu'il luy mit sur le visage. ²D'autres disent comme une chose constante qu'il fut étouffé par ses officiers. « ³Ab alto suspirans pectore, asseruit « se malle nunquam fuisse natum, vel habenas imperii « suscepisse, pro cujus juribus recuperandis et susti- « nendis tot et tantis fuerat inebriatus amaritudinibus. » ⁴Il fit de grands présents à ses amis et à ses officiers. ⁵C'est ainsi que mourut le plus grand des princes chrestiens, qui avoit esté l'étonnement de la terre, et par sa puissance et par son abaissement. ⁶Il avoit beaucoup de génie pour les lettres. On dit qu'il sçavoit plusieurs langues, et il a même composé quelques ouvrages. ⁷Nous avons une lettre de luy à Conrad, son fils aisné, où il luy donne divers préceptes; il la faut voir : *O Cæsarei sanguinis divina proles*, est infâme. J'ai veu qu'il avoit fondé une université à Naples. ⁸Son épitaphe, en vers rimez, luy attribue : *probitatem* (la valeur), *sensum; virtutum gratia, censum*. ⁹L'auteur anonyme qui a fait l'histoire, ou plustost le panégyrique de Mainfroy, luy donne de grands éloges. Il les faut voir.

Je crois qu'on ne peut douter qu'il n'eust beaucoup de génie, de science, d'adresse, toutes les vertus militaires et beaucoup de politiques; mais il est difficile de croire qu'il eust de la religion et de la conscience. Matthieu Paris, qui le soutient souvent, le condamne

---

¹ Duchesne, p. 782, a. — ² Beka, p. 95. — ³ Matth. Par., p. 812, d. — ⁴ Ibid., f. — ⁵ Ibid., p. 804, b. — ⁶ Raynald., an. 1250, art. 36. — ⁷ Ibid., art. 34, 35. — ⁸ Ibid., art. 36. — ⁹ Ughell., t. IX, p. 751, 754.

aussi assez souvent. Richard de Saint-Germain, son sujet, et qui luy est fort favorable, nous fait voir avec quelle violence il tyrannizoit ses sujets et pilloit les églises. [1] Philippe Mouskes dit qu'il vouloit venir à bout de ses desseins par quelque voie que ce fust, et qu'il ne gardoit sa foy à personne. Son ambassade au sultan pour faire délivrer ou retenir saint Louis, fait voir au moins l'opinion qu'avoient de luy les François, qui d'ailleurs luy estoient assez favorables. Ses trois fils naturels sont des preuves du peu de soin qu'il avoit d'observer les règles de la pureté chrestienne : [2] *luxu corporis impudentissimus*, dit Cantimpré. Il fut ou cruel ou malheureux en la personne de Henri, son fils aisné, qu'il avoit fait roy d'Allemagne, et qu'il fit ensuite mourir de langueur dans une prison.

CCXLIII.

Des guerres d'entre Frédéric et les papes. — Son testament.

Nous ne parlons point des disputes qu'il a eues avec les papes. C'est une chose si embarrassée, que ne l'ayant pas examinée à fond, nous ne pouvons pas dire à qui il en faut donner le principal tort. [3] Ce qui est certain, c'est que sa déposition causa la ruine de l'empire. En Allemagne, au lieu d'un seul roy ou d'un seul tyran, il s'éleva mille petits tyrans, et chaque ville se fit une principauté particulière. L'Italie fut encore plus affligée, ayant esté le principal

---

[1] Mousk., vers 28 112. — [2] Cantipr., l. II, c. xxx, art. 43, p. 347, 348. — [3] *Episc. Leod.*, t. II, p. 283, *b*.

théâtre de la guerre; et on marque que ce fut durant cette division que se formèrent les funestes partis des Guelfes, qui soutenoient les papes, et des Gibelins, qui estoient pour les empereurs. La dignité impériale perdit aussi la splendeur qu'elle s'estoit conservée jusques alors. Car durant les vingt-huit années qui se passèrent depuis la déposition de Frédéric jusqu'à l'élection de Rodolphe en 1273, les princes et les villes d'Allemagne et d'Italie, se trouvant presque sans maistre, s'accoustumèrent à vivre dans l'indépendance; et les empereurs suivans n'ont presque pu conserver qu'une image d'autorité dans l'Allemagne, et ont perdu tout ce qui leur appartenoit en Italie. [1] Ces renversemens n'ont pas laissé d'estre favorables à l'agrandissement des papes, qui, n'ayant plus rien à craindre des empereurs, ont aisément vécu en paix avec eux, et se sont trouvez entièrement souverains de Rome et d'une partie de l'Italie. Nous avons veu en divers endroits qu'Innocent IV ayant terrassé Frédéric ne croyoit pas devoir trouver de résistance à ses volontez dans les autres princes, qu'il traitoit de roitelets; et assurément le pouvoir des papes se pouvoit dire sans bornes, si la France n'y en eust mis par la forte résistance qu'elle fit aux entreprises de Boniface VIII.

[2] Frédéric avoit ordonné qu'on l'enterreroit à Palerme, auprès de Guillaume, roy de Sicile. [3] Les historiens d'Italie disent que Mainfroy le fit enterrer dans l'église de Montréal près de Palerme, et rapportent l'épitaphe mise sur son tombeau, en vers du temps.

---

[1] Pinsson, p. 25. — [2] Matth. Par., p. 812. f. — [3] Raynald., an. 1250, art. 36.

Mais pour ce qu'ils ajoutent que cela se fit avec beaucoup de pompe, je ne sçay si cela s'accorde assez avec ce que d'autres disent [1]qu'on cacha sa mort jusqu'au 26 de décembre, [2]et qu'il fut enterré à Fogia dans la Capitanate dès le 13, [3]et si secrètement, que durant quarante ans on gageoit encore qu'il vivoit et qu'il viendroit bientost avec une armée. [4]Il parust en effet un homme, en 1262, suivi d'une grande armée, qui se disoit estre l'empereur Frédéric. On ne dit point ce qu'il devint. [5]Il y eut encore, vers l'an 1284, un imposteur qui se prétendoit estre Frédéric (qui eust eu alors près de quatre-vingt-seize ans). Il fut chassé de Cologne et receu à Nuis; mais ayant esté pris par l'archevesque de Cologne, il avoua devant tout le monde ce qu'il estoit, et fut brûlé publiquement.

[6]Frédéric laissa après luy deux fils légitimes : Conrad, né d'Isabelle de Brienne, et Henri, d'Isabelle d'Angleterre; et Mainfroy, fils d'une dame italienne.

[7]Raynaldus ne nous a donné que l'extrait de son testament. [8]Matthieu Paris en rapporte de mémoire quelques articles, et y fait des fautes. [9]Par ce testament, il fit Conrad son héritier universel et luy laissa l'empire, outre le royaume de Jérusalem qui luy appartenoit déjà du costé de sa mère. Il donna à Henri le royaume de Sicile, hors le comté de Catane qu'il laissoit à Conradin, son petit-fils, et la principauté de

---

[1] Matth. Par., p. 812, *f.* — [2] Freher, t. I, p. 376, *a;* Pistor., p. 696, *c.* — [3] Freher, t. I, p. 376, *a.* — [4] Pistor., t. I, p. 697, 2, *c.* — [5] *Ibid.*, p. 700, *c, d;* Beka, p. 94, 95, 97; *Spicileg.*, t. II, p. 817. — [6] Ughell., t. IX, p. 754, *a, b, c.* — [7] Raynald., an. 1250, art. 33. — [8] Matth. Par., p. 812, *e.* — [9] Raynald., an. 1250, art. 33.

Tarente, qu'il donnoit à Mainfroy, ¹ avec quelques autres terres, pour les tenir, ce semble, en souveraineté. ²Il ordonna aussi que Mainfroy seroit gouverneur du royaume de Sicile et de l'Italie, depuis ce royaume jusques à Pavie, en l'absence de Conrad. ³Il avait un petit-fils, *nepotem*, nommé Frédéric, qu'il qualifie roy. ⁴Matthieu Paris dit qu'il estoit fils de Henri, son fils aisné, ⁵qu'il avoit marié avec Marie, fille de Léopold, duc d'Austriche. ⁶J'ai leu que l'Austriche avoit esté auparavant érigée en royaume; d'où vient peut-estre le titre de roy que Frédéric donne à son petit-fils. ⁷Il luy donna donc par testament le duché d'Austriche, ⁸ou peut-estre de Stirie, car l'Austriche n'appartenoit pas à Frédéric. ⁹Néanmoins Léopold estoit duc de Stirie aussi bien que d'Austriche. ¹⁰Marie, sa fille et son héritière, veuve de Henri, se remaria à Primislas Otaker, fils de Venceslas, duc de Bohême, qui, par ce moyen, possédoit ces deux duchez en 1253. Ainsi Frédéric le jeune n'y avoit encore que le droit d'héritier présomptif. ¹¹L'empereur Frédéric luy laissa aussi le duché de Souabe, mais nous verrons dans la suite de quelle manière Dieu disposa de tous ces grands Estats.

---

¹ Ughell., t. IX, p. 754, *c*. — ² Matth. Par., p. 812, *e, f*. — ³ Raynald., an. 1250, art. 33. — ⁴ Matth. Par., p. 812, *e*. — ⁵ Freher, t. I, p. 295, *f;* p. 321, *e;* p. 332, *a;* p. 356, *a*. — ⁶ Goldast., *Constit. Imp.*, t. V, p. 305. — ⁷ Matth. Par., p. 812, *e*. — ⁸ Raynald., an. 1250, art. 33. — ⁹ Freher, t. I, p. 376, 377. — ¹⁰ *Ibid.*, p. 376, *f*. — ¹¹ Raynald., an. 1250, art. 33.

CCXLIV.

Saint Louis et les autres croisez s'embarquent.

¹ Saint Louis estant parti de Lyon avec la bénédiction du pape, rencontra sur les bords du Rhosne un fort chasteau nommé la Roche de Glui ou de Glun, appartenant à un seigneur nommé Roger de Clorege, très-méchant homme, qui avoit accoustumé de faire payer des droits à tous ceux qui passoient par là, sans en excepter les pèlerins, et même de les voler et de les tuer, quand ils refusoient de payer. On prétend qu'il avoit même tué quelques personnes de l'armée du roy. Saint Louis mit donc le siége devant ce chasteau, qui fut forcé en peu de jours, et tout ce qui estoit dedans et aux environs, pillé par les soldats. Saint Louis en fit démolir une partie, et le rendit ensuite à Roger, en l'obligeant de restituer ce qu'il avoit volé sur les pèlerins, et luy faisant faire serment et donner caution qu'il ne feroit plus de peine aux passants et ne les obligeroit plus à luy payer d'impost.

² Saint Louis arriva enfin à Aigues-Mortes où il devoit s'embarquer. ³ Il dédommagea l'église de Carcassonne pour les pertes qu'elle avoit souffertes dans la guerre de l'an 1240 (voy. t. II, p. 376), ⁴ et ratifia la donation que Jean, comte de Montfort, avoit faite aux religieuses de Port-Royal de la terre du petit Port-Royal, au lieu des droits qu'elles avoient auparavant sur la forest de Montfort. Ces deux actes sont datés du mois d'aoust, et le dernier est signé par Imbert de

---

¹ Joinville, p. 24; note, p. 379; Duchesne, p. 346, *c;* p. 700, *c;* Guiart, p. 140, 1; *Spicileg.,* t. XI, p. 534; Ms. F, p. 177, 777, 898. — ² Duchesne, p. 346, c. ncc, etc. — ³ *Regist.* 3, n° 110, p. 30, 31. — ⁴ *Chart. de Port-Roy.,* n° 262, p. 85, 86.

Beaujeu, fait connestable depuis les actes passez à Paris au mois de juin. Imbert ou Humbert estoit parent du roy, et nous avons veu qu'il avoit commandé ses armées dans le Languedoc contre les Albigeois. ²Le 1ᵉʳ d'aoust, Héracle de Montlaur, estant malade, envoya ses deux fils à saint Louis pour luy faire hommage de deux chasteaux au lieu de deux autres qu'il avoit relevez de l'évesque de Mende au préjudice du roy.

³ Le comte de Toulouse vint trouver saint Louis à Aigues-Mortes, et après l'avoir entretenu, il s'en alla à Nismes, et de là à Marseille pour s'y embarquer dans un fort beau vaisseau qu'il faisoit venir des costes d'Angleterre ou de Bretagne, *Britannici maris*, par le destroit de Gibraltar. Mais la saison estoit trop avancée pour passer en Orient lorsque son vaisseau arriva; de sorte qu'avec l'avis des barons et des grands, il remit son voyage à l'année suivante.

⁴Hugues de Chastillon, comte de Saint-Paul et de Blois, faisoit aussi venir d'Écosse un vaisseau merveilleux où il vouloit s'embarquer avec les croisez de Boulogne, de Flandre et d'*Avaltierres*. Il avoit tiré de ses terres cinquante chevaliers, tous portant bannières et célèbres dans la guerre, qui devoient l'accompagner; mais la mort

[Ici finit, dans la mise au net du manuscrit de Tillemont, la lacune que nous avons signalée tome II, p. 303.]

rompit tous ces grands desseins ⁵le 9 avril de cette année, ⁶ et toute sa compagnie se dissipa. ⁷On luy donne de grands éloges.

---

¹ *Chart. de Port-Roy.*, n° 263, p. 87. — ² Ms. D, p. 375. — ³ Duchesne, p. 700, c. — ⁴ Matth. Par., p. 771, 772. — ⁵ *Histoire de Chastillon*, note, p. 55. — ⁶ Matth. Par., p. 771, f. — ⁷ *Ibid.*, f; *Hist. de Chastil.*, p. 204, note, p. 55.

¹ Enfin saint Louis entra dans ses vaisseaux le mardi 25 d'aoust, auquel il mourut depuis en 1270; ² et après y avoir attendu deux jours un vent favorable, il fit voile le vendredi 28. ³ On voit par Joinville que ces embarquements se faisoient avec des prières solennelles. ⁴ Le roy menoit avec luy la reine Marguerite sa femme, ⁵ les comtes d'Artois et d'Anjou ses frères, la comtesse d'Anjou, le légat Odon, évesque de Tusculum, et sans doute une grande partie de ceux qui avoient pris la croix.

⁶ Il y avoit trente-huit grands vaisseaux pleins de personnes de qualité et de service, outre ceux qui portoient les vivres, les chevaux, et les personnes de moindre considération. ⁷ Alfonse comte de Poitiers demeura jusqu'à l'année suivante pour gouverner le royaume avec Blanche ; peut-estre parce que la trêve d'Angleterre devoit finir le 29 septembre, et n'estoit pas encore continuée.

⁸ La comtesse d'Artois, qui estoit venue jusqu'à Aigues-Mortes, s'en retourna en France pour passer avec luy à cause qu'elle estoit grosse. ⁹ Elle accoucha de Robert, qui fut comte d'Artois après son père. ¹⁰ Saint Louis avoit voulu laisser la reine sa femme en France, mais elle ne le voulut jamais abandonner, et protesta qu'elle le suivroit partout où il iroit. Et elle ne s'accordoit pas avec Blanche. ¹¹ Saint Louis voulut mener avec luy frère

---

¹ Duchesne, p. 346, c; Matth. Par., p. 749, f; Ms. F, p. 320, 177; Spicileg., t. XI, p. 534. — ² Duchesne, p. 346, c; Ms. F, p. 177. — ³ Joinville, p. 24. — ⁴ Duchesne, p. 352, a. — ⁵ Ibid., p. 346, c. — ⁶ Chron. de Flandre, c. xxiii, p. 35. — ⁷ Duchesne, p. 346, c. — ⁸ Ibid., p. 347, a. — ⁹ Guiart, p. 140, 1. — ¹⁰ Chron. de saint Louis, c. xvii, p. 35, 2. — ¹¹ Cantipr., l. II, c. xliii, art. 4, p. 418.

Henri de Cologne, jacobin, qui avoit déjà fait deux fois le voyage d'Orient. Thomas de Cantimpré en parle en plusieurs endroits.

¹ On marque qu'il paroist par deux actes de cette année que Hugues Lartaire et Jacques de Levant, Génois, estoient amiraux de la flotte de saint Louis, ² les rois de France et de Navarre n'ayant point eu jusqu'alors d'amiraux en titre d'office et prenant pour cela quelque Italien ou quelque Espagnol quand ils en avoient affaire.

CCXLV.

Saint Louis renvoye plusieurs Italiens. — Joinville et d'autres le suivent. — Les Anglois n'osent faire la guerre à la France.

³ Matthieu Paris dit que saint Louis, estant prest de s'embarquer, renvoya et ne voulut point mener après luy jusqu'à dix mille arbalestriers vénitiens, pisans, génois, et même françois, quoyqu'il les eust mandez luy-même, et leur eust promis une certaine solde : de sorte qu'ils furent contraints de s'en retourner dénuez de tout, et on ne les voulut pas même recevoir comme étrangers dans les terres et dans les maisons qu'ils avoient vendues. Il ajouta que les Italiens, pour se venger de cette lâcheté, et de cette énorme infidélité, comme ils l'appeloient, couroient la mer en 1251 et pilloient ou tuoient tous les François qu'ils rencontroient. ⁴ Il dit autre part que saint Louis ayant fait le

¹ Du Tillet, t. 1, p. 401. — ² Ibid., p. 399. — ³ Matth. Par., p. 809, f. — ⁴ Ibid., p. 749, 750.

choix des meilleurs soldats, laissa plus de mille arbalestriers, et un beaucoup plus grand nombre de chevaliers et de sergens, qui de honte et de colère furent prests de se joindre aux Anglois et de luy faire la guerre ; mais que la crainte des dangers où ils se fussent exposez, les ayant fait revenir à eux, ils aimèrent mieux aller offrir leur service au pape, qui se contenta de ce qu'ils avoient amassé pour leur voyage, et les renvoya chez eux déchargez de leur vœu et de leur argent.

Il faudroit sçavoir ces faits dans le détail, et d'une autre bouche que d'un étranger peu affectionné, et souvent peu instruit, pour en bien juger. Peut-estre que saint Louis n'avoit pas assez de vaisseaux pour se charger d'un grand nombre de personnes qui n'eussent fait que consommer inutilement l'argent et les vivres. Car, pour ce qu'on disoit qu'il avoit mandé luy-même ces Italiens, il pouvoit en avoir mandé quelques-uns sans s'engager à les mener tous; et Matthieu Paris n'en parle pas même comme d'une chose assurée. Ce qui est certain, c'est que ce ne fut point faute de troupes que l'entreprise ne réussit pas, et que l'infidélité est un crime dont jamais saint Louis ne sera suspect. Beaucoup de ceux qui avoient pris la croix ne s'embarquèrent pas avec saint Louis. [1] Jean, sire de Joinville, qui avoit engagé presque tout son bien pour les frais de ce voyage, [2] partit de chez luy, un peu après Pasques, avec dix chevaliers à luy, en la compagnie du comte de Sarrebruk et du sire d'Apremont. Ils furent par eau depuis Aussonne [3] jusqu'à Arles, que Joinville

---

[1] Joinville, p. 23. — [2] Ibid., p. 22, 23. — [3] Ibid., p. 24.

surnomme le Blanc, et virent en passant les ruines de la Roche de Glui. Ils s'embarquèrent au mois d'aoust à Marseille ¹dans un petit vaisseau qu'ils avoient loué ensemble. ²Ils abordèrent en Chypre où saint Louis estoit déjà arrivé. Ainsi il paroist que saint Louis y avoit donné le rendez-vous à tous ceux qui devoient venir à cette croisade. Ce qui paroist encore par les provisions qu'il y avoit fait faire.

³Hugues, comte d'Angoulême, n'estoit point encore parti le vendredi 13 de novembre, auquel Alfonse, comte de Poitiers, reçut à Paris son hommage pour le comté de la Marche et la terre de Lusignan, du consentement de Hugue son père et sans préjudice de ses droits tant qu'il vivroit; ce qui pourroit faire croire que le père estoit alors aussi à Paris. Mais nous verrons qu'il fut blessé à la prise de Damiette le 5 de juin 1249, avant que son fils partist de France.

⁴Après le départ de saint Louis et de ses frères, comme Blanche s'affligeoit beaucoup de leur absence, et s'inquiétoit pour les dangers où ils s'exposoient, le pape luy écrivit pour la consoler. ⁵Il l'assure qu'il fait et fait faire sans cesse des prières pour leur voyage, pour le succès de leur entreprise et pour la conservation de la paix et de la tranquillité de la France, et il l'exhorte à faire la même chose de son costé. La lettre n'est point datée.

⁶La trêve avec l'Angleterre devoit finir comme nous avons dit, le 29 septembre. ⁷Elle fut prolongée le 20 du même mois par Simon, comte de Leicester, au nom

---

¹ Joinville, p. 22. — ² Ibid., p. 25. — ³ Ms. F, p. 550. — ⁴ Duchesne, p. 412, 413. — ⁵ Ibid., p. 413, a. — ⁶ Ms. B, p. 192. — ⁷ Ibid., p. 190; Invent., t. IX, Angl., II, pièce 13.

du roy d'Angleterre, mais ce ne fut qu'au 29 de décembre. On ne trouve point qu'elle l'ait esté depuis jusqu'en 1253, et il y a apparence que le roy d'Angleterre vouloit bien observer la trêve, mais non pas en faire d'écrit pour tirer de l'argent de ses sujets. [1] Car il témoignoit dès le commencement de 1249 que comme la trêve expiroit, il estoit résolu de poursuivre la restitution de ce que les François avoient usurpé sur luy. Il demandoit pour cela de grandes sommes d'argent. Mais ceux qui estoient plus intelligens se mocquoient de ses beaux projets. Car, outre qu'il paroist de luy-même avoir eu peu d'inclination à la guerre, [2] le pape, pour s'acquitter de ce qu'il avoit promis à saint Louis de prendre en son absence la protection de son royaume, avoit envoyé à Henri Albert et Paul, l'un notaire et l'autre *conseiller* du pape, luy défendre de rien entreprendre contre tout ce que possédoit saint Louis, de quelque manière qu'il le possédast. Albert et Paul vinrent signifier cet ordre à Henri, le 14 septembre 1248, à Windsor, et on disoit qu'ils avoient pouvoir d'interdire l'Angleterre, s'il n'obéissoit. Henri fit tenir tout cela le plus secret qu'il put, pour pouvoir tirer de l'argent sous prétexte de la guerre. [3] Mais on croiroit que même sans cette défense, il n'avoit ni assez de science de la guerre, ni assez de courage, ni assez d'argent, quelque peine qu'il prist pour en amasser, pour emporter la moindre place, et que la France avoit encore assez de troupes et de richesses pour luy résister.

[1] Matth. Par., p. 758, *d*; p. 759, *a*. — [2] *Ibid.*, p. 749, *d*; p. 758, *d, e*; Matth. West., p. 303, *b*. — [3] Matth. Par., p. 758, *d*.

CCXLVI.

Saint Louis arrive en Chypre, dont le roy et la noblesse prennent la croix. — Beaucoup de seigneurs y meurent.

[1] Saint Louis s'estant donc mis en mer sous la conduite de Dieu, [2] et ayant eu le vent favorable, arriva en Chypre au port de Mincton, [3] ou Niméçon, c'est Limesson, [4] la nuit du 17 au 18 de septembre, [5] avec sa femme, ses frères Robert et Charles, et un grand nombre de barons et de prélats, [6] qui néanmoins estoient peu en comparaison de ceux qui devoient le venir joindre. [7] Un de ses vaisseaux ayant heurté contre un banc de sable, s'ouvrit lorsqu'il fut en pleine mer, et se rompit entièrement. Tous ceux qui y estoient furent noyez, hors une jeune femme et un enfant qu'elle portoit entre ses bras, lesquels demeurèrent sur une des pièces du vaisseau. Joinville les vit à Paphos en Chypre, où le comte de Joigni les faisoit nourrir pour l'honneur de Dieu.

[8] Saint Louis ne vouloit point arrester en Chypre, mais aller droit en Égypte avec ceux qui l'avoient suivi. [9] Mais les princes et les barons, tant les François que ceux du pays, l'obligèrent d'arrester en Chypre pour y attendre ses gens qui n'estoient pas encore arrivez. [10] Cela l'engagea à y passer l'hyver, et jusqu'après Pasques de l'année suivante. [11] Sanud prétend

---

[1] Duchesne, p. 346, c. — [2] Ms. F, p. 320. — [3] Duchesne, p. 347, a; Guiart, p. 111. — [4] Ibid.; Sanud, p. 218, c; Ms. F, p. 898. — [5] Sanud, p. 218, c. — [6] Joinville, p. 25. — [7] Ibid., p. 112. — [8] Ibid., p. 25. — [9] Ibid., p. 25; Duchesne, p. 347, a. — [10] Duchesne, p. 347, a. — [11] Sanud, p. 38, 39.

qu'il n'est pas avantageux de descendre en Chypre, parce que c'est perdre inutilement un temps durant lequel on pourroit faire des conquêtes, [1] et qu'il vaut mieux aller droit en Égypte, où l'air est plus pur qu'en Chypre, les eaux meilleures et le poisson en abondance. Et saint Louis l'eust fait s'il eust eu assez de forces pour s'engager dans le pays ennemi. [2] Bellefo‑rest prétend que l'avis de saint Louis estoit le meilleur, et que ce fut pour punir son conseil, qui s'y estoit opposé, que Dieu envoya la mortalité dont nous allons parler.

L'isle de Chypre obéissoit aux Latins depuis que Ri‑chard roy d'Angleterre l'eust conquise l'an 1191. Ri‑chard la vendit ou la donna l'an 1192 à Guy de Lusi‑gnan, roy de Jérusalem. Aimeri succéda à Gui son frère l'an 1195, et eut pour successeur, l'an 1205, Hugues son fils aîné; et Henri fils de Hugues en fut fait roy à l'âge de neuf mois, au commencement de l'an 1218, après la mort de son père.[3] C'estoit cet Henri qui régnoit alors, et qui avoit esté reconnu roi de Jé‑rusalem l'an 1246 à cause de sa mère Alix de Cham‑pagne. [4] Ce roy et ses barons reçurent saint Louis avec tout l'honneur qu'ils purent. Ils le firent [5] demeurer, luy et la reine, à Nicosie, qui estoit la capitale du royaume. [6] Quelques uns croyent que c'est l'ancienne Tremithonte [Trimithus]. [7] Le reste des François se répandit dans tous les villages de l'isle.

[8] Le roy de Chypre, presque toute la noblesse et

---

[1] Sanud, p. 39, a. — [2] Bellef., l. IV, c. xi, p. 669, 2. — [3] Ibid., p. 218, a. — [4] Ms. F, p. 178; Chron. de saint Louis, c. xix, p. 38. — [5] Duchesne, p. 347, b; Guiart, p. 140, 2; Spicileg., t. VII, p. 285. — [6] Ferrarius. — [7] Spicileg., t. VII, p. 215. — [8] Ms. F, p. 178; Duchesne, p. 347, a; Spicileg., t. XI, p. 534.

tous les prélats de ce royaume, voyant le courage avec lequel saint Louis se préparoit à combattre les Infidèles, prirent la croix, et jurèrent de le suivre à Pasques partout où il les voudroit mener, ce qui le réjouit extrêmement. Saint Louis donna sans doute tout l'ordre qu'il put pour faire vivre ses troupes en bonne intelligence avec ceux de l'isle, et dans la modestie qu'on devoit attendre des soldats de la croix et de Jésus-Christ.[1] Ce que nous en trouvons, c'est qu'il fit une grande exhortation à ceux de sa famille pour les porter à vivre dans la pureté et l'honnesteté.

[2] Joinville arriva en Chypre après saint Louis, [3] avec ses trois bannières et dix chevaliers, mais sans avoir pour luy et pour eux que deux cent quarante livres, de sorte que plusieurs de ses chevaliers vouloient l'abandonner; mais saint Louis le prit à sa solde. [4] Il l'exhorta fort à ne pas boire son vin pur, comme il faisoit par l'avis des médecins. [5] Il donnoit souvent divers avis à ce seigneur avec qui il vivoit fort familièrement.

La manière avec laquelle saint Louis paroissoit en Chypre, fort différente du petit équipage avec lequel Frédéric estoit venu en Orient l'an 1227, contribua à lui donner une grande réputation dans les pays les plus éloignés.[6] Car Rubruquis, cordelier, disant à un seigneur tartare de la Moscovie que le plus puissant d'entre les chrestiens estoit l'empereur, ce seigneur, qui avoit ouï parler de saint Louis à un templier qui avoit vu ce roi en Chypre, luy répondit qu'il se trompoit, et que c'estoit le roy de France.

[1] Ms. F, p. 48. — [2] Joinville, p. 25. — [3] Ibid., p. 26. — [4] Ibid., p. 5. — [5] Ms. F, p. 48. — [6] Rubruq., c. xvii, p. 61.

¹ Durant le séjour qu'il fit en Chypre et à Nicosie, les maladies causées par le changement d'air et de nourriture firent mourir avant Pasques jusqu'à deux cent quarante ou même deux cent soixante chevaliers, et des plus considérables, ² tant de ceux qui estoient arrivez en Chypre, que de ceux qui s'estoient mis en chemin. ³ On nomme entre les autres Jean comte de Dreux, aussi considérable par son courage dans la guerre, que pour la noblesse de la maison de Dreux dont il étoit chef; ⁴ Robert évesque de Beauvais, Jean comte de Montfort, le comte de Vendôme, Archambaud de Bourbon, Guillaume de Merlou [de Mello], Guillaume des Barres, ⁵ le seigneur de Dusch auprès de Cologne, ⁶ et le comte Patrice, l'un des plus puissans seigneurs d'Écosse, qui suivoit saint Louis pour expier les violences qu'il avoit commises contre l'Église. ⁷ Le comte d'Anjou y eut la fièvre quarte, ⁸ qui ne l'avoit pas encore quitté le 23 juin de l'année suivante. ⁹ La reine y fut aussi malade : elle estoit guérie avant Pasques. ¹⁰ On marque que saint Louis ayant d'abord renfermé ses troupes dans un camp, la peste s'y mit, et que ce fut ce qui l'obligea de les répandre dans toute l'isle.

¹ Duchesne, p. 347, a, b ; Guiart, p. 140, a ; Spicileg., t. XI, p. 534 ; t. VII, p. 224 ; Vincent de Beauvais, l. XXXI, c. LXXXIX, p. 1315, 2. — ² Matth. Par., p. 771, 772. — ³ Ibid., p. 772, a ; Duchesne, etc. — ⁴ Duchesne, Guiart, Spicileg. — ⁵ Spicileg., t. VII, p. 214. — ⁶ Matth. Par., p. 755, d. — ⁷ Duchesne, p. 347, b. — ⁸ Matth. Par., Addit., p. 166, a. — ⁹ Spicileg., t. VII, p. 213. — ¹⁰ Chron. de saint Louis, c. XIX, p. 39, 2.

CCXLVII.

Saint Louis travaille à réunir les chrestiens, et à convertir les Sarrazins.

¹ Saint Louis s'appliqua beaucoup durant le loisir qu'il eut en Chypre à pacifier les divisions qui estoient tant entre les grands de cette isle et des autres terres des chrestiens, qu'entre les Templiers et les Hospitaliers; et il réussit assez heureusement dans ce dessein également digne de sa piété et de sa prudence. Il se servoit sans doute en cela de l'autorité du légat Odon, ² dont l'histoire marque qu'il apaisa un grand différend qui estoit entre la noblesse de l'isle et l'archevesque latin de Nicosie.

Comme cette isle avoit été conquise sur les Grecs, qui faisoient sans doute la plus grande partie des habitants, ³ et qui y avoient encore leur archevesque particulier ⁴ et quatorze évesques, on ne peut pas douter qu'il n'y eust souvent de la division entre les Latins et eux, ⁵ et d'autant plus que l'archevesque latin vouloit que l'évesque grec luy fust soumis. ⁶ Germain, patriarche de Constantinople pour les Grecs, se plaignit vers l'an 1232 ⁷ que l'isle de Chypre avoit vu de nouveaux martyrs, qui après avoir passé par les eaux de la pénitence et des larmes, avoient enfin été consommez par le feu. ⁸ L'archevesque grec avoit été banni de son Église, ⁹ ou contraint de s'en bannir luy-même

---

¹ Matth. Par., p. 765, *b.* — ² Duchesne, p. 347. — ³ *Ibid.*, *b.* — ⁴ Raynald., an. 1250, art. 40. — ⁵ Duchesne, p. 347, *b.* — ⁶ *Concil*, t. XI, p. 324, *c.* — ⁷ *Ibid.*, p. 320, *d.* — ⁸ Duchesne, p. 347, *b.* — ⁹ Raynald., an. 1250, art. 40.

par les mauvais traitemens qu'il recevoit, disoit-il, des évesques latins, [1] parce qu'il ne vouloit pas obéir à leur archevesque. Luy et les autres Grecs avoient esté excommuniez [2] et soumis à plusieurs autres peines, [3] et eux de leur costé avoient, ce semble, renoncé à l'union de l'Église romaine, ce qui marque qu'ils y estoient auparavant.

[4] Frère Laurent, cordelier, que le pape Innocent IV avoit fait son légat, le 5 de juin 1247, pour tous les Grecs orientaux, avec charge expresse d'empescher qu'ils ne fussent opprimez et maltraitez par les Latins, [5] le fit rappeler [6] en ce temps-ci, avant le 23 d'octobre, [7] mais en se soumettant luy et ses suffragans aux évesques latins, en leur payant les dismes. [8] Ils promirent donc alors obéissance à l'Église romaine, entre les mains du légat Odon, [9] furent absous par luy de l'excommunication, et abjurèrent quelques hérésies. [10] Une chronique ancienne dit que ce fut par le moyen de saint Louis que les Grecs renoncèrent ainsi au schisme. [11] Ces Grecs écrivirent à Innocent en 1250 pour luy demander diverses grâces, et entre autres de n'estre point soumis aux évesques latins. [12] Le pape avant que de se résoudre sur cela, en écrivit le 21 juillet à Odon. Je ne trouve point ce qui en arriva, [13] sinon que le 6 mars 1254, Innocent marqua à Odon les coustumes que les Grecs de Chypre pouvoient garder,

---

[1] Duchesne, p. 347, b. — [2] Raynald., an. 1250, art. 42. — [3] Ibid., art. 41. — [4] Ibid., an. 1247, art. 30. — [5] Ibid., an. 1250, art. 40. — [6] Duchesne, p. 347, b. — [7] Ibid.; Raynald., an. 1250, art. 40-42. — [8] Raynald., an. 1250, art. 40. — [9] Duchesne, p. 347, b; Vincent de Beauvais. — [10] Ms. F, p. 898. — [11] Raynald., an. 1250, art. 40-42. — [12] Ibid., art. 42. — [13] Ibid., an. 1254, art. 7, 11; Bulles, p. 103, 104.

et celles qu'il vouloit qu'ils changeassent. ¹ Belleforest fait sur cela une grande guerre entre saint Louis et le roi de Chypre, dont je ne trouve rien et je ne croy rien.

² Saint Louis contribua aussi à la conversion de beaucoup de Sarrazins captifs dans l'isle, qui demandèrent instamment le baptême et le reçurent avec joie sans autre intérest que celuy de leur salut. ³ Car on leur déclaroit auparavant qu'il ne falloit point qu'ils espérassent pour cela leur liberté. Le légat en catéchiza cinquante-sept le jour de l'Épiphanie, et en baptiza trente de sa main. ⁴ Paul Emile dit que ce fut l'exemple de la captivité de saint Louis qui les convertit.

CCXLVIII.

Troubles en Chypre. — Saint Louis fait une trêve entre le roy d'Arménie et le prince d'Antioche.

⁵ Le vicomte de Chasteaudun arriva en Chypre avec beaucoup d'autres chevaliers le vendredi 23 octobre, ⁶ et quelques jours après il s'émut une grande querelle entre le vicomte et les Génois qui l'avoient amené, dont l'un, qui estoit une personne de qualité, fut tué avec un autre. ⁷ Cette querelle causa beaucoup de bruit et de scandale, mais saint Louis l'apaisa enfin.

⁸ Le même vicomte, on ne sçait à quel dessein,

---

¹ Bellefor., l. IV, c. xi, p, 670, 1. — ² Ms. F, p. 898; Duchesne, p. 347, *b*; Vincent de Beauvais. — ³ *Spicileg.*, t. VII, p. 223. — ⁴ Æmil., l. VII, p. 148, c. — ⁵ *Spicileg.*, t. VII, p. 213. — ⁶ *Ibid.*; Duchesne, p. 352, *a, b*; Ms. F, p. 199. — ⁷ Ms. F, p. 778. — ⁸ *Spicileg.*, t. VII, p. 213, 214; Duchesne; Vincent de Beauvais.

fit parti avec le comte de Montfort et beaucoup de noblesse, de s'en aller dans la Palestine. Comme l'armée se fust entièrement ruinée si chascun eust pris cette liberté de se séparer du corps, et de s'en aller où il luy plairoit, saint Louis défendit et au vicomte et aux autres d'exécuter ce dessein : et même le vicomte le vouloit à quelque prix que ce fust. Il défendit absolument à tous les patrons des vaisseaux de passer ni luy, ni les autres, et fit même armer ses galères pour l'empescher. [1] Le comte de Montfort mourut aussitost après avec beaucoup d'autres.

[2] Le vicomte voulut brouiller d'un autre costé, et prétendit que le vaisseau génois qui l'avoit amené luy devoit appartenir. Saint Louis voulut luy faire mettre l'affaire en arbitrage, mais on ne put rien faire pour lors. [3] Mais après Pasques, le vicomte, à l'instance du roy et du légat, rendit le vaisseau aux Génois, sur la promesse qu'ils firent de se soumettre pour cette affaire au jugement de la cour de saint Louis.

[4] Vers la Saint-Nicolas, il y eut aussi une querelle entre les officiers du roy et ses mariniers, qui estoient à Famagouste, qu'on croit être l'ancienne Salamine; quelques officiers du roy y furent tuez. Saint Louis y accourut et en fit prendre plusieurs des uns et des autres pour sçavoir de qui venoit le désordre. On ne sera pas sans doute surpris de voir qu'il soit arrivé quelques troubles entre un si grand nombre de François et d'étrangers qui suivoient saint Louis. Mais il

---

[1] *Spicileg.*, t. VII, p. 224. — [2] *Ibid.*, p. 214; Duchesne, p. 352, *b*. — [3] Duchesne, p. 352, *b*; Ms. F, p. 200. — [4] *Spicileg.*, t. VII, p. 215.

est extraordinaire qu'il n'en soit point arrivé entre ses troupes et ceux du pays.

[1] Quelque temps auparavant, le roy d'Arménie et le prince d'Antioche ayant appris l'arrivée de saint Louis en Chypre, luy envoyèrent des ambassadeurs et des présens. [2] Le roy d'Arménie y envoya un évesque ou archevesque arménien et quelques-uns de ses officiers; et par la lettre qu'il écrivit à saint Louis, il témoignoit être prest à tout ce qu'il voudroit de luy. [3] Il luy envoya par présent un pavillon fort riche estimé valoir cinq cents livres, qu'un des officiers du sultan d'Iconium luy avoit donné. [4] Saint Louis reçut avec beaucoup d'honneur ces ambassadeurs du roy d'Arménie.

[5] Le prince et le patriarche d'Antioche mandoient au roy et au légat par leurs députez que les Turcomans avoient fait une grande irruption dans leurs terres, et y avoient tué et pillé ce qu'ils avoient pu, qu'ainsi ils prioient le roy de leur envoyer au plustost quelque secours. Le roy envoya six cents arbalétriers, n'ayant pas voulu y envoyer des chevaliers pour ne pas diviser son armée et de peur de ne la pouvoir pas rassembler dans le temps marqué; peut-estre parce que les chevaliers estant plus considérables, et par conséquent moins soumis, s'il y en eust envoyé quelques-uns, beaucoup d'autres les auroient voulu suivre, et n'en seroient pas revenus quand il eust fallu partir.

[6] Pour les Turcomans, ils estoient les plus méprisez des Sarrazins. Ils n'avoient ni chasteaux ni villes.

---

[1] *Spicileg.*, t. VII, p. 215. — [2] Duchesne, p. 352, *a*; Ms. F, p. 198, 778; Vincent de Beauvais, l. XXXI, c. xcvi, p. 1318, 2. — [3] Joinville, p. 26. — [4] Duchesne, p. 352, *a*. — [5] *Ibid.*; *Spicileg.*, t. VII, p. 215 — [6] Sanud, p. 218, *b*.

[1] Le roy d'Arménie et le prince d'Austriche estoient depuis longtemps ennemis l'un de l'autre pour des raisons qui seront longues à démêler. [2] C'est pourquoy vers le commencement de décembre, saint Louis leur envoya des députez à l'un et à l'autre pour rétablir la paix entre eux, ou au moins les porter à une trêve. [3] Le roy d'Arménie l'en avoit prié. [4] En effet, ces deux princes envoyèrent après Pasques leurs députez à saint Louis, qui convinrent en sa présence d'une trêve jusqu'au 24 de juin 1251.

CCXLIX.

Guerre et trêve entre les sultans de Babylone et d'Alep.

[5] La division estoit alors fort grande entre les princes sarrazins à cause de la puissance et de l'ambition de Saleh Négémeddin, sultan d'Égypte ou de Babylone. [6] Nous avons vu ci-dessus que Naser Saladin, sultan d'Alep, unique prince de la postérité du grand Saladin, avoit vaincu et fait prisonnier, l'an 1246, Saleh Ismaël, sultan de Damas, mais qu'aussitost le sultan d'Égypte luy avoit enlevé Damas et la Chamèle. [7] Mais cette année même, après le 26 avril, Naser assiégea la Chamèle, qui est l'ancienne Émèse, et la prit au bout de deux mois sur son prince, nommé Achraph Muca, que Saleh,

---

[1] Duchesne, p. 352, a. — [2] Ibid.; Spicileg., t. VII, p. 215, a; Ms. F, p. 198. — [3] Ms. F, p. 378. — [4] Duchesne, p. 352, a; Vincent de Beauvais. — [5] Matth. Par., p. 765, c. — [6] Sanud, p. 218, a. — [7] Ms G, p. 160.

sultan d'Égypte, avoit peut-estre rétabli dans la Chamèle, après l'avoir reprise sur Naser en 1246.

¹ Au lieu de la Chamèle, Naser donna d'autres terres à Achraph, ² et le fit seigneur de Talbecher. ³ Il fut pris au service de Naser, ⁴ et rétabli dans sa seigneurie d'Émèse, l'an 1260, par les Tartares. ⁵ Il mourut l'an 1263, et Bondocdar, sultan d'Égypte, se saisit aussitost de la ville d'Émèse.

⁶ Saleh, fort fasché de la prise de la Chamèle, se résolut de marcher en personne pour la reprendre. ⁷ La nouvelle de l'arrivée de saint Louis en Chypre l'arrêta d'abord, dans la crainte sans doute qu'il ne descendist droit en Égypte. Néanmoins Joinville dit qu'il espéroit que saint Louis iroit d'abord combattre le sultan d'Alep, de quoy on ne voit pas la raison; de sorte que même il estoit prest de se joindre à luy pour cette guerre. ⁸ Mais dès qu'il sçut que saint Louis vouloit passer l'hiver en Chypre, ⁹ il vint avec une puissante armée à Gaza, pour aller, disoit-on, faire la paix avec ceux d'Alep. Le grand maistre des Templiers et le maréchal des Hospitaliers en mandèrent la nouvelle au roy, ajoustant qu'on craignoit qu'il ne voulust assiéger Joppé ou Césarée. ¹⁰ Il passa en effet par Jérusalem, mais il continua sa marche du costé de la Syrie, témoignant toujours ne songer qu'à faire la paix avec le sultan d'Alep et ses alliez pour avoir leur se-

---

¹ Ms. G, p. 160. — ² *Ibid.*, p. 200. — ³ *Ibid.*, p. 201. — ⁴ *Ibid.*, p. 249. — ⁵ *Ibid.*, p. 261. — ⁶ *Ibid.*, p. 160. — ⁷ Duchesne, p. 347, *a*; Vincent de Beauvais, l. XXXI, c. lxxxix, p. 1315, *a*. — ⁸ Vincent de Beauvais, l. XXXI, c. xcv, p. 1518, 1; Duchesne, p. 351, *e*. — ⁹ *Spicileg.*, t. VII, p. 214; Duchesne, p. 351, *c*. — ¹⁰ Duchesne, p. 351, *a*, *b*.

cours contre les chrestiens. Le caliphe de Bagdad Mostasem-Billa et le Vieil de la Montagne avoient envoyé leurs députez pour travailler à cette réunion.

¹De sorte que l'évesque de Tortose en Phénicie, estant au mois de may 1249 en Angleterre, y rapportoit que les Sarrazins s'estoient réunis contre saint Louis, et que le sultan de Babylone avoit fait dire au roy que les princes sarrazins l'attendoient sans le craindre, et estoient prests à luy donner bataille en pleine campagne. ²Mais la paix ne se put faire, parce que le sultan d'Alep n'osoit se fier à celuy d'Égypte, de quoy celuy-cy estant irrité, envoya ses troupes assiéger la Chamèle, et vint cependant à Damas.

³Au mois de décembre, le maréchal des Hospitaliers mandoit à saint Louis que les deux sultans s'estoient séparez sans faire trêve et même fort irritez l'un contre l'autre, et que celuy d'Alep avoit dessein de députer au roy pour faire trêve avec les chrestiens.

⁴L'émir Facareddin ou Facardin, dont nous parlerons souvent dans la suite, commandoit avec un autre les troupes d'Égypte devant la Chamèle. ⁵Le siége dura longtemps et fut poursuivi et soutenu avec beaucoup de vigueur, nonobstant la rigueur de l'hyver ⁶ et les courses des Bédouins qui incommodoient fort les assiégeants. ⁷Enfin le sultan d'Alep vint avec une puissante armée secourir la place. Le député du caliphe fit ce qu'il put pour le porter à la paix, particulièrement à cause de l'avantage que saint Louis pouvoit tirer de

---

¹ Matth. Par., p. 765, e. — ² Duchesne, p. 351, b. — ³ Spicileg., t. VII, p. 215. — ⁴ Ms. F, p. 160. — ⁵ Ibid.; Duchesne, p. 351, b; Joinville, p. 27. — ⁶ Duchesne, p. 351, b. — ⁷ Ibid., b, c; Vincent de Beauvais, l. XXXI, c. xcv, p. 1318, 1; Ms. F. p. 195, 196, 778.

leur division : mais il déclara que tant que les Égyptiens seroient sur ses terres, il n'entendroit point parler de paix, et que s'ils ne se retiroient dès le lendemain de devant la Chamèle, il les attaqueroit de toutes ses forces. Le député n'en pouvant avoir d'autre raison, alla en diligence porter cette nouvelle aux assiégeants, qui levèrent aussitost le siége, et se retirèrent avec beaucoup de confusion à Damas auprès de leur prince.

[1] D'autres disent que l'envoyé du caliphe, nommé Négémeddin, fit un traité entre les deux sultans, par lequel celuy d'Égypte consentit à retirer ses gens de devant la Chamèle lorsqu'elle estoit sur le point d'estre prise, partie sur la nouvelle que les François arrivoient à Damiette ou plutost estoient dans le dessein d'y descendre, partie à cause de sa maladie. [2] Car durant le siége de la Chamèle, il estoit malade à Damas, comme nous le dirons plus particulièrement dans la suite. [3] Il est certain qu'il se fit quelque traité entre les deux sultans vers le commencement ou le milieu du carême, et que le siége de la Chamèle finit alors.

[4] Vers le mois de novembre, le grand maistre des Templiers fit quelques avances pour un traité avec le sultan d'Égypte : ce qui déplut fort à saint Louis, qui paroist en cette occasion maistre absolu du grand maistre. [5] L'année suivante, un Guillaume de Senay était grand maistre des Templiers. [6] On avoit en général peu de créance à ce qui venoit de la part des Templiers. Nous avons vu qu'ils avoient souvent des intérests particuliers fort

---

[1] Ms. G, p. 160, 161. — [2] *Ibid.*, p. 160; Duchesne, p. 351, c. — [3] *Spicileg.*, t. VII, p. 223. — [4] *Ibid.*, p. 214, 215; Duchesne, p. 351, c; Vincent de Beauvais, l. XXXI, c. xcv, p. 1318, 2; Ms. F, p. 197, 778. — [5] Matth. Par., *Addit.*, p. 168. — [6] *Hist.*, p. 770, c.

différents de ceux du commun des chrestiens, [1] et leur grand maistre avoit alors une telle familiarité avec le sultan de Babylone, qu'on dit qu'ils se faisoient quelquefois saigner ensemble et dans une même palette : ce que ceux de son ordre taschoient d'excuser, en prétendant que ce n'estoit que pour empescher le sultan de faire la guerre aux chrestiens.

[2] On remarque que ce fut le roy de Chypre, homme fort sage, qui avertit le roy dans son conseil, qu'assurément le grand maistre de cette année, dont il connoissoit les finesses, avoit ménagé le pourparler dont il a esté parlé cy-dessus auprès du sultan.

CCL.

Ambassade des Tartares à saint Louis.

[3] Le lundi 14 de décembre, des ambassadeurs des Tartares abordèrent en Chypre, à six lieues de Nicosie, au chasteau de Chernes ou Cérène, sur la coste septentrionale de l'isle. Ils entrèrent à Nicosie le samedi suivant, 19 du mois, et le lendemain ils vinrent saluer saint Louis. [4] Les chefs de cette ambassade estoient un nommé David et un Marc. Et il se trouva auprès de saint Louis un Jacobin nommé frère André de Lonjumeau, qui, ayant été envoyé quelque temps auparavant en Tartarie par le pape, se souvint d'y avoir vu ce David. [5] Les Tartares avoient appris de quelques

---

[1] Ms. F, p. 778. — [2] *Chronique de saint Louis*, c. xix, p. 41, 2. — [3] *Spicileg.*, t. VII, p. 215. — [4] Duchesne, p. 347, *b, c;* Vincent de Beauvais, l. XXXI, c. xc, p. 1316, 1, 2. — [5] Vincent de Beauvais, l. XXXI, c. xli, p. 1299, 1300.

marchands, que les François devoient venir en Orient, et comme il les craignoient plus qu'aucune autre nation de la terre, ils avoient résolu de gagner leur affection par quelque fourberie pour les empescher d'entrer soit dans la Turquie, soit dans les autres pays qui leur estoient soumis, et de feindre même pour cela d'embrasser la religion chrestienne.

On voit par les voyages des moines que le pape Innocent leur envoya, qu'ils souffroient les chrestiens comme les mahométans, [1] et que même quelques-uns d'eux faisoient profession d'estre chrestiens, mais commettoient des abominations estranges. [2] Leur empire estoit plein de chrestiens, mais la plupart nestoriens. [3] Ceux même qui pouvoient avoir quelque créance de Jésus-Christ ne vouloient point qu'on dist qu'ils fussent chrestiens, s'imaginant que c'estoit le nom de quelque nation, [4] et les prestres nestoriens qui estoient parmi eux, estoient si déréglez, qu'ils donnoient de l'aversion pour la foy chrestienne.

[5] Caiuk, Gaiuk, Cuiuk, Cuine ou Ken, leur troisième khan, et petit-fils de Gingis-Khan, mis sur le trône le 24 aoust 1246, [6] témoignoit de l'affection pour les chrestiens, [7] et y estoit porté par deux des principaux seigneurs de sa cour, dont l'un, nommé Kadak, avoit même reçu le baptême; de sorte que les chrestiens orientaux et occidentaux estoient fort considérez parmi les Tartares; et Abulpharaje écrit que leur em-

---

[1] Vincent de Beauvais, l. XXIX, c. lxxxvi, p. 1215, 1. — [2] Ms. G, p. 152. — [3] Rubruq., c. xviii, p. 68. — [4] Ibid., c. xxviii, p. 116-118. — [5] Abulph., p. 320; Vinc. de Beauv., l. XXXI, c. 31, 32, p. 1292, 2. — [6] Vinc. de Beauv., l. XXXI, c. xxxiii, p. 1297, 1. — [7] Abulph., p. 321; Ms. G, p. 151.

pire devint chrestien, ¹ce qui se rapporte assez à la lettre du connestable d'Arménie, que le roy de Chypre, à qui elle s'adressoit, montra à saint Louis lorsqu'il arriva dans son isle (je ne l'ai pas examinée); soit que Caiuk-Khan aimast effectivement le christianisme, soit que ce ne fust, comme nous avons dit, qu'une politique pour amuser les François. ²Car Rubruquis avoue que les Nestoriens publioient partout que Caiuk estoit chrestien; et néanmoins, dit-il, il est très-certain qu'il ne l'estoit pas. ³Et aussitost après son élection, il fit élever l'étendart contre les Occidentaux comme leur déclarant la guerre, s'ils ne se soumettoient à son empire. ⁴Il mourut le 22 juin 1249. ⁵A son élection il se trouva deux David, princes de Gurgistan ou ancienne Ibérie, et ainsi chrestiens. ⁶Mais ces députez déclarèrent qu'ils estoient d'une ville qui est à deux journées de Mosul ou Ninive, d'une ancienne famille de chrestiens. ⁷Ils estoient envoyés par un des officiers de Caiuk-Khan, nommé Ercalthay, Ercalchay ou Achatay, ⁸qui avoit appris l'arrivée des François, d'une lettre où le sultan de Babylone mandoit à celuy de Mosul ou Ninive, qu'il espéroit des François quelque secours contre luy, que le roy de France estoit en Orient, et il ajoustoit, quoyque cela fust faux, qu'il luy avoit enlevé soixante vaisseaux, et les avoit menez en Égypte. Le sultan de Mosul avoit envoyé cette lettre au grand khan.

Ainsi on peut juger par le temps que cette ambassade

---

¹ *Spicileg.*, t. VII, p. 218, 219. — ² Rubruq., c. XIX, p. 70. — ³ Vinc. de Beauv., l. XXXI, c. XXXIII, p. 1297, 1. — ⁴ Abulph., p. 322. — ⁵ *Ibid.*, p. 320, 321. — ⁶ *Spicileg.*, t. VII, p. 222. — ⁷ Duchesne, p. 348, *a*, *et alii*. — ⁸ *Ibid.*, p. 349, *c*.

arriva, que cet Ercalthay estoit quelque général des Tartares qui avoit son département vers les extrémitez de la Perse et du royaume de Mosul, et qui prenoit communication de ce que l'on mandoit au khan. Il pouvoit estre sous Basoth-Noi, [1]qui commandoit en Perse à une armée de plus de six cent mille hommes, [2]et néanmoins obéissoit, ce semble, encore au prince nommé Batho ou Baty, [3]petit-fils de Gingis-Khan, [4]le plus puissant prince de tous les Tartares après le khan. Il faisoit sa résidence ordinaire vers l'embouchure du Volga.

[5]Batho avoit un intendant vers 1247, nommé Eldegay. Je ne sçai si l'on trouvera que ce nom ait du rapport avec celuy d'Ercalthay. [6]Il y en a qui croyent que c'est un Scacathay, parent de Batu. [7]Mais c'estoit dans la Chersonèse; et Rubruquis, qui le vit, n'en dit rien de particulier. [8]Mais assurément ce n'estoit pas un homme bien considérable parmi les Tartares, puisque Rubruquis, que saint Louis envoya ensuite en Tartarie, n'en put avoir aucune nouvelle. [9]Ce qui fait que M. R. doute si toute cette ambassade n'estoit point une pure fourberie de quelque moine d'Orient, qui, connaissant le zèle de saint Louis, en vouloit tirer de l'argent. [10]Elle peut néanmoins estre de quelque prince ou officier subalterne, chrestien nestorien, à qui le khan avoit commis l'exécution de quelques ordres en faveur des chrestiens; car sa lettre à saint Louis ne porte que cela.

[1] Vinc. de Beauv., l. XXXI, c. xxxiv, p. 1297, 2. — [2] Ibid., c. xxxix, p. 1299, 2. — [3] Ibid., c. xiii, p. 1290, 2. — [4] Ibid.; c. xxi, p. 1293, 1. — [5] Ibid., c. xxii, p. 1293, 2.— [6] Ms. G, p. 156. — [7] Rubruq., c. xi, xii, p. 39, 42. — [8] Ms. G, p. 150, 151.— [9] P. 132, 153. — [10] Duchesne, p. 348, a, b.

¹ Il peut estre vray aussi que le dessein des Tartares fust alors d'attaquer le caliphe, et qu'ils fussent bien aises que saint Louis allast faire la guerre en Égypte, tant pour ce sujet que pour l'éloigner d'eux. ² Une partie de ce qu'ils disent des Tartares est assez conforme aux historiens du temps latins et orientaux.

³ Il paroist par l'histoire, que les khans n'estoient point maistres absolus de nommer leurs successeurs, comme le disent ces députez, et qu'ils estoient ou confirmez ou nommez après leur mort, par l'élection des princes. ⁴ Mais je croy qu'il faut oster le mot de *regem*, et que le sens est, que, quand quelque capitaine ou gouverneur mouroit, le khan choisissoit qui il vouloit de ses fils ou petits-fils pour mettre à sa place. ⁵ Et cela se voit par une ancienne Vie de saint Louis, qui traduit cet endroit dans le même sens.

⁶ Quiothay, ou plutost Kiokay, est le nom du sultan, comme on le voit par la lettre du légat, et non de sa mère, ⁷ nommée Turacina Chotun, qui estoit une femme habile et intelligente.

CCLI.

Suite de l'ambassade des Tartares. — De la conversion de Caiuk-Khan.

⁸ Pour ce qui est du baptême que le khan avoit reçu trois ou quatre ans auparavant, selon ces députez, cela n'est pas aisé à croire. Ç'auroit esté au commence-

---

¹ Duchesne, p. 349, c. — ² Ibid.; p. 350. — ³ Abulphar., p. 305, 320, 322, 326; Vinc. de Beauv., l. XXIX, c. LXVI, p. 1210, 2. — ⁴ Duchesne, p. 350, a. — ⁵ Ms. F, p. 190. — ⁶ *Spicileg.*, t. VII, p. 221. — ⁷ Abulphar., p. 320. — ⁸ Duchesne, p. 347, c; p. 350, a.

ment de 1245 ou 1246. ¹Octaï, père de Caiuk, régnoit encore au commencement de 1245, selon Abulpharaje. ²Mais les moines qui assistèrent à l'élection de Caiuk, disent seulement qu'on croyoit qu'il se feroit chrestien.³ C'estoit, comme nous avons dit, le 24 aoust 1246. ⁴Selon M. R., Octaï mourut en 1241 ou 1242. La mère de Caiuk gouverna les quatre années suivantes, Caiuk régna un an, et mourut avant le 8 de may 1247, et Mangu, son successeur, commença après le 5 avril 1250. Ainsi il n'y auroit point eu de khan en ce temps-cy, ce qui seroit contraire non-seulement aux députez des Tartares, mais à la lettre même d'Ercalthay. Et je ne croy pas non plus que cela s'accorde avec les relations des moines envoyez en Tartarie par le pape.

⁵ Je ne sçay si ce Bachon seroit Batho ou Batu, dont nous avons déjà parlé. ⁶ Mais il n'estoit nullement disgracié, ⁷ et il ne maltraita point les moines députez du pape, sinon qu'il ne leur donna pas de vivres. ⁸ Ainsi ce seroit plutost Basoth-Noï, gouverneur de Perse, qui pensa les faire mourir, quoyque le nom y ait moins de rapport.

⁹ On voit bien que le nom du pape esfoit connu parmi les Tartares; mais il y estoit plutost méprisé que respecté ; ¹⁰ et on prétend que Caiuk vouloit porter ses armes contre les chrestiens d'Occident, et

---

¹ Abulphar., p. 320. — ² Vinc. de Beauv., l. XXXI, c. xxxix, p. 1297, 1. — ³ Ibid., c. i, ii, p. 1286; c. xxxi, xxxii, p. 1296, 2. — ⁴ Ms. G, p. 154. — ⁵ Duchesne, p. 350, b. — ⁶ Abulphar., p. 312, 326. — ⁷ Vinc. de Beauv., l. XXXI, c. xxii, p. 1293, 2; c. xxxix, p. 1299, 1. — ⁸ Ibid., c. xlii, etc., p. 1300-1303. — ⁹ Ibid., l. XXIX, c. lxxiv, p. 1211, 1. — ¹⁰ Ibid., l. XXXI, c. xxxiii, p. 1297.

les soumettre à sa puissance. ¹Joinville qui attribue contre la vérité cette ambassade au grand roy de Tartarie, aussi bien que Matthieu Paris, reconnoist qu'il y avoit du mensonge et de la fraude, et témoigne assez que le khan n'estoit point chrestien. ²Ce qui est certain, c'est que Rubruquis escrivant à saint Louis même en 1255, dit comme une chose reconnue pour constante que David l'avoit trompé,³ et Mangu khan, successeur de Caiuk, escrit à saint Louis : « Un certain nommé David vous a esté trouver comme ambassadeur des Moalles ou Tartares : mais c'estoit un menteur. » ⁴Avec cela Rubruquis ne laisse pas de dire que les Tartares avoient écrit à saint Louis par David. Ainsi il y a apparence que la lettre qu'il apporta estoit véritablement d'un prince tartare, mais qu'il mesla des impostures dans ce qu'il dit de bouche à saint Louis.

Si la lettre d'Ercalthay est datée, comme il semble, de la fin de Moharram, c'est-à-dire du mois de may, ou c'est une fausseté, ou le sultan d'Égypte mandoit à celuy de Mosul, que saint Louis estoit arrivé en Orient longtemps avant qu'il fust parti; ⁵et en ce cas, Ercalthay pouvoit estre sur les extrémitez orientales de la Perse, comme ses députez le semblent dire. ⁶Saint Louis fit traduire sa lettre en latin par frère André, jacobin, et en envoya une copie à sa mère. ⁷Le légat Odon l'envoya aussi au pape le 31 mars 1249, avec un récit de l'entretien que saint Louis eut avec les ambassadeurs des Tartares en présence de son conseil, du

---

¹ Joinville, p. 25, 90; Matth. Par., p. 770, b. — ² Rubruq., c. LI p. 294. — ³ Ibid., c. XLVI, p. 252. — ⁴ Ibid., c. LI, p. 294. — ⁵ Duchesne, p. 350, b. — ⁶ Ibid., p. 347, c. — ⁷ Ibid., p. 343, c; Spicileg., t. VII, p. 216, 220.

légat et de quelques autres prélats ; [1] ce que Vincent de Beauvais et Nangis ont copié ensuite. [2] Il y ajousta la lettre du connestable d'Arménie au roy de Chypre, insérée dans les mêmes historiens.

[3] La lettre d'Ercalthay fut envoyée en latin et en françois au roy d'Angleterre, [4] et nous l'avons encore en vieux françois d'autant plus obscur que les copistes anglois y ont sans doute donné quelque chose de leur langue. [5] Nous en avons d'autres traductions moins anciennes dans les vies manuscrites de saint Louis. [6] Ainsi la fausse nouvelle de la conversion du roy des Tartares réjouit durant quelque temps l'Occident, [7] où néanmoins quelques-uns en doutoient. [8] Il paroist assez que saint Louis la crut aussi, et en eut la joie que méritoit une conversion si importante à l'augmentation de la foy. [9] Il voulut que ces Tartares passassent quelque temps auprès de luy, et leur fit fournir toutes choses avec libéralité. [10] Ils furent avec luy entendre la messe à l'église le jour de Noël, et assistèrent ensuite au festin royal.

L'AN DE JÉSUS-CHRIST 1249. Pasques le 4 avril. C.

[11] Ils furent ensuite encore avec luy à la messe le jour de l'Épiphanie ; et ils agissoient comme des chrestiens. [12] Le légat baptisa ce jour-là trente Sarrazins, et fut en-

---

[1] Vinc. de Beauv., l. XXXI, c. xci-xciii, p. 1316, 1317; Duchesne, p. 348-350. — [2] *Spicileg.*, t. VII, p. 217-220. — [3] Matth. Par., p. 770, *b*. — [4] *Addit.*, p. 178. — [5] Ms. F, p. 182, 321. — [6] Matth. Par., p. 770, *b*. — [7] *Ibid.*, p. 768, *b*. — [8] *Ibid.*, p. 770, *b*; Duchesne, p. 347, *c*. — [9] Duchesne, p. 347, *c*; Joinville, p. 25. — [10] Duchesne, p. 347, 348; Vinc. de Beauv., l. XXXI, c. xc, p. 1316, 1. — [11] *Ibid.* — [12] *Spicileg.*, t. VII, p. 223.

suite avec saint Louis et le roy de Chypre voir les cérémonies que les Grecs font le même jour en mémoire du baptême de Jésus-Christ. Il n'est pas marqué si les Tartares y vinrent aussi.

CCLII.

Saint Louis envoie des ambassadeurs à Caiuk-Khan.

¹ Saint Louis par avis de son conseil résolut d'envoyer des ambassadeurs à Ercalthay et au grand khan avec des lettres et des présens supposant qu'ils étoient chrestiens; ² et choisit pour cela frère André, qui estoit chef de l'ambassade, et deux autres jacobins nommez Jean et Guillaume, deux ecclésiastiques et deux de ses officiers, ³ y envoyant des religieux, afin qu'ils y pussent prescher la foy. ⁴ Il ordonna que, quand ils auroient parlé à Ercalthay, l'un d'eux reviendroit, et les autres iroient jusqu'à la cour du khan. ⁵ Quelques cordeliers se joignirent peut-être aux autres. ⁶ Les ambassadeurs tartares ayant témoigné qu'une tente d'écarlate seroit un présent fort agréable au khan, saint Louis en fit faire une fort belle et fort riche en forme de chapelle, de la plus fine écarlate, avec des bandes d'une brodure très-délicate, où les actions et les souffrances de Jésus-Christ, l'annonciation et tous les autres mystères

---

¹ *Spicileg.*, t. VII, p. 222; Duchesne, p. 350, *b*; Rubruq., c. xxi, p. 80. — ² *Spicileg.*, p. 222; Duchesne, p. 351, *a*. — ³ *Chron. de saint Louis*, c. xix, p. 40, 1. — ⁴ Duchesne, p. 350, *b*. — ⁵ Joinville, p. 25; Cantiprat., l. II, c. liv, art. 14, p. 526. — ⁶ Duchesne, p. 350, *b*, *c*; *Spicileg.*, t. VII, p. 222; Joinville, p. 25, Matth. Par., p. 770, *c*; Vincent de Beauv.

de la foy estoient fort bien représentez ; à quoy il joignit des calices, des livres et les ornemens nécessaires à une chapelle et pour le service divin. Il envoya même et au khan et à Ercalthay du bois de la vraye croix, voulant que ces présens les animassent à la piété, [1] ou les attirassent à la foy, s'ils ne l'avoient pas encore embrassée, et supposant qu'ils l'avoient fait, [2] il les exhortoit par les lettres qu'il écrivit à l'un et à l'autre, à reconnoistre cette grâce et à adorer celuy qui la leur avoit faite, avec un respect digne de luy, à persévérer dans son amour, [3] et à augmenter leur foy.

[4] Le légat écrivit en même temps au khan, à sa tante, ou plutost à sa mère, et aux évesques de ce pays, leur recommandant fort la véritable foy, l'unité de l'Église, les quatre conciles, et surtout la soumission au pape.

[5] Les ambassadeurs tartares prirent congé du roy le 25 de janvier, et partirent de Nicosie le 27 avec les ambassadeurs du roy. [6] Frère André écrivit peu après à saint Louis, qui envoya sa lettre à Blanche avec celle d'Ercalthay, apparemment le 31 mars, [7] auquel le légat envoya la lettre d'Ercalthay au pape. Mais on ne dit point ce que portoit cette lettre. Nous verrons en un autre endroit ce que nous sçavons de leur voyage.

[8] Un François de la maison du vicomte de Melun mandoit en France, aussitost après la prise de Damiette,

---

[1] Joinville, p. 25. — [2] Duchesne, p. 350, c. — [3] Chron. de saint Louis, c. XIX, p. 40, 1. — [4] Spicileg., t. VII, p. 222 ; Duchesne, p. 250, c. — [5] Duchesne, p. 351, a; Spicileg., p. 222. — [6] Duchesne, p. 351, a; Vinc. de Beauv., c. XCIV, p. 1318. — [7] Spicileg., p. 224. — [8] Matth. Par., Addit., p. 168, c.

qu'on n'avoit point de nouvelles des Tartares, mais qu'on n'en attendoit rien, n'y ayant point d'apparence de trouver de la foy dans des perfides, « nec humani- « tatem in inhumanis, nec caritatem in caninis, nisi « Deus cui nihil est impossibile, novitatem operetur. »

¹ L'an 1248, il estoit venu durant l'esté deux députez des Tartares au pape, qui les avoit fort bien reçus. Le sujet de leur ambassade fut tenu secret. On conjecturoit seulement que c'estoit pour faire la guerre à Battace ou Jean Ducas Batatze, empereur des Grecs. Il n'y a pas d'apparence qu'ils soient venus avant le départ de saint Louis.

² Le 8 de janvier 1249 les chrestiens de la Palestine prirent jusqu'à seize mille bestes sur les Turcomans.

CCLIII.

Séditions à Acre. — Saint Louis, résolu d'aller en Egypte, déclare la guerre au sultan.

Saint Louis voyant que le printemps approchoit, songea à avoir des vaisseaux pour passer en Égypte. Car, comme les François avoient alors peu ou point de vaisseaux, ils avoient accoutumé de louer ceux des Italiens qui les passoient en Orient et s'en revenoient ensuite. C'est pourquoy une partie des vaisseaux qui avoient mené les François en Chypre, s'en estant retournez, ³ saint Louis envoya à Acre et aux autres lieux des environs, pour avoir des vaisseaux, des barques,

¹ *Hist.*, p. 754, *b*, *c*. — ² Sanud, p. 218, *f*. — ³ *Spicileg.*, t. VII, p. 223; Duchesne, p. 352, *b*; Vinc. de Beauv., l. XXXI, c. xcvi, p. 1319, *a*.

et des mariniers. Ceux qu'il envoyoit à Acre y estant arrivez le dimanche de la Quinquagésime 14 février, ne purent jamais obliger les Génois et les Vénitiens, qui y faisoient un grand commerce, aussi bien que ceux de Pise, à vouloir mettre un prix raisonnable à leurs vaisseaux, et ils aimoient mieux laisser ruiner toute l'entreprise de la croisade.

[1] Il y avoit eu auparavant quelque sédition entre les Vénitiens et le gouverneur du pays pour le roy de Chypre; (je croy qu'il faut *regis* et non *regni*;) [2] et elle se renouvela vers ce temps-là entre les Pisans et ceux du pays d'une part, et les Génois de l'autre, si furieuse que le consul de Gênes y fut tué. [3] Elle dura trois semaines durant lesquelles ils se firent de part et d'autre tout le mal qu'ils purent. Le gouverneur de la ville pour le roy de Chypre les accorda pour trois ans.

[4] Le 19 mars, saint Louis et le légat envoyèrent de nouveau à Acre, tant pour apaiser cette sédition que pour avoir des vaisseaux, le patriarche de Jérusalem, l'évesque de Soissons, le comte de Jaffa, le connestable de France, et Geoffroy de Seigne, (c'est de Sargines). [5] On ne sçavoit point encore ce qu'ils avoient fait le mercredi 31, lorsque le légat écrivit au pape pour luy rendre compte de ce qui s'estoit passé en Chypre depuis ses dernières lettres; et il commence son récit par le 23 d'octobre. Saint Louis écrivit sans doute en même temps à Blanche, et luy envoya les lettres d'Ercalthay, et les autres dont nous avons

---

[1] Duchesne, p. 352, c. — [2] Ibid., b, c; Spicileg., t. VII, p. 223. — [3] Samud., p. 218, d. — [4] Spicileg., t. VII, p. 223-224; Duchesne, p. 352, c; Vincent de Beauvais, p. 1319, a. — [5] Spicileg., t. VII, p. 223, 224.

parlé ci-dessus. ¹ Le légat témoigne que le dessein de saint Louis estoit de partir vers le milieu d'avril pour entrer en Égypte, et que ses troupes estoient bien résolues à tout entreprendre et tout souffrir pour Jésus-Christ. ² Il se plaint de n'avoir reçu presque encore aucun argent.

Ce fut apparemment depuis cette lettre que ³ la comtesse d'Anjou accoucha d'un fils, qu'elle laissa en nourrice en Chypre lorsqu'on partit pour Damiette. ⁴ On marque qu'il s'appeloit Louis, et mourut aussitost après. On voit par cette lettre que saint Louis persistoit toujours dans la résolution qu'il avoit prise d'abord d'aller en Égypte. ⁵ Quelques-uns prétendent que s'il eust esté en Turquie, le pays se fust rendu à luy à cause de la foiblesse où estoit cet État depuis que les Tartares avoient vaincu les Turcs l'an 1243, et se les estoient assujettis. ⁶ Et il est vray qu'en l'an 1248, les Turcs furent encore affoiblis par les guerres civiles de leurs princes, qui enfin partagèrent le royaume en deux.

Mais saint Louis n'eust pas pu leur faire légitimement la guerre sans en avoir de sujet, ou plutost de nécessité. Ils n'estoient point en guerre avec les chrestiens, et ils avoient même esté toujours assez favorables aux Latins. Les François, estant maistres de leur pays, eussent esté obligez d'avoir continuellement la guerre avec les Grecs et même avec les Tartares, à qui ils n'auroient pas assurément voulu rendre les tributs et les soumissions que les Turcs leur rendoient. Cela eust

---

¹ *Spicileg.*, t. VII, p. 224. — ² *Ibid.* — ³ Matth. Par., *Addit.*, p. 165, 166. — ⁴ Anselme, p. 337. — ⁵ Vinc. de Beauv., l. XXX, c. cui p. 128, 1. — ⁶ Abulphar., p. 321, 322

même esté peu utile pour la terre sainte, dont ils eussent encore esté assez éloignez, et qui n'eust pas laissé que de demeurer sous la tyrannie du sultan d'Égypte. Sanud, raisonnant sur la manière de conquérir et de conserver la terre sainte, emploie tout son second livre pour montrer qu'il faut d'abord descendre en Égypte, et s'y rendre maistre de quelque place, comme saint Louis avoit pris Damiette, ou y en bâtir une.

[1] Saint Louis estant résolu d'aller en Égypte, écrivit au sultan, selon les historiens orientaux, pour luy déclarer qu'il estoit prest de faire marcher ses troupes contre luy, s'il ne le prévenoit par son obéissance, et ne luy faisoit hommage et serment de fidélité : luy représentant pour cela les victoires remportées sur les Sarrazins de l'Andalousie par les chrestiens, [2] qui y avoient pris sa ville l'année précédente. Cette lettre se peut dire ridicule de la manière dont la rapportent les Orientaux. [3] Mais ils avouent qu'ils n'en rapportent pas les propres termes.

[4] Le sultan qui estoit alors extrêmement malade [5] ne put s'empescher de pleurer en la lisant. Il ne laissa pas d'y répondre d'une manière très-fière, témoignant qu'il estoit bien résolu de se défendre, et qu'il craignoit peu tous les efforts des chrestiens. [6] Il semble que saint Louis ait fait faire dès ce temps-là quelques courses dans l'Égypte par le Nil et par les canaux qui en sortent et qui entrent dans les terres. [7] Le sultan ne pouvant donc plus douter du dessein des Fran-

---

[1] Ms. G, p. 123, 124. — [2] Raynald., an. 1248, art. 44-48; Matth. Par., p. 750, b; p. 756, f; le père Labbe, Bibl., t. I, p. 342. — [3] Ms G, p. 123. — [4] Ibid. — [5] Ibid., p. 124, 125. — [6] Ibid., p. 123. — [7] Ibid.

çois, il partit de Damas vers le 16 d'avril, en litière à cause de sa maladie ; et avant le 16 de may il arriva à Achmon en Égypte, mais si malade qu'il ne pouvoit plus se remuer. On publia dans l'Égypte que ceux à qui il devoit quelque chose vinssent au plutost donner ordre à leurs affaires. [1] Il ne laissa pas de donner ordre que Damiette fust pourvue de toute sorte de munitions pour longtemps, et outre une forte garnison qui estoit dans la ville, il donna à l'émir Facardin un camp volant de troupes choisies dans toute son armée, avec lequel ce général vint camper auprès de Damiette du costé de l'occident, n'y ayant que le Nil entre deux pour s'opposer aux François.

[2] On envoya de même beaucoup de munitions et de troupes à Alexandrie. Car le gouverneur de Damiette ayant envoyé des espions en Chypre dès l'hyver, ils luy avoient rapporté que le dessein des François estoit d'y descendre ; soit qu'on eust en effet alors ce dessein, soit qu'on en laissast courir le bruit pour tromper les ennemis. [3] Beaucoup de François crurent qu'on alloit à Alexandrie jusqu'à ce qu'on fust à la vue de Damiette.

---

[1] Ms. G, p. 123, 125; Duchesne, p. 354. — [2] Ms. F, p. 778. — [3] Duchesne, p. 352, *c*; Vinc. de Beauv., p. 1319, 1; Ms. F, p. 201.

CCLIV.

Saint Louis s'embarque à Limesson.

¹ On prétend que les divisions dont nous avons parlé entre les Génois et les Pisans firent que saint Louis eut peine à avoir des vaisseaux dans la Palestine. ² Il en eut néanmoins enfin, et ils abordèrent en Chypre : mais ce ne fut que vers l'Ascension, selon le latin de Nangis. Il en vint aussi un grand nombre des isles de l'Archipel, et le roy en fit faire en Chypre beaucoup de petits pour aborder plus aisément. Beaucoup de barons, de chevaliers et d'autres croisez arrivoient aussi tous les jours de diverses isles où ils avoient passé l'hyver.

³ Le mois de may estant venu, on cria et on fit commandement de par le roy que tous les vaisseaux fussent mis en estat et chargez de vivres, pour estre prests à partir quand le roy le commanderoit. ⁴ Saint Louis fit mettre sur les vaisseaux quantité de charrues, de hoyaux et d'autres instruments pour cultiver la terre ; sur quoy le sultan de Babylone le voulut railler lorsqu'il fut venu en Égypte, et il luy manda qu'il n'avoit eu aucun besoin de se charger de tous ces instrumens, et qu'il luy trouveroit assez de blé pour le temps qu'il seroit en Égypte, comme voulant dire qu'il n'y seroit pas longtemps. Saint Louis l'entendit bien et luy répondit : « J'avois fait un vœu et un serment de venir ici

---

¹ Joinville, p. 27; Guiart, p. 140. — ² Matth. Par., *Addit.*, p. 169, *b*. — ³ Joinville, p. 27; Guiart, p. 140. — ⁴ Matth. Par., *Addit.*, p. 169, *b*.

dans un certain temps; mais je n'ay fait ni vœu ni serment d'en partir. »

[1] On prit vers ce temps-là quelques personnes en Chypre, qui confessèrent que le sultan d'Égypte les avoit envoyez, eux et quelques autres, pour empoisonner le roy, les principaux de son armée [2] et les vivres dont on devoit charger la flotte. [3] Nous avons déjà dit que saint Louis avoit fait faire, plus de deux ans auparavant, de grandes provisions de grains et de vins pour porter en Égypte. [4] On prétend que Frédéric luy avoit encore envoyé, depuis qu'il fut en Chypre, un grand secours de vivres. [5] Tout estant prest, le roy et la reine et toutes les troupes montèrent chacun dans leurs vaisseaux le jour de l'Ascension, 13 de may au soir, au port de Limesson, [6] alors fort célèbre, sur la coste méridionale de Chypre.

Le roy de Chypre s'embarqua sans doute en même temps, comme il l'avoit promis; et nous verrons qu'il estoit à la prise de Damiette. Guillaume de Ville-Hardouin, prince d'Achaïe ou de la Morée, et le duc de Bourgogne, joignirent saint Louis en chemin. [7] Aussi on disoit que jamais on n'avoit vu de flotte si considérable, soit pour la qualité des personnes, soit pour le nombre des vaisseaux. [8] On marque qu'il y avoit cent vingt gros vaisseaux, sans les galères et autres moindres, [9] et en tout seize cent cinquante [10] ou dix-huit cents, sur

---

[1] Duchesne, p. 352, c; Vinc. de Beauv. — [2] Ms. F, p. 778. — [3] Joinville, p. 25. — [4] Matth. Par., p. 765, a, b. — [5] Duchesne, p. 352, c; Joinville, p. 27; Matth. Par., Addit., p. 165, c. — [6] Matth. Par., Addit., p. 165, c. — [7] Hist., p. 793, e; Addit., p. 116, e. — [8] Addit., p. 169, c. — [9] Ibid., p. 166, e. — [10] Joinville, p. 26-28.

lesquels il y avoit bien deux mille huit cents chevaliers, [1] et un nombre comme infini d'autres personnes.

[2] Il sembloit qu'on pouvoit s'assurer de voir tout le parti de Mahomet succomber sous une armée si puissante, où tant de princes combattoient pour le nom de Jésus-Christ, et qui avoit pour chef un roy très-saint, qui assurément ne travailloit que pour la gloire de Dieu et de l'Église. Mais le mérite du roy, qui souffre avec patience tout ce qu'il y a au monde de plus terrible, est bien plus considérable que toutes les victoires temporelles, aux yeux de celuy qui, voyant tout le monde comme une goutte d'eau, a voulu souffrir la mort pour nous apprendre à souffrir. Il a donné la conquête du monde à des barbares, à des ambitieux, à ses plus grands ennemis, à ceux à qui il prépare des feux éternels pour punir leurs crimes; mais il ne donne la charité, l'humilité, la véritable patience qu'à ses amis et à ses enfants, dont il veut couronner la vertu par une gloire éternelle. Il laisse la terre aux hommes, et se réserve le ciel à luy-même et à ceux qu'il rend participans de sa divinité.

[3] L'armée s'estant embarquée le jeudi, saint Louis assembla le samedi les principaux, et, par leur conseil, fit dire à tous les maistres des vaisseaux, que chacun tirast, avec l'aide de Dieu, vers Damiette, [4] car on avoit cru, comme nous l'avons remarqué, qu'on iroit à Alexandrie.

[1] *Spicileg.*, t. IV, p. 535. — [2] Raynald., an. 1249, art. 1. — [3] Duchesne, p. 350, c. — [4] Matth. Par., *Addit.*, p. 166, b.

CCLV.

Saint Louis, après une grande tempeste, arrive devant Damiette.

[1] On demeura au port jusqu'au mercredi 19 du mois, tant parce que les gens n'estoient pas encore prests, que parce que le temps n'estoit pas favorable. [2] Toute l'armée fit voile le mercredi, et eut pendant plusieurs jours un vent très-contraire ; de sorte qu'après avoir avancé avec peine jusques près de Paphos, environ à cent trente-trois lieues de Limesson, par le droit chemin du costé de l'Occident, ils furent obligez de relascher deux fois près de Limesson [3] et à Limesson même, de peur que les vaisseaux ne fussent brisez. [4] Ainsi ils demeurèrent au port le vendredi 21, et partirent de nouveau le samedi. Toute la flotte estoit encore ensemble, de sorte qu'il sembloit que toute la mer fust couverte de voiles tant que la vue se pouvoit estendre. Mais le lendemain, qui estoit le dimanche de la Pentecoste, [5] il vint de l'Égypte une tempeste qui en dissipa la plus grande partie, et jeta les uns sur les costes d'Acre, les autres en divers endroits. De sorte que saint Louis estant descendu à la pointe de Limesson où il entendit la messe, de deux mille huit cents chevaliers il ne s'en trouva que sept cents. Ainsi le roy et sa compagnie, passa tout ce jour dans une grande affliction. [6] Ils retournèrent donc à Limesson, et y attendirent jusqu'au jour de la Trinité, pour rassembler ceux que la

---

[1] Duchesne, p. 352, 353. — [2] Ibid., p. 353, a. — [3] Ibid.; Guiart, p. 140, 2. — [4] Joinville, p. 27. — [5] Ibid., p. 28. — [6] Duchesne, p. 313, a.

tempeste avoit écartez. ¹Mais il y en eut qui ne revinrent point, et que saint Louis ne revit que longtemps après. ²Lorsqu'il arriva à Damiette, il y avoit encore cent cinquante vaisseaux de dispersez.

³La nouvelle de cette tempeste passa jusqu'en Occident. Car je croy que c'est celle que marque Frédéric dans une lettre à saint Louis, à qui il témoigne craindre beaucoup que le succès de son voyage ne fust pas aussi heureux qu'il le souhaitoit, à cause des troubles de l'Occident. Il le prie de luy mander, par celuy qu'il luy envoyoit, des nouvelles de son armée et de ce que l'on disoit que sa flotte avoit esté dissipée par la tempeste. Il luy offre en général tout le secours que ses affaires luy permettront de luy rendre.

Durant que saint Louis attendoit à Limesson qu'il fust en estat de se remettre en mer, il fut joint par Guillaume de Ville-Hardouin, ⁴prince d'Achaïe, qui estoit suivi de beaucoup de troupes et de vaisseaux, et accompagné de Hugues, duc de Bourgogne, qui avoit passé l'hiver chez ce prince. ⁵Guillaume en passant à Rhodes, y avoit laissé cent chevaliers françois pour soutenir les Génois qui avoient surpris cette isle ; mais les Grecs la reprirent peu après.

⁶Enfin le jour de la Trinité, 30 de may, la flotte fit voile et eut un temps assez favorable. ⁷La nuit du jeudi au vendredi 4 de juin, le vent, qui estoit grand, sépara un peu les vaisseaux ; mais le calme estant revenu avec le jour, ils se rassemblèrent. Les *guettes*

---

¹ Joinville, p. 28. — ² Matth. Par., *Addit.*, p. 166, *e*. — ³ Pet. de Vineis, l. III, ep. XXII, p. 432, 433. — ⁴ Duchesne, p. 353, *a*; Joinville, p. 28; Guiart, p. 140, 2. — ⁵ Acropol., p. 47, 48. — ⁶ Duchesne, p. 353, *a*. — ⁷ Matth. Par., *Addit.*, p. 166, *c, d*.

que l'on fit monter aux hunes aperçurent bientost la terre; et l'un d'eux qui servoit de guide parce qu'il connoissoit fort bien toutes les costes des environs, assura que l'on estoit devant Damiette. Aussitost chacun se rassembla, et saint Louis fit alors aux troupes un petit discours digne de sa piété et de son courage.

« ¹Mes fidèles amis, leur dit-il, nous serons insurmontables si nous demeurons unis dans la charité. Ce n'est pas sans une permission de Dieu que nous sommes arrivez ici si promptement. Ce n'est pas moy qui suis roy de France, ni qui suis la sainte Église. Je ne suis qu'un seul homme dont la vie passera comme celle d'un autre homme quand il plaira à Dieu. Toute aventure nous est sûre; si nous sommes vaincus, nous monterons au ciel en qualité de martyrs; si nous vainquons, au contraire, on publiera la gloire du Seigneur, et celle de toute la France, ou plutost de toute la chrestienté, en sera plus grande. Dieu, qui prévoit tout, ne m'a pas suscité en vain; il faut qu'il ait quelque grand dessein. Combattons pour Jésus-Christ, et il triomphera en nous; et ce sera à son nom et non à nous, qu'il en donnera la gloire, l'honneur et la bénédiction. »

² Ceux de Damiette voyant venir la flotte, et ne sachant encore ce que c'estoit, envoyèrent quatre galères de corsaires bien armez pour la découvrir. Les galères s'approchant pour reconnoistre les François, en furent en même temps enveloppées; et le roy ayant ordonné qu'on les attaquast, les machines en firent en peu de temps couler trois à fond avec tous ceux

---

¹ Matth. Par., *Addit.*, p. 166, c, d, 4. — ² *Ibid.*, p. 166, 167.

qui y estoient, hors quelques pirates qu'on sauva, pour tirer d'eux, par les tourments, l'estat des ennemis. La quatrième galère se sauva et alla en diligence rapporter à la ville que le roy de France arrivoit avec ses princes, dont ils avoient reconnu les étendarts, et une infinité de noblesse. [1] Ceux de Damiette firent aussitost sonner une cloche de cuivre, coururent aux armes, et se rangèrent sur le rivage pour en empescher l'approche aux François. [2] Ils envoyèrent en diligence au sultan l'avertir que les ennemis estoient arrivez.

[3] Les François, qui avoient paru à la vue de Damiette vers la deuxiesme heure du jour, c'est-à-dire sur les sept heures, [4] y arrivèrent sur le midi. [5] Damiette passoit alors pour la porte et la clef de toute l'Égypte. [6] Elle estoit placée entre la mer et l'un des grands bras du Nil, [7] ayant le Nil à l'Occident et la mer au septentrion, [8] qui n'en estoit éloignée que d'une petite demi-lieue. [9] Il y avoit un pont de bateaux sur le Nil, [10] et au milieu du Nil, ou sur l'autre bord, une grosse tour d'où sortoient deux chaînes qui, traversant la rivière, estoient attachées par l'autre bout à une des tours de la ville, et obligeoient ainsi tous les vaisseaux qui vouloient passer à payer tribut au sultan, ce qui luy apportoit un grand revenu.

[11] Les François estant arrivez au port, c'est-à-dire à

---

[1] *Chron. de Flandre*, c. XXIII, p. 55. — [2] Joinville, p. 30. — [3] *Chron. Orient.*, p. 104. — [4] Matth. Par., *Addit.*, p. 165, c. — [5] Sanud, p. 171, a; Vinc. de Beauv., l. XXXI, c. LVII, p. 1304, 2. — [6] Vinc. de Beauv., p. 1304, 2. — [7] Ms. G, p. 125; Sanud., p. 171, a. — [8] Will. Tyr., l. XX, c. XVI, p. 983, b. — [9] Ms. G, p. 25; Duchesne, p. 353, c. — [10] Vinc. de Beauv., p. 1304, 2; Sanud, p. 171, a; Will. Tyr., p. 983, b, c. — [11] Duchesne, p. 353, a; Sanud, p. 218, e; Guiart, p. 140, 2; Matth. Par., *Addit.*, p. 165, b, c.

la rade de cette place, s'y arrestèrent, et jetèrent les ancres. La rade estoit bordée d'un grand nombre de troupes de pied et de cheval, et on voyoit beaucoup de galères à l'embouchure du Nil, qui estoit proche. ¹ Joinville dit que toute la puissance du sultan y estoit, et que ces infidèles faisoient un bruit effroyable avec leurs cors et leurs nacaires, ² ou grosses timballes. ³ On prétend même que le sultan n'estoit qu'à une lieue, ou plutost à une journée de là, mais malade, ⁴ quoyque Joinville semble dire qu'il ait alors paru en armes.

CCLVI.

Saint Louis prend terre en Égypte malgré les ennemis.

⁵ Les principaux de l'armée allèrent trouver le roy qui les avoit mandez dans son vaisseau pour tenir conseil. ⁶ On conseilloit au roy d'attendre à faire le débarquement que le reste de ceux que la tempeste avoit dispersez le fust venu joindre. Mais il ne voulut point entendre parler de différer. ⁷ Ainsi on passa par son avis, qui fut de prendre terre le lendemain de grand matin, au même endroit où les chrestiens l'avoient prise, le 29 may 1218, sous Jean de Brienne, roy de Jérusalem. ⁸ Il paroist par l'histoire de ce temps-là, que c'estoit la rive occidentale du Nil. ⁹ C'estoit une isle

---

¹ Joinville, p. 28. — ² *Ibid.*, note, p. 59, 60; Ms. G, p. 165. — ³ Duchesne, p. 353, *b, c;* Guiart, p. 143, 1; Vinc. de Beauv., c. xcvii, p. 1319, *a*. — ⁴ Joinville, p. 28. — ⁵ *Ibid.;* Duchesne, p. 353, *a ;* Matth. Par., *Addit.*, p. 165, *c, d*. — ⁶ Joinville, p. 18. — ⁷ *Ibid.;* Duchesne, p. 353, *a, b;* Guiart, p. 141, 1. — ⁸ Duchesne, p. 353, *b*. — ⁹ Sanut, p. 218, *d;* Duchesne, p. 353, *b*.

¹ appelée Gisa. ² On fit une grande garde durant la nuit. On alluma grand nombre de flambeaux et on mit les arbalestriers autour de la flotte, de peur que les vaisseaux ennemis ne l'attaquassent. ³ Le lendemain de grand matin, ⁴ la flotte leva l'ancre et tira à droite vers l'isle. Les Sarrazins les y suivirent par mer et par terre. ⁵ Ils avoient jusqu'à six mille chevaux en un seul corps. ⁶ Toute la ville sortit pour cela, hors les femmes, les enfans et les malades.

⁷ Quand les François furent près du bord, comme leurs grands vaisseaux n'y pouvoient arriver à cause que le terrain estoit trop plat, tous ceux qui purent eurent commandement d'entrer dans les barques et les autres petits vaisseaux, selon la résolution qui en avoit esté prise la veille. ⁸ Le roy même, sans rien craindre, se mit aussi dans une barque avec le légat, ⁹ qui portoit devant luy une croix toute découverte, ¹⁰ semblable à la vraie croix que portoient autrefois les rois de Jérusalem dans les combats, ¹¹ et devant eux, dans une autre barque, estoit la bannière de Saint-Denys, appelée l'oriflamme. Les frères du roy estoient à l'entour avec un grand nombre de barons et de chevaliers, tous armés depuis les pieds jusqu'à la teste, et leurs chevaux auprès d'eux. Ils estoient environnez de toutes parts d'arbalestriers qui devoient écarter les ennemis à coups de traits, et suivis par les sergents qui faisoient

---

¹ *Chron. Orient.*, p. 104. — ² Guiart, p. 141, 1. — ³ Duchesne, p. 353, *a, b*. — ⁴ Guiart, p. 141, 1. — ⁵ Joinville, p. 29. — ⁶ Matth. Par., *Addit.*, p. 167, *c*. — ⁷ *Ibid.*, p. 168, *d*; Duchesne, p. 353, *b*; Guiart, p. 141, 1. — ⁸ Duchesne, p. 353, *b*. — ⁹ *Ibid.*; Matth. Par., *Addit.*, p. 168, *d*. — ¹⁰ Guiart, p. 141, 2. — ¹¹ *Ibid.*; Duchesne, p. 353, *b*.

l'arrière-garde dans les galées, ¹ qui estoient apparemment de petits vaisseaux propres à approcher de terre.

²Le roy avoit commandé à Jean de Beaumont son chambellan, de donner une des galées à Érard de Brienne, fils de celuy qui avoit disputé la Champagne à Thibaud. Mais quand le sire de Joinville, qui estoit de sa compagnie, et luy furent demander la galée, Jean leur dit en présence du roy qu'ils n'en auroient point, sur quoy saint Louis ne dit rien pour lors. Ainsi ils furent contraints de se contenter de leur barque et d'une galée qu'on avoit donnée à Joinville, qui croyoit l'avoir perdue dans les tempestes précédentes. ³ Mais elle arriva alors heureusement.

⁴ Tout étant prest, les chrestiens, pleins de courage et de confiance en Dieu, commencèrent à s'approcher de la terre. ⁵ Joinville suivit d'abord la barque du grand vaisseau du roy. ⁶ Mais comme on avoit ordonné que chacun prendroit terre le plus tost qu'il pourroit,⁷ il passa devant, sans se mettre en peine de ce que les gens du roy luy crioient de suivre la bannière de saint Denis. ⁸ Dès que sa barque commença à marcher, deux bacheliers gentilshommes qui y estoient, ennemis l'un de l'autre, se réconcilièrent d'eux-mêmes par la crainte du danger.

⁹ Quand les François approchèrent de terre, ils com-

---

¹ Duchesne, p. 353, *b;* Joinville, p. 28. — ² Joinville, p. 28, 29; note, p. 60; *Chron. de saint Louis,* c. xxi, p. 46, 2. — ³ *Chron. de saint Louis,* c. xxi, p. 46. — ⁴ Duchesne, p. 353, *b.* — ⁵ Joinville, p. 29.— ⁶ Matth. Par., *Addit.,* p. 165, *d.* — ⁷ Joinville, p. 29. — ⁸ *Ibid.,* note, p. 60. — ⁹ Duchesne, p. 353, *b;* Matth. Par., *Addit.,* p. 165, *d;* Guiart, p. 141, 2.

mencèrent à lancer toute sorte de traits contre les ennemis qui gardaient le rivage. Les Sarrazins faisoient la mesme chose de leur costé. ¹ La chronique de Flandre écrit que cette grêle de flèches ayant d'abord arresté les nostres, saint Louis qui s'en apperçut, se jetta tout en colère dans la mer tout armé, le bouclier pendu au cou et la lance à la main, ² sans que le légat le pust retenir. Il eut de l'eau jusqu'aux épaules ; mais il arriva heureusement à terre, ³ et aussitost se prosternant devant Dieu, il le conjura avec larmes d'estre le maistre et le conducteur de son entreprise. ⁴ La bannière de saint Louis estoit néanmoins arrivée à terre avant que saint Louis se jettast dans la mer, ⁵ et il paroist que Joinville, Baudoin de Reims, et le comte de Jaffa estoient aussi abordez auparavant. Il faut voir particulièrement ce qui est dit de Baudouin. Il paroist qu'ils furent obligez de se jetter dans l'eau comme saint Louis. ⁶ Le roy l'avoit commandé absolument. ⁷ Car l'eau estoit si basse en cet endroit que les plus petits vaisseaux ne pouvoient approcher de la terre que d'un trait de lance. Toute l'armée quitta donc ainsi les barques, et se jetta dans l'eau pour gagner la terre, ⁸ animez par le courage du roy, et crièrent tous à haute voix, « Montjoie saint Denys ! » ⁹ Mais les autres n'en avoient au plus que jusqu'à la ceinture, ayant eu la patience de faire approcher leurs barques plus près de terre. ¹⁰ Les

---

¹ *Chron. de Flandre*, c. XXIII, p. 55. — ² Joinville, p. 30. — ³ Matth. Par., *Addit.*, p. 169, c. — ⁴ Joinville, p. 30. — ⁵ *Ibid.*, p. 29, 30. — ⁶ Matth. Par., *Addit.*, p. 167, b, c. — ⁷ *Ibid.*, b; p. 165, c; *Chron. de Flandre*, p. 55; Duchesne, p. 353, b; Guiart, p. 141, 142. — ⁸ *Chron. de Flandre*, p. 55. — ⁹ Matth. Par., *Addit.*, p. 167, b. — ¹⁰ Guiart; p. 142, 2.

arbalestriers descendirent les premiers et ensuite les chevaliers et les barons suivis de leurs chevaux.

¹ Les ennemis qui estoient sur le rivage s'efforçoient de les repousser à coups de traits et d'épées. Mais par le secours de Dieu les nostres furent victorieux, et les obligèrent de reculer, ² les efforts des ennemis n'ayant fait que redoubler leur courage. ³ Les arbalestriers avoient apparemment éloigné les ennemis du bord lorsque Joinville y arriva.

CCLVII.

Les Sarrazins défaits sur terre et sur mer. — Le comte de la Marche blessé à mort.

⁴ Il paroist que les Sarrazins se rallièrent un peu plus loin, ⁵ d'où ils couroient quelquefois sur les chrestiens à mesure qu'ils abordoient, comme pour les combattre; mais quand ils voyoient qu'ils les attendoient de pied ferme sans branler, leurs lances fichées à terre, les pointes tournées vers eux, ils se mettoient en fuite. ⁶ Il y en eut un qui s'estant plus avancé que les autres vers la bannière de saint Denys, peut-estre parce qu'il ne pouvoit retenir son cheval, fut aussitost mis en pièces. Saint Louis vouloit les attaquer dès qu'il eut pris terre, sans avoir presque personne avec luy; mais on l'obligea d'attendre qu'il eust plus de troupes. ⁷ On dressa son pavillon, qui estoit rouge, ⁸ et les grands

---

¹ Matth. Par., *Addit.*, p. 165, *e*; p. 167, *c*; Duchesne, p. 353, *b*. — ² Sanud, p. 218, *d*. — ³ Joinville, p. 29. — ⁴ *Ibid.*, p. 29, 30; Ms. G, p. 125. — ⁵ Joinville, p. 29, 30. — ⁶ *Ibid.*, p. 30. — ⁷ Ms. G, p. 125. — ⁸ Joinville, p. 30.

seigneurs firent aussi tendre les leurs à mesure qu'ils approchoient. ¹ Quand les barons furent arrivez à terre et que le roy et eux furent montez à cheval, ² ils s'avancèrent jusqu'à l'endroit où les Sarrazins estoient campez. Il y eut là quelques escarmouches, ³ ou plutost un rude combat qu'on peut voir dans Guiart. ⁴ Saint Louis s'y avança des premiers, et y combattit avec un si grand courage que tout le monde en fut surpris, et les ennemis contraints de céder aux efforts que faisoient les chrestiens à l'exemple de leur roy.

⁵ Ce fut en ce combat que furent tuez les émirs Négémeddin, qui estoit un homme considérable parmi les Égyptiens, et Sarameddin. ⁶ Facardin et tous les autres furent obligez de passer le pont et de se retirer dans Damiette, abandonnant ainsi aux François toute la rive occidentale du Nil. ⁷ Les chrestiens vouloient les poursuivre, mais ils furent retenus par les chefs qui appréhendoient quelque surprise, ⁸ car il estoit déjà nuit lorsque Facardin se retira, ⁹ et il avoit rompu après luy une partie du pont. ¹⁰ Que s'il l'eust rompu tout à fait, il eust fait beaucoup de tort aux chrestiens.

¹¹ Durant qu'on se battoit sur terre, les grands vaisseaux françois attaquèrent ceux des Sarrazins qui gardoient l'embouchure du Nil. ¹² Mais enfin les Sarrazins furent contraints de fuir et de remonter le fleuve, dont l'entrée demeura ainsi au pouvoir des François. ¹³ Les

---

¹ Guiart, p. 142, 1. — ² Ms. G, p. 125; Joinville, p. 31. — ³ Guiart, p. 142, 1. — ⁴ Chron. de Flandre, p. 55. — ⁵ Ms. G, p. 125. — ⁶ Ibid.; Matth. Par., Addit., p. 165, a; p. 167, c. — ⁷ Matth. Par., p. 167, c. — ⁸ Ms. G, p. 125. — ⁹ Duchesne, p. 353, e. — ¹⁰ Joinville, p. 30, 31. — ¹¹ Guiart, p. 142, 2. — ¹² Ibid.; Duchesne, p. 353, e. — ¹³ Duchesne, p. 353, b; Guiart, p. 142, 2; Matth. Par., p. 165, e; p. 167, c; p. 168, f.

Sarrazins perdirent beaucoup de monde dans ces combats et des personnes considérables, comme les deux émirs que nous avons dits, et même le gouverneur de Damiette. ¹ Matthieu Paris parle du Rok, le premier de l'Égypte après le sultan, qui avoit fait beaucoup de maux aux chrétiens, et qui avoit remporté un triomphe sur eux à Gaza en 1239 et 1244.

² Les chrestiens au contraire eurent très-peu de morts ou de blessez. ³ Il n'y en eut mesme qu'un seul de tué par les ennemis. ⁴ Deux ou trois se noyèrent eux-mêmes en se jettant avec trop de précipitation dans la mer pour aller aux ennemis. ⁵ Joinville en marque un, nommé Plouquet, qui, voulant se jetter d'un grand vaisseau dans la barque, s'éloigna, et tomba dans la mer où il se noya.

⁶ Entre les blessez, le seul qui le fut considérablement, fut le célèbre Hugues, comte de la Marche, dont la fidélité estoit toujours suspecte et toujours exposée aux railleries et aux reproches. C'est pourquoy on ne manquoit point de le mettre aux premiers rangs avec les volontaires. Et luy, de sa part, pour effacer cette tache, se jettoit sans discrétion au milieu des ennemis. Il fut donc fort blessé, et perdit tant de sang, qu'on ne croyoit pas qu'il en revinst. Il vivoit encore le 23 de juin ; ⁷ mais il mourut enfin de ses blessures à Damiette.

⁸ Il arriva encore, durant le combat, que comme tout

---

¹ Matth. Par., p. 787, *d;* p. 793, *b.* — ² Duchesne, p. 353, *b.* — ³ Matth. Par., *Addit.,* p. 167, *e;* p. 168, *f.* — ⁴ *Ibid.,* p. 167, *c.* — ⁵ Joinville, p. 29. — ⁶ Matth. Par., *Addit.,* p. 167, *e, f.* — ⁷ *Hist.,* p. 771, *a;* p. 793, *d;* Duchesne, p. 701, *c.* — ⁸ Matth. Par., *Addit.,* p. 167, *c, d.*

le monde estoit sorti de Damiette, même les gardes geoliers des prisons, divers esclaves et prisonniers chrestiens qui estoient dans la ville rompirent leurs chaines et se vinrent joindre aux François, à qui ils servirent beaucoup à débarquer le reste de leur flotte en leur enseignant les endroits les plus commodes. Ce débarquement des François, qui eut sans doute quelque chose de miraculeux, a donné lieu [1] à ce que rapporte Joinville d'un possédé qui, étant exorcizé dans l'église de Notre-Dame de Tortose en Phénicie, respondit que la Vierge estoit allée aider les chrestiens à prendre terre en Égypte. La chose paroist assez authentique. [2] On rapporte aussi que sainte Rose eut une révélation en Italie de la prise de Damiette dans le temps qu'elle arriva.

CCLVIII.

Les Sarrazins, croyant que le sultan estoit mort, abandonnent Damiette.

[3] Les François dressèrent leurs tentes sur le bord de la mer et y passèrent la nuit. Le lendemain, qui estoit le dimanche 6 de juin, ils ne songeoient qu'à demeurer au même lieu pour faire débarquer les gens et les chevaux qui estoient demeurez dans les navires, ([4] à quoy les esclaves qui s'estoient sauvez de Damiette les aidèrent beaucoup par la connoissance qu'ils avoient de la coste), [5] ou au plus à faire dresser quelques machines pour attaquer Damiette, [6] et à réparer ce que les en-

---

[1] Joinville, p. 109. — [2] J. Marie, p. 312. — [3] Duchesne, p. 353, c.
— [4] Matth. Par., *Addit.*, p. 167, d. — [5] *Chron. de Flandre*, p. 55. —
[6] Duchesne, p. 353, c.

nemis avoient rompu du pont de bateaux : ce qui ne leur fut pas difficile, estant maistres de la rivière.

[1] Mais Dieu leur voulut faire ce jour-là une faveur encore plus grande que celle qu'il leur avoit faite la veille, qui fut de leur livrer Damiette sans aucun combat. [2] Cette ville passoit, lorsqu'elle fut prise par les chrestiens, le 5 novembre 1219, pour plus forte que ni Alexandrie, ni le Caire, ni aucune autre place d'Égypte. Elle estoit revestue de deux murailles du costé du Nil, et de trois du costé de la terre, avec un nombre comme infini de tours au dedans et au dehors, [3] et une au milieu du Nil, [4] mais apparemment assez près de l'autre bord, [5] et qui servoit, comme nous avons dit, pour arrester les vaisseaux qui vouloient monter. [6] Cette tour avoit soixante-dix voustes, chacune de trois arcades.

Les chrestiens, qui estoient arrivez devant Damiette dès le 29 may 1218, ne purent prendre cette tour que le 24 d'aoust, et ne furent maistres de la ville que le 5 de novembre 1219, après que la famine et la peste en eurent emporté presque tous les habitants, car ils n'avoient jamais osé entreprendre de l'attaquer de force. [7] Elle estoit encore beaucoup plus forte lorsque saint Louis passa en Égypte, [8] de sorte que bien des personnes croyoient qu'à moins que Dieu n'eust fait un miracle, on ne l'eust jamais pu emporter de force tant qu'il y eust eu quelques personnes dedans avec des vivres. [9] Et le sultan y avoit mis non-seulement

---

[1] Duchesne, p. 353, c. — [2] Vitriac., l. III, p. 1128, a, b. — [3] Ibid., c. — [4] Will. Tyr., l. XX, c. XVI, p. 983, b, c. — [5] Ibid., b, c. — [6] Vitriac., p. 1128, a. — [7] Duchesne, p. 354, a. — [8] Ibid.; Ms. G, p. 126; Joinville, p. 31; Duchesne, p. 413, c. — [9] Ms. G, p. 125.

une garnison très-nombreuse, [1]mais aussi de toute sorte de munitions et pour longtemps; [2] en sorte qu'elle estoit mieux pourvue d'hommes et de vivres que lorsqu'elle avoit soutenu le siége durant plus d'un an.

[3] Mais le bruit des forces, du nombre et de l'appareil des François, ou plutost Dieu, jetta partout l'épouvante; [4] et le bruit de la mort du sultan, quoyque faux, fut apparemment la plus grande cause du désordre. [5] Car les Sarrazins luy ayant mandé par trois fois que le roy estoit arrivé, ils n'en avoient pu avoir de réponse à cause de sa maladie. Cela leur fit croire qu'il estoit mort, et on en parloit comme d'une chose assurée. Sur cela [6] les Sarrazins, estant rentrez dans la ville, n'y firent autre chose qu'écraser la teste aux chrestiens captifs et esclaves qui ne s'estoient pas sauvez comme les autres; [7] et dès la nuit même, Facardin, abandonnant la ville, suivi de ses troupes et de toute la garnison, s'en alla à Achmon, [8] où estoit le sultan.

[9] Le peuple de Damiette, voyant que l'armée s'estoit retirée, la suivit à Achmon, et abandonna la ville, partie dès la nuit, [10] partie le dimanche au matin, [11] avec une telle frayeur, que la pluspart se traisnèrent, le visage contre terre, par de petites portes cachées, sans songer à emporter aucune chose que pour leur subsistance. [12] Quelques chrestiens, qu'ils n'avoient pu tuer comme les autres, prirent même les armes, et tuèrent

---

[1] Ms. G, p. 123, 125; Duchesne, p. 354, a. — [2] Ms. G, p. 125. — [3] Abulphar., p. 322. — [4] Ms. G, p. 165, 166; Joinville, p. 30. — [5] Joinville, p. 30. — [6] Matth. Par., Addit., p. 167, d; Hist., p. 787, a. — [7] Ms. G, p. 125. — [8] Ibid., p. 123. — [9] Ibid., p. 125, 126; Duchesne, p. 353, c; Joinville, p. 30; Matth. Par., p. 165, e, f; p. 167, a. — [10] Matth. Par., Addit., p. 167, d. — [11] Ibid., c; Ms. G, p. 125; Abulphar., p. 322. — [12] Matth. Par., p. 787, a.

quelques-uns de ceux qui fuyoient. [1] Le feu se prit en même temps dans la ville [2] au quartier où estoient les principaux magasins. [3] Nos historiens disent que les Sarrazins l'y mirent eux-mêmes de peur que les chrestiens ne profitassent de leurs richesses.

[4] Un chevalier qui y estoit, dit qu'avant que de quitter la ville, ils jetèrent beaucoup de feu d'artifice sur les chrestiens, à qui ce feu pouvoit faire beaucoup de tort, à cause que le vent, qui estoit grand, souffloit le feu contre eux, mais que le vent s'étant tout d'un coup changé, il avoit repoussé le feu sur la ville, où il avoit fait de grands dégasts. [5] Quelques esclaves chrestiens, qui estoient encore dans la ville, éteignirent le feu autant par leurs prières que par le sable, le vinaigre et les autres moyens que l'on employoit alors pour éteindre ces sortes de feux, que l'eau ne faisoit qu'irriter. C'est ce qu'on appelloit alors *feu grec* ou *grégeois*. [6] On pourroit l'appeler feu de naphte, car c'en estoit la principale matière. On marque que les Sarrazins commencèrent particulièrement à s'en servir au siége d'Acre, l'an 1191, quoyque l'usage des feux d'artifice composez de différentes matières soit extrêmement ancien.

---

[1] Duchesne, p. 353, c. — [2] Joinville, p. 31. — [3] *Ibid.*; Duchesne, p. 353, c; Matth. Par., p. 787, a. — [4] Matth. Par., *Addit.*, p. 167, f. — [5] *Ibid.*; *Hist.*, p. 787, a. — [6] Ms. G, p. 169-172.

CCLIX.

[1] Les François entrent dans Damiette.

Damiette estant ainsi abandonnée des Sarrazins, deux captifs échappez de leurs mains vinrent, sur les huit ou neuf heures, en apporter la nouvelle au camp des chrestiens, [2] à qui le feu qu'ils voyoient dans la ville en avoit déjà donné quelque soupçon, [3] outre qu'on ne voyoit personne sur les murailles de la ville. [4] Saint Louis envoya un chevalier s'informer de la vérité; et ce chevalier l'assura que le sultan estoit mort, que les Sarrazins avoient abandonné la ville, et qu'il estoit entré jusque dans leurs maisons. Aussitost le roy manda le légat et tous les prélats, et fit chanter le *Te Deum*. En même temps [5] un grand nombre de François courut par le pont qui fut bientost refait, pour se jetter dans la ville. [6] Le roy même monta à cheval après le *Te Deum* et s'avança avec toute l'armée jusqu'au bord du pont, et y fit tendre ses pavillons, pour estre en état de secourir, s'il estoit besoin, ceux qui devoient entrer d'abord dans la ville. [7] Ceux-ci trouvant toutes les portes ouvertes, sans qu'il parust personne pour en défendre l'entrée, et craignant encore quelque embuscade, firent halte jusqu'à ce qu'on eust reconnu de nouveau que les ennemis estoient sortis.

[8] Alors le roy y fit entrer ceux qu'il voulut pour estre

---

[1] Matth. Par., *Addit.*, p. 167, c; *Hist.*, p. 787, a. — [2] Duchesne, p. 353, e. — [3] *Chron. de Flandre*, c. XXIII, p. 55. — [4] Joinville, p. 30. — [5] Duchesne, p. 353; Ms. G, p. 125. — [6] Duchesne, p. 353, 354; Joinville, p. 30. — [7] Ms. G, p. 125, 126. — [8] Duchesne, p. 353, c.

en garnison dans tous les quartiers de la ville. [1]Ils y entrèrent sans difficulté, et furent sans doute bientost suivis de tout le reste des troupes. [2]On nettoya aussitost la ville en ostant quelques corps morts d'hommes et de bêtes qui y estoient, et on acheva d'éteindre le feu; ensuite de quoy le roy et divers autres y entrèrent en procession avec le légat, le patriarche de Jérusalem, plusieurs archevesques et évesques et grand nombre d'ecclésiastiques et de religieux ayant tous les pieds nuds, en présence du roy de Chypre, de beaucoup de barons, de chevaliers et d'autres personnes, [3]qui entrèrent en même temps, mais qui n'avoient peut-estre pas les pieds nuds. [4]C'estoit vers les trois heures après midi, [5]et le roy n'avoit point encore mangé. On peut s'imaginer avec quelle joie et quel triomphe se fit cette entrée. [6]On pourroit voir sur cela l'entrée de Michel Paléologue dans Constantinople, lorsqu'il eut chassé les François l'an 1261.

[7]Dès que le roy fut entré, il alla à la mosquée des Sarrazins [8]qui avoit esté consacrée à Dieu en l'honneur de la sainte Vierge lorsque les chrestiens avoient pris la ville en 1249, [9]pour y faire sa prière à Dieu, et reconnoistre qu'il tenoit de luy sa victoire. Le légat y entonna une seconde fois le *Te Deum*, qui fut poursuivi par tous les assistants avec des larmes de joie. [10]Aussitost le légat réconcilia, purifia le lieu, et l'aspergea d'eau bénite, et après que l'action de grâces

---

[1] Ms. G, p. 126. — [2] Duchesne, p. 354, *a*. — [3] *Spicileg.*, t. XI, p. 535. — [4] Matth. Par., *Addit.*, p. 167, *e*. — [5] *Ibid.*, p. 168, *a*. — [6] Pachym. — [7] Matth. Par., *Addit.*, p. 168, *a*. — [8] Duchesne, p. 354, *a*. — [9] Matth. Par., *Addit.*, p. 168, *a*. — [10] *Ibid.*; Duchesne, p. 354, *a*, *b*.

fut finie, le légat y célébra solennellement la messe en l'honneur de la sainte Vierge. [1]Ainsi l'on célébra les louanges de Jésus-Christ, au même lieu où quatre jours auparavant l'on faisoit retentir avec de grands bruits, le nom de l'impie Mahomet. [2]Saint Louis se résolut d'y établir un évesque et des chanoines pour y faire continuellement le service. [3]Et dans la suite il est parlé d'un évesque de Damiette.

CCLX.

Distribution des richesses de Damiette. — Le sultan fait pendre cinquante-quatre capitaines de la garnison, et se fortifie à la Massoure.

[4]Quoyque le feu eust consumé une partie des vivres et des richesses de la ville, [5]et que les Sarrazins en se retirant, ou les chrestiens mêmes, en eussent enlevé ou caché une partie, [6]on y trouva néanmoins encore quantité de vivres, [7]plusieurs sortes d'armes et de machines, [8]et une infinité, dit un de ceux qui y estoient, de riches habits, de vaisselle, de meubles, d'or, d'argent, et de toutes sortes de biens.

[9]Le roy fit assembler les barons et les prélats pour sçavoir ce qu'il en devoit faire. Gui, fait patriarche de Jérusalem par le pape, en 1240, après avoir esté

---

[1] Matth. Par., *Addit.*, p. 168, *a*. — [2] Duchesne, p. 354, *b*. — [3] Ms. F, p. 76. — [4] Joinville, p. 31; Duchesne, p. 354, *a*. — [5] Duchesne, p. 354, *a*. — [6] *Ibid.*; Abulphar., p. 312; Matth. Par., *Addit.*, p. 165, *f*. — [7] Ms. G, p. 126; Matth. Par., *Addit.*, p. 168, *b*. — [8] Matth. Par., *Addit.*, p. 168, *b*; Ms. G, p. 126. — [9] Joinville, p. 31; note, p. 62.

chassé d'Italie par Frédéric, opina le premier. Il conseilla au roy de faire garder tous les grains et autres vivres pour la provision de la ville, et, pour le reste, d'obliger les particuliers par les censures de l'Église, d'apporter chacun ce qu'il en avoit chez le légat. Ce conseil fut approuvé par tout le monde et exécuté. Joinville dit que tout ce qui fut apporté chez le légat, ne fut estimé qu'à six mille livres; et le conseil du roy résolut que le légat retiendroit les meubles, et donneroit six mille livres à Jean de Valeri,[1] gentilhomme de Champagne, père d'Érard de Valeri, dont nous parlerons dans la suite,[2] pour les distribuer selon qu'il le jugeroit à propos. Jean, mandé pour cela par le roy, le remercia de l'honneur qu'il luy faisoit de le choisir pour distribuer cet argent, mais s'excusa en même temps de l'accepter. Il luy dit, que selon l'ancienne coustume de l'Orient, quand les chrestiens avoient fait quelque butin considérable sur les ennemis, celuy qui commandoit en avoit le tiers, et le reste se distribuoit entre les pèlerins; que Jean de Brienne l'avoit ainsi pratiqué lorsqu'on avoit pris Damiette en 1219, qu'ainsi, s'il vouloit luy remettre entre les mains les deux tiers de tout ce qui se trouvoit dans la ville pour le distribuer aux pèlerins, il espéroit s'en acquitter avec honneur. Le roy demeura dans sa première pensée, de quoy plusieurs furent mécontents; et Joinville témoigne ne pas approuver la conduite du roy en ce point.

[3] Néanmoins le comte d'Artois mande à Blanche

---

[1] Joinville, note, p. 62, 63. — [2] *Hist.*, p. 31. — [3] Matth. Par., *Addit.*, p. 163, *f.*

qu'on avoit retenu une grande partie de ce qui s'estoit trouvé dans Damiette pour les provisions de la ville, « et de illa parte, dit-il, (il faut *alia*) fuit exercitus mul- « tum repletus. » Et cela nous assure que saint Louis avoit fait distribuer à l'armée ou les meubles en nature, ou les six mille livres, comme il avoit eu dessein d'abord, ce qui de soy-même estoit déjà assez probable. Ainsi, s'il n'a pas suivi la coustume du pays, on ne peut pas le soupçonner de l'avoir fait par intérest. [1] Pour ce qui se passa à Damiette en 1219, tout y fut distribué généralement à tous les pèlerins jusqu'aux femmes et aux enfants, suivant le serment que tout le monde en avoit fait.

[2] La garnison et les habitants de Damiette estant arrivez à Achmon, furent sans doute bien surpris d'y trouver le sultan en vie. Il se mit dans une extrême colère contre la garnison, et par l'avis même de son conseil, il en fit pendre cinquante-quatre capitaines tout vêtus comme ils estoient. [3] On prétend que ces officiers n'osèrent pas même en cette extrémité avouer la véritable cause de leur fuite, qui estoit le bruit de la mort du sultan, parce que les Orientaux n'osent presque parler de la mort devant leurs princes, et encore moins de la leur propre. [4] Matthieu Paris prétend que les excuses de ces officiers paroissoient raisonnables à quelques-uns, mais que la colère du sultan l'emporta. [5] Il se contenta de faire quelques reproches à Facardin, sans doute parce qu'il estoit trop puissant. [6] Il fit mourir aussi vers ce temps-là ceux qui avoient

---

[1] Vitriac., l. III, p. 1143, *a-c*. — [2] Ms. G, p. 126; Abulphar., p. 323. — [3] Ms. G, p. 168. — [4] Matth. Par., p. 787, *b*. — [5] Ms. G, p. 126, 127. — [6] Joinville, p. 56.

pris l'an 1239 le comte de Montfort, par la jalousie et la crainte qu'il avoit de leur valeur : et cette manière d'agir luy estoit ordinaire à l'égard de ceux qu'il avoit luy-même élevez et enrichis pour leur courage.

[1] Après avoir fait pendre ces cinquante-quatre capitaines à Achmon, il se fit porter à la Massoure, où on prépara en diligence tout ce qui estoit nécessaire pour la demeure de sa cour et pour la défense de la ville. Il y vint une grande multitude d'hommes de tous pays offrir leurs services au sultan dans une guerre qu'ils consideroient, aussi bien que les chrestiens, comme une guerre de religion : [2] de sorte que le sultan se jugea assez fort pour envoyer offrir à saint Louis une bataille générale pour le 25 de juin en un lieu dont ils conviendroient. Saint Louis ne jugea pas à propos de l'accepter, soit à cause de la maladie du sultan qui augmentoit toujours, soit par quelques autres raisons. Mais il répondit au sultan qu'il le défioit, non pour le 25 de juin ou quelque autre jour particulier, mais pour tous les jours de sa vie, à moins qu'il ne se convertist. [3] Il luy répondit avec la même hauteur lorsqu'il le voulut railler sur les instruments de labourage qu'il avoit apportez.

[1] Ms. G, p. 127. — [2] Matth. Par., *Addit.*, p. 168, c, d. — [3] *Ibid.*, p. 169, b, c.

CCLXI.

Saint Louis passe l'été à Damiette.

¹ Saint Louis se résolut, par l'avis de son conseil, de passer l'été à Damiette, jusqu'à ce que le Nil fust diminué. ² Car on sçait que ce fleuve se répand dans l'Égypte depuis la Saint-Jean jusque vers la Sainte-Croix, et rentre ensuite peu à peu dans son lit, ³ à quoy les chrestiens n'ayant pas assez pris garde en l'an 1221, ils se virent réduits par les eaux à la discrétion des ennemis, et contraints de rendre Damiette pour se racheter. ⁴ Saint Louis vouloit éviter cet inconvénient, ⁵ et en même temps attendre son frère Alphonse qui luy devoit amener l'arrière-ban de France. ⁶ On disoit que dans un conseil tenu entre les grands, on avoit résolu après une grande délibération d'aller attaquer Alexandrie ou le Caire.

⁷ Saint Louis faisoit cependant tirer toutes ses provisions des vaisseaux, et les faisoit porter dans Damiette, ⁸ dont il fortifioit encore de nouveau les murailles. ⁹ La reine estoit logée dans la ville avec les dames et le légat. ¹⁰ Mais le roy estoit logé dehors avec le camp, ¹¹ qui estoit placé en un lieu nommé Jamas, ¹² ayant laissé dans la ville une forte garnison ¹³ de cinq cents cheva-

---

¹ Duchesne, p. 354, *b;* Matth. Par., *Addit.*, p. 165, *f.* — ² Joinville, note, p. 383. — ³ Duchesne, p. 354, *b.* — ⁴ *Ibid.* — ⁵ Joinville, p. 34. — ⁶ Matth. Par., *Addit.*, p. 168, *c.* — ⁷ *Ibid.*, *b;* p. 165, *f.* — ⁸ Ms. G, p. 127. — ⁹ *Chron. de Flandre*, c. xxiii, p. 56; Matth. Par., p. 779, *d.* — ¹⁰ Joinville, 32-34; *Chron. de Flandre*, p. 56. — ¹¹ Matth. Par., *Addit.*, p. 166, *a.* — ¹² Ms. G, p. 127. — ¹³ Matth. Par., p. 779, *d.*

liers et de beaucoup d'infanterie. ¹ Voilà l'état où estoient les affaires lorsque le comte d'Artois manda à la reine Blanche, le 23 de juin, la nouvelle de la prise de Damiette. ² Nous avons cette lettre avec trois autres sur le même sujet, et écrites apparemment en même temps. ³ Il semble que saint Louis en ait écrit une relation publique à tout son royaume comme il fit de sa captivité. Ces lettres n'arrivèrent que tard en Occident, ⁴ car la première nouvelle de la prise de Damiette ne fut apportée en Angleterre que le 24 de septembre.

⁵ Il n'est point besoin d'autorité pour croire ce que dit Innocent IV que tous les chrestiens reçurent cette nouvelle avec une extrême joie, et que toute l'Église en rendit à Dieu la louange qui luy estoit due. ⁶ La chose estoit si au-dessus de toute espérance, que les Templiers et les Hospitaliers eurent longtemps de la peine à se le persuader.

CCLXII.

Les chrestiens attirent sur eux la colère de Dieu par leurs péchez.

On croyoit sans doute qu'après un commencement si avantageux, on se verroit bientost maistre de toute l'Égypte et assuré dans la possession de la Palestine, qui devoit estre le fruit de ce voyage. ⁷ Saint Louis n'estoit en peine que de ce qu'il ne croyoit pas avoir assez de monde pour garder et pour habiter ce qu'il

---

¹ Matth. Par., *Addit.*, p. 165, 166. — ² *Ibid.*, p. 166, 168, 169. — ³ Duchesne, p. 428, a. — ⁴ Matth. Par., p. 768, b, c. — ⁵ Duchesne, p. 415, b. ⁶ Matth. Par., *Addit.*, p. 168, b. — ⁷ *Ibid.*, p. 169, b.

avoit conquis et ce qu'il espéroit conquérir encore.
¹L'armée avoit des vivres en abondance par ceux qu'elle avoit apportez, et en avoit trouvé beaucoup dans Damiette. Elle s'augmentoit tous les jours par le concours des chrestiens de la Morée, des Templiers, des Hospitaliers et de divers Occidentaux. Le miracle visible de ce succès, et surtout le vent qui avoit fait retourner le feu contre la ville, avoit touché plusieurs Sarrazins qui avoient embrassé la foy avec sincérité et demandé le saint baptesme. Et comme ces personnes connoissoient tout à fait l'état du pays, c'étoit un grand avantage aux chrestiens pour ne se pas laisser surprendre.

²Les Sarrazins estoient dans la même pensée. La nouvelle de la perte de Damiette avoit mis tout le peuple du Caire dans une grande consternation, et on commençoit à désespérer des affaires de l'État, surtout à cause de la maladie du sultan, qui augmentoit toujours et l'empeschoit de sortir. ³Mais Dieu, par un conseil impénétrable de sa sagesse, confondit ces grandes espérances, soit pour augmenter le mérite des bons, soit pour punir dans le temps les péchez de ceux à qui il vouloit faire miséricorde; et la prise de Damiette ne fut pas le commencement d'une victoire, mais un moyen de conserver la vie aux vaincus, et leur rançon dans leur captivité. ⁴Ils ne reconnurent point assez les grâces que Dieu leur avoit faites. ⁵Ils abusèrent de l'abondance même que Dieu leur donnoit pour l'offenser. Ceux qui avoient du bien le prodiguèrent en des fes-

---

¹ Matth. Par., *Addit.*, p. 168, *b, c.* — ² Ms. F, p. 126. — ³ Duchesne, p. 413, *b, c.* — ⁴ Joinville, p. 31. — ⁵ *Ibid.*, p. 32.

tins magnifiques, et le peuple s'abandonnoit à des désordres encore plus honteux, presque à la vue même du roy. ¹ Les officiers du roy, au lieu d'attirer les marchands par des traitements favorables, en vouloient tirer de grandes sommes pour les places où ils devoient vendre. En un mot, saint Louis avoit le regret de n'avoir jamais vu plus de maux et plus de déréglemens dans une armée. ² La vanité y mit la haine et l'envie, tant entre les François mêmes qu'entre eux et ceux des autres nations qui s'estoient joints à eux.

Saint Louis ignoroit sans doute une partie de ces désordres, et n'avoit pas assez de pouvoir pour corriger les autres ; car la pluspart des seigneurs étant alors comme souverains, et le roy n'ayant point de juridiction sur eux qu'en certains cas, ils ne lui obéissoient presque qu'autant qu'ils vouloient. ³ Joinville se plaint de ce peu d'obéissance qu'il trouvoit dans ses propres officiers, et remarque que « il avoit autant à faire à entretenir sa gent en paix, comme il avoit à supporter ses fortunes et ses pertes. » ⁴ Saint Louis avouoit lui-même qu'il n'estoit pas maistre des grands ; et les étrangers luy font cette justice, qu'il considéroit autant ceux des autres nations que ses sujets, et que s'il souffroit quelque chose de l'insolence des François, ce n'estoit point que saint Louis manquast de soin pour donner les ordres nécessaires, mais seulement de pouvoir, et peut-estre de hardiesse pour punir les siens, de peur de sédition. ⁵ Ils se plaignent particulièrement du comte d'Artois, qui n'avoit pas même le respect

---

¹ Joinville, p. 32. — ² Matth. Par., p. 767, *b*. — ³ Joinville, p. 29. — ⁴ Matth. Par., p. 784, *e*. — ⁵ *Ibid.*, *e*, *f*; p. 785, *a*.

qu'il devoit pour son frère, [1] comme Joinville se plaint aussi de Jean de Beaumont, chambrier de France.

Saint Louis témoigna assez combien il haïssoit ces désordres par le traitement qu'il fit à ceux de sa maison dont il estoit plus maistre que des autres; [2] car il cassa quantité de ses officiers et de ses gens, à cause de leurs vices, quelque tort que cela lui fist. Mais s'il estoit innocent de ce côté-là, [3] qui sait s'il estoit difficile que tant d'heureux succès et tant d'applaudissements ne laissassent point quelque fumée dans son cœur, et qu'il ne se retinst point quelque partie de la gloire qui estoit due toute entière à Dieu? [4] On peut voir ce que Matthieu Paris dit des conditions de paix offertes par les Sarrazins, et rejetées, dit-il, par la vanité du comte d'Artois. Nous en pourrons encore parler ci-dessous.

CCLXIII.

Les Sarrazins attaquent le camp des François.

[5] Entre les Sarrazins qui estoient venus au service du sultan, il y avoit plusieurs Arabes, du nombre de ceux qu'on appeloit alors Bédoins, et dont l'unique exercice estoit de voler. [6] Comme le sultan avoit promis un bezans d'or pour chaque teste de chrestien qu'on lui apporteroit, ces Arabes, qui connoissoient l'ordre du camp de l'armée des chrestiens, attendoient que le guet que chacun faisoit à cheval à l'entour fust passé,

---

[1] Joinville, p. 29, 32. — [2] Ibid., p. 32. — [3] Duchesne, p. 413, c. — [4] Matth. Par., p. 770, d. — [5] Ms. G, p. 127. — [6] Joinville, p. 33, 34.

et entrant secrètement dans le camp, tuoient ceux qu'ils trouvoient endormis à l'écart et en emportoient la teste, ce qui fut cause que saint Louis ordonna que le guet se feroit à pié (est-ce de peur que le bruit des chevaux ne le découvrist?), et l'armée se serra si fort qu'il n'y avoit plus de vide. [1]Ces Arabes, se cachant en divers endroits de la campagne, surprenoient et enlevoient divers François, et dès le lundi, 7 de juin, ils en amenèrent trente-six entre lesquels il y avoit deux chevaliers; mais en tous ces prisonniers, on n'en compte pas deux cents. Les Sarrazins se réjouirent aussi de la nouvelle qui vint à leur camp que ceux de Damas avoient pris Sidon d'assaut après un siége de quelques jours. Ils ne la gardèrent pas, sans doute, et même Samed ne parle point du tout de sa prise.

Après la Saint-Jean, [2]le sultan qui avoit amassé de grandes troupes, [3]vint ou plustost envoya assaillir par terre le camp des chrestiens. Saint Louis s'arma aussitost et monta sur son cheval de bataille. [4]Huit seigneurs, qu'on appeloit par excellence les bons chevaliers, entre lesquels estoient le connestable Matthieu de Marli, et Geoffroy de Sargines, coururent à la campagne avec le maistre des arbalétriers et grand nombre de gens d'armes pour empescher les ennemis d'approcher du camp; [5]et le roi attendoit dans sa tente des nouvelles de ce qu'ils avoient fait. [6]Le roy avoit défendu avec le conseil des princes que qui que ce fust quittast le corps de l'armée pour aller de soy-même com-

---

[1] Ms. G, p. 127. — [2] Ibid., p. 127; Chron. de saint Louis, p. 54, 1. — [3] Joinville, p. 32; note, p. 63. — [4] Ibid., p. 33; note, p. 63, 65. — [5] Chron. de saint Louis, p. 54, 2. — [6] Matth. Par., p. 784, d.

battre les ennemis. C'est pourquoy [1] Joinville vint demander au roy permission de sortir du camp, luy et les siens, pour aller combattre. Mais Jean de Beaumont, sans attendre la réponse du roy, le luy défendit de sa part d'une manière fort rude. [2] Gaucher d'Autresche, de la maison de Chastillon, ayant été combattre sans permission, fut assommé par les ennemis, et quand on en apporta la nouvelle au roy, il en témoigna peu de regret, parce qu'il s'estoit fait tuer par sa faute, et dit qu'il ne vouloit point de gens qui eussent aussi peu de déférence et d'obéissance que luy pour ses ordres. [3] Il se passa ainsi quelques jours dans ces escarmouches, [4] et saint Louis, craignant que la cavallerie des ennemis n'entrast dans son camp, le fit fermer d'un grand et large fossé, sur le bord duquel il mit un grand nombre d'arbalétriers et d'autres milices pour faire le guet toute la nuit.

Les Sarrazins se retirèrent sans doute parce qu'ils ne pouvoient rien faire, et à cause de la maladie du sultan.

Matthieu Paris, qui paroît avoir peu distingué ce qui se passoit à Damiette en 1249 d'avec ce qui arriva au camp devant la Massoure en 1250, [5] prétend que saint Louis estoit fort pressé dans ses lignes près de Damiette, sans avoir ni argent ni vivres; qu'il y avoit dans les montagnes des environs un nombre infini de Sarrazins qui luy donnoient des allarmes continuelles, et qui ne lui laissoient ni jour ni nuit aucun repos.

[1] Joinville, p 32. — [2] *Ibid.*, p. 33; *Hist. de Chastill.*, p. 629. — [3] *Chron. de saint Louis*, p. 55, 2. — [4] *Ibid.*, p. 56, 1, Matth. Par., p 779, c; Joinville, p. 34. — [5] Matth., Par., p. 779, c, d.

CCLXIV.

Quelques Anglois joignent saint Louis et le quittent. — Diverses affaires particulières.

¹ Au mois de juillet, Guillaume Longuépée, seigneur de Salisbury, et divers autres gentilshommes d'Angleterre au nombre de deux cents chevaux, ayant pris la croix dès l'an 1247, partirent de leur pays, et vinrent joindre saint Louis à Damiette vers le mois d'aoust. Le roy très-chrestien les reçut avec beaucoup de joie et de civilité, ² et conjura fort les siens d'éviter toute sorte de picque avec ces étrangers. Mais ses soins et ses prières furent inutiles; ce que l'historien anglois attribue à l'insolence naturelle des François, et principalement à la jalousie qu'ils eurent de ce que les Anglois avoient heureusement réussi dans quelques entreprises ³ en une expédition que fit saint Louis du costé de l'Orient, s'il faut en croire Matthieu Paris, qui estoit peu instruit de ce qui se passoit en Égypte. ⁴ Ils prirent une tour assez près d'Alexandrie et un grand nombre de dames du pays qui s'y estoient retirées.

⁵ Une autre fois ils pillèrent une caravane de marchands qui s'en alloient à une foire. Mais comme ils estoient sortis du camp sans permission, les François, et le comte d'Artois à leur tête, leur enlevèrent tout le butin qu'ils avoient fait. Guillaume s'en plaignit à saint Louis, qui, *ut erat spiritu et vultu piissimus*, l'assura qu'il n'approuvoit nullement la conduite des

---

[1] Matth. Par., p. 767, *a*. — [2] *Ibid.*, *a, b*; p. 784. — [3] *Ibid.*, p. 785, *f*. — [4] *Ibid.*, p. 784, *h*. — [5] *Ibid.*, *b, c*.

siens, et qu'il craignoit fort que l'orgueil n'attirast sur eux la colère de Dieu pour les confondre; mais qu'il n'avoit pas assez d'autorité pour les punir de peur de quelque sédition. Guillaume luy répondit qu'il n'estoit donc pas roy, puisqu'il ne pouvoit pas rendre justice aux innocents, ni chastier les coupables, [1] et sur cela il se retira à Acre laissant le roy fort attristé de son départ dont on prétend que le comte d'Artois témoigna ouvertement estre bien aise, et qu'il dit qu'enfin l'armée françoise étoit nette de ces *couhez*, qui est une injure qu'on dit assez souvent aux Anglois.

[2] Guillaume justifia sa retraite dans la Palestine en accusant les François, [3] et résolut d'attendre là ceux de sa nation qui devoient venir en Orient, pour faire avec eux et avec les habitants du pays quelque exploit considérable auquel les François n'eussent point de part. [4] Mais le roy d'Angleterre appuyé par le pape ne voulut point souffrir que les autres Anglois croisez passassent en Orient; [5] et saint Louis estant prest de partir pour Damiette au mois de novembre, et ayant rappelé pour cela Guillaume et ses Anglois, en leur promettant de leur faire faire une entière satisfaction, ils retournèrent auprès de luy à Damiette, où ils apprirent l'espérance que l'on avoit de se rendre maistres du Caire, comme nous le dirons dans la suite : et cette espérance les réjouit si fort qu'ils pardonnèrent aussitost toute l'injure qu'ils croyoient avoir reçue des François. Ils suivirent saint Louis à la Massoure où Guillaume fut tué avec le comte d'Artois le 8 de février 1250.

[1] Matth. Par., p. 785, a. — [2] Ibid. — [3] Ibid., b. — [4] Ibid., b-d. — [5] Ibid., p. 787, e, f.

Saint Louis voulant assister les chrestiens de son crédit aussi bien que de ses armes se rendit caution envers divers marchands italiens et autres pour quelques seigneurs qui avoient besoin d'argent, ¹ comme pour Raoul seigneur de Couci, Guillaume de Dampierre comte de Flandre, et Érard de Chastenay, au mois de may avant que de partir de Chypre, ² pour Yoland, dame de Bourbon au mois d'avril, ³ pour Gui comte de Forès, au mois de septembre au camp près de Damiette, ⁴ et au même lieu en novembre pour Guillaume de Chavigni, et encore au mesme lieu pour Guillaume de Dampierre, ⁵ et pour Gautier ou Gaucher de Chastillon.

⁶ Entre les marchands de Gênes il y a des Spinola et des Auria. Perronelle ⁷ femme de Pierre de Courtenay, seigneur de Conchet, ayant hérité de quelques terres par la mort de Gaucher de Joigni son frère, saint Louis reçut de Pierre l'hommage de ses terres au mois de may, au village de Camévoriak près de Nicosie en Chypre. ⁸ Gui le Bouteillier de Senlis mourut le 8 d'aoust à Damiette. ⁹ Pierre Charlot, évesque de Noyon, qui avoit suivi saint Louis son neveu en Orient, y mourut le 9 d'octobre. Son corps fut rapporté à Noyon. ¹⁰ Matthieu Paris dit qu'il mourut sur les vaisseaux à la coste de Chypre. Ce fut peut-estre à la côte de Damiette, ¹¹ où il y eut vers ce temps-là de grandes tempestes qui brisèrent bien deux cent quarante et un vaisseaux grands et petits.

¹ *Invent.*, t. VII, *De mutuis ultramarinis*, p. 1 et suiv. — ² *Ibid.* — ³ *Ibid.* — ⁴ *Ibid.* — ⁵ *Ibid.* — ⁶ *Ibid.* — ⁷ *Hist. de Constant.*, note, p. 33, 34; *Invent.*, t. VII, *De mutuis ultramarinis*, p. 1 et suiv. — ⁸ *Antiq. de Paris*, l. IV, p. 88. — ⁹ Duchesne, p. 262, *b.* — ¹⁰ Matth. Par., p. 771, *l.* — ¹¹ Joinville, p. 34.

[1] On prétend avoir à Royaumont le chef de saint Jacques le Mineur donné par saint Louis à son retour d'Orient, et on allègue pour preuve une lettre datée de Damiette au mois de juin 1249, par laquelle Charles empereur des Romains déclare qu'il donne à Robert comte d'Artois, frère de saint Louis, cette relique tirée de sa chapelle de Constantinople appelée Boquelion. Ce qui est certain c'est qu'il n'y avoit point alors d'empereur Charles ni en effet ni en titre. Je ne sçay pas si l'on voudra changer le nom de Charles en celuy de Baudoin, et dire sur cela que Baudoin étoit alors à Damiette, ce qui n'est marqué ni par les historiens ni par les relations du 23 de juin.

CCLXV.

Alphonse vient trouver saint Louis.

Alphonse comte de Poitiers songeoit cependant à aller trouver son frère en Orient. [2] Dès le 27 et 28 octobre de l'année précédente, le pape avoit mandé au thrésorier de Poitiers de dispenser ceux qui avoient fait vœu d'aller en terre sainte, pourvu qu'ils donnassent de l'argent, de ramasser tout l'argent qui viendroit tant de ces absolutions que des autres moyens destinez pour le secours de la terre sainte, et de le mettre entre les mains d'Alphonse. [3] Il lui ordonna le 28 du même mois, de retirer tout l'argent laissé par testament en France pour de bonnes œuvres non spé-

[1] Ms. G, p. 31, 32. — [2] Invent., t. VII, Croisades, I, pièce 3 — [3] Ms. G, p 340.

cifiées, de le mettre entre les mains d'Alphonse, [1] qui, par un acte daté de Paris, le 12 juin 1249, prie l'évesque de Meaux de donner quinze cents livres tournois sur ce qui se lèveroit de cette manière en Champagne, à Jean des Barres, chevalier, qui s'estoit croisé.

[2] Le 24 juin de cette année, Hugues Le Brun comte d'Angoulême, fils du comte de La Marche, promit à Alphonse de le servir durant un an avec douze chevaliers moyennant quatre mille livres tournois qu'Alphonse luy presta, et une rente de six cents livres qu'Alphonse luy assura par luy et ses successeurs, avec pouvoir à luy et à ses douze chevaliers de venir tous les jours manger à sa table. Cela se fit à Paris, et Alphonse y mit en dépost dans le Temple l'obligation qu'il fit à Hugues des six cents livres de rente pour luy estre mises entre les mains après qu'il auroit achevé le service qu'il lui devoit.

[3] Au mois d'avril et au mois d'aoust, il fit quelque accord sur la Roche-sur-Yon avec Jeanne dame de ce lieu et de Lusson; il étoit encore à Paris à la Saint-Jean comme nous venons de voir. [4] Il en partit aussitost après pour aller en Orient, laissant la reine sa femme seule pour gouverner le royaume. [5] Il estoit à Lyon au mois de juillet, où il accorda à la prière des habitants de la Rochelle, de Poitiers, de Saint-Jean d'Angely, de Niort, de Saintes, et de Saint-Maixent, de chasser pour toujours les Juifs du Poitou et de la Saintonge, à condition qu'on luy payeroit une seule fois quatre sous par feu, et ce qui pouvoit estre dû aux Juifs depuis sept

---

[1] Ms. G, p. 349. — [2] Ms. F, p. 351, 354. — [3] *Invent.*, t. I, *Poitou*, I, pièce 91; *Poitou*, III, pièce 16. — [4] Duchesne, p. 354, *b*. — [5] *Invent.*, t. I, *Poitou*, I, pièces 91-94.

ans. Je voudrois avoir quelque éclaircissement sur cette dernière condition. ¹ Jean comte de Bretagne chassa de même les Juifs en 1240, mais il avoit cassé absolument les dettes faites aux Juifs, et ne s'en estoit rien approprié.

² Alphonse envoya à l'empereur Frédéric un nommé Jean du Lieu luy demander permission d'acheter dans le royaume de Sicile les vivres et les autres choses nécessaires dont il avoit besoin pour son voyage. La reine Blanche l'en pria aussi. Frédéric accorda cette permission, et outre cela fit présent à Alphonse de cinquante chevaux de main, de mille *sommes* et d'autant d'orge. Il escrivit ensuite sur cette libéralité tant à saint Louis qu'à Blanche, voulant qu'ils l'estimassent beaucoup, à cause de la cherté qui estoit depuis deux ou trois ans dans la Sicile. Il proteste que sans cette cherté il auroit envoyé des vivres à saint Louis, et qu'il luy auroit aussi envoyé des troupes, on luy en auroit amené luy-même, sans les troubles continuels que luy suscitoit le pape. Il reconnoist qu'en travaillant pour les François, il travailloit pour luy-même, et qu'il trouvoit son avantage dans les progrès qu'ils pourroient faire en Orient, à cause de son fils Conrad qui estoit héritier du royaume de Jérusalem. ³ Il reconnoist que l'affection qu'il avoit ou feignoit d'avoir pour les François n'estoit qu'une suite de celle que les François luy avoient toujours témoignée, et des bons offices qu'il en avoit reçus ; ce qui montre que saint Louis en soutenant la cause du pape, n'avoit

---

¹ Argentré, l. V, c. xx, p. 302, 303 ; Ms. D, p. 383. — ² Pet. de Vineis, l. III, ep. xxiii, xxiv, p. 434-438. — ³ *Ibid.*, ep. xxiv, p. 436.

néanmoins rien fait dont Frédéric pust se plaindre avec quelque apparence de raison.

[1] Alphonse estoit à Aigues-Mortes au mois d'aoust, et ayant fait son testament, il donna alors à ceux qu'il avoit fait ses exécuteurs, pouvoir de faire réparer tout ce que luy et ses baillis pouvoient avoir fait contre l'ordre de la justice. [2] Il amenoit avec luy Jeanne, fille du comte de Toulouse, sa femme. Ainsi ce comte sachant qu'ils estoient à Aigues-Mortes pour s'embarquer, il vint leur dire le dernier adieu, et leur parler de ses affaires. Quand il s'en fut retourné, [3] Alphonse s'embarqua le 25 d'aoust au même jour aussi bien qu'au même lieu que saint Louis s'estoit embarqué l'année précédente. [4] Il aborda à Damiette le dimanche 24 d'octobre. [5] Il amenoit avec luy la comtesse d'Artois sa belle-sœur, [6] et une grande armée que [7] Joinville appelle l'arrière-ban de France. Il fut à Acre avant que d'arriver à Damiette, soit que le vent l'y eust porté malgré luy, soit qu'il ne sçust pas que saint Louis étoit maistre de Damiette. [8] Saint Louis estoit fort en peine de n'avoir point de ses nouvelles.

CCLXVI.

Mort de Raimond, comte de Toulouse.

Il sembloit assez naturel que Raimond, comte de Toulouse, qui avoit promis tant de fois de passer en

---

[1] *Invent.*, t. I, *Poitou*, III, pièce 13. — [2] Duchesne, p. 701, *a*. — [3] *Ibid.*, p. 354, *b*. — [4] *Ibid.; Spicileg.*, t. XI, p. 536; Vinc. de Beauv. — [5] *Spicileg.*, t. XI, p. 536; Guiart. — [6] Duchesne, p. 354, *b*; Vinc. de Beauv. — [7] Joinville, p. 34. — [8] *Ibid.*

Orient, et qui paroissoit estre prest de le faire l'année précédente, si son vaisseau fust venu un peu plus tost, y accompagnast cette année le comte de Poitiers son gendre. L'histoire ne marque point pourquoy il ne le fit pas. Il sentoit peut-être déjà les approches de la mort. [1] Car il avoit esté quelques jours malade au retour d'un voyage qu'il avoit fait cette année en Espagne, [2] et peu après avoir quitté Alphonse et Jeanne sa fille, à Aigues-Mortes, estant allé à Milhaud en Rouergue, sur le Tarn, [3] la fièvre le prit, et il y mourut le 27 de septembre [4] dans sa cinquante et unième année, ou à la fin de la cinquante-deuxième, [5] s'il est né en 1197. Il agit beaucoup dès l'an 1216.

[6] Il avoit reçu de grandes sommes d'argent du pape pour faire la guerre au comte de Savoie et à d'autres ennemis de la cour romaine, dit Matthieu Paris; et si cela est, il est aisé de juger pourquoy il ne passa pas en Orient avec Alphonse. [7] Se voyant malade, il renvoya cet argent au pape, luy mandant qu'il n'attendoit plus que la mort et le tombeau. Cela se fit sans doute secrettement. [8] Mais comme il avoit reçu publiquement de l'argent pour aller en terre sainte, tant du pape même que de saint Louis et de la reine Blanche, il ordonna par un acte public du 24 septembre que cet argent leur seroit rendu par son héritier. Il déclara en même temps qu'il estoit résolu de remplir ce voyage si Dieu luy rendoit la santé, et, en cas qu'il ne le pust pas, il ordonna que son héritier entre-

---

[1] Duchesne, p. 701, *a*. — [2] *Ibid.*, *a*, *b*; p. 781, *b*. — [3] *Ibid.*, p. 701, *a*, *b*. — [4] *Ibid.*, *b*. — [5] Roger de Hov., p. 438, 1, *d*. — [6] Matth. Par., p. 771, *b*. — [7] *Ibid.*, *b*, *c*. — [8] Catel, *Toul.*, p. 375; *Invent.*, t. V, *Toul.*, V, pièce 68.

tiendroit durant un an cinquante chevaliers en la terre sainte.

¹Il avoit fait la veille son testament, où il ordonne de restituer toutes les mauvaises acquisitions et les extorsions qu'il avoit faites luy ou ses officiers, laisse dix mille marcs en aumônes, avec tous ses joyaux et ses troupeaux, et ordonne que Sicard Aleman aura le gouvernement et la jouissance de toutes ses terres jusqu'à ce qu'elles viennent entre les mains de sa fille. ²Matthieu Paris qualifie ce testament *magnifique.* ³Il avoit avoué, la veille de Pasques, à frère Guillaume de Brive, cordelier, son confesseur, qu'il avoit autrefois fait une fausse pièce au préjudice du comte de Foix, et il avoit chargé ce père de la retirer de Sicard Aleman, entre les mains de qui elle estoit, pour la déchirer. Le cordelier ne l'ayant pas encore fait, il luy donna de nouveaux ordres pour cela. Mais il mourut avant que la chose pust être exécutée, et quelque instance que F. Guillaume fist pour la retirer après sa mort, jamais Sicard ne la voulut rendre.

⁴Le corps de Raimond fut porté à Toulouse, et de là au Paradis, prieuré de l'ordre de Fontevrauld en Agénois, où il demeura en dépôt jusqu'au printemps suivant, qu'il fut porté à Fontevrauld et inhumé aux pieds de Jeanne, sa mère, comme il l'avoit ordonné par son testament. Henri, son ayeul, et Richard, son oncle, estoient enterrez au même lieu. ⁵Ses sujets le regrettèrent d'autant plus qu'ils le regardoient comme leur

---

¹ Catel, *Toul.*, p. 373, 374; *Invent.*, t. V, *Toul.*, V, pièce 69; *Episc Cadurc.*, p. 106. — ² Matth Par., p. 771, c. — ³ *Hist. de Béarn*, p. 765. — ⁴ Duchesne, p. 701, b, c; Matth. Par., p. 771, c; Catel, *Toul.*, p. 373. — ⁵ Duchesne, p. 701, c.

dernier seigneur naturel, Alphonse estant comme étranger à leur égard, et trop grand seigneur, et n'ayant pas même d'enfants pour luy succéder. ¹D'ailleurs ce comte estoit libéral, d'où vient qu'il paroist avoir esté aimé de la noblesse même qui ne relevoit pas de luy. ²Matthieu Paris le qualifie *militem strenuum et circonspectum*.

Nous avons vu qu'il avoit commencé dès l'an 1216 à se signaler dans la guerre, et qu'en 1223, il avoit reconquis tout le Languedoc sur Amauri de Montfort. ³Le pape Grégoire IX luy donna en 1234 la conduite de son armée contre les Romains. ⁴A l'égard de la religion, Mouskes dit que depuis même sa réunion à l'Église, il ne croyoit et n'aimoit guère l'Évangile, et cela est assez probable.

Nous avons vu les différends qu'il a presque toujours eus avec les inquisiteurs et les ecclésiastiques du Languedoc et souvent avec le pape. Mais l'assassinat des inquisiteurs tuez à Avignonnet en 1242 est tout à fait inexcusable. Aussi il ne s'en est défendu qu'en prétendant qu'il n'y avoit point de part. Ceux qui voyent avec plaisir descendre les âmes dans l'enfer, estimèrent sans doute beaucoup une des dernières actions de sa vie; ⁵car cette année même, au retour de son voyage d'Espagne, environ quatre-vingts personnes ayant avoué devant luy leur hérésie, ou en ayant esté convaincues, il les fit brûler à Agen.

---

¹ Duchesne, p. 701, *c*. — ² Matth. Par., p. 771, *b*. — ³ *Ibid.*, p. 409, *a*. — ⁴ Mousk., vers 29 134 et suiv. — ⁵ Duchesne, p. 701, *a*.

CCLXVII.

Blanche envoye prendre possession du comté de Toulouse au nom d'Alphonse.

[1] La reine Blanche ayant appris la mort de Raimond, commit Gui et Henri ou Hervé de Chevreuse, frères, pour aller en Languedoc prendre possession de ses terres au nom du comte de Poitiers, et avec eux Philippe, trésorier de Saint-Hilaire de Poitiers et chapelain du même comte. Leur commission, datée de Paris au mois d'octobre, est adressée aux capitouls et aux bourgeois de Toulouse, à qui elle ordonne de faire serment de fidélité aux commissaires. [2] Gui est qualifié en 1257 *Dominus de Capella* (l. *de Caprosia*) et conseiller du roy.

[3] Les trois commissaires s'estant donc transportés à Toulouse, [4] les bourgeois y firent serment à Alphonse entre leurs mains, au commencement de décembre, ensuite de quoy [5] les commissaires ayant ouvert une lettre de Blanche, déclarèrent de sa part Sicard Aleman gouverneur du pays pour Alphonse jusqu'à ce que le comte fust revenu, ou que la reine en ordonnast autrement, et en cette qualité luy firent jurer la conservation des priviléges de la ville suivant les termes prescrits par la lettre de Blanche, sans parler de la commission et de l'autorité donnée au même Sicard par le testament de Raimond, [6] qui avoit esté ouvert à Tou-

---

[1] Catel, *Toul.*, p. 378. — [2] Ms. G, p. 377. — [3] Catel, *Toul.*, p. 378. — [4] *Invent.*, t. V, *Toul.*, IV, pièce 27. — [5] *Ibid.*; Catel, *Toul.*, p. 378, 379. — [6] Catel, *Toul.*, p. 383; *Episc. Cadurc.*, p. 307.

louse, nonobstant l'absence d'Alphonse et de Jeanne, dès le mois d'octobre, à la poursuite des évesques qui en estoient exécuteurs.

[1] Ce fut le lundi, 6 décembre, que Sicard fit serment aux bourgeois. [2] Les comtes de Comminge et de Rouergue, la comtesse d'Astarac, le vicomte de Lautrec, Bernard d'Arpajon et divers autres seigneurs, et les consuls de quelques villes firent, le même mois, serment de fidélité à Alphonse et à Jeanne dans le château de Narbonne, à Toulouse. [3] Les commissaires estant allez à Moissac en Querci, y reçurent le même mois, au nom d'Alphonse et de Jeanne, le serment des consuls de Moissac et de Montauban, de Jourdain de l'Isle et de quelques autres seigneurs. Ils reçurent [4] aussi le serment des habitants de Peirusse et de Rouergue, et sans doute du reste des terres de Raimond. [5] Néanmoins la noblesse et les villes de l'Agenois refusèrent la même soumission, de quoy Guy et Hervé de Chevreuse et le trésorier de Saint-Hilaire prirent acte le 16 de décembre. Est-ce qu'ils prétendoient ne devoir obéir qu'à Sicard jusqu'au retour de Jeanne? Il est certain qu'ils ne refusoient pas le serment, [6] car ceux d'Agen écrivirent à Blanche au mois de février de l'année suivante, et luy envoyèrent des députez sur la forme du serment qu'ils avoient à faire à Alphonse et à Jeanne.

[7] La ville de Milhaud en Rouergue, fit aussi serment à Alphonse et à Jeanne en janvier 1250, moyennant l'observation de ses priviléges. [8] Il y a encore quelques actes

---

[1] Catel, *Toul.*, p. 379. — [2] *Invent.*, t. V, *Toul.*, IV, pièce 31. — [3] *Ibid.*, *Toul.*, III, pièce 19. — [4] *Ibid.*, *Toul.*, VII, pièce 60. — [5] *Ibid.*, t. I, *Poitou*, III, pièce 11. — [6] *Ibid.*, t. V, *Toul.*, IV, pièce 65. — [7] *Ibid.*, *Toul.*, VII, pièce 81. — [8] *Ibid.*, pièce 82.

de cette nature au commencement de la même année.
[1]Au mois d'avril 1250, Sicard, par ordre de Blanche, restitua un chasteau à un monastère.

[2]Quoyque la commission des deux frères de Chevreuse et du trésorier de Poitiers fust généralement *pour les terres de Raimond,* je ne sçay néanmoins si cela comprenoit aussi le Venaissin, où Blanche n'avoit aucun pouvoir en qualité de régente. [3]Il paroist qu'au mois de mars 1250, la ville d'Avignon ne s'estoit pas encore soumise à Alphonse. Blanche traita alors pour cela avec Barrail, seigneur de Baux, dont la maison possédoit alors la principauté d'Orange et beaucoup d'autres biens dans la Provence et le Venaissin.

CCLXVIII.

Saint Louis se résout à aller attaquer Babylone. — De cette place et de celle de la Massoure.

[4]Saint Louis, par avis de son conseil, n'avoit point voulu avancer en Égypte que son frère Alphonse ne fust venu. [5]Alphonse estant donc arrivé, le roy tint conseil pour savoir s'il devoit aller attaquer Alexandrie ou Babylone, [6]qui estoient les deux seules places d'Égypte qui fussent fortifiées. [7]Le comte Pierre de Bretagne opina pour Alexandrie à cause du port. Le comte d'Artois soutint qu'il falloit aller droit à Babylone, et saint Louis suivit son sentiment, [8]ne doutant pas qu'après

---

[1] *Invent.*, t. V, *Toul.*, IX, pièce 76; Ms. D, p. 542. — [2] Catel, *Toul.*, p. 378. — [3] *Invent.*, t. V, *Toul.*, V, pièce 21. — [4] Joinville, p. 34. — [5] *Ibid.*, p. 35. — [6] Sanud, p. 260, *b.* — [7] Joinville, p. 35. — [8] *Chron. de saint Louis*, c. XXIV, p. 999.

la prise de Babylone, Alexandrie et tout le reste de l'Égypte ne se rendist sans aucune peine; [1] car Babylone estoit alors la capitale de tout le pays. [2] Les anciens ont connu une Babylone en Égypte; ce n'estoit qu'un chasteau fondé par quelques Babyloniens de la grande Babylone, en Chaldée, qui s'y estoient retirez à cause que le lieu estoit fort d'assiette. Sous Auguste et sous Tibère, c'estoit la demeure de l'une des trois légions qui gardoient l'Égypte. Ce lieu estoit assez proche du Nil et de l'ancienne ville de Memphis. [3] Quelques anciens en ont parlé, [4] et elle avoit eu des évesques lorsque le christianisme florissoit en Égypte.

[5] On prétend que cette Babylone estoit alors détruite et qu'on en avoit bâti une nouvelle à six milles de là dans une plaine très-féconde, le long du Nil, [6] du côté du nord; et l'on avoit même tiré du Nil un grand canal qui la traversoit par le milieu. C'est à cause de cette ville que le sultan d'Égypte estoit souvent appelé sultan de Babylone. [7] On prétend qu'elle avoit esté encore plus grande qu'elle n'estoit alors, [8] et néanmoins elle estoit encore très-grande, bien fortifiée, [9] fort peuplée, fort belle. C'estoit là qu'abordoient toutes les épiceries qu'on apportoit des Indes pour les transporter ensuite à Alexandrie et les distribuer dans tout l'Occident. C'est pourquoy on remarque qu'il n'y avoit presque que des marchands et des artisans qui y habitassent. [10] A un tiers de lieue [11] ou à un tiers de mille de Babylone,

---

[1] Joinville, p. 35. — [2] Strabo, l. XVII, p. 807, *a, b, f*. — [3] Ferrer. — [4] *Geogr. sacra*, p. 280. — [5] *Chron. Slav.*, l. VII, c. x, p. 201, *e*. — [6] Sanud, p. 260, *d*. — [7] *Chron. Slav.*, p. 201, *e*. — [8] Sanud, p. 260, *c*. — [9] *Chron. Slav.*, p. 201, *e;* Sanud, p. 25, *a*. — [10] Vinc. de Beauv., l. XXXI, c. LVIII, p. 1305, 1. — [11] *Chron. Slav.*, p. 201, *f*.

estoit le Caire qui estoit encore une fort belle ville [1] et bien munie, [2] placée sur le Nil et arrosée par le canal qui traversoit Babylone et qui venoit se réunir au fleuve.

[3] C'est au Caire qu'estoit le siége royal [4] et le palais où les califes et les sultans d'Égypte faisoient leur résidence ordinaire depuis environ l'an 970. [5] C'est pourquoy les princes y avoient bâti leurs palais, et elle estoit proprement la demeure de ceux qui faisoient profession des armes ; de sorte qu'elle estoit pleine de bastiments riches et magnifiques accompagnez de fort beaux jardins. [6] Elle estoit néanmoins habitée par beaucoup d'autres personnes, non-seulement Sarrazins, mais encore chrestiens et juifs qui y exerçoient chacun leur religion avec beaucoup de liberté. [7] Les chrestiens y avoient plusieurs églises.

[8] Le palais du prince estoit sans doute ce chasteau que Sanud semble distinguer du Caire, [9] et ce que Macrisi appelle le chasteau de la Montagne. Je croy avoir vu qu'on avoit renfermé Babylone et le Caire dans une même enceinte. [10] Il est certain qu'on les confond souvent comme ne faisant qu'une seule ville. Je ne voy point que les histoires orientales parlent jamais de Babylone. [11] On pourroit croire que ces deux villes sont ce qu'on appelle le vieil et le nouveau Caire. [12] Mais s'il n'y a faute dans la traduction, on voit que le vieux Caire est l'ancienne ville de Mesr [13] ou Moser, proche

---

[1] Sanud, p. 260, b; Vinc. de Beauv. — [2] Sanud, p. 260, d. — [3] Chron. Slav., p. 201, f. — [4] Chron. Orient., p. 90. — [5] Chron. Slav., p. 201, f; Sanud, p. 25, e. — [6] Vinc. de Beauv., l. XXXI, c. LVIII, p. 1305; Chron. Slav., p. 202, a; Sanud, p. 25, e. — [7] Chron. Slav., p. 202, a. — [8] Sanud, p. 25, e, f. — [9] Ms. G. — [10] Freher, t. I, p. 291, a. — [11] Ms. G, p. 190, 202. — [12] Ibid., p. 202. — [13] Sanud, p. 261, c.

du Caire, qui garde encore l'ancien nom que l'Écriture donne à l'Égypte. [1]Abulpharaje en parle plusieurs fois. [2]Le Caire est environ à dix lieues au-dessus du Delta, qui est le lieu où le Nil commence à se diviser, [3]et à cent quinze milles ou quarante-six lieues de Damiette en montant le Nil, ce qui est conforme à Sanson. [4]D'autres y comptent trois journées.

[5]Sur le chemin de Damiette au Caire, [6]et environ à la moitié du chemin, [7]estoit la ville de la Massoure [8]ou nouvelle Damiette, [9]bâtie par le sultan Camel après qu'il eut perdu Damiette en 1219. [10]Elle estoit placée entre la branche du Nil qui va à Damiette et une autre branche qui sort de celle-ci; Sanud l'appelle le bras de Tampnis [11]ou de Thanis, parce qu'il [12]tire vers l'ancienne ville de ce nom, d'où il descend à celle de Pharamia et se jette dans la mer à l'orient de Damiette. [13]Les histoires orientales l'appellent Achmon [14]qui estoit le nom d'une place qu'on peut juger avoir esté sur la même rivière au-dessus de Thanis.

[15]La Massoure estoit donc placée entre ces deux bras, à l'occident de celuy de Damiette, que nous appellerons simplement le Nil, et au midi de celuy de Thanis. [16]Quelques-uns ne la mettent qu'à quatorze milles de Damiette, prenant sans doute un mille pour une lieue, ce qui n'est pas ordinaire. [17]Ce qui est étrange,

---

[1] Abulphar., p. 112, 170, etc. — [2] Sanud, p. 260, *b*, *c*. — [3] *Ibid.*, p. 259, *d*, *f*. — [4] Vinc. de Beauv., l. XXXI, c. LVII, p. 1304, 2. — [5] Sanud, p. 260, *a*. — [6] Matth. Par., p. 313, *c*. — [7] Sanud, p. 260, *a*. — [8] *Ibid.*, p. 210, *b*. — [9] *Ibid.; Chron. Orient.*, p. 103. — [10] Sanud, p. 210, *a*, *b*. — [11] Duchesne, p. 428, *b*. — [12] Sanud, p. 259, *d*, *a*. — [13] Ms. G, p. 132, 168; *Chron. Orient.*, p. 103. — [14] Ms. G, p. 127. — [15] Sanud, p. 210, *a*, *b*. — [16] Freher, t. I, p. 291, *e*. — [17] Matth. Par., p. 313, *c*.

c'est que Jean de Brienne fut trois semaines à faire ce chemin, et saint Louis y fut plus d'un mois. ¹ C'est en ce lieu que le sultan s'estoit campé avec toutes ses forces après qu'il eut perdu Damiette. ²Il y estoit encore lorsque saint Louis partit de Damiette, et ce fut peut-estre en partie pour cette raison que saint Louis aima mieux marcher de ce côté-là ; car s'il eust esté à Alexandrie, il eust semblé fuir l'ennemi, qui estoit si proche, et luy eust peut-estre donné occasion de faire quelque entreprise sur Damiette.

CCLXIX.

Intelligence pour prendre Babylone. — Saint Louis part de Damiette et refuse la paix offerte par le sultan.

Outre les raisons qu'alléguoit le comte d'Artois pour marcher vers Babylone, on prétend qu'il y en avoit encore d'autres qu'il n'estoit pas à propos d'exposer à une si grande assemblée, ou qui ne se présentèrent que depuis ; ³ car on écrit que le gouverneur du Caire et de Babylone, ou plustost quelque officier de ces villes, indigné de la mort de son frère, qui estoit l'un de ceux que le sultan avoit fait mourir pour avoir abandonné Damiette, ⁴et ayant d'ailleurs de l'inclination pour la religion chrestienne, ⁵promit de livrer à saint Louis ces deux importantes places, où estoient toutes les espérances et tous les trésors du sultan. ⁶On ajoute que

---

¹ Ms. G, p. 127. — ² Duchesne, p. 428, *a;* Sanud, p. 218, *e.* — ³ Matth. Par., p. 787, *c, d.* — ⁴ *Ibid.,* b. — ⁵ *Ibid.,* p. 787. — ⁶ *Ibid.,* p. 770, *c;* p. 786, *d;* p. 788, *a.*

ce fut sur cette espérance, qui ne se put entièrement tenir secrète, que quelques personnes, et particulièrement des Templiers, mandèrent en Occident que saint Louis estoit déjà maistre du Caire et de Babylone, et Alexandrie abandonnée par les Sarrazins.[1] Nous avons encore une lettre du 28 may 1250 où H., évesque de Marseille, le mande au pape, l'ayant appris la nuit précédente de quelques lettres que le commandeur de Marseille lui avoit envoyées. Il y parle d'une bataille qu'on voit être celle de la Massoure, du 8 février, mais d'une manière tout à fait fausse.

[2] Saint Louis ayant donc dessein de marcher vers Babylone, suivant l'avis du comte d'Artois [3] et la résolution qui en avoit esté prise en plein conseil, [4] laissa une forte garnison à Damiette [5] avec la reine [6] et les autres dames, [7] et partit de cette ville avec toute son armée rangée en ordre de bataille, [8] le 20 de novembre. [9] Une ancienne chronique remarque qu'il avoit alors fort peu de santé. [10] Toute l'armée, qui estoit alors très-grande et très-forte en cavalerie et en infanterie, [11] le suivoit avec joie et avec courage, dans l'espérance de marcher à une conqueste certaine. [12] Il faisoit suivre en même temps par le Nil une partie de ses troupes [13] avec les vaisseaux de convoy. [14] Il prit sa marche par le costé de la campagne de Damiette, ayant le Nil à droite et à l'occident. Ainsi il suivoit le chemin qu'avoit pris,

---

[1] Matth. Par., p. 770, c; *Spicileg.*, t. VII, p. 225. — [2] Joinville, p. 33. — [3] Duchesne, p. 428, a; Matth. Par., p. 789, 1. — [4] Matth. Par., p. 788, a. — [5] Joinville, p. 78. — [6] Guiart, p. 143, 1. — [7] Joinville, p. 35; Matth. Par., p. 788, a. — [8] Duchesne, p. 354, b; p. 428, a. — [9] Ms. F, p. 898. — [10] Ms. G, p. 131, 132. — [11] Matth. Par., p. 788, b. — [12] Guiart, p. 143, 1; Duchesne, p. 428, a. — [13] Ms. G, p. 131. — [14] *Ibid.*, p. 132.

en 1221, Jean de Brienne, dans le même dessein d'aller au Caire, et ne réussit pas mieux que luy.

¹ La nouvelle de sa marche fut portée au camp des Sarrazins à la Massoure et de là au Caire, où elle donna une grande alarme. ² Le sultan Saleh, qui se voyoit près de mourir, redoutant effectivement l'impétuosité des François, luy envoya des plus considérables de sa cour, pour luy offrir tout ce que les roys de Jérusalem avoient autrefois possédé et quelque chose de plus, avec une infinité d'or et d'argent, et d'autres richesses, et tous les chrestiens captifs, pourvu qu'il rendist Damiette et les prisonniers, et qu'il consentist à une paix et à une alliance mutuelle. ³ Sanud assure qu'il offrit même de laisser Damiette aux chrestiens avec son territoire et de leur donner beaucoup de chrestiens égyptiens pour en habiter et en cultiver le pays, mais que saint Louis qui espéroit toute l'Égypte, ne voulut pas se contenter d'une partie. ⁴ On remarque que les chrestiens, après la première prise de Damiette, avoient refusé les mêmes offres, par l'espérance du secours que Frédéric leur promettoit.

⁵ Quelques-uns prétendoient que le sultan et beaucoup des principaux Sarrazins avoient dessein, en faisant la paix avec saint Louis, de quitter la religion de Mahomet, et d'embrasser celle de Jésus-Christ. ⁶ Matthieu Paris dit que le sultan ayant desjà offert à peu près les mêmes conditions, la vanité du comte d'Artois avoit rompu ce traité, parce qu'il avoit voulu non-

---

¹ Ms. G, p. 131. — ² Matth. Par., p. 788, *b*. — ³ Sanud, p. 48, *b*; Joinville, note, p. 78. — ⁴ Freher, 2, 1, p. 291, 292; Raynald., an. 1221, art. 19. — ⁵ Matth. Par., p. 788, *b, c*. — ⁶ *Ibid.*, p. 770, *c, d*.

seulement que les chrestiens gardassent Damiette, mais qu'on leur cédast encore Alexandrie.[1] Pour cette seconde fois, il dit que ce fut le légat qui s'opposa absolument au traité, ayant eu un ordre précis du pape de ne point consentir à ces sortes de propositions.

Dès le premier siége de Damiette, tous ceux qui dépendoient particulièrement du pape avoient toujours refusé de semblables offres. Et il paroist, par Sanud, que le principe des politiques estoit qu'il falloit moins songer à recouvrer la terre sainte, qu'à ruiner la puissance du sultan d'Égypte; puisque sans cela, après qu'il auroit cédé la Palestine aux chrestiens, il ne manqueroit point de la leur ôter à la première occasion. Néanmoins s'il est vray qu'on leur voulust laisser Damiette, cette condition leur estoit bien avantageuse pour la refuser.[2] Aussi Sanud même semble condamner le refus qu'ils en firent, et l'attribuer plutost à une avarice et une ambition déréglée, qu'à une politique judicieuse et raisonnable. Mais peut-être que saint Louis considéroit qu'on ne pouvoit faire aucun accord assuré avec le sultan, qui estoit ou mort ou prest de mourir. Car nous verrons qu'il mourut en ce temps-ci même, mais qu'on cacha sa mort, et qu'on ne laissa pas d'agir comme s'il eust esté vivant,[3] ce qu'il paroist que saint Louis n'ignoroit pas.

Cependant il arriva encore un autre accident qui rompit le traité.[4] Car le sultan, ou Facardin qui gouvernoit en son nom, ayant eu avis de ce qui se faisoit

---

[1] Matth. Par., p. 788, c. — [2] Sanud, p. 48, b, c. — [3] Duchesne, p. 428, b; Ms. G, p. 129. — [4] Matth. Par., p. 788, c, d.

au Caire, y donna ordre en diligence, rompit tout accommodement avec les François, et ne songea qu'à se préparer à la guerre.

CCLXX.

Mort de Saleh, sultan d'Égypte.

Nous avons parlé plusieurs fois de la maladie de Saleh, sultan d'Égypte. [1] Joinville dit que lorsqu'il assiégeoit la Chamèle, au commencement de cette année, le sultan d'Alep qui tenoit la Chamèle, croyant que si Saleh vivoit encore du temps, il le dépouilleroit enfin de ses Estats, gagna un de ses valets de chambre, qui empoisonna une natte sur laquelle Saleh avoit accoutumé de se coucher quand il avoit joué aux échecs : de sorte que s'y estant jeté comme à son ordinaire, le poison entra par une écorchure qu'il avoit à la jambe, ce qui le rendit paralytique de toute la moitié du corps du costé de la même jambe. Cela s'accorde assez bien avec les historiens orientaux, [2] quoy qu'ils ne parlent point de poison, [3] car ils disent qu'il avoit un ulcère à la jambe ou à la cuisse, qui luy causoit d'extresmes douleurs, avec une paralysie : [4] et que la gangrène s'estant mise à sa cuisse, il la luy fallut couper.

[5] Quelques-uns escrivent que ses chambellans l'empoisonnèrent ne pouvant plus souffrir son avarice, son orgueil, les mauvais traitements qu'il faisoit à tout

---

[1] Joinville, p. 27. — [2] Ms. G, p. 162. — [3] Ibid., p. 127, 160, 162. — [4] Abulphar., p. 323. — [5] Matth. Par., p. 776, d.

le monde, et ses autres vices qui le faisoient haïr des siens, aussi bien que de tous les princes voisins. ¹ Il fallut l'apporter en litière de Damas en Égypte au mois d'avril, et estant dès lors extrêmement mal, il eut soin de faire venir tous ceux à qui il devoit quelque chose pour les satisfaire. ² Il vécut néanmoins jusqu'à la nuit du jeudi 25 novembre au vendredi 26, ayant toujours donné jusqu'à ce temps-là tous les ordres nécessaires pour résister aux François. Il n'y avoit pas encore dix ans qu'il régnoit en Égypte. ³ Ce fut luy qui establit, ou plutost qui rendit plus considérable la milice des Mameluks, c'est-à-dire des esclaves achetez de divers pays qu'il faisoit élever, et dont il se servoit ensuite dans la guerre. ⁴ Ils estoient de Turquie ⁵, et des autres provinces d'Asie pillées par les Tartares. ⁶ Il faut voir ce que M. Renaudot et Joinville en disent. ⁷ Les Sarrazins se servoient de ces Mameluks dès le temps de Saladin.

⁸ On cacha autant que l'on put la mort de Saleh. C'est pourquoy son corps ayant esté embaumé, fut porté secrètement de la Massoure où il estoit mort, au chasteau de Rauda qu'il avoit fait bâtir sur le Nil, ⁹ dans une isle assez près du Caire. ¹⁰ Son corps fut depuis apporté au Caire, ¹¹ au mois d'octobre de l'année suivante, et enterré solennellement, quoyque ceux qui avoient tué son fils fussent alors maistres de l'Égypte.

Quelque soin qu'on prist de cacher la mort de Sa-

---

¹ Ms. G, p 123. — ² Chron. Orient., p. 104. — ³ Ms. G, p. 128; Abulphar., Supplem., p. 7, 8. — ⁴ Ms. G, p. 134. — ⁵ Ibid., p. 174. — ⁶ Ibid., p. 173, 175; Joinville, p. 55, 56. — ⁷ Will. Tyr., l. XXI, c. XXIII, p. 1010, 1. — ⁸ Ms. G, p. 128, 175. — ⁹ Ibid., p. 183. — ¹⁰ Ibid., p. 128. — ¹¹ Ibid., p. 183.

leh, les François comprirent bientost par l'estat des affaires qu'il estoit mort. ¹Matthieu Paris dit qu'ils s'en réjouirent, au lieu qu'ils auroient dû s'en affliger, parce que ce sultan estoit fort haï, et ainsi mal servi, au lieu que son fils les combattit avec d'autant plus d'avantage qu'il avoit l'amour et l'appuy de tout l'Orient. Nous verrons néanmoins que le fils se fit encore plus haïr que son père.

CCLXXI.

Facardin gouverne en Égypte.

²Saleh, comme nous avons dit, avoit un fils nommé Moadam Gajatteddin Turanca ³ âgé d'environ vingt-cinq ans, fort sage, instruit, et déjà malicieux. Son père qui craignoit qu'il ne se rendist maistre de l'empire, ne le vouloit pas tenir auprès de luy, mais luy avoit donné un royaume qu'il avoit en Orient ⁴ dans la Mésopotamie. ⁵ Saleh avant que de mourir l'avoit déclaré son successeur, ⁶ et l'avoit recommandé à l'émir Facardin : ⁷ et comme il estoit en Orient alors, ⁸ dans une forteresse du Diarbek ou Mésopotamie, nommée Caïfa, ⁹ proche du Tigre, ¹⁰Saleh l'envoya quérir, ¹¹ et il ordonna qu'on cachast sa mort jusqu'à ce qu'il fust venu. Il fit même pour cela dix mille blancs-signez, afin qu'on s'en pust servir dans les affaires, ¹² et il avoit

---

¹ Matth. Par., p. 776, d. — ² Ms. G, p. 1. — ³ Joinville, p. 56. — ⁴ Ms. G, p. 128. — ⁵ Ibid. — ⁶ Chron. Orient., p. 104. — ⁷ Duchesne, p. 428, b. — ⁸ Ms. G, p. 128; Abulphar., p. 323. — ⁹ Abulphar., p. 213. — ¹⁰ Duchesne, p. 428, b. — ¹¹ Ms. G, p. 128. — ¹² Ibid., p. 129.

un officier nommé Ismaël qui contrefaisoit sa main avec tant d'adresse, que les plus habiles y estoient trompez. [1] Il avoit une femme ou concubine nommée Sajareldor, [2] turque ou arménienne de naissance, femme extrêmement adroite et courageuse, qui surpassoit toutes celles de son sexe en beauté, et tous les hommes en courage. [3] Saleh, qui l'avoit achetée, l'aimoit passionnément. Elle en avoit eu un fils nommé Chalil, qui mourut fort jeune. [4] Elle voulut se conserver le gouvernement des affaires pendant l'absence de Moadam, et s'accorda pour cela avec l'émir Facardin, Joseph [5] Fachr'addin, [6] Phachr'oddin Othman [7] Farchardin, [8] ou Faxardin, [9] car tous ces noms ne sont qu'un même nom écrit différemment, qui signifie la gloire de la religion.

[10] Facardin estoit un seigneur d'Égypte fort âgé, [11] homme d'esprit, de grande conduite, fort propre au gouvernement, libéral, aimé de tout le monde. [12] C'estoit un de ceux qui approchoient de plus près la personne de Saleh, et qui avoient le plus de part dans le gouvernement des affaires. Nous l'avons vu commander au siége de la Chamèle et à Damiette pour empescher la descente des François. [13] On ne doute point que ce ne soit ce Scecedun que Joinville dit avoir esté fait chevalier par Frédéric, quoy qu'on ne voye pas d'où il a pris ce nom de Scecedun. [14] Il passoit pour le plus

---

[1] Ms. G, p. 128; Abulphar., p. 323. — [2] Abulphar., p. 323; Ms. G, p. 134. — [3] Ms. G, p. 176. — [4] Ibid., p. 129. — [5] Chron. Orient., p. 104. — [6] Abulphar., p. 323. — [7] Duchesne, p. 428, b. — [8] Ibid., p. 354, b. — [9] Ms. G, p. 135. — [10] Abulphar., p. 323. — [11] Ms. G, p. 129. — [12] Ibid. — [13] Ibid., p. 168, 169; Joinville, p. 37; note, p. 70. — [14] Joinville, p. 38.

vaillant et le plus hardi de tous les infidèles, et son nom estoit fort respecté parmi eux à cause de son âge.

[1] Le sultan Saleh estant mort, Sajareldor le manda avec tous les principaux, [2] elle leur découvrit la mort du sultan qu'elle leur commanda de tenir secrette à cause des François : et ayant ensuite fait son intrigue avec Facardin, elle fit venir tous les capitaines de l'armée, et leur ordonna de la part du sultan de luy prester à elle le serment et à Moadam, et de reconnoistre Facardin pour général des armées et pour administrateur du royaume en l'absence de Moadam, ce qu'ils appeloient *Atabek*. Ils firent donc le serment, et ensuite les autres officiers de l'armée, du Caire, et du reste de l'Égypte, croyant que cela se faisoit par ordre de Saleh, [3] ce qui a esté cru non-seulement par saint Louis, [4] mais même par l'auteur de la Chronique orientale, qui écrivent que Saleh laissa en mourant toute la conduite de l'armée à Facardin.

[5] Sajareldor et Facardin gouvernèrent ainsi quelques jours sous le nom de Saleh. [6] Mais la mort de Saleh n'ayant pu se cacher ni à Jesemeddin, gouverneur du Caire, ni à plusieurs autres, quoyque personne n'osast en parler, il fallut l'avouer publiquement. Cela se fit, ce semble, le lundi 6 décembre, après que Facardin eut gagné les esprits par plusieurs actions de générosité et de libéralité : et dès lors Facardin commença à donner les ordres en son nom. [7] Cela produisit quelques murmures sans autre effet.

[1] Ms. G, p. 128. — [2] *Ibid.*, p. 129. — [3] Duchesne, p. 428, *b*. — [4] *Chron. Orient.*, p. 104. — [5] Ms. G, p. 129-131. — [6] *Ibid.*, p. 130, 138. — [7] *Ibid.*, p. 130, 131.

CCLXXII.

Les François arrivent devant la Massoure. — Divers combats entre eux et les Sarrazins.

¹Les François estant partis de Damiette, vinrent camper à Farescour, ²pillant et ravageant tout le pays où ils passoient, mais ils y trouvèrent peu de butin à faire. Dans ces malheurs qui sont les suites inévitables de la guerre, ³saint Louis défendoit de tuer les femmes et les enfants, voulant qu'on les prist vifs, et qu'on les amenast pour les faire baptizer. Il recommandoit aussi qu'autant qu'il se pourroit, on prist plutost les hommes prisonniers que de les tuer. ⁴Il fallut séjourner un peu, assez près de Damiette, pour arrester un ruisseau qui sortoit du Nil afin que l'armée y pust passer. C'est apparemment le Rosit qui n'estoit qu'un canal fait pour arroser les terres et qui, joignant le bras de Damiette avec celuy du Thanis, avoit servi en 1221 à envelopper et à enfermer l'armée chrestienne comme dans une isle; ⁵et en effet, ce lieu estoit appelé une isle. ⁶Le légat donna un an d'indulgence à tous ceux qui travailleroient à arrester ce canal. Saint Louis même y travailla, et y apporta de la terre.

⁷Les Sarrazins attaquèrent souvent les François dans leur marche, mais ils se retirèrent toujours avec perte. ⁸Cinq cents cavaliers sarrazins des mieux montez vinrent joindre les chrestiens comme pour les servir, mé-

---

¹ Ms. G, p. 131. — ² Guiart, p. 143, 1. — ³ Ms. F, p. 123, 124.
⁴ Joinville, p. 35. — ⁵ Ibid., p. 38. — ⁶ Ms. F, p. 84. — ⁷ Duchesne, p. 428, a, b. — ⁸ Ibid., b; Joinville, p. 35; Matth. Par., p. 789, c.

contents du sultan, mais en effet pour les trahir. Saint Louis défendit avec grand soin qu'on leur fist aucun tort. Mais le 6 de décembre, lorsque l'on estoit en marche, estant venus attaquer un escadron des plus avancez, les Templiers se jetèrent sur eux et les tuèrent tous, ou les contraignirent de se jetter dans la mer, (dans le Nil,) où ils se noyèrent.

¹ Les Orientaux marquent un combat fort rude le 7 de décembre, où les Sarrazins perdirent l'émir Mégélas, et un grand nombre d'autres personnes, et les François quelques-uns des leurs. ² L'armée vint ensuite se loger à Charmasah, et eut encore quelques escarmouches le 13 du mois : et les Sarrazins admiroient la hardiesse des François qui les approchoient et leur venoient parler sans rien craindre.

³ Le dimanche 19 du mois, ⁴ ou seulement le mardi 21, ⁵ les François arrivèrent vis-à-vis de la Massoure et du camp des ennemis, dont le Thanis ou Achmon, qui, comme nous avons dit, sort du Nil en cet endroit, les tint longtemps séparez. ⁶ Ils se campèrent ensuite entre les deux rivières, ⁷ environnèrent leur camp d'une muraille et d'un fossé avec de bons retranchements, et dressèrent des machines pour tirer sur les Sarrazins. ⁸ Leurs vaisseaux arrivèrent aussi sur le Nil; et comme les Sarrazins avoient les leurs sur le Thanis, on se battoit souvent sur l'eau. On se battoit aussi sur terre, ⁹ car Facardin ayant fait passer l'eau à une partie de ses gens vers une petite ville nommée Sourmésac,

---

¹ Ms. G, p. 132. — ² Ibid., p. 132, 138. — ³ Ibid., p. 132. — ⁴ Duchesne, p. 428, b. — ⁵ Ibid.; Ms. G, p. 132; Sanud, p. 218, e. — ⁶ Duchesne, p. 428, b. — ⁷ Ms. G, p. 132; Joinville, p. 38. — ⁸ Ms. G, p. 132. — ⁹ Joinville, p. 37.

ils vinrent attaquer les François, le propre jour de Noël, en plein midi.

[1] Les Templiers, entendant le bruit du combat, y accoururent et poussèrent avec beaucoup de vigueur l'arrière-garde des ennemis. [2] Ce furent ces sortes d'alarmes qui obligèrent le roy à faire fermer le camp. Facardin se vantoit qu'avant le 20 de janvier il mangeroit dans la tente du roy. Mais le roy y donna si bon ordre qu'il n'y mangea ni devant ni après. Le roy voulut garder luy-même avec le comte d'Anjou ce qui regardoit Babylone, c'est-à-dire apparemment ce qui estoit sur le bord du Nil. Il commit le costé de la terre ferme et de Damiette au comte de Poitiers et au sire de Joinville, et donna au comte d'Artois la garde des machines, ce qui pouvoit comprendre les bords du Thanis.

Il est aisé de juger, par cette attaque et par d'autres dont nous parlerons ensuite, que les Sarrazins estoient en estat d'empescher les convois qui pouvoient venir de Damiette au camp. Nous avons vu aussi que le chemin estoit coupé par une rivière considérable. Ainsi l'armée ne pouvant recevoir de vivres que par les vaisseaux, il ne faut pas s'étonner de ce que Macrizi dit [3] qu'il y avoit de la disette aussitost qu'elle arriva en ce poste. Les ennemis en furent aussitost avertis par six cavaliers chrestiens qui se retirèrent dans leur camp. Outre les attaques ouvertes, ils employèrent toutes sortes d'adresses pour surprendre les François quand ils s'écartoient, de sorte qu'il ne se passoit point de jour qu'ils n'en prissent ou n'en tuassent quelqu'un.

[1] Joinville, p. 37; *Chron. de saint Louis*, c. xxvii. — [2] Joinville, p. 38. — [3] Ms. G, p. 132.

¹ Saint Louis date du camp près du Nil un accord qu'il fit au mois de décembre avec Dreux de Mello, qui luy céda ses prétentions sur Loches et Chastillon-sur-Indre pour une rente de six cents livres parisis que le roy lui assigna sur son thrésor. ² On marque que Hugues de la Tour, évesque de Clermont, qui avoit accompagné saint Louis en Orient, y mourut cette année, le 29 décembre. ³ Frère Gui de la Tour, jacobin, âgé seulement de dix-huit ans, fut fait évesque après luy ⁴ par élection du chapitre, qui n'en demanda point la permission à saint Louis, *vel ejus mandato*, quoyque ce fust la coutume générale du royaume. C'est pourquoy estant venu demander à Blanche, au mois d'octobre, la mainlevée de la régale, elle en fit difficulté. Mais il promit que, s'il se trouvoit que son chapitre eust été obligé de demander permission pour élire, il en payeroit l'amende à la discrétion du roy.

L'AN DE JÉSUS-CHRIST 1250. Pasques le 27 mars. B.

⁵ Macrizi dit que le 5 de janvier, les Sarrazins prirent un comte de grande qualité, et même parent du roy. ⁶ Le mercredi 12, ils prirent une grande barque de charge avec environ cinquante François et un comte de grande qualité. Le lendemain, 13, un parti de cavalerie françoise s'estant mis en campagne, les Sarrazins s'avancèrent pour les combattre, en tuèrent quarante avec leurs chevaux, et, le vendredi, envoyèrent au Caire soixante-sept prisonniers, dont trois parois-

---

¹ *Regist.* 31, f° 81. — ² Savaron, p. 72. — ³ *Ibid.*, p. 72, 193. — ⁴ *Regist.* 31, f° 92; Ms. D, p. 308. — ⁵ Ms. G, p. 132. — ⁶ *Ibid.*, p. 133.

soient par leurs habits estre des gens de qualité. ¹ Je ne sçay si c'est à cette rencontre du 13 janvier qu'il faut rapporter le grand combat où Gui, comte de Forés, eut une jambe brisée. ²Saint Louis et Matthieu Paris marquent aussi un combat où il y avoit eu beaucoup d'ennemis de tuez et encore plus de noyez.

CCLXXIII.

Les François travaillent inutilement à faire une chaussée pour passer le Thanis.

³ Saint Louis demeura toujours en ce poste jusqu'au 8 de février, n'ayant pas moyen de passer le Thanis pour aller attaquer les ennemis, à cause que l'on n'y trouvoit point de gué, l'eau estant fort profonde et les rives extrêmement hautes, ⁴ de sorte qu'on ne le pouvoit passer qu'à la nage; ⁵ ce fut ce qui fit prendre la résolution de faire un pont et une chaussée sur le Thanis. ⁶ Pour défendre ceux qui y devoient travailler contre les machines des ennemis, le roi fit faire deux beffrois ou *chats-chastels*, ⁷ qui estoient des tours ou chasteaux de bois ⁸ portez sur des roues, où l'on mettoit des arbalétriers qui, tirant au loin sur les ennemis, les empeschoient de paroistre sur le bord de la rivière et d'incommoder les travailleurs, qui est ce qu'on appeloit un beffroy; et au bas de la tour il y avoit comme

---

¹ Joinville, p. 38. — ² Duchesne, p. 428, *b*; Matth. Par., p. 789, *d*. ³ Duchesne, p. 428, *b*. — ⁴ Joinville, p. 37. — ⁵ *Ibid.*; Duchesne, p. 428, *b*; Sanud, p. 218. — ⁶ Joinville, p. 37. — ⁷ Duchesne, p. 428, *b*. — ⁸ Joinville, p. 67-70.

une galerie couverte où les ouvriers pouvoient travailler avec quelque seureté, et ces sortes de galeries
dont on se servoit alors particulièrement pour saper
les places, s'appeloient communément *des chats*. Je
n'entends point [1] ces maisons de derrière pour recevoir
les coups des machines des ennemis.

[2] Ces tours avec leurs galeries furent faites, s'il n'y a
faute, dès devant Noël, c'est-à-dire trois jours après que
l'armée fut arrivée en ce lieu. [3] L'un des frères du roy
estoit chargé de les garder durant le jour, et le sire de
Joinville avec d'autres chevaliers, durant la nuit. [4] Après
que ces tours furent faites, on commença à travailler à
la chaussée, mais fort inutilement. Autant que les
François avançoient dans l'eau par leurs travaux et
étrécissoient la rivière par la chaussée qu'ils faisoient,
autant les Sarrazins l'élargissoient par de grands fossez qu'ils faisoient où ils recevoient l'eau que les chrestiens poussoient par leur digue. [5] Ils avoient aussi seize
excellentes machines placées vis-à-vis des travaux, dont
ils tuoient à coups de traits ceux qui apportoient des
terres pour la chaussée. C'estoit pour opposer à ces
machines que saint Louis avoit fait faire ces tours, et
il avoit de son costé dix-huit machines. [6] Ainsi chacun
tiroit sur ses ennemis. [7] Les Sarrazins faisoient leurs plus
grands efforts contre les deux tours; ils s'efforçoient de
les abattre et de les briser par les pierres que leurs machines y jettoient, et de les brusler par leur feu de
naphte. [8] Ils y jettèrent le feu par sept fois une nuit que
Joinville gardoit, et le seigneur de Courtenay ou Cour-

---

[1] Joinville, p. 37. — [2] *Ibid.* — [3] *Ibid.*, p. 37, 40. — [4] *Ibid.*, p. 37.
— [5] *Ibid.* — [6] *Ibid.*; Duchesne, p. 428, *b*. — [7] Duchesne, p 428, *b*.—
[8] Joinville, p. 39.

cenay l'autre. Saint Louis fit paroistre alors sa piété et le soin qu'il avoit pour ses troupes.

¹Enfin le jeudi 27 janvier, que le comte d'Anjou estoit de garde, ayant jetté leur feu de naphte en plein jour contre les deux tours, elles furent réduites en cendres en un moment avec la batterie que les François avoient là sur le bord de l'eau, ce qui fut un grand avantage pour eux. ²Le comte d'Anjou vouloit se jetter pour l'éteindre, et Joinville, qui devoit estre de garde la nuit suivante, loua Dieu de l'avoir dégagé de ce danger, où il dit qu'il eust assurément perdu la vie. Saint Louis fit faire encore d'autre tours, qui furent brûlées de même, peut-estre le 6 février.

CCLXXIV.

Les François passent le Thanis à gué.

³Saint Louis fut fort affligé de cet accident, après lequel il n'espéroit plus de pouvoir achever cette chaussée, à laquelle on travailloit depuis si longtemps avec tant de peines, de dangers et de dépenses. Mais Dieu le tira pour lors de cet embarras. ⁴Un Béduin, qui avoit quitté l'armée des Sarrazins et estoit avec les François, dont il avoit même embrassé la religion, s'adressa à Imbert de Beaujeu, connestable de France, et luy dit, que si on luy vouloit donner quelque argent, il enseigneroit un gué un peu au-dessous du camp, où l'on passeroit aisément à cheval.

¹ Joinville, p. 40, Ms. G. — ² Joinville, p. 40. — ³ Ibid., p. 40, 41; Duchesne, p. 428, b, c. — ⁴ Joinville, p. 44; Duchesne, p. 248, c; Sanud, p. 218, f; Ms. G, p. 133; Matth. Par., p. 789, d.

Nous avons dit ci-dessus (t. Ier, prélim., p. 191) ce que c'estoit que ces Béduins.[1] Ainsi saint Louis ayant assemblé tous les barons et les principaux de l'armée,[2] le lundi de devant les Cendres, 7 février,[3] pour prendre leur avis sur l'estat des affaires, tous demeurèrent d'accord que le dessein de la chaussée estoit impossible. Le connestable parla de l'avis que le Béduin avoit donné. Le roy promit volontiers l'argent que le Béduin demandoit, pourvu qu'il tinst sa parole,[4] et l'on résolut d'un commun accord d'exécuter la chose le lendemain de grand matin.[5] On convint que le duc de Bourgogne et les seigneurs de la Palestine avec une partie de l'armée, c'est-à-dire avec l'infanterie, demeureroient dans le camp pour le garder, et que le roy iroit luy-même au gué avec ses trois frères et tout le reste des troupes.

[6] Le comte d'Artois, avec son ardeur ordinaire, témoignoit estre prest, dès qu'il auroit passé la rivière, à avancer contre les ennemis avec les Templiers et les Hospitaliers, et qu'assurément personne n'oseroit s'opposer à luy. « Vous attendrez un peu si vous me croyez, lui dit le roy. La chose n'est pas si aisée. Les Turcs sont sages et savent la guerre. Il faut auparavant connoistre un peu le pays. » Le comte demanda de passer au moins le premier, et qu'après cela on verroit ce qu'il y auroit à faire. Le roy luy dit qu'il redoutoit sa hardiesse et son grand courage, et qu'assurément quand il seroit passé, il n'attendroit ni luy ni les autres; sur quoy le comte lui dit : « Je vous jure, sire, sur les saints

---

[1] Joinville, p. 40; Duchesne, p. 428, c. — [2] Duchesne, p. 428, c. — [3] Joinville, p. 40, 41. — [4] Ibid., p. 41; Duchesne, p. 428, c. — [5] Ibid. — [6] Chron. de Flandre, c. xxiii, p. 56.

Évangiles, que j'attendray que vous soyez passé. » Le roy luy en fit faire serment, et sur cela luy donna congé de passer le premier [1] et de conduire l'avant-garde avec ses gens au passage de la rivière. [2] Mais il ordonna que, dans la marche, les Templiers feroient l'avant-garde, et son frère mèneroit la seconde bataille.

[3] Le comte ayant donc fait armer tous ces gens dès la nuit, avec les Templiers et les Hospitaliers, se rendit au gué dès le matin, [4] tous en équipage de guerre, à cheval, avec le guide, qui avoit voulu avoir son argent avant que d'enseigner l'endroit. [5] Le gué se trouvoit assez bon pour le terrain, qui estoit ferme, [6] mais plus dangereux, et l'eau plus creuse que le guide n'avoit fait espérer; de sorte que les chevaux estoient quelquefois obligez de nager, et l'abord et la sortie du fleuve estoient encore fort difficiles, à cause que les bords en estoient hauts et d'une terre coulante et mouillée, [7] ce qui fit même que quelques-uns, voulant suivre le bord de la rivière avant que d'arriver au gué, tombèrent eux et leurs chevaux dans l'eau et se noyèrent. Le roy, qui le vit, le fit remarquer aux autres, afin qu'ils y prissent garde. On y perdit entre autres un vaillant chevalier nommé Jean d'Orléans.

[8] Il y avoit environ trois cents chevaux sarrazins qui gardoient ce gué; mais quand ils virent les chrestiens entrer dans l'eau et passer, ils s'enfuirent à toute bride. [9] Ainsi l'armée passa la rivière, quoyque avec quelque peine et quelque danger. [10] Matthieu Paris dit que quel-

---

[1] *Guiart*, p. 143, 1. — [2] *Joinville*, p. 41. — [3] *Chron. de Flandre*, p. 56. — [4] *Joinville*, p. 41. — [5] *Ibid*. — [6] *Duchesne*, p. 128; *Sanud*, p. 218, *f*. — [7] *Joinville*, p. 41. — [8] *Ibid*. — [9] *Duchesne*, p. 428, *c*. — [10] *Matth. Par.*, p. 789.

ques-uns passèrent dans des bateaux plats liez ensemble.

CCLXXV.

Les Sarrazins poursuivis et défaits par le comte d'Artois. — Facardin tué.

¹ Quand le comte d'Artois et ses gens furent passez et qu'ils virent que les Sarrazins fuyoient, ils commencèrent à courir après eux; le comte ne pouvant modérer l'ardeur de son courage, quelque serment qu'il en eust fait. ² On l'accuse même d'avoir eu beaucoup d'ambition et de vanité, et d'avoir cherché par cette précipitation à s'attribuer tout l'honneur de la victoire. ³ On dit aussi que le guide luy avoit fait espérer de trouver toutes les richesses des Sarrazins ramassées dans la Massoure. ⁴ Cependant cette hardiesse du comte mit le désordre partout; et le désordre causa sa perte et celle de beaucoup d'autres.

Comme Dieu fait dépendre les plus grands événements des plus petites choses, ⁵ il arriva que le comte avoit auprès de luy un chevalier nommé Foucaud de Merle qui tenoit la bride de son cheval. Il avoit peut-estre esté son gouverneur. Cet homme crioit sans cesse à pleine voix *à eux, à eux*, sans entendre ce qu'on disoit au comte pour l'arrester, parce qu'il estoit sourd; et cela fit que le comte même craignant que cet homme ne l'accusast de manquer de cœur, surtout si ses gens

---

¹ Joinville, p. 41. — ² Matth. Par., p. 789, *d*. — ³ *Chron. de Flandre*, c. XXIII, p. 56. — ⁴ *Spicileg.*, t. XI, p. 536. — ⁵ Joinville, p. 41.

continuoient à avancer, n'osa s'arrester, quoy qu'on luy pust dire. Car les Templiers qui devoient avoir l'avant-garde, le prioient de ne point troubler l'ordre establi par le roy, ¹ d'attendre le roy comme il le luy avoit promis, et de ne pas s'engager parmi des ennemis accoutumez à la guerre, et qui ne fuyoient peut-estre que pour l'environner plus aisément. ² Mais le comte n'osant leur répondre, ni s'arrester à cause de Foucaud, les Templiers qui crurent qu'il y alloit de leur honneur de le laisser aller devant, coururent à toute bride, et poursuivirent avec luy les Sarrazins, ³ de sorte que le comte se trouva bien avoir douze cents chevaux, ⁴ ou quatorze cents, ⁵ ou près de deux mille. ⁶ Guillaume de Salisbury avec ses Anglois, ⁷ et Raoul sire de Couci estoient de ce nombre. ⁸ Ils arrivèrent ainsi, avant qu'on s'en aperçust, jusques au camp des infidèles, et aux retranchements qu'ils avoient sur le bord du Thanis, dont ils demeurèrent maistres. Cependant le bruit se répandit dans la Massoure que les François estoient au camp. ⁹ Il en sortit divers Sarrazins qui eurent assez de courage pour s'opposer aux efforts du comte d'Artois, mais non assez de force pour les arrester ; ils furent défaits et contraints d'abandonner leurs tentes, et de fuir vers la Massoure toujours poursuivis par les François. ¹⁰ Facardin qui estoit alors dans le bain ¹¹ où il se faisoit teindre la barbe, ¹² sort tout

---

¹ *Chron. de Flandre*, p. 57. — ² Joinville, p. 41, 42. — ³ Ms. G, p. 133. — ⁴ *Chron. Orient.*, p. 105. — ⁵ Abulphar., p. 323. — ⁶ Matth. Par., p. 789, *d*. — ⁷ Joinville, p. 42. — ⁸ Ms. G, p. 133; Duchesne, p. 428, *c*; Sanud, p. 219, *a*. — ⁹ Guiart, p. 143, 1-2; Duchesne, p. 428, *c*. — ¹⁰ Ms. G, p. 133, 138. — ¹¹ Abulphar., p. 323. — ¹² Ms. G, p. 133.

surpris au bruit et sans habits, ou plutost sans armes et sans suite, ¹ monte à cheval en diligence, ² donne ordre à ses gens de le suivre; et sans avoir autour de luy que quelques soldats et un petit nombre de ses esclaves, court où estoit l'armée pour voir ce qu'il y avoit à faire. Il rencontre une compagnie de François qui le chargent ³ et l'enveloppent aussitost. ⁴ Il combat courageusement; mais tous les siens l'abandonnent. Ainsi après avoir reçu d'abord un coup de lance dans le costé, il est percé à coups d'épée, ⁵ et tombe sur la place.

⁶ Il y eut plusieurs autres amiraux qui furent tuez en cette occasion. L'effroy fut si grand parmi les Sarrazins que, non-seulement ils ne songèrent point à défendre l'entrée de la Massoure aux François, ⁷ mais leurs troupes se dispersèrent même et se mirent à fuir de costé et d'autre. ⁸ La nouvelle de leur défaite alla jusqu'au Caire, où elle causa une grande alarme, et il fallut en laisser toute la nuit les portes ouvertes à cause qu'il y arrivoit sans cesse des gens qui fuyoient du combat.

CCLXXVI.

Le comte d'Artois entre dans la Massoure et y est enfermé par les ennemis.

Jusque-là la hardiesse du comte d'Artois avoit esté heureuse; il avoit défait les ennemis, tué leur général, et rendu les chrestiens maistres des deux bords

---

¹ Ms. G, p. 138. — ² *Ibid.*, p. 133. — ³ *Ibid.*, p. 138; Abulphar., p. 323. — ⁴ Ms. G, p. 133. — ⁵ *Ibid.*, p. 133, 138. — ⁶ Duchesne, p. 428, *c*; Sanud, p. 219, *a*. — ⁷ Ms. G, p. 133. — ⁸ *Ibid.*, p. 134.

du Thanis. ¹ Diverses personnes luy conseillèrent de se contenter de ces avantages sans poursuivre plus loin les ennemis par une folie et un excès de témérité qui pouvoient estre fort dangereux. ² Le maistre des Templiers, qui estoit auprès de luy, l'y exhorta particulièrement, et le détourna fort d'entrer dans la Massoure. ³ Il faut voir l'endroit dans Matthieu Paris et les raisons qu'il en apporta; ⁴ et même une partie de ceux qui avoient suivi le comte s'estoient dispersez en divers endroits. ⁵ Ce grand maistre estoit Guillaume Sonnac, ⁶ homme fort hardi et fort généreux, ⁷ mais sage et circonspect et fort expérimenté dans la guerre. Le comte d'Artois dépeint par l'histoire angloise tel que sont ordinairement les jeunes François, dédaigneux, railleur et insolent, ⁸ et qui s'imaginoit avoir toujours le même succès qu'il avoit eu d'abord, ne se mit pas en peine de l'avis du maistre des Templiers, et ⁹ luy répondit d'une manière tout à fait injurieuse, où il ne faut pas douter néanmoins que l'Anglois n'ait donné sa façon.

¹⁰ Le grand maistre, picqué vivement, dit qu'il suivroit le comte partout, mais qu'il ne répondoit pas de l'événement, ¹¹ et fit en même temps déployer sa bannière. Guillaume de Salisbury, qui suivoit le comte avec ses Anglois, voulut apaiser ce différend; mais le comte ne luy répondit que par des injures. ¹² On pré-

---

¹ Guiart, p. 143, 2. — ² *Chron. de Flandre*, c. xxiii, p. 56. — ³ Matth. Par., p. 789, 790. — ⁴ Duchesne, p. 428, c. — ⁵ Joinville, p. 52. — ⁶ *Chron. de Flandre*, p. 56. — ⁷ Matth. Par., p. 789, *f*. — ⁸ Duchesne, p. 701, c. — ⁹ Matth. Par., p. 790, *b, c; Chron. de Flandre*, p. 56. — ¹⁰ Matth. Par., p. 790, *d, f*. — ¹¹ *Ibid.*, p. 791, *a, b*. — ¹² *Chron. de Flandre*, p. 56.

tend que les Sarrazins surent cette mésintelligence des chrestiens et qu'elle leur donna la hardiesse de les attaquer. [1] Cependant le comte d'Artois ayant fait sonner ses trompettes et déployer ses bannières, marcha droit à la Massoure, [2] et y entra aussitost sans peine l'ayant trouvée toute ouverte, [3] et abandonnée des troupes des infidèles. [4] Le comte s'avança jusqu'à la porte du palais du sultan, qui estoit apparemment à l'extrémité de la ville du costé de Babylone, [5] et sortit peut-estre même de la ville pour poursuivre les Sarrazins jusqu'à la campagne qui est du costé de Babylone; [6] de sorte que, par l'aveu des écrivains orientaux, les troupes des infidèles estoient prestes d'estre entièrement défaites. [7] Mais les François étant retournez vers la ville, [8] et ne songeant plus qu'à piller les richesses [9] sans prendre garde à eux, [10] les Sarrazins reprirent courage; [11] et les Turcs, c'est-à-dire les Mameluks, se rallièrent avec les autres infidèles ayant à leur teste Bibars Bondocdar qui régna depuis, [12] et ruina presque entièrement ce qui restoit aux chrestiens dans la Syrie. [13] Il y avoit même un grand nombre de Sarrazins qui, après avoir abandonné leur camp, estoient demeurez aux environs sans prendre la fuite.

[14] Tous ces infidèles estant venus fondre sur les chrestiens qui n'avoient point de gens de trait pour les repousser, ils les chargèrent si rudement qu'ils les obli-

---

[1] *Chron. de Flandre*, p. 56. — [2] Duchesne, p. 355, a. — [3] *Chron. de Flandre*, p. 36; Sanud, p. 219, a. — [4] Ms. G, p. 133. — [5] Joinville, p. 42. — [6] Ms. G, p. 133. — [7] Joinville, p. 42. — [8] Sanud, p. 219, a; *Chron. Orient.*, p. 105. — [9] Duchesne, p. 702, a. — [10] Sanud, p. 219, a. — [11] Ms. G, p. 134, 138. — [12] Sanud, p. 222-224. — [13] Joinville, p. 42. — [14] Ms. G, p. 134; Sanud, p. 219, a.

gèrent d'abandonner le palais, et de se retirer en désordre assez loin de là dans la ville. Ils les poursuivirent à coups d'épée et de masse d'armes, [1] et à coups de trait. [2] Le peuple qui estoit demeuré dans les maisons leur jetoit en même temps des pierres, des briques, de la terre. [3] Divers soldats qui dans le premier effroy, ou même à dessein s'estoient cachés dans les caves ou dans d'autres lieux obscurs, commencèrent aussi à sortir, firent voler leurs étendards, se mirent aux fenestres des maisons, d'où ils jetèrent sur les François des pierres, des pieux pointus, de l'eau bouillante, et quand ils en trouvoient l'occasion, ils sortoient des maisons pour les tuer à coups d'épée.

[4] Les François ainsi attaquez et serrez de toutes parts ne pouvoient même s'aider de leurs armes. [5] Les rues étoient si étroites qu'ils avoient peine à manier leurs chevaux. Ils ne pouvoient pas non plus estre secourus par les autres François, [6] car les ennemis, qui avoient un fort grand nombre de troupes, en avoient répandu une partie entre le comte et le Thanis, afin que personne ne se pust sauver. Et nous verrons qu'ils attaquoient en même temps tout le reste de l'armée.

[7] Le connestable de Beaujeu vint néanmoins avertir saint Louis que son frère estoit attaqué dans une maison de la ville où il se défendoit à merveille, mais qu'il avoit besoin de secours, et qu'il le prioit de luy en envoyer. Le roy dit au connestable d'y aller, et qu'il le suivroit bientost. Le connestable partit suivi du sire de Joinville et de beaucoup d'autres. Mais pendant

---

[1] Joinville, p. 42. — [2] Abulphar., p. 323. — [3] *Chron. de Flandre*, p. 57. — [4] *Ibid.* — [5] Abulphar., p. 323; Ms. G, p. 134; Joinville, p. 42. — [6] Matth. Par., p. 791; Joinville, p. 44. — [7] Joinville, p. 44.

qu'ils fendoient les escadrons des ennemis qui estoient sur leur passage, on leur vint dire que le roy estoit pris par les Turcs. Cette nouvelle qui n'estoit pas tout à fait fausse, leur fit changer de dessein. ¹ Le comte Pierre de Bretagne et Gui de Malvoisin signalèrent leur courage en voulant entrer avec leurs compagnies dans la Massoure. Mais ils furent repoussez et obligez de se retirer en désordre.

CCLXXVII.

Mort du comte d'Artois et de Guillaume de Salisbury.

² Le comte d'Artois, qui donna en cette occasion des marques extraordinaires de sa valeur, et tous ceux qui l'accompagnoient, manquant ainsi de secours, furent réduits à vendre leur vie bien cher; ³ surtout depuis que le comte d'Artois ne parut plus à leur teste. ⁴ Ils soutinrent le combat autant que le jour dura; ce qui contribua beaucoup à sauver le reste des troupes. ⁵ Mais ils succombèrent enfin sous le nombre de leurs ennemis, et furent tuez presque tous sans exception. ⁶ On perdit en cette rencontre jusqu'à trois cents chevaliers, outre les autres hommes d'armes et de cheval. Car le maistre des Templiers disoit y avoir perdu deux cent quatre vingts hommes de son ordre. ⁷ Il y perdit luy-même un œil. ⁸ Entre les morts on y remarque Raoul de Coucy, par la mort duquel la seigneu-

---

¹ Joinville, p. 45, 48. — ² Ibid., p. 51. — ³ Guiart, p. 143, 2; Matth. Par., p. 791, d. — ⁴ Ms. G, p. 134. — ⁵ Chron. Orient., p. 105. — ⁶ Joinville, p. 42. — ⁷ Ibid., p. 53. — ⁸ Ibid., p. 42.

rie de Coucy passa à Enguerran, son cadet, que saint Louis pensa depuis faire pendre,[1] et Guillaume de Salisbury surnommé Longue-Épée, qui après une défense vigoureuse fut accablé par les ennemis, avec la pluspart des Anglois qui l'avoient suivi. [2] Pour le comte d'Artois, Guiart escrit qu'on ne sçut jamais ce qu'il estoit devenu, que quelques-uns disoient qu'il avoit esté fait prisonnier, et la pluspart qu'il avoit assurément esté tué.

[3] Puy-Laurent dit que les Sarrazins ayant fait un grand carnage des chrestiens, le comte se trouva perdu entre les autres et ne fut point trouvé. [4] Matthieu Paris dit que ne voyant point d'apparence de résister aux ennemis, il avoit passé au travers de leurs troupes et s'estoit sauvé, mais qu'estant poursuivi et ayant voulu passer le Thanis à la nage, son cheval, chargé de fer, ne s'estoit pas trouvé assez fort, et qu'il avoit esté noyé; ce qui pourroit estre vray, sans qu'il méritast les invectives et les reproches que luy fait Matthieu Paris sur ce sujet. [5] Mais Joinville dit positivement qu'il fut tué dans la Massoure, [6] et qu'en effet les Sarrazins trouvèrent son corps le lendemain et prétendirent avoir tué le roy même, à cause de sa cotte d'armes semée de fleurs de lys.

[7] Saint Louis même dit qu'il avoit perdu son frère à la Massoure. [8] Lorsqu'il reçut la nouvelle qu'il estoit mort ou pris, il soupira tendrement et dit : « S'il est mort, je prie Dieu de luy pardonner ses péchez à luy et à tous les

---

[1] Matth. Par., p. 791, *d*, *e*. — [2] Guiart, p. 143, 2. — [3] Duchesne, p. 702, *a*. — [4] Matth. Par., p. 791, *b*, *d*. — [5] Joinville, p. 42. — [6] Ibid., p. 51. — [7] Duchesne, p. 429, *a*. — [8] Chron. de Flandre, c. LXIII, p. 57.

autres. » ¹Il se consola aussitost dans l'espérance que son frère avoit quitté la terre pour jouir du ciel et qu'il auroit quelque part à la couronne des martyrs. ²Il ne put néanmoins refuser après la bataille quelques larmes à la tendresse et à l'amitié d'un frère, ³et ce sont les sentiments qu'il fait paroistre lorsqu'il en parle dans sa relation. ⁴Il semble avoir esté plus touché de cette mort que de tous les événements funestes qui la suivirent. ⁵On marque que Robert avoit témoigné désirer mourir pour Jésus-Christ. ⁶Il estoit extrêmement chaste, aussi bien que saint Louis et Alphonse, et vivoit dans une telle pureté qu'il fut même au-dessus des attaques de la calomnie.

On ne peut douter que le comte d'Artois n'ait fait une action de témérité, et de jeûner et de s'engager comme il fit dans la Massoure, contre le conseil des plus sages. Mais Matthieu Paris exagère cette faute avec excès et y ajouste apparemment des circonstances qui ne sont que de luy. Cet auteur le représente toujours comme un esprit emporté et violent, et ce qu'il fit l'an 1236 à l'égard du roy de Navarre, en fait paroistre quelque chose. ⁷Mouskes lui donne le titre de vaillant et de courtois, et assurément, pour le courage, il en a plutost eu trop.

Comme les papes donnoient de grandes indulgences à ceux qui alloient combattre les infidèles et les hérétiques, on se croyoit généralement assuré du salut de ceux qui mouroient dans ces guerres, et on leur donnoit assez souvent le nom de martyrs; et on peut dire

---

¹ Joinville, p. 47; Duchesne, p. 429, a. — ² Joinville, p. 47. — ³ Duchesne, p. 429, a. — ⁴ Joinville, p. 80. — ⁵ Ms. F, p. 7, 2. — ⁶ Ibid., p. 105. — ⁷ Mousk., vers 30 208.

en effet que ceux qui, en combattant pour Jésus-Christ, vivoient aussi pour Jésus-Christ et mouroient pour sa gloire, et non pour la leur propre, avoient droit d'espérer quelque part à cette couronne.

¹ Matthieu Paris qualifie son Guillaume de Salisbury un martyr indubitable, et dit que la nuit de devant sa mort il avoit esté vu montant au ciel par sa mère, qui, estant héritière de la maison de Salisbury, s'estoit retirée, après la mort de son mary, dans un monastère dont elle estoit alors abbesse; ²et lorsqu'elle reçut la nouvelle de sa mort, elle bénit Dieu de l'avoir rendue mère d'un martyr. ³On prétend même que son corps fit des miracles.

Comme le diable est appelé le singe de Dieu, ⁴nous voyons qu'il avoit aussi inspiré aux mahométans de rendre des honneurs particuliers à ceux qui mouroient dans les guerres contre les chrestiens, et un de leurs historiens donne le titre de martyr à Facardin. ⁵Les Sarrazins coupèrent la teste à ceux qu'ils avoient tuez et les envoyèrent au Caire, où on les mit à une porte sur des picques. ⁶Saint Louis les obligea depuis de luy envoyer toutes ces testes.

CCLXXVIII.

Saint Louis attaqué par les Sarrazins demeure enfin maistre du champ de bataille.

Nous n'avons encore vu qu'une partie de ce qui se passa en cette sanglante journée du mardi gras, 8 de fé-

---

¹ Matth. Par., p. 791, *c*. — ² *Ibid.*, p. 798, *d*, *e*. — ³ *Ibid.*, p. 835, *b*. — ⁴ Ms. G, p. 138. — ⁵ *Chron. Orient.*, p. 105 — ⁶ Joinville, p. 89, 97.

vrier. Joinville avoit, ce semble, suivi d'abord le comte d'Artois, ¹ puisqu'il trouva grand nombre de Turcs qui s'armoient encore; mais il n'entra pas avec lui dans la Massoure. ²Il décrit en particulier ce qui luy arriva, comme on le peut voir dans son ouvrage, et ne s'arreste presque pas au reste, ce qui fait que son récit est fort imparfait. ³Six de ses chevaliers, qui avoient témoigné la veille peu de sentiment pour un de leurs compagnons qui estoit mort, furent enveloppez par les ennemis et tuez tous six.

⁴On tire de sa narration que quoyque le comte d'Artois eust d'abord donné l'épouvante aux ennemis, et se fust rendu maistre de leur camp, ils ne quittèrent pas tous néanmoins la campagne et beaucoup demeurèrent là autour, ce qui fit qu'ils n'eurent pas de peine à se rallier et à enfermer le comte dans la Massoure. ⁵On y voit aussi que les François combattoient sans ordre et séparez les uns des autres, ce qui donnoit un grand avantage aux ennemis, qui les combattoient plus avec la masse qu'avec l'épée, à cause qu'ils estoient armez depuis les piez jusqu'à la tête.

⁶Le roy ayant passé le gué dont nous avons parlé d'abord, fut surpris de ne pas trouver le comte d'Artois, qui devoit l'attendre; sur quoy l'on prétend qu'il dit : « Ah! mon frère! j'ay bien peur que votre grand orgueil ne vous ait engagé dans quelque malheur. » ⁷Il s'avança ensuite jusque vers le camp des ennemis avec une terrible tempeste de trompettes et de clairons. Il s'arrêta un peu sur une hauteur pour dire quelque

---

¹ Joinville, p. 42. — ² Ibid., p. 42-47. — ³ Ibid., p. 59; Chron. de saint Louis, c. XXXVI, p. 232. — ⁴ Joinville, p. 42. — ⁵ Ibid., p. 43, 44. — ⁶ Chron. de Flandre, c. XXIII, p. 57. — ⁷ Joinville, p. 43.

chose à ses troupes ¹ et les animer au combat. ² Le comte d'Anjou estoit arrivé un peu auparavant, et ayant dégagé Joinville des mains des Turcs, ³ luy donna moyen de se venir joindre au roy. ⁴ Comme beaucoup d'autres y estoient de même engagez parmi les ennemis, les chevaliers qui avoient accompagné le roy les allèrent secourir.

⁵ Le roy eust voulu s'aller jeter luy-même au milieu des ennemis; mais tous les seigneurs l'obligèrent de se retirer à droite auprès du Thanis pour pouvoir être secouru par le duc de Bourgogne, qui estoit demeuré avec une partie de l'armée de l'autre costé du fleuve, ⁶ mais qui n'eust pu passer de son costé qu'à la nage. Le roy n'eut pas beaucoup le loisir de s'y reposer, ⁷ car le connestable le vint avertir en même temps que le comte d'Artois estoit extrêmement pressé dans la Massoure. Le roy envoya le connestable même à son secours, l'assurant qu'il le suivroit de près. ⁸ Mais il se vit luy-même attaqué de toutes parts par les Sarrazins, qui firent pleuvoir sur luy une nuée de flèches, et firent toutes sortes d'efforts pour le défaire.

⁹ Joinville décrit plus particulièrement le danger où se trouva le roy en cette rencontre. Il estoit remonté un peu plus haut suivant la rivière, soit que le terrain y fust plus avantageux pour se défendre, soit pour estre plus proche du gué. Ce prince fit paroistre un courage admirable dans cette occasion, surtout lorsqu'il fut environné et presque pris par les Turcs. Ainsi

---

¹ *Chron. de saint Louis*, c. XXIX. — ² Joinville, p. 43. — ³ *Ibid.*, p. 44. — ⁴ *Ibid.*, p. 43, 44. — ⁵ *Ibid.*, p. 45. — ⁶ *Ibid.* — ⁷ *Ibid.*, p. 44. — ⁸ *Ibid.*, p. 45; Duchesne, p. 429, a; Guiart, p. 143, 2. — ⁹ Joinville, p. 45.

ce n'estoit pas sans fondement que ¹ le bruit courut qu'il estoit pris. La modestie de saint Louis luy fait supprimer cela dans sa relation. ² Le danger fut si grand que beaucoup de François ne croyant pas pouvoir résister aux ennemis, taschèrent de passer à la nage le Thanis au gué que le Béduin leur avoit montré pour regagner l'armée du duc de Bourgogne. Mais comme leurs chevaux estoient las, et qu'il faisoit extresmement chaud, ils ne le purent, et ceux qui s'y engagèrent y furent noyez.

³ On crut que sans la personne du roy toute l'armée eust été perdue ce jour-là. ⁴ Le combat qui dura jusqu'à la nuit dans la Massoure, empescha aussi les Turcs d'employer toutes leurs forces contre le roy. ⁵ Joinville et quelques autres arrestèrent même une partie des ennemis qui vouloient venir environner le roy par derrière, en tenant ferme à un petit pont, où il falloit passer un ruisseau qui traversoit la prairie. Autant que je le puis concevoir, ce ruisseau couloit entre le gué et le lieu où estoit le roy.

⁶ Joinville rapporte diverses petites choses qui luy arrivèrent en ce poste. ⁷ Il y demeura jusques environ le soleil couchant, que le connestable y ayant mis les arbalestriers du roy à la vue desquels les Sarrazins qui taschoient d'emporter ce passage, se retirèrent, il eut le loisir de se reposer un peu et d'aller rejoindre le roy. Il le trouva encore sur le champ de bataille. ⁸ Car la nuit seule finit le combat et sépara les deux armées; ⁹ quoyque peut-estre les Sarrazins eussent cessé d'atta-

---

¹ Joinville, p. 44. — ² *Ibid.*, p. 45. — ³ *Ibid.* — ⁴ Ms. G, p. 134. — ⁵ Joinville, p. 44-47. — ⁶ *Ibid.*, p. 47. — ⁷ Ms. G, p. 134. — ⁸ Duchesne, p. 429, *a*. — ⁹ Guiart, p. 144, 1.

quer si vivement le roy une heure ou deux auparavant, [1] ayant esté obligez par le courage de saint Louis, et par les traits des arbalestriers, de se retirer vers la Massoure, [2] et ayant eu la plus grande partie de leurs chevaux tuez ou blessez.

[3] Joinville estant arrivé auprès de saint Louis, luy vit donner le commandement de l'arrière-garde à Gaucher de Chastillon, celuy qui la commandoit auparavant ayant sans doute esté tué. [4] Saint Louis se retira ensuite tout armé en son pavillon, pour coucher avec ses troupes au même lieu où les ennemis avoient campé jusqu'alors; et l'on y trouva encore quelques Sarrazins que l'on chassa. [5] Le butin qu'ils y avoient laissé fut pillé partie par les chrestiens, partie par les Béduins, sujets des Sarrazins, mais toujours ennemis des plus foibles. Ceux-ci estoient peut-estre dans l'armée chrestienne.

Voilà quel fut le succès de la fameuse journée de la Massoure, [6] qui fut, comme nous l'avons dit le mardi de devant le caresme, 8 de février. Chaque parti y fut victorieux et vaincu. Les François y eurent d'abord tout l'avantage par le passage de la rivière, par la prise du camp des ennemis et de leurs machines, par la fuite de leurs troupes, et par la mort de leur général Facardin, [7] sans laquelle le reste leur eust esté peu de chose. Mais la mort du comte d'Artois et de ceux qui furent tuez avec luy dans la Massoure affoiblit beaucoup et affligea encore davantage les chrestiens. [8] Et quoyque saint Louis eust eu l'avantage de repous-

---

[1] Guiart, p. 144, 1; — [2] Sanud, p. 219, a. — [3] Joinville, p. 47. — [4] Joinville, p. 47, 48. — [5] Ibid., p. 48. — [6] Ibid., p. 41; Ms. G, p. 133; Chron. Orient, p. 104.— [7] Ms. G, p. 133. — [8] Duchesne, p. 429, a.

ser ceux qui l'attaquèrent, néanmoins presque tous les chevaux y furent tuez ou blessez : beaucoup de personnes y reçurent aussi diverses blessures ou y perdirent la vie, et Joinville en nomme quelques-uns, [1] outre ceux qui se noyèrent en voulant repasser le Thanis : [2] de sorte qu'après la bataille, saint Louis ayant ramassé toutes ses forces, se trouva avoir assez peu de monde autour de luy.

[3] Ayant néanmoins toujours conservé l'avantage d'estre maistre des deux bords du Thanis, du camp des ennemis et de leurs machines, ce qui luy estoit certainement honorable et avantageux, [4] il en rendit grâces à Dieu, [5] et exhorta les autres à le faire avec luy. [6] Mais avec tout cela, on peut dire avec Joinville que ce fut une triste journée pour les François. [7] Ils y perdirent deux comtes, outre Robert.

[8] Les infidèles, qui jusqu'alors n'avoient remporté sur eux aucun avantage considérable, crurent l'avoir fait en cette rencontre. Ils se hastèrent d'en mander la nouvelle au Caire, où elle fut publiée dès le lendemain matin au son des trompettes, et l'on y en fit publiquement toutes les réjouissances possibles. [9] On marque que cette nouvelle y fut mandée par des lettres que des pigeons privez y apportèrent. Je croy avoir vu dans Strada, que ceux de Leiden, assiégez par le duc d'Albe, se servoient aussi de pigeons pour donner ou pour recevoir des nouvelles, et qu'on prenoit ceux qui avoient des petits afin que dès qu'on les lascheroit, ils retournassent à leur demeure ordinaire.

---

[1] Joinville, p. 45. — [2] Duchesne, p. 429, a. — [3] Ibid.; Joinville, p. 47. — [4] Joinville, p. 47. — [5] Ibid., p. 58. — [6] Ibid., p. 49. — [7] Saunud, p. 219, a. — [8] Ms. G, p. 134. — [9] Ibid.

On dit que c'est encore un usage ordinaire parmi les Orientaux d'envoyer des lettres par des pigeons, et que cela se voit dans les relations modernes[1].

CCLXXIX.

Divers combats le mercredi des Cendres et le vendredi suivant.

[2] Saint Louis ayant ramassé auprès de luy tout ce qui luy restoit de forces, ce qui faisoit un assez petit nombre de personnes, [3] fit tendre ses pavillons au lieu même où les ennemis avoient campé, et où estoient encore leurs machines. [4] Sur quoy un prieur des Hospitaliers qui vouloit le consoler de la mort de son frère, le congratulant, il luy répondit : «Que Dieu soit adoré de tout ce qu'il nous envoie;» et en même temps laissa couler les larmes qu'il ne pouvoit refuser à un frère. Tous les grands qui le virent en furent touchez, et admirèrent que dans une si grande affliction il ne cessoit pas de louer le nom de Dieu. [5] Avant que chacun prist le repos dont il avoit besoin après tant de fatigues et de blessures, [6] saint Louis fit faire un pont de bois sur la rivière, afin que ceux qui estoient de l'autre costé pussent venir à luy si les ennemis l'attaquoient.

[7] Les Sarrazins appréhendoient aussi de leur part que les François ne les attaquassent durant la nuit, et avoient pour cela bordé leur camp d'un grand nom-

---

[1] Voy. sur ces pigeons *Chron. Slav.*, p. 173, 174. — [2] Duchesne, p. 429, *a*. — [3] *Ibid.*; Joinville, p. 47, 49, 50. — [4] Joinville, p. 47. — [5] *Ibid.*, p. 49. — [6] Duchesne, p. 429, *a*. — [7] Joinville, p. 50.

bre de chevaux. ¹ Avant le point du jour ils vinrent à pied et à cheval attaquer les François pour retirer leurs machines : mais Joinville et Gautier de Chastillon les repoussèrent. ² Un prestre armé mit en fuite six capitaines turcs. ³ On ne marque point d'autre combat ce jour-là, qui estoit le mercredi 9 février premier jour de caresme. Les Sarrazins y furent occupez à faire un nouveau général : ⁴ et saint Louis fit passer de son costé une partie des troupes qui estoient demeurées de l'autre costé de la rivière. Pour faciliter et assurer davantage le passage d'un camp à l'autre, il fit faire des ponts de bateaux sur la rivière, ⁵ à une bonne lieue au-dessous où le Thanis sort du Nil. ⁶ Il fit mettre en pièces les machines des Sarrazins, ⁷ en réservant néanmoins quelques-unes, ⁸ et pour empescher les ennemis d'entrer à cheval et en grand nombre dans le camp, il le fit fermer d'une lice ou barrière où les gens de pied pouvoient passer mais qui arrestoit les chevaux.

⁹ L'Histoire Orientale remarque que Facardin ayant esté tué le jour même, quelques seigneurs de l'armée et les Mameluks pillèrent sa maison, et y mirent ensuite le feu. ¹⁰ Cela ne diminua pas néanmoins le crédit de Sajareldor qui estant Turque s'accommodoit avec les Turcs. ¹¹ Mais comme il falloit un chef pour conduire les troupes, les Sarrazins choisirent pour cela, le mercredi des cendres, un très-vaillant Sarrazin, et apparemment Bibars Bondocdar, ¹² qui avoit déjà forcé

---

¹ Joinville, p. 49, 50. — ² Ibid., p. 50. — ³ Ibid. — ⁴ Duchesne, p. 429, a; Guiart, p. 144, a; Sanud, p. 219, a. — ⁵ Joinville, p. 58. — ⁶ Duchesne, p. 429, a. — ⁷ Joinville, p. 53. — ⁸ Ibid., p. 51; Duchesne, p. 429, a. — ⁹ Ms. G, p. 135. — ¹⁰ Ibid., p. 134. — ¹¹ Joinville, p. 50, 51. — ¹² Ms. G, p. 134.

les François dans la Massoure. Mais on ne luy donna pas la même autorité qu'à Facardin, ¹ puisque l'État demeura en quelque sorte sans chef jusqu'à l'arrivée du nouveau sultan Moadam. ²Ce nouveau général ayant trouvé le comte d'Artois parmi les morts, fit porter en triomphe sa cotte d'armes : et comme elle estoit semée de fleurs de lys, il fit croire aux infidèles que le roy même estoit mort; et sur cela les fit résoudre à aller attaquer les François le vendredi suivant. Le roy en fut averti par des espions qu'il avoit dans l'armée ennemie, et donna ordre que tout le monde fust prest dès minuit pour les soutenir.

³ Les infidèles vinrent en effet le vendredi attaquer les François avec toutes leurs forces, qui estoient innombrables, et firent des efforts incroyables pour les vaincre. ⁴Mais quoyque les François fussent en partie à pied et sans armes, ⁵à cause des blessures qu'ils avoient reçues dans la journée du mercredi, ⁶où la pluspart avoient aussi perdu leurs chevaux; ⁷néanmoins, comme leurs troupes estoient rangées en ordre, ⁸ils se défendirent avec courage, ⁹les repoussèrent et en tuèrent un grand nombre.¹⁰ Il faut voir le détail de cette rude journée dans Joinville. ¹¹Guillaume de Sonnac, maistre des Templiers, y fut tué, ¹²et Renaut de Bichiers tenoit sa place au mois de mai suivant.

¹³ Saint Louis exhorta fort l'armée à rendre grâces à

---

¹ *Chron. Orient.*, p. 105. — ² Joinville, p. 51. — ³ Duchesne, p. 429, *b.* — ⁴ Joinville, p. 55. — ⁵ *Ibid.*, p. 53. — ⁶ Duchesne, p. 429, *a.* — ⁷ Sanud, p. 219, *b.* — ⁸ Joinville, p. 55. — ⁹ Duchesne, p. 429, *b*: Guiart, p. 144, 1; Sanud, p. 219, *b.* — ¹⁰ Joinville, p. 51-55. — ¹¹ *Ibid.*, p. 52, 53. — ¹² *Ibid.*, note, p. 84. — ¹³ *Hist.*, p. 55.

Dieu du secours qu'il leur avoit donné dans ces deux batailles.

CCLXXX.

Le sultan Moadam arrive en Égypte. — La maladie se met dans l'armée chrestienne.

¹ Les Égyptiens furent treize jours, après la mort de Facardin, sans chef qui parust régler les choses avec autorité, Sajaceldor aimant mieux avoir le pouvoir que le titre de souveraine, et le nouveau général n'estant que pour les affaires de la guerre. ²Mais, dès le 9 de janvier, on avoit sçu au Caire et à l'armée, par le moyen des pigeons, que le nouveau sultan, Moadam, estoit arrivé à Damas, y avoit reçu les soumissions de tout le pays et se préparoit à venir bientost en Égypte. ³Nous ne parlerons point ici des particularitez de son voyage. ⁴Il arriva enfin en Égypte, et y prit solennellement possession du royaume ⁵le mardi 22 février. ⁶Et ce fut alors seulement qu'on commença à parler librement de la mort de Saleh, son père. ⁷Il vint au bout de quelque temps à la Massoure, où les émirs mamelukes furent au-devant de luy ; ⁸et les Sarrazins l'y reçurent avec beaucoup de joie et de bruit. Leur parti se fortifia beaucoup depuis l'arrivée de ce prince, ⁹qui amena avec luy, selon Guiart, beaucoup de nouvelles troupes.

---

¹ *Chron. Orient.*, p. 105. — ² Ms. G, p. 135. — ³ *Ibid.*, p. 130, 131, 135. — ⁴ *Ibid.*, p. 135, 136; *Chron. Orient.*, p. 105; Abulphar., p. 323. — ⁵ *Chron. Orient.*, p. 105. — ⁶ Ms. G, p. 135, 136. — ⁷ *Ibid.*, p. 136. — ⁸ Duchesne, p. 429, *b*; Sanud, p. 219, *a*. — ⁹ Guiart, p. 144, 1.

¹Au contraire, par un secret jugement de Dieu, tout concourut dès lors à la perte et à la ruine entière de l'armée chrestienne. ²Guiart dit bien que les Sarrazins, ayant attaqué plusieurs fois les chrestiens, furent toujours repoussez avec perte. ³Mais la mortalité et la famine firent ce que les armes des ennemis ne pouvoient faire. Les règles de la guerre et l'ardeur naturelle des François vouloient qu'après avoir passé le Thanis ils poussassent leur victoire. Mais il paroist que les ennemis estoient trop forts pour pouvoir estre forcés dans la Massoure, et d'ailleurs le grand nombre des hommes et des chevaux blessez le mardi et le vendredi ne leur permettoit pas de quitter si tost ce poste. ⁴Cependant, au bout de neuf ou dix jours, les corps de ceux qui avoient esté tuez et jetez dans le Thanis s'estant élevez au-dessus de l'eau, et se trouvant arrestez par le pont que les chrestiens avoient fait, l'infection de ces corps fit mourir un grand nombre de personnes.

⁵D'ailleurs les chrestiens, qui ne croyoient pas que les fatigues de la guerre les dussent dispenser de la pénitence publique de l'Église, ne trouvoient point d'autre poisson à manger, durant tout le caresme, que des barbottes, qu'on dit se nourrir de corps morts. ⁶On crut que ce fut cette mauvaise nourriture, jointe à la sécheresse de ce pays, où il ne pleut jamais, qui fit venir dans l'armée la maladie descrite par Joinville et par d'autres. ⁷Il falloit que les chirurgiens coupassent la chair morte qui surpassoit les gencives. ⁸Les chrestiens avoient déjà souffert ce mal dans le premier

---

¹ Duchesne, p. 429, *b*. — ² Guiart, p. 144, 1. — ³ Duchesne, p. 429, *b*. — ⁴ Joinville, p. 57. — ⁵ *Ibid.* — ⁶ *Ibid.*, p. 57, 58; Duchesne, p. 702, *a*. — ⁷ Joinville, p. 60. — ⁸ Vitriac., l. III, p. 1135, *d*, *e*.

siége de Damiette, et ceux qui avoient pu atteindre la chaleur du printemps en avoient été guéris. Je croy que c'est ce qu'on appelle le scorbut.

¹ La mortalité et les diverses maladies qui attaquoient les hommes et les chevaux en diminuèrent beaucoup le nombre et emportèrent la plus grande partie de l'armée. A peine y avoit-il une personne qui ne pleurast quelqu'un des siens, ou mort, ou prest à mourir, ²et les valets estoient souvent obligez de prendre les armes et les chevaux de leurs maistres, et de monter à la garde en leur place. ³Joinville, outre les blessures de la journée de la Massoure, avoit encore vers la mi-caresme la maladie de l'armée, un grand rhume, une fièvre double quarte, et néanmoins il dit qu'il n'estoit ni pis ni mieux que les autres. Il vit tomber en foiblesse son aumosnier, qui luy disoit la messe et qui mourut peu après.

⁴Saint Louis, en voyant tous ces maux, levoit les yeux au ciel et bénissoit Dieu de tout ce qu'il luy envoyoit. ⁵Il alloit avec piété visiter les malades pour les consoler et leur donner quelques bons avis, quoyqu'on luy représentast, pour l'en détourner, qu'il se mettoit luy-même en danger de gagner la maladie. On rapporte qu'un de ses chambellans, homme de bien, estant ainsi malade au camp devant la Massoure, dit qu'il ne mourroit point que le saint roy ne le fust venu voir; et cela arriva de la sorte. ⁶Il tomba enfin luy-même dans la même maladie que les autres, ⁷et en fust peut-estre

---

¹ Duchesne, p. 429, *b*; p. 356, *b*. — ² *Ibid.*, p. 702, *a*. — ³ Joinville, p. 59. — ⁴ *Ibid.*, p. 60. — ⁵ Duchesne, p. 469, *c*. — ⁶ *Ibid.*, p. 356, *b*; Joinville, p. 61. — ⁷ Duchesne, p. 356, *b*.

mort s'il n'eust été pris. ¹Il avoit le flux de ventre et diverses incommoditez.

CCLXXXI.

Famine dans le camp des chrestiens. — Traité de trêves sans effet.

²Les Sarrazins n'ignoroient pas l'estat des François, et, pour augmenter leur misère, ils résolurent de les affamer; ³car, comme les convois de vivres venoient de Damiette au camp par le Nil sur des barques ou grands vaisseaux de charge, ils firent bastir de grands vaisseaux qu'ils firent transporter par pièces sur des chameaux jusqu'au Nil. Ils les garnirent d'un grand nombre de soldats ⁴ et les placèrent en un endroit où il leur estoit plus aisé d'arrester tous les bateaux qui vouloient passer. ⁵ Ils y joignirent encore divers vaisseaux qui vinrent par eau de la Massoure ; ⁶ de sorte que se trouvant maistres de la rivière, ils en fermèrent entièrement le passage aux François. Tous les vaisseaux qui venoient du camp, ou qui partoient de Damiette pour y apporter des vivres tomboient entre leurs mains. Ils s'en rendoient maistres, et tuoient tous ceux qu'ils trouvoient dedans, ⁷ou les envoyoient par terre en leur camp.

⁸Ils avoient desjà pris quatre-vingts bateaux de cette sorte avant que les François en sçussent rien, s'éton-

---

¹ Duchesne, p. 488, c. — ² Ibid., p. 702, a; Joinville, p. 58. — ³ Duchesne, p. 429, b; Ms. G, p. 136. — ⁴ Joinville, p. 62.— ⁵ Ms. G, p. 136. — ⁶ Duchesne, p. 429, b; Joinville, p. 58. — ⁷ Ms. G, p. 136. — ⁸ Joinville, p. 58.

nant seulement de ne voir revenir aucun de tous leurs vaisseaux qu'ils envoyoient à Damiette. Enfin une barque du comte Guillaume de Flandre s'étant ouvert le passage au travers de toute la flotte ennemie, leur vint rapporter l'estat des choses. [1] Après divers autres vaisseaux pris l'un après l'autre, les ennemis prirent deux caravanes qui apportoient des vivres et beaucoup d'autres commoditez au camp. La première estoit[2] de cinquante-deux vaisseaux qui ne furent pas pris sans combat. Il y eut un assez grand carnage, et plus de mille prisonniers, mais les munitions et les vivres furent entièrement perdus. [3] Il y eut trente-deux vaisseaux de la seconde caravane pris le 8 de mars, qui estoit la feste du sacrifice des mahométans. [4] Deux jours auparavant, les François avoient pris sept brûlots des ennemis. Mais c'estoit une petite consolation parmi de si grandes pertes, qui causoient des maux encore plus grands. [5] Car les ennemis leur ayant fermé le chemin de Damiette, et osté le moyen d'en recevoir aucun secours par eau, et le chemin de terre estant coupé, comme nous avons dit, par une rivière, et couru sans doute par les Sarrazins, [6] les chrestiens se trouvèrent manquer presque entièrement de vivres pour les hommes, et de fourrages pour les chevaux. [7] Beaucoup moururent de faim et de misère, [8] et les autres perdoient courage à cause de ce qu'ils souffroient et par la crainte de l'avenir.

[9] On ajoute que le sultan tira quantité de vaisseaux

---

[1] Duchesne, p. 429, *b;* Sanud, p. 219, *b, c.* — [2] Ms. G, p. 136. — [3] *Ibid.*, p. 136, 138. — [4] *Ibid.*, p 136. — [5] *Ibid.*, p. 139. — [6] *Ibid.*, p. 136; Duchesne, p. 429, *b;* Joinville, p. 58. — [7] Duchesne, p. 429, *b.* — [8] *Ibid., c.* — [9] Matth. Par., p. 775, *e, f.*

d'Alexandrie et de divers autres ports, pour garder la mer et empescher qu'il ne vinst du secours et des vivres aux François de quelque costé que ce fust. ¹ Et il semble en effet qu'il y avoit peu de vivres dans Damiette même. ² La chronique de Flandre accuse Jean de Beaumont d'avoir esté cause de tout le mal, en ne voulant pas garder le pas par où les vivres venoient à l'armée.

³ La grande misère où se trouvoit l'armée, fit qu'après le malheur du 8 de mars, qui faisoit redoubler la famine dans le camp, ils envoyèrent en hâte, dit Makrisi, demander trêve au sultan, et tascher d'obtenir de luy quelque accord. ⁴ Philippe de Montfort, neveu du grand Simon, en parla à l'amiral du sultan. ⁵ Le sultan nomma deux émirs pour en traiter avec les députez du roy. ⁶ Ceux-ci offrirent de rendre Damiette pourvu qu'on leur donnast Jérusalem, avec certains ports de mer, ⁷ et généralement tout le royaume de Jérusalem. ⁸ Le sultan ne vouloit pas accorder ces conditions aux chrestiens. ⁹ Il paroist néanmoins qu'elles furent acceptées de part et d'autre. Mais le sultan ayant fait demander au roy quelle sûreté il luy donneroit de luy rendre Damiette, et le roy ayant offert de luy laisser un de ses frères en otage, il ne s'en contenta pas, et voulut avoir la personne même du roy. Mais les François eussent mieux aimé estre tous tuez que de consentir à une chose si honteuse.

¹⁰ Les Sarrazins firent apparemment quelques autres

---

¹ Joinville, p. 79. — ² *Chron. de Flandre*, c. xxiv, p. 57. — ³ Ms. G, p. 136, 138. — ⁴ Joinville, p. 61. — ⁵ *Ibid.*, p. 59, 60; Ms. G, p. 136. — ⁶ Ms. G, p. 136, 138. — ⁷ Joinville, p. 60. — ⁸ Ms. G, p. 136, 138. — ⁹ Joinville, p. 60. — ¹⁰ *Ibid.*, p. 62.

propositions qui ne furent pas acceptées. ¹ Ainsi la chose demeura là. Je rapporterois volontiers à cette occasion ce que les historiens rapportent à une autre, où cela paroist moins probable; ² sçavoir que saint Louis malgré l'opposition de tous les grands, vouloit demeurer en otage. ³ Cependant les maladies augmentoient toujours, ⁴ et la cherté estoit si grande dans le camp, que quand Pasques fut venu, qui estoit le 27 de mars, un mouton y coustoit trente livres. ⁵ Quelque propres et quelque délicats que soient les François dans le boire et dans le manger, ils furent contraints d'avoir recours aux choses les plus sales, et réduits enfin à manger même leurs chevaux de prix. On prétend qu'il y avoit outre cela quelque division entre eux, les uns voulant qu'on acceptast les conditions de paix que les autres avoient refusées.

⁶ Tant de misères ne pouvoient pas manquer d'affliger sensiblement le cœur de saint Louis. Elles n'eurent pas néanmoins la force d'ébranler sa confiance en Dieu, qui paroissoit par la sérénité de son visage. Mais ceux qui ayant moins de foy ne considéroient pas que Dieu a voulu mourir pour nous faire acquérir un bonheur sans bornes par les souffrances de cette vie, furent accablez par la tentation, ⁷ et se retirèrent au camp des ennemis, qui leur permirent de conserver le nom de chrestiens, et récompensèrent par de malheureux avantages ceux qui voulurent embrasser leur superstition.

¹ Joinville, p. 60. — ² Ms. F, p. 51, 52; Duchesne, p. 404, c; p. 489, d. — ³ Joinville, p. 6. — ⁴ Ibid., p. 58. — ⁵ Matth. Par., p. 776, b. — ⁶ Ibid., d. — ⁷ Ibid., b, c, e, f.

CCLXXXII.

Les François se retirent vers Damiette. — Saint Louis est pris.

[1] Enfin saint Louis voyant qu'il ne pouvoit plus demeurer en ce lieu sans y périr luy et toutes ses troupes, [2] résolut, avec l'avis de tous les seigneurs, de se retirer, [3] et de lever le siége de la Massoure, selon l'expression des Orientaux, [4] pour passer de l'autre costé de la rivière, dans le camp du duc de Bourgogne. [5] Cette retraite ne se fit pas sans difficulté. Elle se fit peut-estre le dimanche de la Quasimodo 3 d'avril.

Le sultan jugea bien que les François seroient bientost obligés de quitter leur poste pour se retirer à Damiette, et qu'il estoit temps de faire un dernier effort pour leur empescher cette retraite et remporter une entière victoire. [6] Ainsi le lundi 4 avril, il ouvrit ses trésors, distribua des armes et de l'argent, et rassembla tout ce qui se put trouver d'Arabes et d'autres soldats. [7] Il fit aussi conduire par terre divers petits vaisseaux, pour fortifier les autres qui gardoient le Nil.

[8] Saint Louis vit bien en effet qu'il falloit nécessairement se résoudre à retourner à Damiette, s'il plaisoit à Dieu, qui est le maistre de la fortune des hommes, de les y conduire. [9] Il ordonna que les malades seroient mis dans les vaisseaux autant qu'on y en pourroit mettre, [10] avec les autres personnes sans armes, [11] et fit jeter

---

[1] Joinville, p. 60. — [2] *Ibid.*, p. 58. — [3] *Chron. Orient.*, p. 105. — [4] Joinville, p. 58. — [5] *Ibid.*, p. 58, 59. — [6] Ms. G, p. 143. — [7] Matth. Par., p. 792, c. — [8] Joinville, p. 60; Duchesne, p. 429. — [9] Joinville, p. 60. — [10] Matth. Par., p. 792, c. — [11] Ms. F, p. 50; Ms. B, p. 594.

pour cela dans l'eau les vivres et les autres provisions qu'il avoit dans ces vaisseaux pour sa maison, n'en faisant réserver que pour huit jours, et par ce moyen il y fit entrer mille pauvres malades. [1] Il commanda plusieurs chevaliers pour suivre en même temps le bord du Nil afin de défendre les vaisseaux contre la flotte ennemie qui gardoit le passage de la rivière. [2] Il ordonna aussi à Josselin de Courvant, intendant des machines, et aux autres maistres et ingénieurs, de faire couper les cordes des bateaux qui faisoient le pont : mais on ne l'exécuta pas, et cela fit un grand tort.

[3] Le roy avoit un flux de ventre et plusieurs autres incommoditez ; il eust pu se sauver en se mettant comme les autres malades sur ses grands vaisseaux. Le légat et beaucoup de grands le luy conseilloient; mais il aimoit mieux mourir que laisser dans le danger ceux qui s'y estoient engagez avec luy. [4] Le légat, qui ne croyoit pas estre obligé à témoigner tant de courage, se mit sur les vaisseaux et se sauva; [5] quoique d'autres écrivent qu'il estoit parti un peu devant les autres, et s'estoit retiré par terre à Damiette. [6] Joinville avec ses gens et deux chevaliers qui luy restoient seuls, se mit sur une petite barque qui estoit à luy. [7] Saint Louis donna ordre qu'on partist en même temps par terre et par eau [8] le soir du mardi d'après la Quasimodo, 5 d'avril. [9] Ce même soir, lorsqu'une partie

---

[1] Joinville, p. 62. — [2] Ibid., p. 37, 60. — [3] Ibid., p. 61; Duchesne, p. 404, a; p. 488, c; Ms. F, p. 51, 1; Chron. de Flandre, c. xxiv, p. 57; Ms. B, p. 594, 595. — [4] Ms. F, p. 51, 1; Ms. B, p. 595; Guiart, p. 144, 1; Chron. de Flandre, p. 57. — [5] Spicileg., t. XI, p. 537. — [6] Joinville, p. 60, 61. — [7] Ibid., p. 61. — [8] Ibid., p. 60. — [9] Ibid., p. 60, 61.

des malades estoit encore sur le bord de l'eau, preste à se mettre dans les bateaux, quelques Sarrazins entrèrent dans le camp et tuèrent quelques-uns de ces malades : de sorte que les mariniers coupèrent les cordes des ancres pour partir promptement. Le roy leur cria d'arrester ;[1] et ainsi ils s'arrestèrent, et achevèrent de prendre les malades.

[2] Toute l'armée décampa donc et abandonna ses tentes, ses biens et son équipage, avec le désordre qui est inévitable en ces sortes de rencontres. [3] Saint Louis, tout malade qu'il estoit, monta sur un petit cheval, et laissant aller devant sa bataille qui devoit marcher au milieu de toutes les autres et tous ses gens d'armes, hors Geoffroy de Sergines, il se mit dans l'arrière garde commandée depuis le 8 de février par Gaucher de Chastillon. [4] Il partit ainsi avec son armée, la nuit du mardi [5] 5 d'avril, pour gagner Damiette. Mais Dieu qui est le maistre des voies et de la fortune des hommes, et qui dispose d'eux selon la volonté, en avoit ordonné d'une autre manière.

[6] Les Sarrazins passant la rivière après eux, peut-estre par le pont même qu'on n'avoit pas eu soin de rompre, [7] les suivirent et les chargèrent en queue avec leur cavalerie [8] composée d'un nombre infini de personnes. [9] Les François n'estoient pas en estat de soutenir leur effort. [10] Matthieu Paris dit qu'ils avoient en tout deux mille trois cents bons chevaux, et quinze

---

[1] *Chron. de saint Louis*, c. xxxviii, p. 239. — [2] Ms. G, p. 143. — [3] Joinville, p. 61. — [4] *Ibid.*, p. 60; Ms. G, p. 137, 139. — [5] Duchesne, p. 429, c. — [6] Ms. G, p. 137. — [7] *Ibid.*, p. 137, 139. — [8] Duchesne, p. 429, c. — [9] Sanud, p. 219, c; Matth. Par., p. 793, b. — [10] Matth. Par., p. 793, b.

mille hommes de combat, ce qui estoit peu de chose, [1] et hors un assez petit nombre, tous les autres estoient malades, [2] ce qui fit que l'armée ne se put défendre. [3] D'autres disent que de trente-six mille hommes de guerre, ils estoient réduits à six mille, ce que je ne comprends pas. [4] Gui du Chastel, de la maison de Chastillon, évesque de Soissons, se jeta lui seul au milieu des ennemis l'épée à la main pour n'avoir pas la honte de retourner à Damiette, et y fut aussitost tué.

[5] Le matin estant venu, les ennemis environnèrent les François, [6] et en tuèrent un fort grand nombre. [7] Ils atteignirent bientost le roy; mais Geoffroy de Sergines le défendit avec tant de courage, qu'il luy donna moyen de gagner une petite ville nommée Sarmosac, où on le descendit de cheval presque mort. [8] Gaucher de Chastillon se tint dans la rue, et quoyque seul, il en chassa plusieurs fois les ennemis. [9] Au milieu d'un si grand trouble, saint Louis voyant qu'il estoit plus de trois heures après midi, demanda son bréviaire à son chapelain pour dire nones. [10] Dans cette extrémité, Philippe de Montfort ne laissa pas d'obtenir une trêve. Mais il parut alors visiblement que Dieu vouloit livrer saint Louis entre les mains des ennemis. [11] Car lorsque Philippe et le général des Sarrazins se donnoient mutuellement la foy pour assurance de la trêve, un huissier trahissant son roy et sa religion, ou croyant effectivement qu'il n'y avoit point d'autre moyen de sauver la vie du roy, cria tout haut, de la part du roy, que

---

[1] Ms. F, p. 95. — [2] *Ibid.*, p. 51. — [3] Ms. D, p. 489. — [4] Joinville, p. 78. — [5] Ms. G, p. 139. — [6] *Ibid.*, p. 137, 139. — [7] Joinville, p. 61; Sanud, p. 219, c; p. 271, 1. — [8] Joinville, p. 77. — [9] Duchesne, p. 356, a. — [10] Joinville, p. 61, 62. — [11] *Ibid.*, p. 62.

tout le monde se rendist, de peur qu'on ne le tuast. La vie du roy estoit si chère à tous ses sujets, [1] que, croyant que cet ordre venoit de sa part, chacun rendit ses armes et se laissa amener en prison.

Tout le monde cédant ainsi, il n'y avoit pas d'apparence que le roy, malade et presque mort, songeast à résister. [2] Il demanda quartier à Gémaleddin, [3] l'un des principaux seigneurs d'Égypte, [4] qui le reçut et le fit prisonnier de guerre. [5] Gaucher de Chastillon fut aussi fait prisonnier [6] ou tué sur son cheval. [7] Les deux frères du roy et tous les autres grands seigneurs de l'armée furent de même obligez de se rendre. [8] Un nommé Muacen Touachi leur donna quartier.

[9] Une partie des troupes qui s'estoit avancée jusqu'à Farescour, assez près de Damiette, y soutint le combat avec assez de vigueur [10] et fut enfin défaite comme les autres le lendemain. [11] Les Sarrazins perdirent dans ces combats un homme de marque et quelque peu d'autres. [12] En un mot, de tous ceux qui furent par terre il n'y en eut pas un seul, comme l'avoue saint Louis même, qui échappast la captivité ou la mort, [13] et l'on ne voyoit partout que l'horreur du sang ou des chaînes. [14] L'oriflamme tomba entre les mains des Sarrazins avec les autres drapeaux.

[15] Saint Louis et les autres seigneurs prisonniers furent menez à la Massoure, [16] où le roy fut enchaîné

---

[1] Joinville, p. 62. — [2] Ms. G, p. 137. — [3] *Ibid.*, p. 130, 144. — [4] *Ibid.*, p. 137. — [5] Matth. Par., p. 793, *d.* — [6] Joinville, p. 77. — [7] Duchesne, p. 429, *c.* — [8] Ms. G, p. 139. — [9] *Ibid.*, p. 137. — [10] *Ibid.*, p. 143. — [11] Matth. Par., p. 793, *b.* — [12] Duchesne, p. 429, *e.* — [13] Ms. G, p. 137. — [14] Matth. Par., p. 797, *a.* — [15] Ms. F, p. 779; Ms. G, p. 139. — [16] Ms. G, p. 137, 139.

avec une chaîne de fer, et gardé dans la maison du juge Facareddin-Ibrahim [1] avec son frère ou ses frères, et plusieurs autres prisonniers. Il n'est point marqué que les autres aient été enchaînés.

CCLXXXIII.

Joinville et beaucoup d'autres sont pris sur le Nil. — Nombre des morts et des prisonniers.

[2] Ceux qui furent par eau ne furent guère plus heureux que les autres. [3] Dès que Joinville partit, sa barque pensa être enfoncée par les grands vaisseaux du roy qui démarroient en hâte, à cause des Turcs. [4] Il s'éleva ensuite un grand vent qui, venant de Damiette, repoussoit les vaisseaux vers la Massoure. Le vent s'estant abaissé, [5] on arriva vers le point du jour au lieu où la flotte des Sarrazins gardoit la rivière. Dès qu'ils aperçurent les chrestiens, ils tirèrent grand nombre de traits et de feux de naphte, tant contre les vaisseaux que contre la cavalerie qui avoit ordre de les escorter par terre. Cette cavalerie prit la fuite pour se sauver à Damiette. [6] Les grands vaisseaux se sauvèrent néanmoins tous ou en partie [7] et rendirent le légat à Damiette. [8] Mais la plus grande partie des vaisseaux furent brûlés avec les malades qui y estoient, et les autres tuez ou faits prisonniers. [9] Car quand les Sarrazins avoient pris un vaisseau, ils tuoient ceux qui y estoient [10] surtout s'ils estoient malades, [11] et les jetoient en l'eau,

[1] Ms. G., p. 143. — [2] Joinville, p. 62. — [3] Ibid., p. 60, 61. — [4] Ibid., p. 62. — [5] Ibid. — [6] Ibid., p. 61. — [7] Guiart, p. 144; Ms. F, p. 51, 1. — [8] Duchesne, p. 429, c. — [9] Joinville, p. 62. — [10] Ibid., p. 65. — [11] Ibid., p. 62, 65.

¹ ou les renfermoient dans le fond du vaisseau pour leur faire le même traitement plus à loisir, ² ne réservant que des personnes très-considérables. ³ Ils coupoient la teste à ceux qu'ils tuoient pour avoir la récompense à laquelle le sultan avoit taxé chaque teste des chrestiens, ⁴ et quand ils avoient ainsi vidé un vaisseau, ils en tiroient les meubles et le bagage.

⁵ Joinville décrit amplement ce qui luy arriva et comment il sauva sa vie en souffrant qu'on l'appelast cousin du roy, et par le secours d'un Sarrazin de la terre de l'empereur. C'estoit, ce semble, quelque Allemand ou Sicilien apostat. ⁶ Il fut mené en un chasteau où ayant pensé mourir du scorbut, il en fut guéri en deux jours par les Sarrazins; ⁷ de sorte que le vendredi il fut en estat d'aller trouver l'amiral du sultan avec lequel il mangea, ne songeant point quel jour il estoit. Car il avoit accoutumé, durant sa maladie même, de jeusner tous les vendredis au pain et à l'eau. Mais un bourgeois de Paris l'ayant averti qu'il estoit vendredi, il cessa aussitost de manger, de quoy l'amiral ne s'offensa point.

⁸ Le dimanche, il vit tuer quelques-uns de ses gens et beaucoup d'autres chrestiens malades, ⁹ et l'amiral le mena ensuite à cheval au lieu où estoit le roy avec ses barons, et plus de dix mille autres prisonniers, c'est-à-dire à la Massoure. ¹⁰ Makrisi dit qu'en comptant tous les prisonniers, ouvriers, valets et autres, il y en eut plus de cent mille avec lesquels on prit aussi

---

¹ Joinville, p. 65. — ² Ibid., p. 63. — ³ Matth. Par., p. 793, 794. — ⁴ Joinville, p. 62. — ⁵ Ibid., p. 62, 64. — ⁶ Ibid., p. 64. — ⁷ Ibid., p. 64, 65. — ⁸ Ibid., p. 65. — ⁹ Ibid., p. 65, 66. — ¹⁰ Ms. G, p. 137.

un nombre infini de chevaux, de bestiaux, et de richesses.

¹ Entre les seigneurs qui furent pris, on nomme Guillaume de Flandre; Pierre, comte de Bretagne; Jean, comte de Soissons; le connestable; ² Philippe de Montfort; Baudoin et Gui d'Ebelin, l'un sénéschal, et l'autre connestable de Chypre; Jean de Valeri. ³ Il y eut aussi un fort grand nombre de morts. ⁴ Le sultan en compte trente mille dans une lettre, tant de ceux qui furent tuez que de ceux qui se noyèrent en voulant passer les canaux à la nage, ⁵ et il y en eut au moins dix mille de tuez, outre ceux qu'on fit mourir ensuite, comme nous verrons. ⁶ Matthieu Paris comptant, ce semble, ceux qui furent tuez dans toute la guerre, en met soixante mille, et vingt mille hommes d'armes outre ceux qui se noyèrent et qui abandonnèrent l'armée.

⁷ Le sultan manda sa victoire à Gémaleddin, son lieutenant à Damas, par une lettre qui est du style de l'Écriture sainte. Il la faut voir; mais je ne crois pas qu'elle soit entière, car elle ne parle point de la prise du roy. Les Sarrazins ne manquèrent point de faire de grandes réjouissances, ⁸ et Dieu souffrit même qu'ils abusassent de la victoire qu'il leur avoit donnée pour blasphémer son saint nom et la religion chrestienne. Ils fouettoient publiquement la croix en présence des chrestiens, crachoient dessus et la fouloient aux pieds, ⁹ et traitoient avec des indignitez étranges les

---

¹ Joinville, p. 68. — ² *Ibid.*, p. 67. — ³ Duchesne, p. 429, *b*. — ⁴ Ms. G, p. 139, 143. — ⁵ *Ibid.*, p. 137. — ⁶ Matth. Par., p. 807, *d*. — ⁷ Ms. G, p. 143. — ⁸ Duchesne, p. 356, *a*, *b*; p. 432, *a*. — ⁹ Guiart, p. 144, 2.

images des saints, de la sainte Vierge et de Jésus-Christ.

¹ Entre ceux qui furent tuez alors, on compte Simon, comte de Ponthieu, et Hugues le Brun, comte de la Marche, fils de celuy dont nous avons si souvent parlé. ² Mais il paroist que le dernier estoit mort avant cette journée, qui finit la guerre. Ses chevaliers et Gui, son frère, achevèrent l'année de service qu'il avoit promise au comte de Poitiers. ³ Dès le 3 de juillet 1250, Yolande de Bretagne, sa veuve et tutrice de ses enfants, fit hommage aux officiers d'Alphonse, comte de Poitiers, pour le comté de la Marche et la baronnie de Lusignan, ⁴ et au roy pour le comté d'Angoulesme. ⁵ Roger de Rosoy fut tué à la prise de saint Louis. ⁶ Saint Louis fonda depuis un obit dans l'église de Chartres pour le comte d'Artois, et pour tous ceux généralement qui estoient morts en Égypte et en Orient durant qu'il y estoit. ⁷ On met de ce nombre Nicolas, archidiacre de Chasteaudun, qui portoit le sceau du roy. Le nécrologe de Chartres, qui marque sa mort le 12 de mars, en fait un grand éloge.

¹ Matth. Par., p. 793, d. — ² Ms. F, p. 554, 555. — ³ Invent., t. I, Poitou, pièce 62. — ⁴ Ibid., t. V, Périg., pièce 9. — ⁵ Spicileg., t. VII, p. 603, 604. — ⁶ Regist. 3, p. 159, 160. — ⁷ Éloges hist. du père Labbe, p. 208.

CCLXXXIV.

Remarques sur la défaite de saint Louis. — État de la reine à Damiette.

[1] Sanud dit que l'armée de saint Louis se perdit faute d'ordre et de conduite. [2] Il se plaint de ce que ni dans cette occasion, ni dans les autres semblables, les chrestiens ne s'estoient point servis de quelque adresse pour se tirer du péril, comme ont fait autrefois de grands capitaines. Il eust beaucoup plus instruit la postérité s'il eust marqué en quoy l'on pouvoit avoir manqué. Il est vray néanmoins que les Occidentaux faisoient plus paroistre alors de hardiesse et de courage que d'art et d'adresse. Et comme tous les seigneurs estoient presque absolus, un général n'eust pas pu les réduire à observer la discipline militaire. Mais il n'y a ni prudence ni courage contre Dieu, et il est visible qu'il vouloit en cette occasion humilier les chrestiens.

[3] La vie d'un saint évesque de Lausanne, nommé Boniface, docteur de Paris, qui, ne pouvant corriger son peuple, s'estoit retiré en un monastère de Bernardines auprès de Bruxelles, [4] porte que cet évesque estant en prières entendit une voix qui luy disoit : « Sachez qu'aujourd'huy le roy de France est livré entre les mains des impies. » [5] On prétend qu'un cordelier, preschant à Constantinople, eut la même révélation, et s'écria en pleurant « que l'aigle estoit pris. »

---

[1] Sanud, p. 44, *d*. — [2] *Ibid.*, p. 271, *d*. — [3] Du Boulay, p. 675, 676. — [4] Bolland., 19 *février*, art. 15, p. 154, *d*. — [5] 19 *mars*, p. 60, *f*.

[1] Saint Louis en rapporte la cause à ses péchez, et l'événement fit voir que c'estoit une miséricorde de Dieu sur luy et sur beaucoup d'autres. Nous avons déjà vu que les péchez qui se commirent dans l'armée chrestienne durant qu'elle séjourna à Damiette, avoient irrité Dieu contre les François, et que beaucoup croyent que l'argent levé sur les églises pour la croisade avoit attiré la malédiction des pauvres, et ensuite celle de Dieu sur cette entreprise. [2] Matthieu Paris, intéressé et fort sensible à ces sortes de levées, rapporte comme une suite de cette malédiction que Blanche ayant envoyé à saint Louis onze charrettes d'or et d'argent de ce qu'on avoit tiré des églises, [3] le vaisseau qui portoit cet argent périt sur mer avec toute sa charge; ce que saint Louis ayant su, il dit cette excellente parole : « Ni ce malheur, ni quelque autre que ce soit, n'aura la force de me séparer de la charité de Jésus-Christ. »

[4] Que si les hommes sont surpris de la captivité de saint Louis, ils le doivent encore estre davantage de la manière dont Dieu l'en tira.

[5] La reine Marguerite estoit demeurée, comme nous avons dit, à Damiette; mais si elle ne fut pas en prison avec son mari, elle ne laissa pas d'avoir une grande part à ses peines. [6] Le légat échappé des mains des Sarrazins luy rapporta ce qu'il avoit vu de ses yeux. Il ne pouvoit luy dire la prise du roy, [7] mais elle l'apprit enfin avec la douleur et le trouble qu'on se peut imaginer. Il faut voir l'endroit et examiner la

---

[1] Duchesne, p. 429, c. — [2] Matth. Par., p. 779, c-e. — [3] Ibid., p. 820, b, c. — [4] Duchesne, p. 456, c. — [5] Joinville, p. 78. — [6] Guiart, p. 144, 1. — [7] Joinville, p. 78, 79.

prière qu'elle fit à son chevalier. [1] On prétend qu'on n'apprit à Damiette la prise du roy que lorsque les Sarrazins vinrent s'y présenter avec les armes des François.

[2] La reine estoit alors preste d'accoucher, et elle accoucha en effet au bout de trois jours [3] d'un fils à qui on donna le nom de Jean et le surnom de Tristan [4] et de Damiette. [5] Ce fut la reine qui le fit surnommer Tristan, afin qu'il fust un sujet continuel d'humiliation à son père au milieu de l'éclat et de la magnificence royale, et dans la prospérité dont il jouit durant le reste de son règne. Dieu donna ce prince à saint Louis dans sa première croisade et le luy osta vingt ans après dans sa seconde, peu de jours avant que de l'appeler luy-même au ciel. [6] Nicole Gilles conte que Jean fut enlevé dans son berceau par un esclave sarrazin, et recouvré.

[7] Le propre jour que la reine fut accouchée, elle sçut que les Pisans et les Génois et tout le petit peuple vouloient abandonner la ville et s'enfuir, ce qui eust osté toute espérance à saint Louis et aux autres prisonniers, n'y ayant que le désir de retirer Damiette qui pust obliger les Sarrazins à accorder des conditions tolérables. [8] Elle fit donc venir les Italiens dans sa chambre, elle les conjura d'avoir pitié d'elle et du roy, et comme ils couvroient leur lascheté de la crainte de manquer de vivres, elle fit voir la vérité de ce que l'histoire dit d'elle, qu'elle estoit la princesse la plus

---

[1] Matth. Par., p. 794, *d*, *e*. — [2] Joinville, p. 78. — [3] *Ibid.*, p. 79; Ms. F, p. 779. — [4] Joinville, note, p. 83. — [5] Ms. F, p. 220; Guiart, p. 144, 2. — [6] Nic. Gil., p. 155; Matth., P. p. 189. — [7] Joinville, p. 79. — [8] *Ibid.*

généreuse de son siècle. ¹ Car elle se chargea du soin de leur faire avoir des vivres sans qu'il leur en coutast rien, et les retint aux dépens du roy. Il falloit avoir l'âme bien grande pour faire ces offres, et bien basse pour les accepter. ² Cependant cela se fit de la sorte, et en moins d'un mois il en coûta à la reine plus de trois cent soixante mille livres; c'est à dire presque autant que le sultan demanda au roy pour le délivrer luy et tous les prisonniers. Mais je ne sçay si au lieu de trois cent soixante mille livres il ne faudroit point trente-six mille livres. Car cette somme estoit alors fort grande, mais l'autre paroist excessive.

CCLXXXV.

Affliction des Occidentaux.

³ On apprit presque en même temps dans l'Occident la défaite et la prise de saint Louis, sa délivrance, et la reddition de Damiette, et peut-estre même la mort du comte d'Artois. On peut juger avec quelle surprise et quelle douleur on y reçut ces nouvelles, particulièrement en France, après la joie de la prise de Damiette, ⁴ et le bruit qu'on y débitoit encore au mois de may de la reddition du Caire. ⁵ On escrit que lorsque Blanche et les grands de France en entendirent parler, ils furent d'abord si persuadez que cette nouvelle estoit fausse, qu'ils firent même pendre quelques particuliers venus d'Orient qui la débitoient, et qui n'en

---

¹ Joinville, p. 79. — ² *Ibid.* — ³ *Ibid.*, p. 84; Duchesne, p. 415, c. — ⁴ *Spicileg.*, t. VII, p. 225. — ⁵ Matth. Par., p. 797, b, c.

avoient peut-estre pas de preuves, comme des séditieux qui vouloient troubler l'Estat.[1] Mais la chose enfin ne se vérifiant que trop, toute la France, le peuple, les ecclésiastiques, la noblesse tombèrent dans une affliction et un accablement épouvantable.[2] L'Église pleura ce malheur avec des fleuves de larmes.

[3] On l'apprit en Angleterre dès le 1ᵉʳ d'aoust, et Matthieu Paris, quelque ennemi qu'il soit des François, n'en parle qu'avec douleur. [4] Il rapporte une lettre écrite au comte Richard par son chancelier sur ce qu'il avoit appris d'un ecclésiastique qu'il avoit envoyé à la reine de France, Blanche. Mais cette relation, qu'il assure estre très-certaine, et que Matthieu Paris a suivie trop exactement, est toute pleine de fautes.

[5] Le pape Innocent IV, qui estoit encore à Lyon, en reçut une affliction extrême,[6] et il regardoit [cet événement] comme le plus grand malheur qui pust presque arriver à l'Église.[7] Il en escrivit sans doute à Blanche pour la consoler dans sa douleur.[8] Il manda cette triste nouvelle à l'archevesque de Rouen (et apparemment aux autres archevesques de France);[9] luy ordonnant à luy et à ses suffragans de faire faire des prières publiques tant pour le roy que pour la croisade, et de faire exhorter le peuple toutes les semaines à aller secourir la terre sainte,[10] où saint Louis, délivré de prison, estoit alors.
[11] Il escrivit à saint Louis même le 12 d'aoust pour le consoler. [12] Il luy envoya en même temps quelques per-

---

[1] Matth. Par., p. 797, c, d. — [2] Raynald., an. 1253, art. 50. — [3] Matth. Par., p. 789, c. — [4] Ibid., p. 796, 797. — [5] Duchesne, p. 415, a. — [6] Ibid., p. 416, b. — [7] Raynald., an. 1250, art. 27. — [8] Duchesne, p. 415, a. — [9] Ibid., p. 417, b, c. — [10] Ibid., p. 415, c. — [11] Ibid., p. 413, 414. — [12] Ibid., p. 415, a.

sonnes pour luy faire des propositions qu'il n'exprime pas.

¹ Alphonse, ou plutost Ferdinand, roy de Castille, neveu de Blanche, ne se contenta pas de donner des larmes à l'affliction de la France. Et quoiqu'il fust environné d'infidèles sur lesquels il avoit déjà fait de grandes conquestes, il prit la croix pour aller en Orient, ² sur les instances et les promesses que luy fit pour cela la reine Blanche, sa tante.³ Frédéric même, dans une lettre qu'il escrit à ce prince pour l'exhorter à défendre en sa personne la cause de tous les rois, paroist fort touché de ce qui estoit arrivé à saint Louis. Il en accuse le pape à son ordinaire, prétendant que, sans la guerre qu'il luy faisoit, il auroit esté en personne en Orient, ou y auroit envoyé son fils, et auroit sans doute empesché que ce malheur n'arrivast. ⁴ Et le pape reconnoist que la division des chrestiens avoit esté la cause de ce malheur.

⁵ Frédéric ajoute qu'il avoit envoyé une puissante armée en Italie, c'est-à-dire en Lombardie, contre le pape, et qu'il estoit prest de la suivre; mais que cette mauvaise nouvelle l'avoit obligé de retourner en son royaume de Sicile «ubi de vassallis,» ou plutost «vasellis « nostris,» dit-il, « et gente ac de suffragiis sic ultra ma-« rino negotio magnifice disponimus providere, quod « dexteram nostræ potentiæ, quam sibi liberaliter os-« tendimus, celeriter sibi sentiat fructuosam (Ludo-« vicus). »

Ce prince, qui, ordinairement, promettoit beaucoup

---

¹ Matth. Par., p. 797, *d.* — ² *Ibid.*, p. 844, *b.* — ³ Goldast., *Constit. imperat.*, t. III, p. 380. — ⁴ Raynald, an. 1253, art. 50. — ⁵ Goldast., p. 380.

plus qu'il ne vouloit faire, ne fit rien qu'on sache pour saint Louis, [1] sinon qu'il envoya des ambassadeurs au sultan, pour obtenir, disoient-ils, la délivrance du roy, comme le portoit la lettre qu'il luy en escrivoit. Mais beaucoup crurent que c'estoit moins pour procurer son élargissement que pour l'empescher, et furent bien aises d'avoir esté délivrez avant que ces ambassadeurs arrivassent. [2] Les historiens d'Italie remarquent même que les Florentins, qui tenoient le parti de Frédéric, firent des réjouissances publiques lorsque tout le reste des chrestiens estoit dans le deuil. [3] Néanmoins un nommé Guillaume de Maio et Pierre Constantin ayant promis par escrit à divers croisez de les passer à Damiette pour joindre saint Louis, et ne voulant pas exécuter leur promesse, ils y furent condamnez en 1250 par les juges de Messine. C'estoit sans doute avant qu'on sçust la prise de saint Louis, ou au moins la reddition de Damiette.

[4] Pour Venise et beaucoup d'autres villes d'Italie du parti du pape, comme leurs habitants n'estoient que des demi-chrestiens, leur indignation et leur douleur les eust fait tomber dans l'apostasie, s'ils n'eussent esté retenus par l'autorité de leurs évesques et des personnes de piété qui leur assuroient que ceux qui avoient perdu la vie en cette occasion estoient martyrs, et jouissoient dans le ciel d'une gloire et d'un bonheur inestimables. [5] On prétend qu'ils demeurèrent toujours irritez contre saint Louis, et tuoient ou pilloient tous les François qu'ils trouvoient sur mer.

[1] Joinville, p. 84. — [2] Raynald., an. 1250. — [3] *Invent.*, t. VII, *Croisades*, 1er sac, pièce 19. — [4] Matth. Par., p. 797, *d*. — [5] *Ibid.*, p. 809, 810, 885, *a*.

CCLXXXVI.

Estat de saint Louis dans la prison.

¹ Pour retourner à la prison de saint Louis, il s'y occupoit sans cesse à la prière, et ne se contentant pas de prier luy-même, il se recommandoit avec humilité aux prières de ceux qu'il croyoit estre gens de bien. ² Il conserva toujours sa dévotion ordinaire de dire tous les jours le bréviaire selon l'usage de l'église de Paris et de sa chapelle. Les Sarrazins ayant trouvé son bréviaire le luy rapportèrent comme un présent qu'ils sçavoient luy devoir estre agréable, ³ de sorte qu'il faut peu s'arrêter à ceux qui en font un miracle, et qui disent qu'estant fort en peine de son bréviaire et le regrettant beaucoup, il le trouva tout d'un coup auprès de luy; quoique le pape Boniface VIII soit de ce nombre. ⁴ Il continua de même dans la prison les jeûnes et les autres abstinences qu'il avoit accoutumé de pratiquer.

Ce fut sans doute cet esprit de prière qui luy mérita la patience, la sagesse et le courage qu'il témoigna durant toute sa prison. ⁵ Guillaume de Chartres, depuis jacobin, et qui estoit alors avec luy en qualité de chapelain, ⁶ en dit de fort belles choses. ⁷ Il y acquit, parmi les Sarrazins mêmes, l'estime d'un prince très-saint, très-sincère et très-sage, ⁸ d'un homme de bien et loyal; et il falloit qu'ils eussent une

---

¹ Ms. F, p. 32. — ² Duchesne, p. 468, *b*. — ³ *Ibid.*, p. 482, *c;* Ms. F, p. 331, 337; Guiart, p. 144, 2. — ⁴ Ms. F, p. 220. — ⁵ Duchesne, p. 468, *b*. — ⁶ *Ibid.*, *b, c*. — ⁷ *Ibid.*, p. 456, *c*. — ⁸ Ms. F, p. 108.

grande idée de sa bonté et de son courage pour le vouloir faire de leur prisonnier leur roy, comme nous verrons dans la suite.

Quand il en trouvoit l'occasion, [1] il expliquoit la foy chrestienne aux Sarrazins, et les exhortoit à l'embrasser, et il y en eut en effet plusieurs qui, estant touchez par sa patience, se convertirent et reçurent le baptesme.

[2] Il estoit, comme nous avons dit, fort malade lorsqu'il fut pris, et on n'espéroit presque pas qu'il pust guérir. Ainsi sa prise même fut un effet de cette providence qui fait tout servir au bien de ceux qui aiment Dieu. Car comme les médecins du sultan avoient plus d'expérience de ces sortes de maladies, le sultan, à qui la vie du roy estoit de grande importance, le fit traiter avec tant de soin qu'il en guérit, non pas néanmoins si parfaitement [3] qu'il ne fust encore très-foible de sa maladie lorsqu'il fut délivré. Mais avant que d'estre guéri [4] il souffrit beaucoup. Car il estoit si malade que les dents luy branloient, la chair des gencives estoit pâle et teinte, et il avoit un flux de ventre fort fâcheux; il estoit si maigre que les os de l'épine du dos estant aigus, lui perçoient la peau; il estoit si foible qu'il falloit le porter à toutes ses nécessités. Cependant il n'avoit pour le servir qu'un seul de ses officiers nommé Isembert, [5] natif de Paris; il estoit son cuisinier, [6] car les autres estoient absents ou malades, et incapables de le servir. [7] Il avoit encore auprès de lui Guillaume de Chartres, son chapelain, et un prestre

---

[1] Ms. F, p. 220. — [2] Duchesne, p. 456, c. — [3] Joinville, p. 80. — [4] Ms. F, p. 32, 86. — [5] Ibid., 3, 2; Joinville, note, p. 100. - Ms. F, p. 32, 85. — [7] Duchesne, p. 468, b.

jacobin qui savoit l'arabe. Il prioit avec eux : mais il ne vouloit peut-estre pas qu'ils le servissent. ¹ Ainsi le seul Isembert faisoit sa cuisine de ce qu'on luy donnoit de chez le sultan, luy faisoit du pain de *chars*, le déshabilloit et le portoit à toutes ses nécessitez. ² Cependant cet Isembert assuroit depuis avec serment, que, parmi tant de maux et dans un si grand abandonnement, jamais il ne l'avoit vu ni impatient ni en mauvaise humeur.

Saint Louis reconnut sans doute les services de cet Isembert, ³ car on le qualifie un homme riche. Ce fut, ce semble, par grâce que saint Louis avoit cet unique serviteur chrestien; ⁴ car selon Matthieu Paris, il paroist que l'on avoit mis d'abord des Sarrazins auprès de luy. Saint Louis, qui craignoit qu'ils ne l'empoisonnassent, demanda avec instance quelques-uns de ses gens pour luy apprester à manger, et ils le luy accordèrent, lorsqu'après avoir tenté inutilement Damiette, comme nous verrons, ils se crurent obligez de le mieux traiter. ⁵ Néanmoins le même auteur assure qu'il n'avoit jamais reçu ni à boire ni à manger de la main d'aucun Sarrazin. ⁶ On accusoit les Sarrazins d'avoir empoisonné les chrestiens qu'ils avoient pris en 1239.

⁷ Saint Louis ayant perdu ses habits avec le reste de son bagage, un pauvre homme luy donna sa casaque, dont le roy se servit, jusqu'à ce qu'on luy eust envoyé de l'étoffe de Damiette. C'estoit une grande inhumanité aux Sarrazins s'ils refusoient au roy des habits et des gens pour le servir, et une grande humilité à saint

---

¹ Ms. F, p. 32, 86. — ² *Ibid.* — ³ *Ibid.*, p. 52-86. — ⁴ Matth. Par., p. 794, *e*, *f*. — ⁵ *Ibid.*, p. 795, *b*. — ⁶ Mousk., vers 30 632. — ⁷ Ms. F, p. 86.

Louis, s'il se privoit volontairement de leur secours, et il semble que c'est ce qu'il faut dire ; [1] car Dieu luy ayant fait trouver de la compassion parmi ceux qui le tenoient captif, le sultan avoit ordonné qu'on luy donnast avec abondance tout ce qu'il demanderoit, [2] et on avoit soin de luy fournir tous les jours ce qui estoit nécessaire pour son entretien.

[3] Le sultan luy fit faire, depuis, deux robes de taffetas noir fourrées de vair et de gris, et garnies de quantité de boutons d'or, et ainsi bien plus magnifiques que saint Louis ne les eust fait faire. [4] Il n'avoit point d'autres habits lorsqu'il arriva à Acre; ayant, sans doute, donné [5] ceux qu'on luy avoit envoyez de Damiette.

Cette paix et cette tranquillité qu'il garda toujours dans sa prison, réfute [6] ce qu'on a escrit, que la douleur qu'il eut de se voir entre les mains des Sarrazins, fit qu'il ne voulut ni manger ni boire les deux premiers jours, ne souhaitant que la mort. S'il y a quelque chose de vray en cela, ce fut plutost l'effet de l'accablement de son corps par la maladie que de son esprit par l'affliction et la honte. [7] Les Sarrazins qui ne connoissoient pas le mérite de ses souffrances, disoient que si leur Mahomet les eust laissé tomber dans l'estat où estoit saint Louis, ils l'eussent aussitost renoncé.

[1] Duchesne, p. 456, c. — [2] Ms. G, p. 143. — [3] Joinville, p. 79. — [4] Ibid. — [5] Ms. F, p. 86. — [6] Matth. Par., p. 794, a. — [7] Ibid., c; Joinville, p. 73.

CCLXXXVII.

Cruauté des Sarrazins à l'égard des prisonniers et de saint Louis même. — Ne pouvant avoir Damiette par surprise ni par menace, ils traitent de la délivrance du roy.

Pour reprendre la suite de l'histoire, [1] Joinville ayant été amené le dimanche 10 avril à la Massoure où estoit le roy [2] avec les barons et plus de dix mille autres prisonniers, lorsqu'ils estoient ensemble, attendant le secours de Dieu, un grand seigneur sarrazin entra et mena en un pavillon plus reculé les plus considérables d'entre eux à qui cette séparation donna bien de la crainte. [3] Ce Sarrazin estoit sans doute Seifédin Joseph que le sultan avoit amené d'Orient, et à qui il avoit commandé de tuer tous les prisonniers françois de moindre qualité. [4] Ils estoient enfermez dans une grande cour [5] et en divers autres endroits [6] d'où Seifédin les faisoit tirer la nuit [7] l'un après l'autre. On leur demandoit s'ils vouloient renoncer à la foy de Jésus-Christ. Quand ils y consentoient, on les mettoit à part; et s'ils le refusoient on leur tranchoit en même temps la teste, [8] et on jetoit leurs corps dans la mer, ou plutost dans le Nil. On en faisoit ainsi mourir ou apostasier trois ou quatre cents toutes les nuits.

[9] On assure néanmoins que quand saint Louis fut délivré, il y avoit encore plus de douze mille chrestiens prisonniers en Égypte dans le Vieil et Nouveau

---

[1] Joinville, p. 65. — [2] Ibid., p. 66. — [3] Ms. G, p. 143. — [4] Joinville, p. 66. — [5] Guiart, p. 144, 2. — [6] Ms. G, p. 143. — [7] Joinville, p. 66. — [8] Ms. G, p. 143. — [9] Ibid., p. 147; Duchesne, p. 357, c.

Caire, tant des troupes du roy que de ceux qui avoient esté pris auparavant. Il est aisé de croire que ce n'estoit pas par miséricorde, ni par respect de leurs personnes que les Sarrazins les conservoient, mais pour en avoir de grosses rançons. [1] Matthieu Paris escrit que le célèbre Gaucher de Chastillon, qu'il qualifie un invincible, avoit esté pris et envoyé par le sultan au calife comme une marque de son triomphe : et il ajoute que tout chrestien qui entroit dans les prisons du calife n'en sortoit jamais. [2] Joinville croit que ce seigneur avoit esté tué en défendant saint Louis à Sarmozac, sans avoir pu néanmoins en apprendre rien de bien assuré.

[3] On escrit que le premier dessein du sultan avoit esté d'envoyer saint Louis même au calife, pour le faire servir de jouet à tous les Sarrazins, et faire voir à tout l'Orient qu'il avoit pris le plus illustre de tous les chrestiens. [4] Le calife d'alors estoit un Mostasem Bella, dont l'histoire orientale parle fort mal. [5] Ce fut en luy que finit le nom des califes de Bagdad qui jusqu'alors avoient conservé quelque ombre d'autorité sur tous les mahométans. [6] Car les Tartares ayant pris Bagdad, en 1258, le firent mourir. [7] Le sultan vouloit donc, dit Matthieu Paris, envoyer saint Louis à ce calife, [8] pour achever ses jours dans une prison, ou les finir par une mort encore plus honteuse que cruelle, en servant d'holocauste à Mahomet; et avant que de l'envoyer au calife, on vouloit le promener par l'Orient pour servir de divertissement aux Sarrazins, et estre

---

[1] Matth. Par., p. 793, *d.* — [2] Joinville, p. 77. — [3] Matth. Par., p. 794, *a.* — [4] Abulphar., p. 318. — [5] *Suppl.*, p. 32. — [6] Abulphar., p. 339. — [7] Matth. Par., p. 794, *a.* — [8] *Ibid.*, p. 834, 835.

aux chrestiens un sujet de confusion et de scandale. C'estoit là la pensée et le désir de tous les Orientaux.

[1] Geoffroy de Beaulieu avoue qu'on n'avoit presque pas d'espérance de sa délivrance, ou du moins qu'elle se pust faire aussi facilement qu'elle se fit. [2] Les péchez des chrestiens méritoient bien cette punition, mais Dieu se souvint de sa bonté, [3] et les mérites du saint roy fléchirent sa miséricorde. [4] L'espérance d'une grande rançon, [5] la crainte de s'attirer la vengeance de tous les parents et amis d'un si grand roy, s'il le maltraitoit ouvertement, ou celle de Dieu même s'il se servoit de poison contre luy, [6] et le désir de ravoir Damiette, firent changer de dessein au sultan. Car on croyoit que cette ville estoit en estat de tenir un an et plus contre tout l'Orient, en attendant le secours des Occidentaux : de sorte que le sultan n'espéroit point la recouvrer que par un traité avec saint Louis, et il souhaitoit extrêmement de l'avoir.

[7] Les jeunes Mameluks qui l'approchoient luy conseilloient de traiter avec le roy le plus promptement qu'il pourroit pour se dégager de la nécessité d'avoir auprès de luy tant de capitaines et de seigneurs qui leur sembloient trop puissants, et se mettre ainsi en estat de disposer de toutes choses avec un pouvoir absolu. Dès que le sultan eut saint Louis entre ses mains, [8] il luy fit faire de grandes menaces pour luy faire rendre Damiette. Mais saint Louis, qui ne sçavoit pas encore l'estat de la ville, déclara qu'il ne la rendroit jamais,

---

[1] Duchesne, p. 456, b. — [2] Matth. Par., p. 835, a. — [3] Duchesne, p. 456, b. — [4] Matth. Par., p. 834, f. — [5] Ibid., p. 808, d. — [6] Ibid., p. 794, a. b. — [7] Abulphar., p. 324. — [8] Matth. Par., p. 794, b, c.

¹ et il n'eust jamais consenti à la rendre, s'il n'eust sçu qu'elle n'estoit pas en estat de tenir.

² Sur le refus du roy, les Sarrazins ayant pris les armes et les drapeaux qu'ils avoient gagnez sur les François, et l'oriflamme même, marchèrent vers Damiette, espérant de tromper ceux qui y estoient, et de s'y faire recevoir comme François. Mais l'air de leur marche, leur visage et leur parler découvrirent leur tromperie. Ceux de la ville se mirent en défense, protestèrent que quoy qu'il fust arrivé et de l'armée et du roy même, car on prétend qu'ils n'en avoient point encore de nouvelles, ils avoient encore assez de force et de courage pour soutenir tous les efforts, et attendre le secours de l'Occident, quand il ne viendroit de plus de deux ans. Ils promettoient beaucoup plus qu'ils ne vouloient faire, comme il parut trois jours après. ³ Cependant les Sarrazins ayant esté obligez sur cela de se retirer, et n'espérant plus d'avoir Damiette ni par surprise ni par force, taschèrent de faire consentir le roy à la leur remettre, ⁴ et commencèrent à le traiter plus doucement qu'ils n'avoient fait d'abord.

CCLXXXVIII.

Saint Louis refuse les demandes déraisonnables du sultan et méprise ses menaces.

⁵ Quelques jours donc après que saint Louis fut guéri de sa grande maladie, ⁶ le sultan luy fit parler d'une

---

¹ Duchesne, p. 468, c; p. 430, c. — ² Matth. Par., p. 794, c-a; p. 797, a, b. — ³ Ibid., p. 794, c. — ⁴ Ibid. — ⁵ Duchesne, p. 356, b. — ⁶ Ibid., p. 429, c.

trêve. ¹Quelques-uns des seigneurs prisonniers, qui estoient riches, vouloient traiter en particulier de leur rançon. Saint Louis eut peur que chacun traitant en son particulier, ceux qui estoient moins riches, ne pouvant pas payer à proportion des autres, ne demeurassent en prison exposez à la mort, ou à renoncer la foy. C'est pourquoy, par une charité et une libéralité extraordinaires, il défendit absolument ces traitez particuliers, et déclara qu'il payeroit pour tout le monde, ce qu'il fit.

²Le sultan, pour accorder tréve au roy, lui demandoit avec instance, et des paroles fort rudes, et même avec des menaces, qu'il lui rendist Damiette sans aucun délay, avec tout ce qui s'y estoit trouvé à sa prise, et qu'il le dédommageast de toutes les pertes et de toutes les dépenses qu'il avoit faites depuis cette prise. ³Il luy demanda aussi quelques-unes des places que les chrestiens tenoient dans la Palestine, ⁴et d'autres choses déraisonnables.

⁵Saint Louis demanda à Robert, patriarche de Jérusalem, pour avoir son conseil dans ce traité, et le fit venir pour cela à Damiette, ⁶sous le sauf-conduit du sultan. ⁷Il avoit aussi envoyé sçavoir l'estat de Damiette; et on luy avoit rapporté qu'elle n'estoit pas en estat de se défendre si les Sarrazins l'assiégeoient, ⁸de quoy le patriarche l'assura; ⁹et sans même estre assiégée, le peuple et les Italiens qui y estoient l'eussent aban-

---

¹ Ms. F, p. 51, 2; Duchesne, p. 404, *a*, *b*; Ms. D, p. 595. — ² Duchesne, p. 429, *c*. — ³ Joinville, p. 66, 67. — ⁴ Duchesne, p. 468, *b*, *c*. — ⁵ *Ibid.*, *c*; Joinville, p. 72. — ⁶ Joinville, p. 73. — ⁷ Duchesne, p. 468, *c*. — ⁸ Ms. F, p. 223, 224. — ⁹ Joinville, p. 79.

donnée, si la reine ne les eust retenus. ¹ Ce fut uniquement ce qui obligea saint Louis à leur promettre, avec regret, de la rendre, ² après l'avoir longtemps refusé, ³ si néanmoins il y pouvoit faire consentir ceux qui y estoient, ⁴ ce qu'il n'accorda qu'avec le consentement du patriarche, de ses frères et des autres seigneurs françois.

⁵ Pour les autres propositions qu'il ne trouvoit pas raisonnables, il les refusa avec une admirable constance, et sans témoigner craindre quoy que ce fust. ⁶ Il répondit sur les places de la Palestine qu'on lui demandoit, qu'elles ne lui appartenoient pas, mais à d'autres princes qui ne vouloient ni les céder au sultan, ni qu'il les tinst sous eux, et que, pour celles qui appartenoient aux Templiers ou aux Hospitaliers, les gouverneurs faisoient serment, quand on les mettoit dans une de ces places, de ne la rendre jamais pour la délivrance de qui que ce fust.

⁷ Le sultan fit faire les mêmes propositions par son conseil aux barons françois qui, sans sçavoir la réponse du roy, luy en firent une toute semblable. On les menaça de leur couper à tous la teste, et on leur en fit la peur entière. Mais celuy qu'ils croyoient venir leur ôter la vie, les consola dans leur affliction, et leur en fit espérer une prompte et heureuse issue, comme cela arriva effectivement. Le respect de la dignité royale n'empescha pas qu'ils n'usassent de semblables menaces envers saint Louis même. ⁸ Car, voyant qu'il refusoit courageusement leurs demandes, ⁹ ils le

---

¹ Duchesne, p. 468, *e;* p. 430, *b*. — ² Matth. Par., p. 794, *f*. — ³ *Ibid.*, p. 795, *a*. — ⁴ Ms. F, p. 224. — ⁵ Duchesne, p. 468, *b*. — ⁶ Joinville, 66, 67. — ⁷ *Ibid*. — ⁸ *Ibid.*, p. 67. — ⁹ Matth. Par., p. 794, *f*.

menacèrent de l'envoyer au calife, sans espérance d'être jamais délivré, ou de luy faire souffrir un tourment où il finiroit sa vie par un long et honteux supplice. ¹ C'est ce tourment des *bernicles* dont parle Joinville. Je n'en entends pas bien la description. ² M. du Cange en fait sa dix-neuvième dissertation, où je ne trouve point d'éclaircissement, sinon qu'il dit que ces tisons estoient des pièces de bois jointes par un bout.

³ Le roy ne fut nullement touché de toutes les menaces qu'ils lui faisoient. Il leur dit qu'il estoit leur prisonnier, et qu'ils pouvoient faire de luy ce qu'il leur plairoit. ⁴ Mais jamais ils ne purent l'obliger à leur accorder ou à leur promettre rien qui fust préjudiciable aux chrestiens, ou qui fust indigne de sa constance. Tout le monde admiroit une générosité si peu commune. Les seigneurs chrestiens s'étonnoient de le voir si intrépide, lorsqu'ils trembloient tous, et les principaux des Sarrazins luy avouoient, qu'en pensant le traiter comme leur prisonnier et leur esclave, ils estoient surpris de voir qu'il les traitast luy-même comme s'il les eust tenus dans ses prisons.

CCLXXXIX.

Le traité est conclu entre saint Louis et le sultan.

⁵ Les Sarrazins, convaincus qu'ils ne gagneroient rien sur le roy par les menaces, entrèrent enfin en composition, et demandèrent ce qu'il voudroit payer d'ar-

---

¹ Joinville, p. 67, 68. — ² Du Cange, p. 253. — ³ Joinville, p. 68. — ⁴ Duchesne, p. 468, *b, c*. — ⁵ Joinville, p. 68.

gent outre Damiette. Il les obligea de déclarer ce qu'ils vouloient avoir, et comme ils luy demandèrent un million de bezans d'or, qui faisoient cinq cent mille livres de la monnoie de France, il promit aussitost de donner cette somme pour la rançon de ses gens, et de rendre Damiette pour sa personne, n'estant pas tel qu'il se voulust racheter pour quelque somme d'argent que ce fust. Le sultan estima cette générosité et en même temps remit cent mille livres.

[1] Ainsi, après divers traités, on conclut enfin une trêve de dix ans, où seroit compris tout ce que les chrestiens tenoient dans le royaume de Jérusalem à l'arrivée du roy : que le sultan délivreroit le roy et avec luy tous les chrestiens, de quelque pays qu'ils fussent, pris depuis la trêve faite l'an 1228, entre Frédéric et Camel, ayeul de Moadam ; que le roy luy rendroit Damiette et luy payeroit quatre cent mille livres pour la rançon des prisonniers et pour tous les dédommagements qu'il prétendoit; qu'il rendroit aussi les Sarrazins pris en Égypte depuis son arrivée, ou en Palestine depuis la trêve de 1228; que tous les meubles que les chrestiens avoient à Damiette leur demeureroient et seroient sous la sauvegarde du sultan ; que les propriétaires pourroient les faire transporter à leur commodité, ou demeurer avec liberté à Damiette pour les vendre; que les malades y pourroient aussi demeurer en sûreté, et en sortir par mer ou par terre, quand ils voudroient; et que le sultan donneroit sûreté à ceux qui s'en iroient par terre, jusqu'à ce qu'ils fussent arrivez dans le pays des chrestiens.

[1] Duchesne, p. 430, *a, b;* Guiart, p. 144, 2; Ms. F, p. 221-223; Sanud, p. 219, *c, d.*

[1] Ces conditions n'estoient point assurément trop rudes pour l'estat où estoit alors saint Louis. [2] On n'espéroit pas qu'il pust obtenir sa liberté ni si promptement, ni pour si peu de chose. Ainsi, si l'on est surpris de sa captivité, on le doit estre encore davantage de sa délivrance, et elle ne peut estre attribuée qu'à un effet miraculeux de la puissance divine et des mérites de saint Louis. [3] Elle passa en effet pour un miracle. [4] Les Sarrazins mêmes avouoient depuis qu'ils avoient bien du regret d'avoir laissé aller le roy et tant de seigneurs, qu'ils ne sçavoient ce qu'ils faisoient quand ils leur avoient donné la liberté, [5] et qu'ils ne devoient pas le faire quand on leur eust donné dix fois autant d'argent. Makrisi et Abulféda ne parlent point du traité de Moadam avec saint Louis. [6] Abulpharage dit qu'il se hasta de le conclure, pour pouvoir congédier l'armée, sans en prendre conseil d'aucun de ses principaux émirs.

[7] Le traité estant conclu, le conseil du sultan en avertit les seigneurs prisonniers et leur dit d'envoyer à saint Louis pour en sçavoir les articles. Peu après [8] le sultan fit mettre sur quatre galères le roy et les principaux seigneurs pour les mener à Damiette, [9] où il alloit en même temps par terre avec son armée pour l'exécution du traité. [10] Les François arrivèrent le jeudi de devant l'Ascension, c'est-à-dire le 28 avril, au palais du sultan, [11] à Pharescour [12] dont Joinville fait la des-

---

[1] Duchesne, p. 702, *a;* Ms. F, p. 223. — [2] Duchesne, p. 456, *c;* p. 469, *b;* Ms. D, p. 489. — [3] Matth. Par., *Addit.*, p. 181, *f.* — [4] Duchesne, p. 469, *b.* — [5] Matth. Par., p. 798; *f.* — [6] Abulphar., p. 324. — [7] Joinville, p. 67. — [8] *Ibid.*, p. 68. — [9] Duchesne, p. 430, *b.* — [10] Joinville, p. 68, 69. — [11] Ms. p. 139. — [12] Joinville, p. 69.

cription. ¹ Makrisi y ajoute que la tour de bois, c'est-à-dire la plus grande des trois, estoit environnée d'un fossé fort profond. ² Le sultan avoit fait faire cette tour après sa victoire et avoit quitté la Massoure pour établir sa cour en ce lieu. ³ C'estoit près de Damiette ; ⁴ saint Louis y fut mis à terre, et mené dans un pavillon pour parler au sultan ⁵ avec ses deux frères et quelques autres, le reste estant demeuré dans les bateaux. Il parla apparemment au sultan le dimanche premier jour de may, ⁶ auquel le traité fut confirmé et ratifié le soir, par une délibération commune des chrestiens, en présence du patriarche de Jérusalem. ⁷ On fit de part et d'autre les serments nécessaires, ⁸ et saint Louis promit de rendre Damiette au sultan le samedi suivant 7 de may.

CCXC.

Le sultan Moadam Turanca est tué.

Mais on vit le lendemain un étrange changement dans les affaires par la mort du sultan. ⁹ Ce prince venant de Caïfa prendre possession de l'Égypte, en avoit amené quelques jeunes gens de son âge à qui il donnoit une connoissance plus particulière de ses secrets, donnant même plus d'autorité aux plus méprisables. Il éloignoit au contraire de sa personne les anciens officiers de son père ; ¹⁰ et même ôtoit aux principaux leurs emplois et leurs charges pour les

---

¹ Ms. G, p. 143. — ² Ibid. — ³ Ms. F, p. 33. — ⁴ Joinville, p. 69.
— ⁵ Ms. F, p. 33, 34. — ⁶ Duchesne, p. 468, c. — ⁷ Ibid., p. 430, b.
— ⁸ Joinville, p. 69. — ⁹ Ms. G, p. 139, 144, 194; Abulpfar., p. 324.
— ¹⁰ Joinville, p. 69; Ms. G, p. 144.

donner à ces nouveaux venus. ¹ Ces jeunes gens luy donnoient de fort mauvais conseils, ² surtout depuis la prise de saint Louis. Ils luy représentoient qu'il n'avoit que le nom de maistre; que les princes et Sajareldor, sa belle-mère, en avoient tout le pouvoir à cause du besoin qu'il avoit de l'armée pour prendre Damiette; qu'il devoit travailler à retirer promptement cette place par un accord qui mettroit les François hors d'Égypte; qu'ainsi il ne seroit plus esclave de l'armée, et seroit maistre de garder, de chasser qui il luy plairoit.

³ Moadam reçut avec trop de facilité ces conseils intéressez. ⁴ Dès le vendredi 8 d'avril, deux jours après que saint Louis eut esté pris, il ôta le gouvernement du Caire à Jesameddin, celuy même, ce semble, ⁵ qui l'avoit esté quérir à Caïfa; ⁶ et Abuhali, père de Jesameddin, qui avoit esté longtemps dans des emplois considérables sous Saleh, estant venu à la cour solliciter pour son fils, fut luy-même disgracié. ⁷ Pharès Octaï, chef des Mameluks, qui l'avoit aussi esté quérir pour l'amener en Égypte, le pressant de luy donner une charge qu'il luy avoit promise, il le refusa. ⁸ Il avoit coutume les soirs après s'estre enyvré, de couper les bouts de chandelle avec son espée, et en les coupant il disoit, « voilà comment je feray aux Mameluks, » qu'il nommoit chacun par leur nom.

⁹ Après la disgrâce de Jesameddin et d'Abuhali il fit de grandes menaces à Sajareldor, qui en escrivit aussitost aux Mameluks. Ils se contentèrent pour lors

---

¹ Ms. G, p. 139. — ² Abulphar., p. 324. — ³ *Ibid.* — ⁴ Ms. G, p. 144. — ⁵ *Ibid.*, p. 130, 132. — ⁶ *Ibid.*, p. 144. — ⁷ *Ibid.*, p. 130, 144. — ⁸ *Ibid.*, p. 144. — ⁹ *Ibid.*

de la consoler : mais ils en demeurèrent fort indignez contre le sultan, et Octaï déjà mécontent, les excita autant qu'il put à venger le mépris qu'il faisoit d'eux, [1] et à prévenir les effets funestes qu'on en pouvoit craindre s'il estoit une fois maistre de Damiette. Les autres seigneurs mécontents firent la même chose. [2] Et ces Mameluks se trouvèrent fort disposez à exécuter leur intention. [3] Il y eut soixante émirs qui entrèrent dans cette conspiration, [4] et la plus grande partie de l'armée en approuva au moins l'exécution.

[5] Le peu de communication que le sultan avoit donné aux seigneurs de son traité avec saint Louis, leur fut un nouveau sujet de mécontentement, et une nouvelle preuve de l'aliénation de son esprit. [6] Mais ayant remarqué qu'il avoit redoublé ses gardes, et ne doutant point que ce ne fust pour se défaire d'eux, ils conclurent absolument de se défaire de luy [7] quand il seroit à Pharescour, [8] et avant qu'il fust arrivé à Damiette.

[9] Un auteur escrit que l'argent de la rançon des François fut l'occasion de cette entreprise. Ainsi ils ne songeoient qu'à leurs interests, et Dieu se servit de leurs passions criminelles pour venger, à la vue de saint Louis, l'injure que le sultan avoit faite à sa religion, en la personne de ce saint et de tant d'autres, [10] pour le punir dès ce monde de l'insolence avec laquelle il s'estoit enflé de sa victoire, et vérifier à la lettre cette parole de l'Escriture : « Justus de angustia « liberatus est, et tradetur impius pro eo. »

---

[1] Joinville, p. 69. — [2] *Ibid.*, p. 70. — [3] Duchesne, p. 432, *c.* — [4] *Ibid.*, p. 430, *b.* — [5] Abulphar., p. 324. — [6] Ms. G, p. 144, 145. — [7] *Ibid.*, p. 194. — [8] Joinville, p. 70. — [9] Duchesne, p. 181, *c;* p. 488, *b.* — [10] *Ibid.*, p. 469, *a.*

¹ Le traité avec saint Louis ayant donc esté entièrement conclu le dimanche 1ᵉʳ jour de may au soir, le lendemain au matin, ² 2 de may, ³ le sultan convia à dîner les principaux de ses gardes, c'est-à-dire les Mameluks, et à la fin du dîner, ayant pris congé de ses émirs pour se retirer dans sa chambre, ⁴ lorsqu'il estoit encore à table ⁵ assis sur son siége, et ses soldats en haie autour de luy, ⁶ les Mameluks conjurez l'attaquèrent à coups d'épée. ⁷ Celuy qui le frappa le premier fut Rucneddin Bibars Bondocdar, qui régna quelque temps après, ⁸ lequel portoit alors l'épée du sultan. ⁹ Il s'approcha de luy l'épée à la main, et luy donna le premier coup dont il luy coupa les doigts et luy fendit la main jusque près du bras. ¹⁰ Le sultan blessé se sauva de leurs mains dans sa tour de bois, ¹¹ en criant, « qui est-ce qui m'a blessé? » On luy répondit que c'étoit des assassins, mais il soutint en jurant, que ce ne pouvoient estre que des Mameluks; mais je jure, dit-il, que je n'en laisseray pas un en vie. ¹² Il demanda pour cela le secours des émirs qui estoient présents, ¹³ et un chirurgien pour panser sa plaie. Les Mameluks encouragez par ses menaces s'exhortèrent les uns les autres à l'achever; ¹⁴ et tous les seigneurs qui estoient présents, au lieu de le défendre, luy reprochèrent, selon un auteur, le traité qu'il avoit fait sans eux avec les François, qu'il falloit, disoient-ils, exterminer, ou condamner à une prison perpétuelle.

---

¹ Duchesne, p. 468, c. — ² Sanud, p. 449, d, — ³ Joinville, p. 70. — ⁴ Duchesne, p. 468, c. — ⁵ Ms. G, p. 145. — ⁶ Ibid., p. 139. — ⁷ Ibid., p. 139, 145, 194. — ⁸ Joinville, p. 70. — ⁹ Ibid.; Ms. G, p. 145. — ¹⁰ Ms. G, p. 140, 145, 149. — ¹¹ Ibid., p. 145. — ¹² Joinville, p. 70. — ¹³ Ms. G, p. 145. — ¹⁴ Matth. Par., p. 808, d, e.

Ils se moquèrent des raisons qu'il leur en donna, ¹ et conclurent tous d'une voix qu'il valloit bien mieux le tuer que d'attendre qu'il les fist tous mourir quand il seroit maistre de Damiette.

² Les Mameluks le poursuivirent l'épée à la main dans sa tour, mais il se sauva tout au haut, et ferma la porte sur luy, perdant cependant beaucoup de sang. ³ Il y avoit là trois de ses évesques ou mouftis, qui avoient dîné avec luy, qui luy crièrent de descendre. Il répondit qu'il le feroit pourvu qu'ils luy répondissent de sa vie. Ils se moquèrent de luy, et luy dirent qu'ils le feroient bien descendre par force, et qu'il n'estoit pas encore à Damiette. En effet, les Mameluks ayant abattu tout ce qui estoit autour de la tour, ⁴ commencèrent à tirer de tous costez des flèches contre le sultan, ⁵ et jettèrent du feu de naphte dans la tour qui n'estoit que de sapin et couverte de toile. Le feu y prit aussitost et fit une flamme épouvantable. Le sultan fut contraint de se jetter de sa tour en bas du costé du Nil. ⁶ Il courut se jetter aux genoux d'Octaï, et luy demanda sa protection. Mais Octaï le repoussa. Il se mit à courir du costé de l'eau, ⁷ pour monter dans quelqu'un de ses vaisseaux, ⁸ criant qu'il ne vouloit point estre roy, et conjurant tout le monde de venir à son secours.

⁹ Mais quoique presque tous les émirs fussent présents avec un grand nombres d'autres Sarrazins, ¹⁰ et en un mot toute l'armée, personne ne se mit en devoir de le secourir. ¹¹ On le poursuivit à coups de flè-

---

¹ Joinville, p. 70. — ² Ms. G, p. 145. — ³ Joinville, p. 70. — ⁴ Ms. G, p. 145. — ⁵ *Ibid.*, p. 140, 145, 195; Joinville, p. 69, 70. — ⁶ Ms. G, p. 145. — ⁷ *Ibid.*, p. 140, 195. — ⁸ *Ibid.*, p. 145. — ⁹ Duchesne, p. 430, *b*. — ¹⁰ Ms. G, p. 145. — ¹¹ *Ibid.*, p. 140, 145, 195.

ches. ¹ Un des Mameluks le frappa dans le costé d'un grand couteau qui luy demeura dans le corps. Il se jetta en cet estat dans la rivière, ² où il fut percé de tous costez des flèches qu'on luy tiroit,³ et environ neuf chevaliers l'ayant suivi à la nage, le taillèrent en pièces à coups d'épées ⁴ assez près du vaisseau où estoit Joinville. ⁵ Ainsi il mourut blessé, brûlé et noyé; ⁶ son corps fut laissé à terre comme celuy d'un chien. ⁷ Un seigneur, qu'on croit estre Pharès Octaï, luy ouvrit l'estomac et en arracha le cœur. ⁸ Il fut trois jours sur le bord de l'eau sans que personne osast l'enterrer, mais enfin, un envoyé du calife, qui estoit là, en ayant demandé la permission, on la luy accorda.

⁹ Ceux qui avoient esté dans sa confidence se retirèrent et se mirent en lieu de sûreté. Ce fut sans doute pour les écarter que ¹⁰ les émirs, avant que d'attaquer le sultan, firent sonner le tambour comme ayant quelque ordre à donner de la part du prince, et les soldats s'estant assemblez, ils leur dirent que Damiette estoit prise, que le sultan s'y en alloit et leur commandoit de l'y suivre; de sorte que tout le monde s'arma, monta à cheval, et commença à marcher vers Damiette, ce qui causa une étrange inquiétude aux chrestiens, qui croyoient que la chose fust véritable. Les émirs avoient sans doute envoyé les premiers ceux qui leur estoient le plus suspects, et n'avoient peut-estre envoyé que ceux-là. Il est certain, comme nous avons

---

¹ Joinville, p. 70. — ² Ms. G, p. 140, 145; Abulphar., p. 324. — ³ Ms. G, p. 145; Joinville, p. 70. — ⁴ Joinville, p. 70. — ⁵ Ms. G, p. 145. — ⁶ Duchesne, p. 468, c. — ⁷ Joinville, p. 70; Ms. G, p. 175. — ⁸ Ms. G, p. 145. — ⁹ *Ibid.* — ¹⁰ Joinville, p. 70.

dit, que la plus grande partie de l'armée n'estoit pas encore partie lorsque le sultan fut tué.

Voilà quelle fut la fin du sultan Moadam, qui, après avoir triomphé si glorieusement de toute la puissance des chrestiens, se promettoit sans doute un règne plus long et plus heureux. Mais malheur à l'homme qui met sa confiance en l'homme, et malheur encore à celui qui ayant reçu de Dieu, durant quelque temps, une malheureuse prospérité pour éprouver ses élus, attire sur luy sa colère, en exécutant sur les autres les ordres de sa justice.[1] Matthieu Paris l'appelle un prince sage, modeste et grand zélateur de sa religion. Ceux qui l'ont dû connoistre davantage n'en parlent pas si avantageusement; et sa mort fait assez voir qu'il ne s'estoit acquis l'affection ni du peuple ni des grands de son Estat. [2] Son règne ne fut que de soixante-douze jours ou plutost de soixante-dix. [3] Et sa mort osta le sceptre à la maison de Saladin, ou plutost de Saphadin son frère.

CCXCI.

Les Égyptiens veulent offrir la couronne à saint Louis. — Ils la donnent à Sajareldor, et ensuite à Moaz et à Achraf.

[4] Après la mort du sultan, les émirs et les Mameluks s'assemblèrent dans le palais de Pharescour avec les principaux du royaume et du conseil du sultan, au nombre de cent vingt-sept émirs, pour donner ordre aux affaires de l'Estat. [5] On dit à saint Louis qu'ils

---

[1] Matth. Par., p. 808, d. — [2] Ms. G, p. 145. — [3] Duchesne, p. 142, c; Spicileg., t. XI, p. 538. — [4] Ms. G, p. 146; Duchesne, p. 433, a. — [5] Joinville, p. 73.

avoient eu la pensée de le faire leur sultan, et on prétend que rien ne l'empescha, sinon qu'ils se disoient entre eux que c'estoit le plus fier chrestien qu'ils eussent jamais connu, c'est-à-dire le plus ferme et le plus zélé; ce qui leur pouvoit faire craindre qu'il ne les obligeast malgré eux à embrasser le christianisme. Ceux qui considèrent les choses en payens ou en juifs, auroient cru sans doute saint Louis bien récompensé de tout ce qu'il avoit enduré, si Dieu lui eust fait acquérir le royaume d'Égypte. Mais il ne l'eust récompensé qu'en juif; et il aima mieux luy réserver une couronne dans le ciel que de luy donner celle d'Égypte.

[1] Saint Louis s'entretenant depuis sur ce sujet avec Joinville, témoigna que quelque peu d'assurance qu'il y eust des barbares qui venoient de massacrer leur prince naturel, néanmoins il n'eust pas refusé le royaume d'Égypte, si on le luy eust offert, dans l'espérance de rétablir le christianisme non-seulement dans la Palestine, mais encore dans l'Égypte et dans la Syrie. Mais les Égyptiens ayant quitté cette pensée [2] s'accordèrent à donner la couronne à Sajareldor; et choisirent un Turc nommé l'émir Azaddin Elgiaschanghir Ibeg, l'un des Mameluks, et surnommé Turcoman, pour avoir l'intendance générale des armées sous le titre d'Atabeg; et ils luy prestèrent pour cela le serment le 13 ou 23 de may. Sajareldor apprit cette nouvelle de la bouche même d'Azaddin. Elle en fut surprise, mais ne laissa pas d'accepter ce qu'on luy offroit et de se mettre en possession du gouvernement, sous le titre de mère de Chalil; car quoique ce prince

---

[1] Joinville, p. 73 — [2] Ms. G, p. 146, 176, 180, 195.

qu'elle avoit eu de Saleh fust mort fort jeune avant son père, elle ne laissa pas de prendre toujours ce titre.

¹ Elle reçut le serment des Mameluks, des seigneurs d'Égypte et des ministres du palais, et donna à Azaddin l'intendance de l'armée, le mardi 3 de may. Ainsi ce fut proprement à Sajareldor et à Azaddin que saint Louis eut affaire pour sa délivrance. ² Belleforest parle de l'élection d'Azaddin qu'il nomme Turquéménie, et il en dit des choses assez considérables pour les mettre si elles estoient plus autorisées.

³ Ce gouvernement dura peu, car les affaires alloient très-mal depuis que l'autorité estoit entre les mains d'une femme. On ne voyoit de toutes parts que révoltes.⁴ Naser, sultan d'Alep, s'estoit rendu maistre de Damas. ⁵ Le calife Mostasem Bella avoit escrit aux émirs que s'ils manquoient d'hommes, ils le luy fissent sçavoir et qu'il leur en enverroit, ⁶ de sorte que les émirs ayant tenu un conseil où ils demeurèrent d'accord qu'il falloit avoir un prince, et ayant choisi pour cela Azaddin, ⁷ Sajareldor l'épousa le samedi 30 de juillet, et se démit en même temps en sa faveur de l'empire qu'elle avoit tenu quatre-vingt-sept jours ou quatre-vingt-huit à compter du 3 de may. Ainsi le royaume d'Égypte tomba entre les mains d'un Turc, esclave acheté à prix d'argent. ⁸ Il passoit parmi eux pour avoir de la religion, de l'honneur et de bons conseils.

⁹ Depuis qu'il fut roy on luy donna le surnom de

---

¹ *Chron. Orient.*, p. 105. — ² Bellef., l. IV, c. xiii, p. 675, 676. — ³ Ms. G, p. 197, 198. — ⁴ *Ibid.*, p. 178-180. — ⁵ *Ibid.*, p. 180. — ⁶ *Ibid.*, p. 180, 181, 197, 198. — ⁷ *Ibid.*, p. 180, 181, 198; *Chron. Orient.*, p. 106. — ⁸ Ms. G, p. 181. — ⁹ *Ibid.*

Moaz.[1] Les Égyptiens ne se contentèrent pas encore de cela; ils crurent que, pour rétablir leurs affaires, il falloit donner le nom de sultan à quelqu'un de la famille royale, qui fust collègue de Moaz. Mais pour laisser à celui-ci l'autorité tout entière, ils choisirent un enfant de six ans, nommé Achraf ou Aschraf Mud Fareddin Muca ou Musa, petit-fils de Joseph Mashud, roi de l'Arabie Heureuse, qui avoit pour père ou pour ayeul le sultan Camel, ayeul du sultan Moadam.[2] Il fut proclamé sultan le 2 aoust, et reçut les respects des émirs le jeudi 4 du même mois. [3] Voyant que les révoltes ne laissoient pas de continuer, environ un mois après on fit publier que l'Égypte appartenoit au calife, et Moaz estoit son lieutenant, ce qui est proprement la signification du mot de sultan. Ainsi ils firent ce que Jean, roy d'Angleterre, avoit fait près de quarante ans auparavant, sinon qu'il paroist que les califes avoient moins de pouvoir que les papes pour tirer avantage de ces sortes de soumissions. Le détail de tout ceci feroit encore mieux voir le trouble où estoit alors l'Égypte.

C'estoient toujours les Mameluks et leurs émirs qui gouvernoient en Égypte, soit sous Sajareldor, soit sous Moaz et Achraf, car Joinville, dans la suite de l'histoire, parle toujours des amiraux, et jamais du sultan ni de la sultane; [4] et il est marqué que les Mameluks tuoient, pilloient et faisoient impunément toute sorte de violence, en sorte, dit leur histoire, que quand les François se fussent rendus maistres de l'Égypte, ils n'eussent pas fait ce qu'ils faisoient. [5] Le trésorier des Hos-

---

[1] Ms. G, p. 181, 198. — [2] *Ibid.*, p. 180. — [3] *Ibid.*, p. 182, 199. — [4] *Ibid.*, p. 193. — [5] Matth. Par., *Addit.*, p. 193.

pitaliers d'Acre oppose, en 1252, ceux qui dominoient en Égypte et les Babyloniens, au sultan d'Alep.

CCXCII.

Les chrestiens sont maltraitez. — Saint Louis refuse de faire Octaï chevalier.

Saint Louis avoit, comme nous avons vu, conclu son traité avec le sultan Moadam la veille qu'il fut tué. [1] Ainsi il fut sans doute fort surpris lorsqu'on publia le lendemain que Damiette estoit prise et que l'armée des Sarrazins y marchoit. [2] Il entendit ensuite, du pavillon où il estoit avec ses frères, le bruit et le tumulte qui se fit lorsque les conjurez attaquèrent leur sultan, sans savoir ce que c'estoit. Dans cette frayeur il eut recours à la prière avec ceux qui l'accompagnoient. [3] Quand le sultan eut esté tué, trente Sarrazins entrèrent l'espée à la main dans le vaisseau où estoit Joinville, et sans doute dans tous les quatre où estoient les seigneurs chrestiens. Ils disoient [qu'ils vouloient] leur couper la teste, et les ayant enfermez tous couchez dans le fond du vaisseau, comme pour les égorger l'un après l'autre, ils les laissèrent en cet estat jusqu'au lendemain. Le roy même se trouva en danger de sa personne, et Dieu l'exposa à la tentation pour faire voir jusqu'où alloit le courage qu'il luy avoit donné.

[4] Pharès Octaï qui venoit d'oster la vie au sultan et de luy arracher même le cœur, s'en vint au roy, la

---

[1] Joinville, p. 70. — [2] Ms. F, p. 34. — [3] Joinville, p. 71. — [4] *Ibid.*, p. 70, 71.

main encore toute sanglante, et luy demanda ce qu'il luy vouloit donner pour avoir tué son ennemi qui l'eust fait mourir s'il eust vécu. Saint Louis ne luy répondit pas un seul mot. Il avoit d'une part horreur de cette action, [1] et craignoit de l'autre qu'ils ne l'épargnassent pas plus que leur prince, surtout lorsqu'il vit qu'on avoit chassé ceux qui estoient chargez de la garde de sa personne et des siens, de sorte qu'ils estoient demeurez sans garde. Mais on vit en cette occasion même que rien n'estoit capable de l'abattre ni de diminuer son courage, [2] car le même émir qui avoit tué le sultan estant auprès de luy, tout couvert de sang, avec son espée nue aussi toute ensanglantée, qu'il branloit et manioit comme s'il eust voulu percer le roy, luy dit d'un ton fier qu'il estoit maistre de sa vie et de sa mort; qu'il pouvoit ou le délivrer, ou le tuer; mais qu'il le mettroit en liberté s'il le vouloit faire chevalier, et que s'il le refusoit, il luy alloit oster la vie.

Nous avons déjà remarqué en divers endroits que le titre de chevalier, en latin *miles*, se donnoit parmi les chrestiens avec beaucoup de solennité aux jeunes gentils-hommes vers l'âge de vingt et un ans, pour leur donner droit de paroistre dans les batailles armez de toutes pièces, et d'y commander les autres gentils-hommes. M. du Cange en parle amplement, particulièrement dans sa vingt-deuxième dissertation. [3] Cela se faisoit avec beaucoup de cérémonies différentes selon les divers pays, [4] et il paroist que le nouveau chevalier y promettoit diverses choses qui ne se pouvoient accom-

---

[1] Duchesne, p. 468, 469. — [2] *Ibid.*, p. 404, c; Ms. F, 11-12, p. 224, 225; Ms. B, p. 390; Ms. D, p. 492. — [3] Ms. F, p. 480. — [4] *Ibid.*, p. 479.

plir que par des chrestiens. ¹ Cela se voit par ce qui se pratiqua lorsque Guillaume comte de Hollande, nommé roy des Romains, fut fait chevalier dans l'église de Cologne, dont nous avons l'acte, où nous apprenons encore que cela se faisoit dans la messe avec un serment sur les Evangiles. Nous avons vu qu'en France on choisissoit même pour cela les plus grandes festes de l'année. Ainsi comme cette cérémonie avoit quelque chose d'ecclésiastique et sembloit estre attachée à notre religion, saint Louis ne crut point la pouvoir faire d'une manière toute profane en faveur d'un infidèle.

² Beaucoup de grands qui estoient autour de luy préférant leur sûreté à ce scrupule, luy conseilloient de le faire. ³ Frédéric II avoit accordé cette grâce à l'émir Facardin dont nous avons parlé. ⁴ Saladin avoit aussi demandé et reçu le titre de chevalier, selon la coutume de France, d'un seigneur chrestien de Palestine nommé Henfroy de Touron. ⁵ Hugues, prince de Tabarie et de Galilée, l'avoit aussi accordé à un prince sarrazin dont il estoit prisonnier, quoiqu'il le luy eust refusé d'abord comme une chose qui ne se pouvoit accorder à des mahométans; ⁶ et même il s'excusa de luy donner le baiser de paix (l'accollée.) ⁷ Il faut voir cette histoire qui est agréable. On y apprend diverses choses qui se faisoient en donnant le titre de chevalier.

Saint Louis, qui avoit un courage aussi grand, mais plus chrestien que cet Hugues, ⁸ refusa absolument la

---

¹ Goldast., *Const.*, p. 400. — ² Ms. F, p. 12, 1; Ms. B, p. 590. — ³ Joinville, p. 87; note, p. 70. — ⁴ *Gesta Fr.*, p. 1152, a. — ⁵ Ms. F, p. 481. — ⁶ *Ibid.*, p. 483. — ⁷ *Ibid.*, p. 480-485. — ⁸ *Ibid.*, 12, 1; p. 225; Duchesne, p. 404, c.

demande de l'émir, et sans craindre tout ce qui pourroit arriver de son refus, il protesta que jamais il ne feroit un infidèle chevalier, ajoutant que si l'émir se vouloit faire chrestien, il le mèneroit en France où il luy donneroit de grandes terres, le feroit chevalier et luy donneroit d'autres honneurs ; mais l'émir ne voulut pas accepter cette grâce. Saint Louis en faisant cet émir chevalier s'acquéroit un des plus puissants de toute l'Égypte, car Octaï estoit chef des Mameluks en un temps où peu de chose estoit capable de luy donner la couronne d'Égypte ou de luy oster la vie. Mais cette considération estoit foible dans l'esprit d'un saint qui savoit que le cœur des hommes est en la main de Dieu, et que c'est luy qui fait tous les biens et tous les maux qui sont sur la terre.

CCXCIII.

Saint Louis confirme la trêve avec les émirs.

Ce ne fut pas là encore le plus grand danger que courut saint Louis. [1] Grand nombre de Sarrazins, tant des meurtriers du sultan que des autres émirs, entrèrent tout d'un coup en la tente du roy, les armes à la main, l'esprit irrité, le visage comme des ours ou des lions en fureur, le bras élevé, la main toute rouge et encore fumante du sang qu'ils venoient de répandre, [2] et la bouche pleine de paroles de terreur et de menaces, de sorte que beaucoup croyoient qu'ils venoient passer au fil de l'épée et le roy et tous les chres-

---

[1] Duchesne, p. 469, *a*. — [2] *Ibid.*, p. 430, *b*.

tiens. Mais Dieu ayant apaisé leur fureur, [1] ils quittèrent tous leur fierté à la vue du roy, devinrent doux comme des agneaux, et baissant les yeux et la teste jusqu'en terre, ils le saluèrent des mains en les mettant peut-estre sur leur teste selon la coutume des Orientaux, et le prièrent de demeurer en assurance, et de ne rien craindre; que pour ce qui estoit arrivé, il ne devoit point s'en étonner; qu'il avoit fallu le faire [2] pour prévenir un tyran qui les auroit fait mourir aussitost qu'il auroit eu Damiette, et qui vouloit faire le même traitement aux prisonniers chrestiens et au roy même. Ils ajoutoient pour preuve que, contre les conventions du traité, il avoit déjà fait mener plusieurs personnes de qualité vers Babylone. [3] On voyoit en effet que cela pouvoit estre véritable, surtout parce qu'il maltraitoit toujours les chrestiens de plus en plus même depuis la conclusion du traité.

[4] Ils prièrent enfin le roy d'accomplir en diligence le traité fait avec Moadam, de confirmer la tréve et de leur rendre Damiette, luy promettant de le délivrer aussitost luy et les autres prisonniers. [5] Il eut encore de la peine à accorder de rendre Damiette; mais l'impossibilité de la garder l'y fit résoudre encore une fois.

Ainsi l'on convint du jour qu'elle devoit estre rendue, et les prisonniers délivrez de part et d'autre; [6] et l'on arresta que ce seroit le vendredi suivant, [7] au lever du soleil. [8] Le roy promit de donner deux cent mille livres avant de quitter le Nil, et le reste quand

---

[1] Duchesne, p. 469, a. — [2] Joinville, p. 71; Ms. F, p. 108. — [3] Ms. F, p. 108. — [4] Joinville, p. 71; Duchesne, p. 430, b; p. 469, a. [5] Duchesne, p. 430, b. — [6] Joinville, p. 73. — [7] Ibid., p. 74. — [8] Ibid., p. 71; Ms. F, p. 100.

il seroit à Acre ¹ et qu'il feroit le second payement en envoyant quérir les malades, les armes, les machines, les chairs salées qui devoient demeurer cependant à Damiette pour sûreté du payement. ² Les Sarrazins devoient rendre en même temps les *harnois*, c'est-à-dire les meubles et les hardes des chrestiens, ³ leurs tentes, une certaine quantité de chevaux, et beaucoup d'autres biens que le manquement de vaisseaux ne leur permettoit pas d'emporter avec eux. ⁴ Je n'entends point ce que dit Makrizi, que les François, avant que de sortir de Damiette, devoient estre remboursez de la moitié des biens qui pouvoient leur appartenir. ⁵ Saint Louis ne promit que de simple parole et sans écrit de ne se point mettre en mer que le premier payement ne fust fait.

⁶ Ainsi Dieu ayant exaucé les gémissements des captifs, la trêve faite avec le sultan fut confirmée de nouveau, ⁷ l'émir Abubali ayant fort pressé la conclusion de cette affaire. ⁸ Elle ne se fit qu'après diverses conférences, beaucoup d'allées et de venues, et même plusieurs disputes qui se terminèrent enfin ⁹ au plus tard le lendemain, veille de l'Ascension, auquel les Sarrazins vinrent délivrer les chrestiens qu'ils avoient enfermez dans leurs vaisseaux, et leur dirent d'aller renouveler le traité fait avec le sultan.

¹ Joinville, p. 71, 72. — ² *Ibid.*, p. 74. — ³ Duchesne, p. 430, c. — ⁴ Ms. G, p. 177. — ⁵ Ms. F, p. 100. — ⁶ Duchesne, p. 430, b. — ⁷ Ms. G, p. 177. — ⁸ *Ibid.* — ⁹ Joinville, p. 71.

CCXCIV.

Saint Louis refuse un serment.

Il se rencontra une grande difficulté quand il fallut jurer l'accord.¹ Les émirs le jurèrent tous les premiers, chacun en particulier selon la forme de leur religion, ² qui leur avoit esté prescrite par le roy suivant le conseil d'un nommé maistre Nicole d'Acre. ³ Après qu'ils eurent juré, ils baillèrent au roy par escrit la forme du serment qu'ils vouloient qu'il fist, dressée par quelques chrestiens apostats. Joinville la rapporte. ⁴ Les autres disent simplement que les Sarrazins ayant juré que s'ils n'observoient le traité, ils renonçoient à Mahomet, vouloient que saint Louis jurast de même, que s'il manquoit de sa part au traité, il renonceroit à Dieu et à Jésus-Christ et abandonneroit sa foy.

⁵ Les comtes de Poitiers et d'Anjou, et beaucoup d'autres qui estoient alors avec saint Louis ne trouvoient point de difficulté à faire ce serment, puisqu'il estoit dans la résolution absolue d'exécuter le traité. ⁶ Le patriarche de Jérusalem l'y exhorta, comme nous verrons dans la suite, ⁷ et même le confesseur de la reine Marguerite qui a escrit sa vie, prétend qu'il n'y avoit point de péché à le faire. ⁸ Mais le roy qui estoit

---

¹ Joinville, p. 72; Duchesne, p. 430, *b*. — ² Joinville, p. 72. — ³ *Ibid*. — ⁴ *Ibid*., p. 120; Duchesne, p. 404, *b*; p. 482, *b*; p. 488, *b*; Guiart, p. 143, 1; Ms. F, p. 17, 1. — ⁵ Duchesne, p. 482, *c*; p. 488, *b*; Ms. B, p. 590. — ⁶ Joinville, p. 73. — ⁷ Ms. F, 17, 2. — ⁸ *Ibid*., 1; Duchesne, p. 482, *b*, *c*; p. 488, *b*.

qui estoient avec le roy, [1] consentant qu'il ne fist point le serment qu'ils avoient voulu exiger de luy.

CCXCV.

Damiette est rendue aux Sarrazins et rasée.

[2] Toutes choses estant enfin réglées, le roy fut mené jusques vis-à-vis de Damiette, où on luy dressa une tente au bout du pont. [3] Il envoya quelques-uns des siens à Damiette, montrer au légat et aux autres qui y commandoient les articles du traité, particulièrement pour ce qui regardoit la reddition de Damiette. Ceux de la ville le refusèrent d'abord, soit qu'ils eussent reçu quelques secours d'Occident, comme cela n'est pas impossible, soit qu'ils voulussent par là dissimuler leur foiblesse. [4] On prétend qu'ils craignoient qu'on n'eust donné au roy quelque poison lent, et qu'ainsi en rendant la ville pour sauver le roy, ils ne perdissent et la ville et le roy. [5] Et en effet saint Louis estoit alors malade, ou dans la foiblesse de sa grande maladie. [6] Néanmoins, par l'autorité du légat, de la reine et des autres qui prenoient intérêt à la conservation du roy, ceux de la ville, après de longues consultations et sur l'assurance qu'on leur donna que le roy et eux seroient conduits en sûreté à Acre, [7] consentirent enfin, avec beaucoup de peine, à la rendre.

[1] Ms. D, p. 590. — [2] Joinville, p. 73. — [3] Matth. Par., p. 795, *b*; Ms. G, p. 177. — [4] Matth. Par., p. 795, *b*. — [5] Joinville, p. 80. — [6] Matth. Par., p. 795, *b*, *c*. — [7] *Ibid.*, *b*, *c*; Ms. G, p. 177.

¹ Ainsi le vendredi 6 de may, ² qui estoit le lendemain de l'Ascension, Geoffroy de Sergines alla à Damiette vers le lever du soleil pour la faire rendre aux émirs, ³ dont quelques-uns estoient venus avec luy. ⁴ La reine qui n'estoit pas encore relevée de ses couches ⁵ fut obligée de se mettre sur les vaisseaux. Les autres chrestiens de la ville s'y mirent aussi, hors les malades, que les Sarrazins s'estoient obligez de garder. Et alors ⁶ les chrestiens ayant rendu avec une douleur incroyable les clefs de la ville aux Sarrazins, ⁷ le drapeau et les armes du sultan furent mis sur les murailles; les Sarrazins y entrèrent en foule, et ne songèrent qu'à s'y enivrer, ⁸ et la superstition de Mahomet y fut rétablie. Les chrestiens ne tinrent cette ville que onze mois, y estant entrez le 6 de juin. ⁹ La Chronique Orientale compte trois cent trente jours, il faut trois cent trente-quatre.

¹⁰ La nouvelle de la reddition de Damiette fut aussitost portée au Caire et par toutes les provinces d'Égypte. On en sonna les trompettes, et on en fit toutes sortes de réjouissances. ¹¹ Mais la peine que la perte de cette ville leur avoit faite par deux fois, et la crainte qu'elle ne tombast une troisième fois entre les mains des chrestiens, fit conclure les principaux du royaume à la razer, et cela fut exécuté dès le mois de novembre de cette année. On y envoya les massons et les autres

---

¹ Joinville, p. 73; *Chron. Orient.*, p. 105; Ms. F, p. 195. — ² Joinville, p. 73. — ³ Matth. Par., p. 795, *b.* — ⁴ Joinville, p. 79. — ⁵ *Ibid.*, p. 74. — ⁶ Matth. Par., p. 795, *b.* — ⁷ Joinville, p. 74; Ms. F, p. 195. — ⁸ Ms. F, p. 177. — ⁹ *Chron. Orient.*, p. 106. — ¹⁰ Ms. G, p. 177. — ¹¹ *Ibid.*, p. 183, 184, 199; Ms. F, p. 756, 900; Duchesne, p. 782, *a*; Matth. Par., p. 825, *b. o.*

ferme et stable dans sa foy, eut horreur de ce serment, et le rejetta avec indignation autant de fois qu'on luy en fit la proposition.

[1] Les émirs furent fort indignez et comme en fureur de ce refus. Ils luy firent dire qu'après avoir juré comme il avoit voulu, ils trouvoient fort mauvais qu'il refusast le serment qu'ils luy demandoient. Et Nicole d'Acre, qui luy porta cette parole de leur part, ajouta que s'il ne faisoit le serment, les émirs luy feroient couper la teste à luy et à tous ses gens, [2] ou les feroient mettre en croix. [3] On pouvoit assurément tout craindre de la part de ceux qui venoient de tuer leur seigneur. C'est pourquoy ses frères, beaucoup de ceux qui estoient autour de luy, et tout son conseil le conjuroient instamment de passer ce point; mais il demeura inflexible à leurs sollicitations, [4] aimant mieux mourir que de faire jamais ce serment. [5] Il protesta que jamais un serment si opposé au respect dû à Jésus-Christ ne sortiroit de sa bouche, et leur dit avec douceur : « Tantum horreo verbum de neganda fide, etiam « sub conditione, quod non possem exprimere sono « vocis. »

[6] Les émirs vinrent eux-mêmes tout furieux de colère, et luy dirent qu'il falloit bon gré malgré qu'il fist le serment; [7] et même, selon un auteur, ils vouloient qu'il embrassast leur religion. Ce fut sans doute en cette occasion [8] qu'estant tout en fureur, ils allèrent jusqu'à luy appuyer l'épée contre le costé, comme

---

[1] Joinville, p. 72; Ms. B, p. 589. — [2] Duchesne, p. 488, *b*. — [3] *Ibid.*, *b*; p. 404, 2; Ms. F, 17, 2. — [4] Joinville, p. 120. — [5] Duchesne, p. 404, *b*; Ms. F, 17, 2, p. 779. — [6] Duchesne, p. 404, *b*. — [7] Guiart, p. 145, 1. — [8] Duchesne, p. 357, *a*.

prests de le percer luy et tous les siens. ¹ Mais ce juste demeura intrépide comme un lion au milieu de tant d'ennemis furieux. Il se moqua de leur colère ; sa piété fut plus forte que leur rage, et jamais ils ne purent arracher de sa bouche les paroles qu'ils vouloient. L'un des émirs luy dit sur cela : « Quoy ! vous estes nostre prisonnier, vous estes entre nos mains; cependant vous parlez avec cette fierté et à nous-mêmes ! vous ferez ce que nous voulons, ou vous mourrez en croix, vous et les vostres. » ² Le roy que rien n'ébranloit parce qu'il estoit prest au martyre, ³ luy répondit avec douceur sans faire paroistre ni aigreur ni étonnement : « ⁴ Vous pouvez tuer mon corps, mais vous n'aurez pas mon âme. »

⁵ Le patriarche de Jérusalem estoit là prisonnier comme les autres, nonobstant la sûreté que luy avoit donnée le sultan Moadam, ⁶ selon la mauvaise coutume des Orientaux, parmi lesquels les sûretez données par un prince à des ambassadeurs expiroient avec sa vie, à moins que de son costé il n'eust aussi envoyé des ambassadeurs.

⁷ Les émirs attribuoient la fermeté de saint Louis à ce patriarche. ⁸ Enfin le sultan, ou plutost les émirs, voyant et admirant la constance qui paroissoit dans ses actions et dans ses paroles, se contentèrent de sa simple promesse, ou au moins ⁹ du serment qu'il avoit offert d'abord, et de celuy que firent les seigneurs

---

¹ Duchesne, p 404, *b;* Guiart, p. 145, 1; Ms. F, 17, 2. — ² Duchesne, p. 404, *b.* — ³ Guiart, p. 145, 1. — ⁴ *Ibid.;* Duchesne, p. 404, *b;* Ms. F, 17, 2. — ⁵ Joinville, p. 72, 73. — ⁶ *Ibid.*, p. 62, 72, 73. — ⁷ *Ibid*. p. 72, 73. — ⁸ Duchesne, p. 482, *c.* — ⁹ Joinville, p. 73.

artisans du Caire, qui la démolirent entièrement et en effacèrent tellement tous les restes qu'il n'en demeura qu'une mosquée. Quelques pauvres gens y firent depuis une nouvelle ville de leurs cabanes que l'on appela *Elmonschié* ou la Mosquée.[1] Les Sarrazins bastirent aussi, à deux lieues de la mer, sur le Nil, un grand village assez riche à cause du trafic, mais sans fortifications.

CCXCVI.

Saint Louis est délivré et divers seigneurs avec luy.

[2] Les Sarrazins devoient délivrer le roy et tous les prisonniers le même jour dès le soleil levant. Mais au lieu de cela, quand ils se virent maistres de Damiette, ils délibérèrent beaucoup s'ils ne feroient point mourir et le roy et tous les plus grands seigneurs. [3] Il s'en fallut peu qu'ils ne prissent cette barbare résolution, et même ils firent remonter vers Babylone les quatre galères où estoient la plupart des prisonniers. [4] Ils les laissoient cependant, et eux et le roy même qui estoit à terre, sans boire ni manger jusqu'au soleil couchant. [5] Mais par la miséricorde de Dieu, les émirs conclurent à les délivrer. On fit revenir les quatre galères, et avant que de mettre les chrestiens à terre, les Sarrazins crurent qu'il estoit de leur honneur de leur donner enfin à manger; mais la faim seule et l'espérance d'une liberté prochaine leur pouvoit faire trouver quelque plaisir dans ce festin. Quand il fut fini, on les mit à terre, et ils allèrent rejoindre le roy.

[1] Sanud, p. 239, e. — [2] Joinville, p. 74, 75. — [3] Ibid., p. 75. — [4] Ibid., p. 74. — [5] Ibid.

On amenoit alors le roy, du pavillon où il estoit descendu, à la rivière pour le mettre sur les vaisseaux des chrestiens qui avoient quitté Damiette ; et il estoit bien suivi de vingt mille Sarrazins à pied, avec leurs épées, qui rendoient toute sorte d'honneur et de respect à ce prince étranger ennemi de leur religion et leur prisonnier, eux qui venoient de traiter leur propre roy avec une inhumanité et une infamie incroyables.

Au bord du fleuve il y avoit une galère de Gênes montée de quatre-vingts arbalestriers bien équipez, mais qui demeuroient cachez dans le fond du vaisseau pour estre d'une part en estat de défendre le roy, si les Sarrazins vouloient user de quelque trahison, et éviter de l'autre de leur en donner quelque prétexte, s'ils paroissoient armez. Ainsi on ne voyoit sur la galère qu'un homme qui faisoit le fou. Mais quand le roy approcha, cet homme ayant commencé à siffler, tous ces arbalestriers parurent prêts à tirer, et aussitost les vingt mille Sarrazins s'enfuirent, à la réserve de deux ou trois. Ainsi saint Louis entra dans la galère avec le comte d'Anjou, le sire de Joinville, Guillaume de Beaumont, maréchal de France, Geoffroy de Sergines, Philippe de Nemours, qui vendit depuis au roy la seigneurie de Nemours, Nicolas, général de l'ordre de la Trinité ou des Mathurins, et sans doute divers autres. Les comtes de Bretagne, de Flandre et de Soissons, le patriarche de Jérusalem, et beaucoup de barons et de chevaliers tant de Chypre et de Palestine

---

[1] Joinville, p. 74. — [2] Duchesne, p. 469, *a*. — [3] Joinville, p. 74. — [4] *Ibid.* — [5] Duchesne, p. 430, *f*; Sanud, p. 219, *e*.

que de France, furent délivrez en même temps, [1] et généralement tous ceux qui estoient là autour et qui n'avoient pas été menez à Babylone, après avoir esté un mois entre les mains des Sarrazins.

[2] On escrit que tous les Sarrazins de l'Orient se soulevèrent peu après contre les Égyptiens et leur nouveau sultan Azaddin Moaz, indignez de ce que, par leur lascheté et leur avarice, ils avoient perdu la plus belle proie qu'ils eussent jamais eue entre les mains. [3] Nous avons déjà remarqué que les Égyptiens avouoient depuis qu'ils ne savoient ce qu'ils faisoient quand ils avoient délivré le roy.

[4] Ce fut au contraire une grande joie, non-seulement pour saint Louis et les autres prisonniers délivrez, et pour la reine qui attendoit peut-estre le roy sur les vaisseaux, mais aussi pour les autres prisonniers non encore délivrez, qui estoient au nombre de plus de douze mille dans le Caire, pris tant dans cette guerre que sous les rois Camel et Saleh, car ils devoient tous estre délivrez si le traité estoit exécuté. [5] Et saint Louis l'espéroit alors, voyant qu'ils luy avoient donné la liberté. Mais les Sarrazins avoient déjà violé le traité, [6] car dès qu'ils furent maistres de Damiette, ils tuèrent tous les malades, brisèrent les machines et les autres choses qu'ils devoient rendre dans la suite, et en ayant fait un monceau, ils y mirent le feu qui dura tout le vendredi, le samedi et le dimanche; [7] de sorte que saint Louis ayant depuis envoyé de-

---

[1] Ms. G, p. 52, 1. — [2] Matth. Par., p. 808, c. — [3] Duchesne, p. 469. — [4] Ms. G, p. 177. — [5] Duchesne, p. 468, c. — [6] Joinville, p. 74; Ms. F, p. 100; Duchesne, p. 431, b. — [7] Duchesne, p. 430, 431.

mander toutes ces choses, soit qu'il ne sceust pas ce que les Sarrazins en avoient fait, soit qu'il le dissimulast, il n'en put jamais rien retirer.

¹ Le samedi 7 de may, le comte de Soissons et beaucoup d'autres grands seigneurs vinrent prendre congé du roy pour s'en retourner en France dès le jour même. Le comte Pierre de Bretagne partit avec eux fort malade, et mourut sur mer au bout de trois semaines. Ces seigneurs refusèrent la prière que leur fit le roy d'attendre que le comte de Poitiers fust délivré, car il estoit demeuré en ostage jusqu'à ce que le roy se fust acquitté des deux cent mille livres qu'il devoit payer avant que de sortir du Nil et de se mettre en mer. ² Il y en a qui mettent la mort du comte de Bretagne le 22 juin, qui seroit six semaines après sa délivrance. Il fut enterré avec ceux de sa famille dans Saint-Yved de Braine.

CCXCVII.

Saint Louis paye deux cent mille livres aux Sarrazins.

Saint Louis travailla donc en diligence à faire ce payement, et quelques dépenses qu'il eust esté obligé de faire dans son camp et à Damiette, où la reine avoit employé plus de trois cent soixante mille livres à nourrir les Italiens, ³ il trouva encore dans ce qu'on avoit retiré de Damiette la somme de cent soixante-sept mille cent deux livres tournois ⁴ entre les mains de ses trésoriers, sans rien prendre ni emprunter sur son trésor ⁵ qui

---

¹ Joinville, p. 75, 76. — ² Sainte-Marthe, t. II, p. 551. — ³ Joinville, note, p. 82. — ⁴ Ibid., p. 81. — ⁵ Ibid., p. 76.

estoit à Acre. ¹ Pour les trente ou trente-trois mille livres qui manquoient, les Templiers ne les voulant pas prester au roy, Joinville les y contraignit. ² On employa à faire ce payement les deux journées entières du samedi et du dimanche. ³ On conseilloit au roy de ne point envoyer le reste de l'argent que son frère ne fust délivré; mais il répondit qu'il vouloit tenir exactement sa parole.

⁴ Après qu'on eut envoyé le dernier payement, avant que ceux qui le devoient faire et ramener le comte de Poitiers fussent revenus, le roy demanda s'il ne restoit plus rien à payer. On l'assura que non. Mais Philippe de Nemours, ⁵ ou, selon Joinville, Philippe de Montfort, ⁶ luy dit qu'on avoit fait passer aux Sarrazins une somme de dix mille livres qu'ils n'avoient point receue. Le roy s'en fascha extrêmement, et dit qu'il vouloit que tout fust payé. ⁷ Joinville qui ne rapporte pas ceci, qui savoit combien le roy estoit inviolable dans ses promesses, et qui eust sans doute esté bien aise que les Sarrazins eussent perdu cette somme, voulut tourner la chose en raillerie et marcha sur le pied à Philippe, et luy fit signe de l'œil. Philippe, qui l'entendit bien, dit aussi qu'il avoit voulu se railler, et voir ce que le roy diroit. Le roy tesmoigna qu'il n'agréoit point ce jeu, et qu'il vouloit que la somme fust entièrement payée. Tout le monde l'assura qu'elle l'estoit. Mais il s'en informa si bien qu'il sceut qu'elle ne l'estoit pas, ⁸ et commanda à Philippe, sur la foy qu'il luy devoit en vertu de son hommage, de faire payer les dix mille

---

¹ Joinville, p. 76. — ² Ibid. — ³ Ibid. — ⁴ Ms. F, p. 101. — ⁵ Joinville, p. 77. — ⁶ Ibid.; Ms. F, p. 101. — ⁷ Ibid. — ⁸ Joinville, p. 77.

livres si elles ne l'estoient pas, ne voulant point partir de là que les deux cent mille livres ne fussent payées, de sorte que Philippe même les fut porter aux Sarrazins.

[1] Durant que saint Louis attendoit que le payement fust fait, un François apostat luy vint apporter quelques présents de la part d'un seigneur d'Égypte. Mais dès que le roy sceut que c'estoit un apostat, il luy dit de se retirer et qu'il ne vouloit pas parler à luy. Joinville entretint cet homme, qui luy avoua que la crainte seule de la pauvreté et de se voir moqué de tout le monde comme un renégat, l'empeschoit de revenir à l'Église. [2] Saint Louis, pour favoriser la conversion de ces sortes de personnes, défendit par un édit public de leur reprocher leur faute lorsqu'ils estoient convertis.

CCXCVIII.

Saint Louis se retire à Acre.— De Gilles le Brun, connestable de France.

[3] Durant qu'on faisoit le payement des deux cent mille livres, le roy estoit toujours sur le Nil, pour observer la promesse qu'il avoit faite verbalement de n'en point partir qu'après ce payement. [4] Cependant il y estoit toujours en danger, car les Sarrazins ayant là grand nombre de vaisseaux, pouvoient arrester quand ils eussent voulu celuy où estoit le roy. C'est pourquoy on le pressoit fort de se retirer en une galère qui

---

[1] Joinville, p. 78. — [2] Ms. F, p. 124. — [3] Ibid., p. 100; Joinville, p. 71, 76. — [4] Ms. F, p. 100; Joinville, p. 77.

l'attendoit en mer. Il le refusa longtemps à cause de la parole qu'il avoit donnée, quoique les Sarrazins eussent si mal observé la leur, [1] jusqu'à ce que croyant avoir satisfait à sa promesse après avoir envoyé les derniers dix mille livres, il dit aux mariniers de démarer pour aller gagner le vaisseau qui l'attendoit, et fort peu après Philippe arriva avec le comte de Poitiers.

[2] Alors chacun monta dans sa galère, [3] et le roy partit pour se rendre à Acre avec tous ceux qu'on avoit tirez de Damiette, et les prisonniers mis en liberté, hors ceux qui s'en estoient allez en France, [4] laissant quelques personnes en Égypte pour garder les choses que les Sarrazins devoient rendre, mais qu'ils avoient déjà brûlées, et retirer les prisonniers qui restoient à délivrer.

[5] Saint Louis fut six jours sur son vaisseau avant que d'arriver à Acre, assez mal pourvu de toutes choses, soit par la négligence de ses officiers, [6] soit qu'ils n'eussent pu trouver de lit, de draps, ni d'autres choses semblables. [7] Cependant il estoit dans une fort grande foiblesse que sa maladie luy avoit laissée. [8] Joinville, qui estoit alors malade, [9] s'asseyoit toujours auprès de luy, et ils s'entretenoient ensemble de ce qui leur estoit arrivé. [10] Il regrettoit beaucoup le comte d'Artois, et ayant sceu que le comte d'Anjou jouoit aux dez, il se fascha extrêmement de voir qu'il oublioit sitost la mort de son frère et les périls dont Dieu les avoit délivrez.

---

[1] Joinville, p. 77; Ms. F, p. 101. — [2] Joinville, p. 77. — [3] Duchesne, p. 489, b. — [4] Ibid., p. 430, c. — [5] Joinville, p. 79. — [6] Chron. de saint Louis, c. LII, p. 313. — [7] Joinville, p. 80. — [8] Ibid., p. 71, 79. — [9] Ibid., p. 79, 80. — [10] Ibid., p. 80.

Il arriva à Acre le 12 ou 14 de may, [1] et y fut receu solennellement : mais il y perdit beaucoup de ses gens à cause des maladies qui y estoient, et sans doute à cause des maux qu'ils avoient soufferts en Égypte. De deux mille huit cents chevaliers qu'il avoit amenez en Chypre, il ne luy en restoit pas cent au mois de juin.

[2] Imbert de Beaujeu, connestable de France, qui vivoit encore à la fin d'avril, [3] estoit mort le 25 juillet, selon Joinville, et saint Louis avoit donné sa charge à Gilles le Brun, [4] que Joinville appelle son frère; [5] ce qui fait croire qu'il avoit épousé sa sœur nommée Simonette. [6] Il le surnomme le bon prud'homme. [7] Il n'estoit pas de France, [8] mais seigneur de Trazegnies en Hainaut. [9] Néanmoins, parce qu'il craignoit et aimoit beaucoup Dieu, sa réputation l'ayant fait connoistre à saint Louis, il le choisit pour cette charge. Mais il ne fut point connestable aussitost que le dit Joinville, [10] car dans des actes datez du mois de juin 1251 et du mois de juillet 1252 il est marqué qu'il n'y avoit point alors de connestable. Je ne le trouve point marqué dans aucun acte [11] jusques au mois d'avril, d'aoust et de décembre 1255. [12] Il estoit surnommé le Brun et quelquefois le Noir. [13] Il est nommé dans divers actes des Pays-Bas dès l'an 1228.

[14] Il signala beaucoup son courage dans la bataille de Bénévent qui rendit Charles, frère de saint Louis, roy de Sicile. On luy avoit confié dans cette guerre la

---

[1] Joinville, p. 80. — [2] Ibid., p. 68. — [3] Ibid., p. 83. — [4] Ibid., p. 6. [5] Ibid., note, p. 16; Anselme, t. II, p. 24. — [6] Joinville, p. 83. — [7] Ibid., p. 6. — [8] Ibid., note, p. 35; Vilehard, note, p. 270. — [9] Joinville, p. 6; Ms. F, p. 338. — [10] Ms. B, p. 94, 98. — [11] Regist. alph., p. 94; Invent., t. VIII, Castille, pièce 13. — [12] Notitia Belg., p. 560, 562. — [13] Ibid., p. 560, 561. — [14] Joinville, note, p. 55.

conduite du jeune Robert, comte de Flandre, gendre de Charles. C'est la dernière action où il paroisse.

¹ Joinville fut fort malade à Acre. [Après sa guérison, il réclama du commandeur du Temple une somme d'argent qu'il lui avoit confiée; mais celui-ci nia le dépôt]. ² M. du Cange paroist recevoir comme véritable [cette infidélité du commandeur des Templiers.] Seroit-ce une vengeance des trente mille livres [que Joinville] avoit tirées de leurs coffres?

CCXCIX.

Réflexions sur la captivité de saint Louis. — Sentiments qu'il en eut luy-même.

Voilà quelle fut la fin de cette grande entreprise, pour laquelle il sembloit que Dieu eust retiré saint Louis des portes mêmes de la mort. Les étrangers le croyoient aussi bien que ses sujets, et les uns et les autres s'engagoient avec joie à une guerre sainte sous la conduite d'un roy saint que Dieu sembloit avoir destiné miraculeusement à les conduire à une victoire. De sa part, il y employa tout ce qu'il put tirer d'hommes et de richesses d'un royaume puissant et le plus célèbre de l'Europe pour la valeur et l'expérience militaire. Ses seuls préparatifs firent trembler jusqu'aux extrémitez de l'Orient ceux qui faisoient trembler toute la terre.

Il eut au commencement un succès qu'à peine pouvoit-on se persuader. Il fit paroistre dans toute la suite

¹ Joinville, p. 80. — ² Ibid., note, p. 84.

toute la valeur des plus illustres conquérants. Quoiqu'il eust une prudence et une sagesse extraordinaires, il eut soin d'y joindre toujours les conseils des personnes les plus habiles qu'il eust autour de luy. Il n'eut affaire qu'à un prince malade et mourant, à une femme et à un jeune homme qui avoit sans doute peu d'expérience et peu de conduite. Cependant toute cette grande entreprise n'a que de funestes succès aux yeux des hommes. Elle n'apporte aucun avantage à l'Église d'Orient, et comble celle d'Occident de confusion et de douleur par la captivité du plus grand de ses rois et de ses plus illustres princes, et par la mort d'un nombre infini de ses enfants.

Les hommes se perdent en voulant rechercher les causes d'un si triste événement. Mais il suffit d'apprendre des règles de la foy que nos péchez méritoient un chastiment encore plus rigoureux, et que Dieu a tiré sa gloire de ce malheur en punissant les méchants, en purifiant les bons et en couronnant ceux qu'il a jugez dignes de luy. Car on ne peut pas douter que plusieurs de ceux qui y ont esté tuez en combattant pour Jésus-Christ n'ayent receu de luy la récompense de leur sang. Mais il y a particulièrement lieu de l'espérer de ceux qui, ayant leur vie et leur mort entre les mains, ont mieux aimé mourir en persistant dans la confession de Dieu, qu'accepter le bonheur temporel que les infidèles leur offroient en échange de leur âme. Nous avons vu qu'il en estoit mort un grand nombre de cette sorte durant la captivité de saint Louis; et il y en eut encore plusieurs autres après sa délivrance.

Dieu ne voulut pas que saint Louis eust part à la couronne de ces martyrs; mais il luy en donna tout le mérite, puisqu'il ne juge des hommes que par la préparation de leur cœur; et nous avons vu que le cœur de ce saint roy estoit préparé à la mort, et à la mort la plus ignominieuse et la plus cruelle, plutost que de violer en la moindre chose le respect qu'il devoit à Jésus-Christ. On peut dire même qu'au milieu d'une captivité si dure et si humiliante, il le couronna de gloire et d'honneur, puisque les plus barbares des hommes eurent de l'admiration pour sa vertu, pour son cœur intrépide, pour sa fidélité inviolable, et pour cette grandeur d'âme qui le faisoit agir parmi eux, non comme leur prisonnier, mais comme leur roy et leur vainqueur. Ils furent prests de l'élever, comme Joseph, de la prison sur le trosne. Mais Dieu luy réserva cette couronne pour le ciel; et il luy fut glorieux de n'estre pas roy d'Égypte, puisque ce ne fut que l'amour qu'il avoit pour Jésus-Christ qui arresta ce dessein.

Ainsi cette guerre fut très-glorieuse pour la Jérusalem céleste, et saint Louis eut au moins cette consolation qu'il demeura seul chargé de tout le malheur de sa déroute, et ne souffrit point que les chrestiens d'Orient en receussent aucun préjudice. On ne peut même dire que son voyage leur ait été inutile; car outre les avantages qu'ils tirèrent de la demeure qu'il fit en la terre sainte durant près de quatre ans, comme nous verrons dans la suite, n'ayant pu leur conserver Damiette, il fit au moins que cette ville ne leur pust plus nuire; la terreur qu'il avoit répandue parmi les Sarrazins les ayant obligez à la ruiner eux-mêmes.

¹ Aussi, quelque grandes que fussent les pertes, les peines et les indignitez qu'il avoit souffertes en Égypte, sa foy n'en fut jamais affoiblie; au contraire, elle devint plus forte, sa piété plus grande et sa dévotion plus ardente, en sorte que sa perfection croissoit toujours de plus en plus. ² Il vouloit aussi que les autres ne se souvinssent de cette affliction que pour reconnoistre la grâce que Dieu leur avoit faite de les en tirer, et s'éloigner des joies et des divertissements du monde.

³ S'entretenant, à son retour en France, avec le roy d'Angleterre, après avoir rendu grâces à Dieu de l'avoir comme plongé dans l'adversité, il ajouta : « Mais quand je reviens à moy-même et que je rentre dans mon cœur, je sens plus de joie de la patience que Dieu m'a donnée par sa grâce, que s'il m'avoit soumis toute la terre. »

⁴ Une de ses occupations à Acre estoit de souffrir dans un humble silence ses afflictions présentes et passées, en attendant la miséricorde divine. Il demandoit avec instance les prières des gens de bien, et s'adressoit particulièrement au chapitre général de Cisteaux pour demander à Dieu un temps plus favorable après de si rudes tempestes.

⁵ Lorsqu'il avoit occasion de parler de sa captivité et de ses malheurs, et des indignitez qu'il avoit souffertes, il en parloit sans en rougir, *absque pudore, imo libenter plurimum gratiose*; ce qui ne pouvoit venir que d'une extrême humilité. ⁶ Et comme on luy disoit

---

¹ Ms. F, 12, 1, p. 90, 99. — ² Joinville, p. 80. — ³ Matth. Par. p. 900, *f.* — ⁴ *Ibid.*, p. 808, *e, f.* — ⁵ Duchesne, p. 447, *c;* Ms. F, 12, 1, p. 80. — ⁶ Ms. F, 12, 1.

quelquefois qu'il ne devoit pas tant parler de ces choses qui luy estoient si peu honorables, il répondoit qu'un chrestien doit tenir à honneur tout ce qu'il peut souffrir de plus ignominieux pour un Dieu mort pour nous sur une croix.

[1] On remarque que pour avoir encore plus présente et son humiliation et la gloire de son libérateur, il fit graver sur ses monnoies les chaisnes de sa prison. [2] En quoy il fut imité par son frère Alphonse et quelques autres seigneurs de France ; et plusieurs de ses successeurs conservèrent les mêmes marques. M. du Cange croit que c'est proprement le supplice des bernicles qui est représenté dans ces monnoies. [3] On en voit de gravées dans les notes de Ménard sur Joinville. [4] On dit qu'il s'en trouve où l'on voit d'un costé le nom et l'effigie de saint Louis, et de l'autre des menottes et des ceps avec cette devise : *etiam reges*.

Comme Dieu retire quelquefois sa grâce des saints pour leur faire voir combien ils sont foibles par eux-mêmes, [5] Matthieu Paris escrit que ce roy, le plus pieux de tous les rois de la terre, ce sont ses termes, se trouva, à son retour en France, dans un accablement et une tristesse que rien n'estoit capable de soulager. Mais Dieu le délivra bientost de cette tentation par les remontrances d'un évesque, et par la vertu du saint sacrifice.

---

[1] Joinville, note, p. 256. — [2] *Ibid.*, p. 257. — [3] *Ibid.*, p. 392. — [4] Ms. G, p. 12. — [5] Matth. Par., p. 895, c, d.

CCC.

Les Égyptiens rompent la trêve. — Saint Louis se résout à demeurer dans la terre sainte.

¹ Saint Louis estant arrivé à Acre, n'oublia point ceux qu'il avoit laissés prisonniers en Égypte. Un de ses principaux soins fut de travailler à leur délivrance, et ne se contentant pas d'avoir laissé de ses gens en Égypte pour cela, il y renvoya une ambassade solennelle, et des vaisseaux pour ramener les captifs et toutes les autres choses qu'il y avoit laissées. Il envoya sans doute en même temps ² les derniers deux cent mille livres qu'il devoit payer lorsqu'on luy rendroit toutes ces choses. ³ Car il avoit son trésor à Acre entre les mains des Templiers, ⁴ auquel il n'avoit point encore touché, n'ayant encore dépensé au mois de juin que ce qui estoit entre les mains de ses trésoriers.

⁵ Les émirs d'Égypte firent longtemps attendre à Babylone les ambassadeurs du roy en leur faisant toujours espérer tout ce qu'ils demandoient. Mais ils avoient bruslé les machines, ⁶ tué les malades, ⁷ et osté même la vie de l'âme aux plus vigoureux des prisonniers en les obligeant d'apostasier, ou la vie du corps à ceux dont la foy estoit demeurée plus ferme. ⁸ Ainsi les ambassadeurs, après avoir longtemps attendu, ne purent obtenir que la liberté de quatre cents prisonniers ⁹ de douze mille qui y estoient encore, ¹⁰ et rien

---

¹ Duchesne, p. 430, c. — ² Joinville, p. 74. — ³ Ibid., p. 76. — ⁴ Ibid., p. 81. — ⁵ Duchesne, p. 431, a. — ⁶ Ibid., b. — ⁷ Ibid., a, b. — ⁸ Ibid., a; Sanud, p. 219, e. — ⁹ Ms. G, p. 177; Duchesne, p. 431, a. — ¹⁰ Duchesne, p. 431, a, b.

de tout le reste; ni même aucune assurance de rien obtenir de plus à l'avenir, quoique le roy eust exécuté ponctuellement de sa part tout ce qu'il avoit promis, et fust résolu d'entretenir entièrement le traité. [1] Des quatre cents prisonniers que les ambassadeurs ramenèrent, il y en avoit même une partie qui avoit payé sa rançon. [2] Aussi les ambassadeurs ne payèrent point les deux cent mille livres qui restoient.

[3] La première pensée de saint Louis avoit esté de s'en retourner promptement en France, dans la créance que les Égyptiens délivreroient sans difficulté les prisonniers, et garderoient fidèlement la trêve faite avec les Orientaux pour dix ans. Il avoit même déjà donné ordre pour les vaisseaux et les autres choses nécessaires pour son retour. [4] Car la reine sa mère, qui sans doute ne savoit rien encore de sa prise, luy avoit escrit pour le presser de s'en revenir au plus tost, parce que son royaume estoit en grand péril, n'y ayant ni paix ni trêve depuis la fin de l'an 1248. Blanche avoit peut-estre envoyé cette lettre [5] par les deux religieux de Royaumont qui vinrent vers ce temps-ci trouver saint Louis de sa part pour une affaire de leur monastère. Le compte de l'an 1253 parle d'Adam et Herbert, moines de Royaumont, qui avoient esté trouver le roy. On apprit aussi alors au plus tard la mort de Raimond comte de Toulouse. [6] Car dans un acte du mois de juillet, Alphonse s'intitule comte de Poitiers et de Toulouse.

Mais si la France avoit besoin de saint Louis, [7] d'autre

---

[1] Duchesne, p. 431, a. — [2] Joinville, p. 89. — [3] Duchesne, p. 431, b. — [4] Joinville, p. 81. — [5] Ms. F, p. 324. — [6] Ibid., p. 554. — [7] Duchesne, p. 431, b.

part il voyoit ouvertement par ce que nous venons de dire que les Égyptiens ne gardoient point la trêve, et que contre leurs serments ils se moquoient de luy et de tous les chrestiens. Ainsi il commença à délibérer de ce qu'il avoit à faire. ¹ Car les chrestiens de l'Orient, comme les chevaliers des trois ordres, les barons et les évesques du royaume de Jérusalem dont il voulut savoir le sentiment, le conjuroient de demeurer avec eux, ou qu'ils quitteroient tous l'Orient avec luy, n'y ayant aucun moyen de conserver le pays s'il s'en alloit, ² ni aucune espérance de retirer jamais le reste des prisonniers. ³D'autre part il se voyoit pressé par l'estat de son royaume.

⁴ Dans cette difficulté il manda un dimanche, et apparemment le 19 de juin, ses frères, le comte de Flandre et tous les autres seigneurs qu'il avoit avec luy. Il leur dit ce que sa mère luy mandoit de France et l'incertitude où il se trouvoit, et les pria d'y penser pour luy en dire leur avis huit jours après. ⁵ Le dimanche suivant, 26 de juin, tous les seigneurs en général et en particulier conseillèrent au roy de s'en retourner, hors Joinville, ⁶ Jean d'Ibelin, comte de Jaffa et seigneur de Baruth, ⁷ et Guillaume de Beaumont, maréchal de France.

⁸ Le roy fut bien aise de ce que quelques-uns au moins luy avoient conseillé de demeurer; ⁹ et le dimanche suivant, 3 de juillet, il déclara qu'il estoit résolu de demeurer; mais que ceux qui voudroient s'en

---

¹ Duchesne, p. 431, b, c; Joinville, p. 81. — ² Duchesne, p. 431, b, c. — ³ Joinville, p. 81. — ⁴ Ibid., p. 80, 81. — ⁵ Ibid., p. 81. — ⁶ Ibid., p. 81; note, p. 60, 61; Sanud, p. 220, f; p. 222, f. — ⁷ Joinville, p. 81; Anselme, t. II, p. 117. — ⁸ Joinville, p. 82. — ⁹ Ibid., p. 83.

retourner, le pourroient avec liberté. [1] Ainsi croyant ne pouvoir abandonner la terre sainte dans le danger d'estre conquise par les Sarrazins avec lesquels il n'y avoit plus de tréve, sans faire tort à sa piété et à son honneur, [2] il ne voulut point s'arrester au grand nombre de ceux qui luy conseilloient de s'en retourner, [3] et résolut de demeurer en Palestine jusqu'à ce que, par les nouveaux secours qu'il espéroit de son royaume et des autres Estats chrestiens, il pust abattre l'orgueil des infidèles, ou laisser le pays dans quelque assurance par une tréve, ou au moins [4] conserver et fortifier les places de la Palestine, retirer les prisonniers d'Égypte, et faire d'autres choses utiles à tous les chrestiens.

[5] Les divisions qui estoient alors entre les Sarrazins luy donnoient de l'espérance, [6] particulièrement pour obtenir une tréve qui ne pouvoit néanmoins estre bien assurée parmi des peuples si infidèles. [7] Il considéroit particulièrement la délivrance des prisonniers qu'il avoit laissez en Égypte.

[8] La résolution du roy surprit et affligea beaucoup ses officiers. [9] Ceux même que Joinville loue davantage taschèrent de s'en venger sur ce seigneur en parlant mal de luy au roy; mais cela ne leur réussit pas, comme on le voit dans ce qui arriva le jour de Saint-Jacques 25 juillet, et saint Louis luy promit deux mille livres pour demeurer avec luy jusqu'à Pasques de l'année suivante.

---

[1] Matth. Par., *Addit.*, p. 181, *f.* — [2] Duchesne, p. 431, *c.* — [3] Matth. Par., *Addit.*, p. 181, *f.* — [4] Duchesne, p. 431, *c.* — [5] *Ibid.*; Matth. Par., *Addit.*, p. 181, *f.* — [6] Matth. Par., *Addit.*, p. 182, *a.* — [7] Ms. F, p. 66. — [8] Joinville, p. 83. — [9] *Ibid.*, p. 83, 84.

CCCI.

Saint Louis renvoie ses frères en France.

Au commencement du mois d'aoust, ¹ saint Louis renvoya ses frères en France, soit de luy-même, soit qu'ils l'eussent demandé, comme il y a bien de l'apparence. ² Il les renvoyoit pour la consolation de sa mère et de tout le royaume, ³ et aussi afin qu'ils luy envoyassent du secours ⁴ et de l'argent, ⁵ et pour ses autres affaires. Alphonse avoit encore une raison particulière de revenir, pour donner ordre au comté de Toulouse qui estoit échu à sa femme durant son absence.

⁶ Saint Louis les fit embarquer promptement et secrètement, dit Matthieu Paris, dans un bon vaisseau, qui les amena heureusement en France. Ce ne fut pas sans doute sans beaucoup de douleur et beaucoup de larmes, qu'après avoir perdu un de ses frères par l'épée des ennemis, il vit partir les deux autres ⁷ en qui estoit sa principale confiance, ⁸ pour demeurer presque seul en un pays étranger, et y avoir toujours devant les yeux la honte de sa défaite. ⁹ Il paroist qu'Alphonse gardoit encore la croix en 1253, comme estant dans le dessein de revenir en Orient.

¹⁰ Les deux comtes ramenèrent avec eux le duc de Bourgogne ¹¹ et presque tout le reste de la noblesse,

---

¹ Joinville, p. 83. — ² Duchesne, p. 431, c. — ³ Matth. Par., p. 808, f; Addit., p. 181, f. — ⁴ Guiart, p. 145, 1. — ⁵ Ms. F, p. 780. — ⁶ Hist., p. 799, a, b. — ⁷ Ibid., p. 808, f. — ⁸ Ibid., p. 799, a. — ⁹ Raynald., an. 1253, art. 51. — ¹⁰ Matth. Par, p. 799, b. — ¹¹ Ibid., Addit., p. 181, f.

[1] entre autres Gui de Lusignan, [2] qui avoit achevé le service dû au comte de Poitiers par Hugues comte de la Marche, son frère, qui estoit mort en Égypte, de quoy Alphonse donna son attestation au mois de juillet à Acre [3] pour la sûreté des six cents livres de rente qu'il avoit promises à Hugues. [4] Gui s'en alla à Noël en Angleterre, où le roy son frère le receut fort bien.

[5] Saint Louis se voyant résolu à passer un temps considérable en Orient, fit venir tous les officiers de sa maison, les exhorta à vivre dans la pureté, et leur dit que si quelqu'un craignoit de manquer à ce devoir, il estoit prest de luy permettre de s'en retourner en Occident. Aucun ne demanda cette permission. Mais saint Louis en ayant trouvé, quelque temps après, seize ou dix-sept qui n'avoient pas vécu comme ils devoient, il les chassa de chez luy et ne leur pardonna que trois ou quatre mois après, à Pasques de l'année suivante.

[6] Saint Louis avoit escrit dès le mois de juillet à sa mère, sur un accommodement pour l'abbaye de Royaumont. Il luy avoit sans doute escrit auparavant sur l'estat de ses affaires. Ces lettres furent portées, selon toutes les apparences, par ses frères, aussi bien que celle [7] qu'il escrivoit au mois d'aoust à tout son peuple, pour l'informer de tout ce qui luy estoit arrivé depuis qu'il estoit parti de Damiette pour aller vers la Massoure.

Quelques personnes très-judicieuses ont remarqué une éminence toute particulière de l'Évangile dans la simplicité avec laquelle il rapporte les choses les plus

---

[1] *Hist.*, p. 808, *f.* — [2] Ms. F, p. 554, 555. — [3] *Ibid.*, p. 554. — [4] Matth. Par., p. 808, 809. — [5] Ms. F, p. 104, 105. — [6] *Ibid.*, p. 324. — [7] Duchesne, p 428-432.

avantageuses à Jésus-Christ, et celles qui le semblent estre le moins. Je ne sçay s'il y a aucun escrit qui approche autant de cette simplicité que cette relation que fait saint Louis de ce qu'il peut y avoir au monde de plus humiliant pour un roy. Je voudrois que nous eussions la relation qu'il paroist aussi avoir faite de la prise de Damiette. Vincent de Beauvais et Nangis ont copié mot à mot de cette lettre ce qu'ils ont dit de la bataille de la Massoure, de la prise et de la délivrance de saint Louis.

CCCII.

Saint Louis demande du secours en Occident et en reçoit peu.

[1] Le saint témoigne dans cette lettre, qu'il est résolu de passer quelque temps en Orient, sans dire combien, [2] et il la finit en exhortant tous ses sujets à le venir secourir l'année suivante, et à l'imiter dans l'exemple qu'il leur donnoit de combattre pour Jésus-Christ.

[3] Le pape Innocent IV, dans la lettre qu'il luy escrivit, comme nous avons dit, le 12 d'aoust pour le consoler, le prie de regarder avec un œil de compassion la terre sainte, « quæ nunc præsertim sub tui nominis umbra « respirat, » et l'assure en même temps qu'il est prest d'y contribuer de sa part pour tout ce qu'il pourra désirer de luy. En mandant aux évesques de France la prise et la délivrance du roy, [4] il leur ordonne de faire prescher partout la croisade. [5] Il escrivit aussi le 29 de novembre aux évesques de Paris, d'Évreux et de Senlis,

---

[1] Duchesne, p. 431, c. — [2] Ibid., p. 432. — [3] Ibid., p. 414, 415. — [4] Ibid., p. 417, b, c. — [5] Raynald., an. 1250, art. 27, 28.

pour obliger les croisez de France, particulièrement du Languedoc, et divers autres à passer la mer quand Blanche le jugeroit à propos. ¹ Il pressa de même ceux qui avoient pris la croix en Allemagne, en Frise et en Norwége, de partir en diligence pour la terre sainte. Mais nous ne voyons point que ses sollicitations aient eu d'effet. ² On accuse même les comtes de Poitiers et d'Anjou d'avoir oublié leur Joseph, et d'avoir travaillé avec peu de soin à luy envoyer du secours.

³ Ferdinand, roy de Castille, avoit promis, à la prière de Blanche, d'aller en Orient secourir le roy son cousin. Mais il mourut en 1251 ou 1252 avant que d'accomplir sa promesse, de quoy saint Louis eut beaucoup de déplaisir. ⁴ Beaucoup d'évesques, de seigneurs et de gentilshommes avoient aussi pris la croix en Angleterre, et avoient même vendu leur bien pour venir secourir saint Louis; et d'autres craignant les piéges et les chicanes de la cour romaine, s'estoient contentez de vouer en secret le même voyage.

⁵ Le 6 de mars, le roy même d'Angleterre, après avoir demandé solennellement pardon aux habitants de Londres des torts que luy et ses officiers leur avoient faits, sans néanmoins rien restituer, prit la croix avec beaucoup d'autres personnes, soit pour piller plus librement ses sujets, soit pour quelque meilleur dessein. ⁶ Les comtes de Poitiers et d'Anjou vouloient venir en Angleterre pour le prier d'exécuter promptement son vœu. Il est certain qu'il ne fit jamais ce voyage,

---

¹ Raynald., an. 1250, art. 28. — ² Matth. Par., p. 808, *f*. — ³ *Ibid.*, p. 797, *d*; p. 844, *a*, *b*; Raynald., an. 1251, art. 26. — ⁴ Matth. Par., p. 773, *d*, *e*. — ⁵ *Ibid.*, p. 774, *b*, *c*, *d*. — ⁶ *Ibid.*, p. 803, *c*.

¹ et même divers Anglois croisez, jusqu'au nombre de cinq cents maistres, ayant voulu passer à la Saint-Jean, il employa sa puissance et celle du pape pour les arrester, ne voulant pas, disoit-il, qu'ils le prévinssent et qu'ils allassent servir saint Louis son ennemi capital. Cependant ce secours fust venu très à propos à saint Louis pour profiter des grandes divisions qui estoient entre les Sarrazins.

² Au commencement de l'an 1252, le pape écrivit à Henry pour le presser ou d'aller en personne secourir saint Louis et la terre sainte, ou au moins de ne pas empescher ceux qui y vouloient aller. ³ Henry ensuite de cette lettre tint une grande assemblée à Westminster, le 15 d'avril de la même année, où il jura de passer en Orient dans trois ans, mettant pour cela la main à la poitrine comme les prestres, et ensuite sur les saints Évangiles comme les laïques, et néanmoins il ne put jamais persuader le monde qu'il dust faire ce voyage. L'on estoit bien plus disposé à croire qu'il n'avoit pris la croix que pour avoir les décimes que le pape luy avoit permis de lever sur son clergé et sur son peuple, dans cette considération, et dont il espéroit tirer en trois ans plus de six cent mille marcs. De sorte que, quelque empressement qu'il en témoignast, il trouvoit assez peu de monde qui voulust prendre la croix après luy.

⁴ Matthieu Paris écrit que saint Louis, pour le presser plus fortement d'accomplir son vœu, et apparemment pour faire la paix avec luy, luy offrit de luy rendre la

---

¹ Matth. Par., p. 785. — ² Ibid., p. 831. e, f. — ³ Ibid., p. 834, d, e. — ⁴ Ibid., p. 833, 834.

Normandie et les autres pays conquis sur son père ; mais que toute la France s'y opposa, qu'on trouva fort mauvais qu'il fist une offre de cette nature sans en avoir le consentement de tous ses barons, et que tous les grands protestèrent que si le roy d'Angleterre prétendoit rentrer dans ces provinces, il falloit qu'il passast au travers de mille lances, et quand il les auroit rompues, au travers de mille épées ; de quoy Henry témoigna estre fort éloigné, et avec raison. Il semble, selon luy, que saint Louis eust même déjà envoyé ses ordres pour luy faire rendre les pays qu'il prétendoit.

Cet auteur ajoute que cette offre de saint Louis, jointe au mauvais succès de la guerre d'Égypte, le rendit si odieux et si méprisé de ses sujets grands et petits, que ses frères mêmes entrèrent dans ce sentiment général, et luy refusèrent le secours qu'ils luy avoient promis, en sorte qu'il n'y avoit plus que sa mère seule qui fust pour luy. Il seroit à souhaiter ou que cet historien eust appuyé et éclairci un fait de cette importance, ou que nous eussions des preuves positives pour le réfuter. Je n'en trouve rien dans tous les autres auteurs du temps, ni même dans Matthieu de Westminster, qui a abrégé Matthieu Paris ; à quoy on peut ajouter que si saint Louis eust esté odieux et méprisé, comme il le prétend, il seroit comme impossible que dans une si longue absence il ne fust arrivé quelque trouble dans le royaume, surtout depuis la mort de Blanche, après laquelle saint Louis fut encore dix-huit mois sans revenir. Le désordre des Pastoureaux, la dissension entre l'université et les mendiants, et l'animosité des Anglois avec lesquels il n'y avoit pas même de trêve en mars 1253, et la guerre furieuse entre les Hollandois et les Flamans estoient d'assez grandes matières de troubles si les grands et les peuples eussent haï et méprisé leur roy.

Quoyque les Vénitiens, les Génois et les Pisans fussent interessez à la conservation de la Palestine, où ils faisoient un grand trafic, et dont ils estoient même seigneurs en partie, on prétend néanmoins qu'au lieu d'y contribuer [1] ils augmentoient les douleurs de saint Louis par de nouvelles douleurs, en arrestant, pillant et noyant même les François qu'ils pouvoient rencontrer sur mer. La chose est fort difficile à croire; et je ne comprends pas bien les raisons que l'on en allègue, particulièrement leur prétention sur Damiette. Si néanmoins il y a en cela quelque chose de véritable, il y faut rapporter ce que dit le même auteur, [2] que saint Louis fit embarquer secrètement ses frères. Je ne sçay non plus s'il faut s'arrester à ce qu'on dit qu'il devoit de grandes sommes aux Génois et aux Pisans.

CCCIII.

Le sultan d'Alep se rend maistre de Damas; luy et les Égyptiens recherchent l'alliance de saint Louis.

Pour ce qui regarde les divisions des Sarrazins, il faut au moins parler de la guerre qui estoit entre le sultan d'Alep et les Égyptiens. [3] Quelques-uns en ont rapporté la cause à la délivrance de saint Louis, dont

---

[1] Matth. Par., p. 809, 810. — [2] *Ibid.*, p. 799, a. — [3] *Ibid.*, p. 808, b; p. 795, e, f.

les autres Sarrazins faisoient, dit-on, un crime à ceux d'Égypte, [1] ou vouloient avoir part à l'argent que le roy avoit donné. [2] Mais il vaut mieux s'arrester à ce que nous trouvons dans les histoires orientales, que les émirs d'Égypte ayant tué leur sultan Moadam, et donné le commandement souverain à Sajareldor, ils mandèrent ces nouvelles à l'émir Gemaleddin, lieutenant du sultan à Damas, et aux autres émirs et Mameluks de la même ville. Ces Mameluks sont appelés Kimariens, dont je ne vois pas la raison. Ils y envoyèrent un chalib ou prédicateur, tant pour porter cette nouvelle que pour recevoir le serment des émirs et des Mameluks au nom de Sajareldor. Ceux de Damas témoignèrent désapprouver entièrement la conduite des émirs d'Égypte, et refusèrent le serment. Ils mandèrent ensuite ce qu'ils avoient fait à Nazer Saladin Joseph, sultan d'Alep, toujours ennemi des sultans d'Égypte, le prièrent de le venir trouver, et luy promirent de le rendre maistre de Damas. Nazer partit donc d'Alep avec son armée, c'est-à-dire avec sa cavalerie, vers le commencement de juillet. Il arriva devant Damas le samedi, 9 du mois, se campa auprès, et le 13 les portes luy en ayant esté ouvertes par le gouverneur Nazareddin, il y entra avec sa suite sans combat. La forteresse luy fut aussi rendue avec l'argent qui y estoit qu'il distribua aussitost à Gemaleddin et aux autres qui l'avoient appelé, [3] et establit à Damas le principal siége de son empire, [4] d'où vient que Joinville l'appelle sultan de Damas.

[1] *Chron. de Flandre*, c. xxiv, p. 58. — [2] Ms. G, p. 178, 179, 196, 197; Abulphar., p. 325. — [3] Abulphar., p. 325. — [4] Joinville, p. 85.

¹ Il gagna sur les Égyptiens non-seulement cette grande ville, mais encore plusieurs autres places. ² On croyoit qu'il vouloit aller en Égypte venger la mort du sultan Moadam son cousin, fils d'issu de germain, et s'emparer s'il pouvoit d'une partie de ce royaume. ³ On apprit en Égypte la nouvelle de sa marche dès le 7 du mois, et on s'y prépara dès lors à la guerre. ⁴ On sçut le 22 qu'il estoit maistre de Damas, et ce fut ce qui obligea les Mameluks de faire Azaddin Moaz leur sultan, le 30 juillet, au lieu de Sajareldor. ⁵ On ne manqua point aussi d'arrester plusieurs émirs qu'on croyoit estre disposez à servir Nazer, ce qui causa une grande émotion dans le Caire.

⁶ Mais il en resta encore plusieurs qui invitèrent Nazer à venir en Égypte, luy faisant espérer de l'en rendre maistre. ⁷ Dans ce dessein il voulut faire alliance avec saint Louis, et luy envoya des ambassadeurs au mois d'aoust ou depuis. Saint Louis ne voulut point rompre encore tout à fait avec les Égyptiens, quoiqu'ils eussent violé la trêve en tant de manières, et ayant envoyé un Frère Yves, jacobin, à Nazer, ⁸ il luy tesmoigna qu'il vouloit envoyer sommer les émirs d'Égypte de renouveler la trêve qu'ils avoient faite avec luy, et que s'ils le refusoient il estoit prest de l'aider contre eux. ⁹ Joinville mesle ici l'histoire d'une femme ¹⁰ dont Raynaldus ne veut pas répondre.

¹¹ Saint Louis envoya donc en Égypte Jean de Valence, ¹² homme qui avoit tout ensemble beaucoup de

---

¹ Ms. G, p. 197; Duchesne, p. 431, a. — ² Duchesne, p. 431, c. — ³ Ms. G, p. 179. — ⁴ Ibid., p. 180, 181. — ⁵ Ibid., p. 180. — ⁶ Abulphar, p. 325. — ⁷ Joinville, p. 85. — ⁸ Ibid., p. 88. — ⁹ Ibid., p. 85. — ¹⁰ Raynald., an. 1251, art. 20. — ¹¹ Joinville, p. 88. — ¹² Ibid., p. 89.

sagesse et beaucoup de cœur. ¹ Il parla très-fortement aux émirs sur les injures qu'ils avoient faites au roy, se plaignit de ce qu'ils avoient rompu la tréve, et les somma de faire satisfaction au roy, en sorte qu'il fust content d'eux. ² Les émirs qui, quelque temps auparavant, menaçoient de venir assiéger le roy dans Acre, changèrent leurs menaces en prières, ³ et promirent de donner au roy toute la satisfaction possible, pourvu qu'il voulust se joindre à eux contre Nazer. ⁴ Ils luy envoyèrent des députez, ⁵ et pour gagner sa bienveillance, ils délivrèrent deux cents chevaliers et un grand nombre d'autres personnes, que Jean de Valence amena à Acre avec les os de Gauthier de Brienne, dont nous avons parlé cy-dessus.

CCCIV.

Saint Louis retire tous les chrestiens prisonniers en Égypte.

⁶ Ce fut apparemment le 17 d'octobre que Jean de Valence entra avec toute cette suite à Acre. Car ce jour-là Guillaume de Chasteauneuf, grand maistre des Hospitaliers, entra dans cette ville avec trente chevaliers de son ordre, quelques autres réguliers et grand nombre de séculiers, tous délivrez de la servitude de l'Égypte par l'intervention de saint Louis.

⁸ Il restoit encore un grand nombre de fidèles dans cette captivité : mais on espéroit que par le secours de Dieu ils seroient aussi bientost délivrez. ⁷ C'estoit par-

---

¹ Joinville, p. 88; Matth. Par., p. 795, d. — ² Matth. Par., p. 798, f. — ³ Joinville, p. 88. — ⁴ Ibid., p. 89. — ⁵ Ibid., p. 88, 89. — ⁶ Matth. Par., Addit., p. 182, b. — ⁷ Ms. F, p. 66; p. 230, 231; Duchesne, p. 404, c.

ticulièrement pour cela que saint Louis estoit demeuré en Orient, et il ne manqua point d'envoyer souvent des députations solennelles au sultan d'Égypte pour y travailler. Ses députez en ramenèrent, la trois ou quatrième fois, environ quatre cents, d'autres fois sept cents, sans compter les femmes, six cent cinquante, sept cent un, etc. Saint Louis les faisoit amener jusques à Acre à ses dépens, et comme ils estoient dépourvus de toutes choses, il leur faisoit donner de l'argent, des habits et les autres choses nécessaires, chacun selon sa condition.[1] On le marque entre autres de Roger de Soisi, son cuisinier.

[2] Entre ceux que Jean de Valence ramena à son premier voyage, il y avoit bien quarante chevaliers de Champagne. Joinville les fit habiller et obligea en pleurant saint Louis à les retenir.[3] Saint Louis obligea aussi les émirs à lui envoyer les testes des chrestiens qu'ils avoient mises sur les murs du Caire depuis l'an 1239, qu'il fit mettre en terre sainte; et tous les enfants chrestiens qu'ils avoient retenus et à qui ils avoient fait renoncer la foy pour les élever dans leur impiété. Nous ne trouvons point qu'on ait demandé en particulier le corps du comte d'Artois.[4] L'histoire d'Angleterre a eu plus de soin de remarquer que les députez de saint Louis rapportèrent celuy de Guillaume de Salisbury, et qu'on l'enterra honorablement à Acre dans l'église de Sainte-Croix.

Il paroist que saint Louis cachoit quelquefois sa charité,[5] car on voyoit aborder à Acre des vaisseaux

---

[1] Duchesne, p. 404, b. — [2] Joinville, p. 89. — [3] Ibid., p. 89, 97. — [4] Matth. Par., p. 855, b, c. — [5] Ms. F, p. 67.

de captifs qui venoient d'Égypte, sans qu'il parust qui les avoit fait délivrer. On tenoit néanmoins que le sultan les avoit rendus en conséquence des traitez faits avec saint Louis, et ils disoient eux-mêmes que c'estoit le roy qui les faisoit amener à ses dépens, ce qu'on n'avoit pas de peine à croire, n'y ayant que luy qui fist de si grandes libéralitez. Et c'estoit luy aussi qui les faisoit habiller quand ils estoient arrivez. On remarque qu'en une seule fois il en arriva jusqu'à quinze cents.

[1] Il les rachetoit quelquefois de son argent, et jusqu'à deux cents, trois cents et cinq cents à la fois, soit à cause que, dans de certains temps, les Sarrazins ne les vouloient pas rendre autrement, soit parce qu'ils avoient esté vendus à divers particuliers. [2] Car il est marqué qu'il envoya une fois des députez en Égypte, qui recherchèrent avec une entière liberté par tous les pays du sultan tous les chrestiens captifs. Ceux qui se trouvèrent appartenir au sultan furent délivrez sans rançon, et ceux qui estoient entre les mains des particuliers de sa dépendance furent rachetez à un prix fort médiocre : « quorum redemtionem piissimus rex Francorum de « sua elemosyna præstitit abundanter. » Il y en eut quelques-uns qui furent rachetez par leurs amis. [3] Ainsi, suivant l'accord fait pour la délivrance de saint Louis, tous les chrestiens généralement qui se trouvèrent captifs dans toute l'Égypte furent enfin mis en liberté, même ceux qui y estoient depuis fort longtemps, c'est-à-dire depuis le traité de Camel avec Frédéric en 1228.

---

[1] Ms. F, p. 66. — [2] Matth. Par., p. 855, *a*, *b*. — [3] *Ibid.*, p. 817, *b*; Duchesne, p. 431, *b*.

[1250] VIE DE SAINT LOUIS. 403

¹ On lit dans l'histoire d'Augustin du Pas, p. 15, 16, que Geoffroy de Chasteaubriant, qui avoit suivi Pierre Mauclerc en Égypte et y avoit esté pris avec saint Louis, fut délivré par les aumosnes des Mathurins, ce qui le porta à fonder une maison de cet ordre après son retour, au mois d'aoust 1252. On ajoute que lorsqu'il revint chez luy, sa femme, qui l'avoit cru mort, en fut si surprise, qu'elle mourut de joie en l'embrassant.

CCCV.

Saint Louis fortifie les villes de la Palestine. — Sa piété convertit divers infidèles.

² Saint Louis, en attendant le retour de Jean de Valence, demeuroit à Acre avec assez peu de monde, sans que néanmoins personne luy fist aucun mal. ³ Il n'y perdoit pas inutilement le temps, car il faisoit réparer les murs et les tours de cette ville qui faisoient presque toute la force des chrestiens de ce pays. ⁴ Il y fit fermer un quartier nommé Mont-Musard, ⁵ et dépensa beaucoup à augmenter et à fortifier l'enceinte de cette ville. ⁶ Il fit de même réparer un chasteau nommé Caïphas⁷ qui estoit au pied du mont Carmel, et quelques autres chasteaux du même pays, ⁸ et nous verrons dans la suite qu'il fit fermer de murs et fortifier de bonnes tours les villes de Césarée, de Joppé

---

¹ Ms. D, p. 503. — ² Joinville, p. 89. — ³ Ibid., p. 111; Duchesne, p. 359, a. — ⁴ Ms. F, p. 84. — ⁵ Duchesne, p. 437, a. — ⁶ Ibid., p. 359, a. — ⁷ La Rue. — ⁸ Duchesne, p. 359, a; p. 404, c; Guiart, p. 145, 2.

et de Sidon, pour les mettre en estat de soutenir les attaques des infidèles.

Il faisoit tout cela à ses dépens; [1] et y travailloit de ses mains, portant des pierres et de la terre, chargeant les civières, et faisant divers autres travaux de cette sorte pour gagner les indulgences que donnoit le légat,[2] et, comme on croyoit, pour donner exemple aux autres. [3] Car il se servoit de cela pour exciter les ouvriers à bien travailler, [4] et à son exemple les évesques, les barons, et tous les autres travailloient aussi. [5] On marque la même chose de Bondocdar.

En même temps qu'il faisoit admirer son humilité par les anges,[6] ses ennemis mêmes admiroient sa magnificence et sa générosité, ne croyant pas que le plus grand roy du monde fust capable de soutenir une si grande dépense après les pertes qu'il avoit faites. [7] Joinville avoue aussi qu'il ne sçait comment il trouvoit de quoy faire ces fortifications, [8] et néanmoins on trouve par les anciens mémoires que depuis l'Ascension de cette année jusqu'à la suivante, il ne dépensa pour sa maison que quarante-huit mille cinq cent cinquante-huit livres tournois, et tant pour ses troupes que pour ses vaisseaux deux cent quarante mille quatre cents livres tournois, outre les cent soixante-sept mille cent deux livres de sa rançon.

[9] Sa constance et son grand cœur firent passer quelques-uns de ses ennemis de l'admiration à l'amour, et plusieurs des émirs estoient bien aises de lier ami-

---

[1] Ms. F, p. 27, 84; Duchesne, p. 403, a. — [2] Ms. F, p. 27. — [3] Joinville, p. 97. — [4] Ms. F, p. 27. — [5] Ms. G. — [6] Ibid., p. 900; Duchesne, p. 359, b. — [7] Joinville, p. 89. — [8] Ibid., note, p. 82. — [9] Duchesne, p. 359, b.

tié avec luy. Il les recevoit avec bonté, et entretenoit avec eux toute la correspondance qu'il pouvoit avoir avec des infidèles. Mais il y en eut qui furent encore plus heureux et plus sages que les autres. [1] Car quarante Sarrazins, entre lesquels il y avoit même des émirs et d'autres personnes fort qualifiées, le vinrent trouver en Palestine pour embrasser la religion chrestienne. [2] On peut juger avec quelle joie il les receut. [3] Il les fit instruire avec soin par des Jacobins et par d'autres qu'il destina à cela, [4] et ils receurent enfin solennellement le saint baptesme. [5] Beaucoup d'autres Sarrazins receurent encore la même grâce.

[6] Quelque durs que fussent les esprits de ces peuples, ils cédoient néanmoins à la douceur de ses exhortations, et encore à l'exemple de sa piété [7] et aux marques visibles de la puissance de Dieu dans les divers événements de sa vie. [8] Nous avons déjà vu que dans sa prison même l'exemple de sa patience avoit converti quelques infidèles. [9] Il faisoit aussi acheter de son argent beaucoup d'esclaves mahométans ou payens, à qui il faisoit donner le baptesme. [10] Il défendit en Égypte de tuer les femmes et les enfants des Sarrazins, voulant qu'on les luy amenast pour les faire baptiser [11] En 1253, il envoya divers enfants à Royaumont, où il les entretenoit.

[12] Il ne manquoit point de faire à ces néophytes de

[1] Ms. F, p. 10, 1. — [2] Duchesne, p. 454, a. — [3] Ms. F, p. 10, 1. — [4] Ibid., Duchesne, p. 489, b. — [5] Duchesne, p. 457, a; p. 489, b; p. 404, c; Ms. F, p. 10, 1. — [6] Duchesne, p. 489, b. — [7] Matth. Par., p. 882, b, c. — [8] Ms. F, p. 220. — [9] Duchesne, p. 457, b. — [10] Ms. F, p. 123, 124. — [11] Compte de 1253. — [12] Duchesne, p. 489, b.

riches présents et des faveurs particulières. ¹Il leur donnoit des gages de son trésor pour vivre et s'entretenir avec honneur, eux, leurs femmes et leurs enfants, et s'ils n'estoient pas mariez, il leur faisoit épouser des femmes chrestiennes. ²Il en envoya quelques-uns en France avant luy avec ordre de les entretenir sur l'argent de ses aumosnes, jusqu'à son retour, tant les baptisez que les catéchumènes, ³et il en amena encore plusieurs autres en s'en revenant. ⁴Et par son testament il oblige expressément son successeur à leur continuer l'entretien qu'il leur avoit donné. ⁵On trouve un Vincent le Sarrazin qu'il avoit amené d'Orient en France, où il fut baptizé. Après sa mort, Philippe le Long donna à sa veuve trois deniers par jour, qui passèrent à Jean Sarrazin leur fils, et Charles [VI] les donna l'an 1387 à Guillaume, fils de Jean, alors pauvre couturier, en la considération de saint Louis.

⁶Une partie même de ceux qui avoient renoncé à la foy reconnurent leur faute, et rentrèrent dans l'Église. Il y en avoit plusieurs à Acre; et saint Louis comme nous l'avons dit, défendit par un édit public de leur reprocher leur foiblesse. ⁷Il servit les chrestiens d'Orient non-seulement en faisant fortifier leurs places, mais aussi en les excitant à bien vivre et à s'entretenir en l'amour de Dieu.

⁸Saint Louis demeura à Acre jusqu'au mois de mars de l'année suivante. ⁹Ce fut durant ce temps-là qu'il receut les deux ambassades du prince des Assassins,

---

¹ Duchesne, p. 457, *b;* Ms. F, p. 10, 1. — ² Matth. Par., p. 882, *e*. — ³ Ms. F, p. 10, 1; Duchesne, p. 439, *c*. — ⁴ Duchesne, p. 439, *c*. — ⁵ Ms. G, p. 282. — ⁶ Ms. F, p. 124. — ⁷ *Ibid.*, p. 232. — ⁸ Sanud, p. 220, *b*. — ⁹ Joinville, p. 85-88.

dont l'une estoit de reproches et de menaces, et l'autre de soumissions et de prières. Ce ne fut apparemment qu'après que le Frère Yves fut revenu de son ambassade de Damas.[1] Quelque temps auparavant estoit arrivée l'ambassade de Frédéric, dont nous avons parlé plusieurs fois.

CCCVI.

Saint Louis demande de nouvelles conditions aux Égyptiens. — Guerre entre les sultans d'Alep et d'Égypte.

[2] Nous avons vu que Jean de Valence, envoyé par saint Louis en Égypte, en avoit amené des ambassadeurs du sultan Moaz, qui vouloit satisfaire saint Louis et l'obliger de se joindre à luy contre Naser, sultan d'Alep. On ne marque pas quelles propositions ils firent à saint Louis. [3] Pour luy il leur déclara qu'il ne pouvoit faire une nouvelle trêve avec leurs émirs, si, outre la délivrance du reste des prisonniers, ils ne luy renvoyoient les testes de tous les chrestiens qu'ils avoient mises sur les murs du Caire depuis l'an 1239, et tous les enfants qu'ils avoient pris et à qui ils avoient fait renoncer la foy, et s'ils ne le tenoient quitte des deux cent mille livres qu'il leur devoit encore. Les Égyptiens ayant les premiers rompu la trêve, il avoit le droit de changer les conditions, et avoit d'autant moins d'obligation de leur payer les deux cent mille livres, qu'ils s'estoient mis hors d'estat de luy rendre la plupart des choses pour lesquelles cette somme estoit due, ayant bruslé les machines, tué les malades

---

[1] Joinville, p. 84. — [2] Ibid., p. 88, 89. — [3] Ibid., p. 89.

et une partie des prisonniers, et obligé [plusieurs d'entre eux] à renoncer à la foy.

¹Les ambassadeurs d'Égypte partirent avec [cette] réponse, et il renvoya avec eux Jean de Valence. ²Il y eut depuis cela diverses négociations entre le roy et les sultans d'Égypte et d'Alep, qui luy renvoyèrent chacun plusieurs fois des députez. Mais nous ne voyons point qu'on ait rien conclu ³jusqu'en l'an 1252 à Pasques.

⁴Ces deux sultans se faisoient cependant une rude guerre, dont on peut voir le détail dans les traductions de Makrisi et d'Abulféda. ⁵Naser se disposoit à la conqueste de l'Égypte, poussé à cela par les sollicitations de quelques-uns des principaux du pays. ⁶Ses troupes s'estant avancées jusqu'à Gaza, obligèrent l'armée d'Égypte qui y estoit de se retirer jusqu'à Salehié, ⁷qu'on met à vingt-deux lieues du Caire sur le chemin de la Palestine. ⁸Cette armée estant à Salehié se souleva et proclama sultan, le vendredi 2 de septembre, un Moghiat Omar, ⁹qui, quelque temps auparavant, s'estoit emparé de la forteresse de Crak et de Saubach. ¹⁰Il estoit fils d'Adel Abubeker frère de Saleh, et qui avoit même régné quelque temps, de sorte que ce Moghiat estant le légitime héritier de l'Égypte, cette révolte de Salehié pouvoit avoir de grandes suites, ¹¹dont la crainte fit résoudre les émirs à faire publier que le pays estoit au calife. ¹²Néanmoins cela s'apaisa bientost. Il y eut seulement un Touaschi em-

---

¹ Joinville, 89. — ² Ms. D, p. 393. — ³ Matth. Par., *Addit.* — ⁴ Ms. G, p. 182, etc. — ⁵ *Ibid.*, p. 184; Abulphar., p. 325. — ⁶ Ms. G, p. 198. — ⁷ Sanud, p. 262, *a*. — ⁸ Ms. G, p. 182, 198. — ⁹ *Ibid.*, p. 178, 196. — ¹⁰ *Ibid.*, p. 196. — ¹¹ *Ibid.*, p. 178, 197. — ¹² *Ibid.*, p. 178.

prisonné. [1] Fareseddin ou Pharès Octaï, chef des Mameluks, partit du Caire le 2 d'octobre avec deux mille chevaux; et estant arrivé à Gaza, il y combattit les troupes de Naser et les défit.

CCCVII.

Le sultan d'Alep est défait par celuy d'Égypte et néanmoins il demeure le plus fort.

[2] Sur la fin de novembre, Naser partit de Damas avec toutes ses troupes commandées par un Arménien nommé Schemseddin Loulou. Il avoit avec luy plusieurs princes de sa maison, et entre autres Saleh Ismaël qu'il avoit dépouillé l'an 1246 de la seigneurie de Damas. [3] On apprit au Caire, le 27 de décembre, qu'il estoit arrivé à Gaza.

L'AN DE JÉSUS-CHRIST 1251. Pasques le 16 avril. A.

[4] La nouvelle de sa marche troubla extrêmement la cour d'Égypte. Octaï rassembla en diligence les troupes des Turcs et des Mameluks, et on en leva de nouvelles d'Arabes ou Béduins. On eut recours à l'artifice, et même au mensonge. [5] Car le sultan Moaz mit en liberté, le 23 de janvier, les deux fils de Saleh Ismaël qui estoient depuis longtemps dans les prisons du Caire, et leur fit de grands honneurs, afin que Naser se défiast de leur père qui estoit dans ses troupes, [6] et le 24

---

[1] Ms. G, p. 183, 199. — [2] *Ibid.*, p. 184, 200. — [3] *Ibid.*, p. 184. — [4] *Ibid.*, p. 184, 185. — [5] *Ibid.*, p. 185, 200. — [6] *Ibid.*, p. 185.

il fit publier dans le Caire que la paix estoit faite entre luy et Moghiat, ce qui n'estoit point, mais il espéroit que ce faux bruit pourroit arrester Naser.

¹ Il partit du Caire le 26, avec une partie de ses troupes, pour aller joindre les autres qui l'attendoient à Salehié, ayant donné dès le 7 la lieutenance de l'Égypte à Bondocdar, avec ordre de s'appliquer particulièrement à l'administration de la justice. Il partit de Salehié, le lundi 30, pour aller au-devant de Naser qui estoit déjà fort proche. ² Ainsi les armées s'estant rencontrées, la bataille se donna le jeudi 2 de février, ³ près d'un lieu nommé Habasse, ⁴ environ à une journée du Caire.

⁵ Le succès de cette grande bataille fut que l'aile gauche des Égyptiens fut défaite par l'aile droite des Syriens. Mais durant que ceux-ci poursuivoient trop chaudement leur victoire, Moaz, à la teste de son aile droite, défit entièrement tout le reste de l'armée de Naser, et ayant donné jusqu'au pavillon où Naser, gardant ses trésors, attendoit les nouvelles de la victoire, il le contraignit de fuir. Il demeura maistre de ses richesses, prit Saleh Ismaël avec plusieurs autres princes et capitaines de Syriens, fit mourir sur le champ Loulou, général de Naser, et quelques autres, et ramena le reste, pour luy servir de triomphe, au Caire, où il revint le samedi suivant. Cependant les Égyptiens qui avoient d'abord esté défaits, estant arrivez au Caire le vendredi au matin, y mirent tellement la terreur, que dans la prédication et la prière solennelle que les ma-

---

¹ Ms. G, p. 185. — ² *Ibid.*, p. 186. — ³ *Ibid.*, p. 189, 200. — ⁴ *Ibid.*, p. 202. — ⁵ *Ibid.*, p. 186-192; p. 201, 202.

hométans ont accoutumé de faire le vendredi, on n'osa nommer personne dans le nouveau Caire; et même dans le vieil on nomma Naser, comme estant assurément maistre de l'Égypte.

[1] Moaz avoit fait beaucoup d'honneurs à Saleh Ismaël d'abord qu'il fut pris; [2] mais la nuit du dimanche 19 du mois, il le fit étrangler. [3] Dès le 6 il avoit fait étrangler un Bakahsa, qualifié roy des Cérasmiens ou Corasmins. [4] Les Mameluks firent depuis cela de grands maux en Égypte. [5] On marque que Naser avoit bien trente mille chevaux et qu'il luy resta à peine deux mille hommes. [6] Il fut obligé, par cette grande défaite, de se retirer à Damas, [7] et perdit l'espérance de la conqueste de l'Égypte. [8] Il ne laissa pas néanmoins de demeurer encore le plus fort.

[9] Moaz envoya Pharès Octaï avec environ deux mille chevaux turcs ou mameluks dans la Palestine. [10] Il s'y rendit maistre de Gaza, [11] et se campa à Naplouse, autrefois Sichem, où il demeura quelque temps. On luy envoya encore quelque secours. Mais Naser, sans partir de Damas, envoya contre luy une armée beaucoup plus puissante. Ils s'approchèrent plusieurs fois sans se battre, mais enfin les Syriens ayant passé le Jourdain pour venir attaquer Octaï dans son camp de Naplouse, il n'osa les attendre, et décampa le 29 de juillet. Il se retira à Gaza, et les Syriens l'y ayant suivi, il quitta encore ce lieu, [12] et s'en retourna en Égypte.

---

[1] Ms. G., p. 188, 189. — [2] *Ibid.*, p. 192, 193; 202, 203. — [3] *Ibid.*, p. 192. — [4] *Ibid.*, p. 193. — [5] Sanud., p. 220, *a*, *b*. — [6] Ms. G., p. 189. — [7] Abulphar., p. 326. — [8] Ms. D, p. 393, Matth. Par., *Addit.*, p. 183, *c*. — [9] Ms. G, p. 203; Ms. D, p. 393. — [10] Ms. G, 203. — [11] Ms. D, p. 393. — [12] *Ibid.*, p. 393; Ms. G., p. 203.

Nous verrons l'année suivante la continuation et la fin de cette guerre.

CCCVIII.

Saint Louis vient à Césarée et la fortifie.

¹ Cette guerre des Égyptiens et des Syriens fut cause que saint Louis demeura en paix toute cette année aussi bien que la précédente depuis sa délivrance. ² Les chemins estoient tout à fait libres sans qu'on y rencontrast jamais aucun danger, quoique l'armée d'Octaï ne fust qu'environ à neuf lieues de là, et que les Béduins eussent toujours accoutumé de courir les costes. Saint Louis avoit aussi des vaisseaux sur la mer entretenus à ses dépens, pour s'opposer aux pirates qui incommodoient quelquefois la navigation. Il prit une fois une barque pleine de ces pirates, dont il fit faire si bonne justice que les autres en eurent peur. ³ Ainsi les chemins estant libres, luy et ses troupes ne manquoient ni de vivres ni des autres choses nécessaires. Il passa à Acre, comme nous avons dit, toute la fin de l'année précédente, ⁴ et il en partit pour venir à Césarée ⁵ le 29 de mars, au retour sans doute ⁶ du pèlerinage qu'il fit à Nazareth à la feste de l'Annonciation, comme le rapporte Geoffroy de Beaulieu. ⁷ Car il partit d'Acre pour ce pèlerinage. Je ne conçois point du

---

¹ Ms. G., p. 393; Joinville, p. 89. — ² *Ibid.*, p. 393. — ³ *Ibid.*, p. 193. — ⁴ Joinville, p. 89. — ⁵ Sanud, p. 220, *b*. — ⁶ Duchesne, p. 359, *b*; Ms. P., p. 232, 233, 324, 325, 900. — ⁷ Duchesne, p. 454, *c*, etc.

tout le chemin que fit saint Louis suivant les cartes.
¹ Il ne mangea qu'après estre arrivé, et ensuite fit dire vespres. Ce n'estoit pas sans doute avant midi.

² Saint Louis avoit passé quelque peu de temps à Tyr avant que de quitter Acre. ³ Il amena tous ses gens avec luy à Césarée, au moins la plupart, ⁴ car Joinville demeura à Acre jusques devers Pasques. ⁵ Il avoit son camp auprès de la ville, et c'estoit là qu'il demeuroit. ⁶ Il fit refaire de neuf et fortifier cette ville, qui estoit autrefois la métropole et la capitale de la Palestine, ⁷ suivant le conseil des Templiers et des Hospitaliers, ⁸ et il travailla à cet ouvrage avec grande ardeur. ⁹ Les Sarrazins en avoient ruiné et abattu la closture. ¹⁰ Il fit fermer la ville d'une muraille extrêmement haute, et si épaisse, qu'on y pouvoit mener un chariot. Il y fit faire aussi de bonnes tours et d'autres défenses ¹¹ avec fossez.

¹² Il y travailloit luy-même et portoit quelquefois la hotte pour gagner les indulgences données par le légat. ¹³ Il demeura à Césarée plus d'une année entière ¹⁴ durant laquelle il fit néanmoins quelque voyage à Acre, et à un lieu appelé le Chasteau. Il dépensa durant ce temps-là cinquante-six mille quatre cent sept livres tournois pour sa maison et deux cent douze mille cent soixante-quatre pour la guerre, ce qui comprend apparemment ses fortifications.

---

¹ Ms. F., p. 325. — ² Joinville, note, p. 82. — ³ Ibid., p. 89. — ⁴ Ibid., p. 95. — ⁵ Ms. D., p. 393; Invent., t. VII, Oblig., II, pièce 15. — ⁶ Joinville, p. 89, 95, 115. — ⁷ Matth. Par., p. 826, b. — ⁸ Ms. D., 393. — ⁹ Joinville, p. 84. — ¹⁰ Ms. F., p. 12, 2. — ¹¹ Ms. D., p. 393; Matth. Par., Addit., p. 183, c. — ¹² Ms. F., p. 84. — ¹³ Matth. Par., Addit., p. 183. — ¹⁴ Joinville, p. 82.

¹Il paroist qu'il estoit déjà à Césarée lorsqu'il envoya en France Barthélemi son chapelain, et Jean de Maisons, chevalier. Il manda sans doute par cette voie la nouvelle de la grande défaite du sultan d'Alep. ²Matthieu Paris dit qu'il escrivit de Césarée à sa mère, à ses frères et à tous ses sujets, pour demander avec instances qu'on luy envoyast promptement quelque puissant secours d'hommes et d'argent, ³pour pouvoir profiter de la guerre qui estoit entre Naser et Moaz.

⁴Blanche fit assembler sur cela toute la noblesse, qui murmura extrêmement de ce que le pape, au lieu d'exciter les peuples à secourir saint Louis dans la guerre qu'il soutenoit pour la foy, les détournoit même pour faire la guerre à Conrad et à Henri, fils de Frédéric, qui estoit mort le 13 décembre 1350. ⁵Car Innocent faisoit prescher partout contre eux, et consentoit que si quelqu'un prenoit la croix pour cette guerre, luy, et son père et sa mère fussent absous de tous leurs péchez. ⁶Blanche approuva tout à fait la plainte des barons. On ordonna que l'on saisiroit les biens de ceux qui auroient pris la croix contre Conrad, laissant au pape à entretenir ceux qui faisoient la guerre pour luy, et on réprimanda fort les Jacobins et les Cordeliers trop fidèles ministres de la volonté du pape.

Je ne vois point que cette assemblée ait produit d'autre effet en faveur de saint Louis. ⁷Matthieu Paris met en cette année que sa mère et ses frères luy envoyèrent grande quantité d'argent, dont la perte fut

---

¹ Ms. D., p. 393. — ² Matth. Par., p. 827, *a*. — ³ Ms. D., 393 — — ⁴ Matth. Par., p. 827, *b*. — ⁵ *Ibid.*, p. 826, 827. — ⁶ *Ibid.*, p. 827, *b*, *c*. — ⁷ *Ibid.*, p. 820, *b*, *c*.

une nouvelle preuve de sa piété ; [1] ce qu'il met autre part en 1249 ou 1250.

CCCIX.

Quelques actions particulières de saint Louis à Césarée.

[2] Un peu devant Pasques, Joinville vint d'Acre à Césarée trouver le roy, et luy promit de demeurer encore avec luy, à condition que le roy ne se fascheroit point de ce qu'il luy demanderoit, ni luy de ce que le roy luy refuseroit. Je pense que ce qu'il dit qu'il ne vouloit plus de l'argent du roy, marque seulement qu'il s'en remettoit à sa discrétion, ou au plus qu'il ne vouloit point de gages réglez, mais seulement la liberté de demander de l'argent quand il en auroit besoin. [3] L'histoire qui suit se joint fort bien à l'accord de Joinville avec saint Louis, mais l'un des deux partis est assez étrange. Il n'est pas dit que ce fust le roy qui eust rendu ce jugement. C'estoit néanmoins sa cour et son conseil, [4] puisqu'il en eut la confiscation.

[5] Joinville marque la justice que luy rendirent le grand maistre de l'Hospital et le roy de ceux qui avoient maltraité ses chevaliers. [6] Saint Louis observoit en ces choses les coutumes du pays. [7] Il fit mettre à l'*échelle* un orfévre blasphémateur, comme qui diroit au carcan ou au pilori.

[8] Il retint à son service un chevalier qui venoit du royaume de *Norone* (je ne sçais ce que c'est). Il retint

---

[1] Joinville, p. 95. — [2] Ibid. — [3] Ibid. — [4] Ibid. — [5] Ibid., p. 95, 96. — [6] Ibid., p. 96. — [7] Ibid., p. 120; note, p. 106. — [8] Ibid., p. 93.

aussi pour un an Philippe de Touci, maison illustre dans l'Auxerrois. [1] Il estoit avec saint Louis au camp de Césarée, au mois de juillet.

[2] Pour les Comains, outre ce que Ménard en dit dans ses notes, on voit par divers auteurs de ce temps-là, et par la relation des moines envoyez aux Tartares en 1246, que ces peuples, qui estoient payens, tenoient tout ce qui est depuis la Hongrie jusque dans la grande Tartarie, où est le fleuve de Jaïc. Je crois que ce fut Baudoin II qui fit avec eux cette alliance sacrilége en 1240. Il faudroit voir dans Villehardouin.

[3] Saint Louis donna cinquante livres tournois de rente à un particulier au mois de may. [4] Au mois de juin, il confirma les donations faites par sa mère à l'abbaye du Lys.

[5] Le 11 d'aoust, saint Louis escrivit à son frère Alphonse une lettre que nous avons encore sur l'estat de ses troupes, sur la guerre des sultans d'Alep et d'Égypte. Il l'assure de sa santé et luy tesmoigne que s'il luy venoit seulement un secours de deux cents chevaliers, il espéroit faire un traité avantageux avec l'un des sultans, ou même avec tous les deux. Il escrivit, ce semble, en même temps au chapitre général de Cisteaux par un abbé de l'ordre.

---

[1] Joinville, note, p. 90; *Invent.*, t. VII, *Mut. ultram.*, p. 13. — [2] Vinc. Bellov., l. XXXI, c. xxi, xxii, p. 1293, 1294. — [3] *Invent.*, t. VII; *Oblig.*, II, p. 15. — [4] Ms. B, p. 98. — [5] *Mélanges curieux* du père Labbe, p. 657; Ms. D., p. 393; *Invent.*, t. V; *Toul.*, I, p. 17.

CCCX.

Du voyage des députez de saint Louis en Tartarie. — Mort de Caiuk-Khan; Mangu luy succède.

¹ Saint Louis estoit déjà à Césarée lorsque ceux qu'il avoit envoyez en Tartarie au commencement de l'an 1249 arrivèrent en Palestine. Ils croyoient trouver encore le roy à Acre; mais sachant qu'il estoit déjà à Césarée, ils l'y furent trouver, et luy rendirent compte de leur voyage. ² Ils avoient esté de Chypre à Antioche, ³ de là en Perse pour y chercher Ercalthay, ⁴ et enfin à la cour du khan, toujours accompagnez par David qui avoit esté l'occasion de leur voyage. ⁵ Ils employèrent bien un an à ce voyage, quoiqu'ils fissent dix lieues par jour. Ils trouvèrent toute cette vaste étendue de pays sujette aux Tartares et pleine de marques de leurs cruautez. ⁶ Ils firent le tour de la mer Caspienne du costé du midi et de l'orient.

⁷ Caiuk à qui saint Louis les adressoit, estoit mort avant leur arrivée, ⁸ le 22 juin 1249. ⁹ Frère André de Longjumeau, jacobin, chef des députez de saint Louis, ¹⁰ rapporta à Rubruquis que Batu, petit-fils de Cingis aussi bien que Caiuk, l'avoit fait empoisonner : et lorsque Rubruquis fut ensuite en Tartarie, d'autres luy dirent que Caiuk ayant mandé Batu pour luy venir rendre hommage, de quoy Abulpharaje parle aussi

---

¹ Joinville, p. 25. — ² *Ibid.*, p. 90. — ³ Rubruq., c. xxxiv, p. 148. — ⁴ *Ibid.*, c. xlvi, p. 252. — ⁵ Joinville, p. 90. — ⁶ Rubruq., c. xx, p. 76. — ⁷ *Ibid.*, c. xlvi, p. 252. — ⁸ Abulphar., p. 322. — ⁹ *Spicileg.*, t. VII, p. 222; Duchesne, p. 351. — ¹⁰ Rubruq., c. xxviii, p. 122.

page 322; Batu, qui avoit quelque défiance de luy, se mit en chemin bien accompagné, et luy envoya auparavant un de ses frères nommé Stichen. Celui-ci ayant pris querelle avec Caiuk en le servant à table, ils estoient venus des paroles aux coups et s'estoient entre-tuez.

[1] Après la mort de Caiuk, sa femme nommée Ogul Ganmis Ham, [2] ou Charmis selon Rubruquis, de laquelle Mangu Khan parle fort mal, [3] gouverna les Tartares par le consentement de Batu, jusqu'à l'élection du successeur. Ainsi ce fut elle qui receut les ambassadeurs de saint Louis. [4] On fit passer frère André par le feu avec tout ce qu'il apportoit, et la raison que les Tartares en rendoient, c'est que tout ce qui s'envoie à la cour est passé sur le feu par leurs devins ou prestres idolâtres, et qu'ils font la même chose pour tout ce qui a appartenu à un mort : et ils mettoient les présens envoyez à Caiuk au nombre des choses qui luy appartenoient. [5] Charmis leur donna des lettres pour saint Louis, avec une pièce de drap de soie de Nasie. [6] Ils ne partirent néanmoins de cette cour qu'après l'élection du khan.

[7] Caiuk avoit laissé plusieurs enfants. [8] Néanmoins Batu estant demeuré maistre de l'élection par le consentement des autres princes, il nomma l'an 1250 après le 5 avril, Muncaca ou Mangu, [9] qui avoit pour père Tuli-Khan, et pour mère Sarkutna Bigi, nièce de Ung-Khan, [10] qui prétend estre le même que le Roy ou

---

[1] Abulphar., p. 322. — [2] Rubruq., c. XLVI, p. 252. — [3] Abulphar., p. 322. — [4] Rubruq., c. XLV, p. 240. — [5] *Ibid.*, c. XLVI, p. 250. — [6] *Ibid.*, c. XXVIII, p. 123. — [7] Abulphar., p. 326, 327. — [8] *Ibid.*, p. 326; Rubruq., p. 123, 124. — [9] *Ibid.*, p. 310, 326. — [10] *Ibid.*, p. 280; Bergeron; *des Tart.*, c. III, p. 23.

Prestre-Jean. ¹ Rubruquis dit que c'estoit son frère. On demeure d'accord que ce Prestre-Jean estoit un prince chrestien nestorien, de vers les Indes ou la Tartarie. Et il ne faut pas s'étonner qu'il fust prestre, ² car on remarque que les Nestoriens de ce pays-là voyant à peine leurs évesques deux fois en un siècle, ils leur faisoient ordonner prestres quand ils venoient presque tous leurs enfans, même ceux qui estoient au berceau, ce qui ne les empeschoit pas de se marier une et plusieurs fois. ³ On peut voir sur le Prestre-Jean les notes de M. du Cange.

⁴ Cette Sarkutna Bigi vivoit encore alors, et estoit la princesse la plus considérée de toute la Tartarie. ⁵ Et on dit en effet qu'elle avoit de fort grandes qualitez; on assure qu'elle estoit chrestienne. ⁶ Quelques-uns prétendoient aussi que Mangu, son fils, estoit chrestien, et on l'assuroit à sa cour. Mais Rubruquis après avoir passé plusieurs mois auprès de luy, assure à saint Louis que quoiqu'il fist plus d'honneur aux chrestiens qu'aux autres, néanmoins il n'estoit point chrestien, et n'avoit proprement aucune religion. ⁷ Les ambassadeurs de saint Louis qui passèrent un temps considérable auprès de luy, selon Cantimpré, et qu'il traitoit fort bien, firent tout ce qu'ils purent pour le porter au christianisme, mais ils n'y gagnèrent rien. ⁸ Ils crurent néanmoins qu'il y avoit assez de disposition dans le pays pour faire un fruit considérable, si on y envoyoit des évesques.

¹ Rubruq., c. xix, p. 70. — ² Ibid., c. xxviii, p. 117. — ³ Joinville, note, p. 89, 90. — ⁴ Abulphar., p. 323. — ⁵ Ibid., p. 310. — ⁶ Rubruq., c. xix, p. 70; xxxv, p. 153. — ⁷ Cantipr., l. II, c. liv, art. 14, p. 526. — ⁸ Raynald., an 1253, art. 49.

¹ Pour ce que le même Cantimpré et Joinville disent avoir appris de ces ambassadeurs sur l'origine et les conquestes des Tartares, et sur la vision d'un de leurs princes, il faudroit bien du temps pour démesler le vray d'avec le faux ; et on sait quelle foi on doit avoir à des narrations de Barbares sans lettres et sans religion. ² Abulpharaje parle de la vision prétendue, comme d'une fiction faite à dessein.

³ Quoique Mangu eust esté élu dès l'an 1250, il fut intronisé une seconde fois plus solennellement le 1ᵉʳ juillet 1251. ⁴ L'an 1252 la veuve de Caiuk et Siramon, frère du même Caiuk, ayant formé le dessein de tuer Mangu, sous prétexte de luy aller rendre leurs devoirs, leur dessein fut découvert par un homme qui allant chercher un lion égaré sceut par hasard qu'ils amenoient quantité de chariots chargez d'armes. Les coupables furent punis, ⁵ mais tous les biens de Siramon furent laissez à un de ses enfans que l'âge rendoit incapable d'avoir eu part au crime des autres.

⁶ Il paroist que Mangu n'escrivit point à saint Louis en luy renvoyant ses ambassadeurs. Ils revinrent, comme nous avons dit, en 1251, peu après que saint Louis fut arrivé à Césarée, et après luy avoir rendu compte de leur voyage, ils s'en retournèrent en France. ⁷ On ne trouve point qu'ils aient laissé aucun mémoire de leur voyage. Ils avoient mené avec eux depuis Chypre jusqu'en Perse, un clerc de la ville d'Acre nommé Théodule, qui se faisoit appeler Raimond. Cet homme s'ar-

---

¹ Cantipr., p. 526, 527 ; Joinville, p. 90-93. — ² Abulphar., p. 281. — ³ Ibid., p. 326. — ⁴ Ibid., p. 327, Rubruq., c. XXIX, p. 123, 124. — ⁵ Rubruq., p. 124. — ⁶ Ibid., c. LI, p. 244. — ⁷ Bergeron, des Tart., p. 78.

resta en Perse ; et au bout de quelque temps, savoir en 1252, il s'en alla à la cour de Mangu.

CCCXI.

Retour des comtes de Poitiers et d'Anjou. — La ville d'Arles se soumet à ce dernier.

On ne marque point quand les comtes de Poitiers et d'Anjou, qui estoient partis de Syrie au mois d'août 1250, arrivèrent en France. Je ne sçay si Alphonse n'estoit point à Beaucaire au mois d'octobre, et n'y fit point appeler une partie de ses nouveaux sujets du comté de Toulouse. [1] Car on trouve que Bernard comte de Comminge, [2] Guillaume de saint Maurice, Bertrand et Pierre vicomtes de Lautrec tant pour eux que pour leurs frères, pour Jourdain de Sessac et Jourdain de l'Isle, [3] et encore Hugues comte de Rodès, Gui de Severac [4] et Guillaume de Bouville, estoient alors à Beaucaire et y reconnurent tenir leurs fiefs à foy et hommage d'Alphonse et de Jeanne, [5] en présence d'Oudard de Villars sénéchal de Beaucaire, du seigneur de Lunel, et de quelques autres.

[6] Les comtes de Poitiers et d'Anjou estant arrivez à Paris, y furent receus avec beaucoup de joie et d'honneur, tant par la reine leur mère que par les barons, par le clergé, et par tout le peuple ; et on fut ravi

---

[1] *Invent.*, t. V, *Toul.*, VII, p. 51 et suiv. — [2] *Ibid.* — [3] *Ibid.* — [4] *Ibid.*, XX, p. 6. — [5] *Ibid.*, p. 106, 1. — [6] Ms. F, p. 236.

d'apprendre d'eux la santé du roy, de la reine, et des autres qui estoient demeurez en leur compagnie.

[1] Le 21 mars 1251, Charles estoit à Saumur en Anjou où, dans une assemblée de la noblesse d'Anjou et du Maine, il taxa le salaire des avocats et ordonna que si une partie ne peut trouver d'avocats par la puissance ou l'adresse de son adversaire, celuy-ci sera obligé de choisir seulement deux avocats et le juge obligera quelqu'un des autres de défendre l'autre partie. [2] Bouchard, comte de Vendosme, assista à ce jugement.

[3] Charles s'en alla ensuite à Tarascon en Provence où ceux d'Arles luy envoyèrent des députez le 29 d'avril. [4] Il y avoit longtemps que cette ville refusoit de se soumettre à son autorité [5] et de le laisser jouir d'un péage et de divers droits qui luy appartenoient dans le bourg d'Arles, dans la Camargue, dans le Crau et à Oride. [6] Cela avoit produit dans la ville bien des séditions et bien des meurtres. [7] Il y avoit eu des pillages et des prisonniers faits de part et d'autre.

[8] Barrail de Baux s'estoit obligé au mois de mars 1250 de faire soumettre les villes d'Arles et d'Avignon aux comtes d'Anjou et de Poitiers, ou de leur faire la guerre. [9] Il s'estoit mal acquitté de sa promesse. Mais ceux d'Arles voyant leur comte si près d'eux, [10] luy envoyèrent, comme nous avons dit, des députez avec un plein pouvoir de traiter avec luy au nom de toute la ville. [11] Après divers discours, les députez jugeant qu'il

---

[1] *Ancien. ordon.*, p. 185; *Invent.*, t. I, *Anjou*, pièce 21. — [2] *Ancien. Ordon.* p. 187, 2. — [3] *Conventio arelat.*, p. 15, 1, 2. — [4] *Ibid.*, 1; *Invent.*, t. V; *Toul.*, V, p. 26.— [5] *Invent.*, *ibid.*,— [6] *Conv. arelat.*, p. 3, 9, 13, 14. — [7] *Ibid.*, p. 8, 9. — [8] *Invent.*, t. V; *Toul.*, V, pièce 26. — [9] *Conv. arelat.*, p. 15, 2. — [10] *Ibid.*, p. 1, 2.— [11] *Ibid.*, p. 2, 3.

ne pouvoit y avoir de paix et de sûreté dans la ville que par le moyen du comte, et qu'il falloit absolument le satisfaire, se soumirent entièrement le 30 avril à la jurisdiction du comte et de ses successeurs, et leur transportèrent pour toujours tous les droits et les revenus qui pouvoient appartenir en commun à la ville, ¹ se réservant néanmoins divers droits, ² et entre autres qu'on ne pourra faire aucune levée sur la ville, ni y mettre aucun nouvel impost, ni l'obliger à aucun prest.

³ Jean de Baux, qui estoit encore archevesque d'Arles en 1257, avoit accordé le 1ᵉʳ aoust 1238 à Raimond Béranger, avec le consentement des habitans, la jurisdiction de la ville et tout ce qui appartenoit à la commune; mais c'estoit avec pouvoir de révoquer cette donation quand il voudroit. ⁴ Il se retient par le même acte les appellations, etc., ⁵ comme estant seigneur de la ville. ⁶ Il fit hommage à Charles le 1ᵉʳ novembre 1254 pour le bourg appelé des Porcellets. Il n'est point parlé de luy ni de ses prétentions dans le traité du 30 avril 1251, qui a esté imprimé à Lyon en 1617 ⁷ Le comte excepte de sa grâce Barrail de Baux, d'où l'on peut juger qu'il s'estoit rendu indigne de ce que ⁸ Blanche luy avoit promis en 1250, qu'elle escriroit aux comtes de Poitiers et d'Anjou, et les prieroit d'oublier le mécontentement qu'ils avoient de luy et de le recevoir en leur grâce, s'il s'acquittoit, de sa part, de ce qu'il leur promettoit. Alphonse qui avoit fait saisir ses terres du Venaissin, ne les luy rendit qu'au mois de janvier 1253

---

¹ *Conv. arelat.*, p. 5, etc. — ² *Ibid.*, p. 8. — ³ *Gall. christ.*, t. I, p. 58, 2, a.—⁴ *Ibid.*, b. — ⁵ *Ibid.*, p. 59, 1, d. — ⁶ *Ibid.*, d. — ⁷ *Conv. arelat.*, p. 15. — ⁸ *Invent.*, t. V, *Toul.*, V, p. 28.

à Vincennes, et l'obligea d'aller servir un an en la terre sainte avec dix chevaliers et dix arbalestriers à ses dépens.

CCCXII.

Avignon et Marseille se soumettent aux comtes de Poitiers et d'Anjou.

[1] Par l'ancien partage de la Provence fait l'an 1225, la moitié de la ville d'Avignon appartenoit au comte de Toulouse, et l'autre au comte de Provence, desquels ces deux frères estoient alors héritiers. Il semble qu'elle ait depuis appartenu davantage aux comtes de Toulouse, [2] et peut-estre que les comtes de Provence, héritiers de ceux de Barcelone, leur avoient cédé les revenus de leur part, en s'en réservant la propriété. [3] Il est certain qu'Alphonse et Charles se qualifioient tous deux seigneurs d'Avignon.

[4] Mais ceux d'Avignon n'obéissoient depuis longtemps ni à l'un ni à l'autre, ni à leurs lieutenans, et avoient commis divers excès contre leur évesque, contre les ecclésiastiques et les religieux, et contre plusieurs de leurs concitoyens. [5] Barrail de Baux, par le traité fait avec Blanche au mois de mars 1250, s'estoit obligé à les soumettre à Alphonse ou à leur faire la guerre, [6] mais il s'estoit apparemment assez mal acquitté de sa promesse. [7] Néanmoins ceux d'Avignon résolurent de

---

[1] Catel, *Toul.*, p. 188-190. — [2] *Invent.*, t. V, *Toul.*, V, p. 4. — [3] Ms. B, p. 295. — [4] *Ibid*, p. 235, 236, 237. — [5] *Invent.*, t. V; *Toul.*, V, p. 26. — [6] *Conv. arelat*, p. 15 2 — [7] Ms. B, p. 235, 236; *Invent.*, t. V, *Toul.*, V, p. 30.

rentrer dans la grâce des deux comtes, qui estoient alors à Beaucaire, et leur envoyèrent le 7 may des députés qui cédèrent aux comtes toute la juridiction, tous les droits et tous les revenus de la commune, se réservant certains priviléges que les comtes leur accordèrent;[1] et se remirent à leur discrétion pour la réparation des excès commis durant les troubles passez.[2] Cet acte, quoique fait au sujet d'une ville de l'empire, porte à la teste : *Regnante Ludovico rege Francorum.*

[3] Les deux comtes vinrent ensuite à Avignon, où le peuple ayant esté assemblé, l'accord fut juré en leur présence par tous les conseillers de la ville le 10 de may.[4] Ils avoient avec eux les évesques d'Orléans et de Vaison, Gui comte de Soissons, Gui de Chevreuse, Gui Fulcodi, depuis le pape Clément IV, le seigneur de Lunel.

[5] La ville de Marseille estoit, ce semble, liguée avec celles d'Arles et d'Avignon avant l'an 1240. Nous avons vu comment elle s'estoit révoltée l'an 1230 contre Raimond Béranger, et comment elle avoit esté secourue par Raimond comte de Toulouse. Alphonse ne voulut pas sans doute continuer à soutenir sa rébellion contre son frère.[6] Ainsi Charles la vint attaquer cette année le 23 d'aoust avec une grande armée et fit le dégast aux environs. Nous ne savons point ce qui arriva de cette guerre, mais nous verrons que Charles fut obligé d'y employer encore une fois la force, et même, selon quelques-uns, de recourir à saint Louis pour la réduire.

---

[1] Ms. B, p. 237. — [2] *Ibid.*, p. 238. — [3] *Ibid.* — [4] *Ibid.*, p. 238. — [5] *Gall. christ.*, t. I, p. 582, 2. — [6] Labbe, *Bibl.*, t. I, p. 342.

CCCXIII.

Entrée d'Alphonse à Toulouse.

Alphonse[1] qui estoit à Avignon le 10 de may, [2] fit faire le même mois un dénombrement des fiefs du Venaissin qui relevoient de luy. Guillaume de Baux et Raimond sont tous deux qualifiez princes d'Orange dans l'inventaire du Trésor des chartes. [3] Il fut ensuite à Toulouse et y fit sa première entrée avec la comtesse sa femme le mardi 23 de may, et prit ainsi possession en personne de la succession de son beau-père. [4] Le dimanche suivant, 28 de may, il confirma solennellement les franchises et les coutumes de la ville de Toulouse, [5] et on remarque qu'il fut fort soigneux de les garder, de quoy on rapporte divers actes.

[6] Mais il ne craignoit pas d'abolir les coutumes qu'il trouvoit contraires au bien public, en prenant conseil de plusieurs personnes sages, et qui craignoient Dieu. [7] On en rapporte un acte où il parle avec beaucoup d'autorité, et fait paroistre une âme grande, noble et élevée. Il est daté de Vincennes, le 13 décembre 1254. [8] Ceux de Toulouse ne cédant point à son autorité, il prit pour arbitres, l'an 1255, les évesques de Toulouse et de Couserans, Sicard Alleman et d'autres, auxquels ceux de Toulouse ne voulurent point se soumettre. [9] Il paroist néanmoins qu'ils le firent enfin.

---

[1] Ms. B, p. 235. — [2] *Invent.*, t. V, *Toul.*, VII, p. 52. — [3] Catel, *Toul.*, p. 380; Catel, *Chron.*, p. 162; Duchesne, p. 782, *b.* — [4] Catel, *Toul.*, p. 380. — [5] *Ibid.*, p. 380-382. — [6] *Ibid.*, p. 387. — [7] *Ibid.*, p. 387-389. — [8] *Invent.*, t. V, *Toul.*, IV, p. 15. — [9] *Ibid.*, IV, pièces 67 et 92.

¹ On marque qu'il donnoit beaucoup aux églises, ² il commence une de ses donations en ces termes : « Hanc sibi nobilitas legem ponit, ut quod sponte tri- « buit existimet se debere.... præsertim in largitioni- « bus quæ fiunt ecclesiis, in quibus optima mensura « et immensitas. Cum vero Christu, largita munera « ad sui nominis gloriam conspicit revocari, tanto « largiora tribuit, quanto religionis dignitatem viderit « ampliari. » ³ En confirmant une restitution faite par les exécuteurs testamentaires de Raimond, il dit que les princes ne perdent jamais à rendre ce qui ne leur appartient pas. ⁴ Il affranchit un grand nombre d'es- claves, considérant que tous les hommes sont natu- rellement libres, et qu'il est toujours favorable de faire retourner les choses à leur origine. Il ordonna par son testament que tous les esclaves de son domaine fussent affranchis. ⁵ Il faisoit ordinairement ratifier ses gratifi- cations par la comtesse sa femme. ⁶ Il envoyoit des personnes sur les lieux pour juger des plaintes qu'on faisoit contre ses officiers.

⁷ Lorsqu'il fut à Toulouse, il fit assembler les plus habiles jurisconsultes pour examiner le testament et le codicille de Raimond, que quelques-uns prétendoient estre de nulle valeur. Les jurisconsultes trouvèrent en effet qu'il y manquoit quelques formalitez, et qu'ainsi le comte et la comtesse n'estoient point obligez de le faire exécuter, « nisi alias probationes inveniant, » ajoutent-ils, « vel eos propria urgeat conscientia; quæ « si eis dictaverit voluntatem ejusdem comitis (Rai-

---

¹ Catel, *Toul.*, p. 391, 394. — ² *Ibid.*, p. 392. — ³ *Ibid.*, 393. — ⁴ *Ibid.*, p. 383, 395. — ⁵ *Ibid.*, p. 384, 385. — ⁶ *Ibid.*, p. 382. — ⁷ *Ibid.*, p. 383; *Invent.*, t. V, *Toul.*, V, p. 69.

« mundi) talem fuisse jure poli et non jure fori, eos « obligat ad eandem in omnibus adimplendam. » L'acte est du 28 may. ¹Il paroist par divers actes que le testament passa pour bon.

²Raimond ayant laissé par ce testament cinq mille marcs à Fontevrauld, et tous ses joyaux, ³l'abbesse promit de rendre les joyaux à Alphonse à condition qu'il luy donneroit mille cinq cents livres comptant et quatre cents livres de rente, suivant ce que Raimond avoit ordonné.

⁴On croit qu'Alphonse ne fut pas longtemps à Toulouse, et qu'après avoir visité diverses places de Languedoc, il vint passer quelque temps à Riom en Auvergne, et de là s'en retourna en France. ⁵Il estoit au mois de juin à Montauban, ⁶au mois de juillet à Torneil, ⁷le 5 du même mois à Milhau, ⁸et le 24 de novembre à Paris où il traita avec l'abbé de Cisteaux pour les deux mille marcs que Raimond luy avoit dû payer suivant le traité de Paris en 1229. ⁹Il laissa pour séneschal à Toulouse un nommé Pierre de Voisins, ¹⁰qui l'estoit dès devant Pasques. Je pense qu'on voit par le cartulaire de Port-Royal qu'il estoit de là auprès. ¹¹Sicard Alleman avoit encore receu un hommage, le 22 février 1251, en qualité de séneschal général du comté de Toulouse pour Alphonse. ¹²On marque qu'Alphonse fit un nouveau port sur ses terres, sur lequel

---

¹ *Invent.*, t. V, *Toul.*, VIII, pièce 41, et passim. — ² Catel, *Toul.*, p. 373. — ³ *Invent.*, t. V, *Toul.*, V, pièce 30. — ⁴ Catel, p. 384. — ⁵ *Invent.*, t. V, *Toul.*, V, p. 66. — ⁶ *Ibid.*, p. 67. — ⁷ *Regist.* XXIV, note, p. 7. — ⁸ *Invent.*, t. V; *Toul.*, V, p. 68. — ⁹ *Ibid.*, p. 66 et suiv. — ¹⁰ *Ibid.*, t. VII, *Monnoies*, p. 4 et 5. — ¹¹ *Regist. de Toul.*, p. 35, 2. — ¹² Bzov., an. 1252, art. 5.

Innocent luy permit, le 13 octobre 1552, de mettre un impost.

CCCXIV.

Soulèvement des Pastoureaux.

¹ La captivité de saint Louis avoit scandalizé beaucoup de personnes dans la France et affoibli la foy de ceux qui ne sçavoient pas que nous ne sommes chrestiens que pour le ciel. Le démon voulut encore y susciter de nouveaux troubles pour y perdre et les corps et les âmes de ceux qui n'ayant pas assez d'amour pour la vérité, estoient susceptibles de ses illusions. Il se servit pour cela d'un imposteur, Hongrois de nation, ² nommé Jacques ou Jacob, qui ayant esté autrefois dans l'ordre de Cisteaux, avoit abandonné et la vie religieuse ³ et même la foy chrestienne dès sa jeunesse, et s'estoit rendu disciple des impiétés de Mahomet et serviteur du sultan de Babylone. ⁴ Il savoit le françois, l'allemand et le latin. ⁵ Il avoit aussi de l'éloquence, ⁶ mais surtout il estoit habile dans les secrets de la magie. ⁷ Il estoit maigre et pasle, et portoit une grande barbe ; de sorte que les peuples le regardoient comme un homme de Dieu et d'une abstinence extraordinaire. ⁸ Quelques-uns disoient que c'estoit luy qui avoit formé, environ quarante ans auparavant, vers l'an 1212, par

---

¹ Matth. Par., p. 825, b. — ² Pistor., t. I, p. 742, d. — ³ Matth. Par., p. 882, d. — ⁴ Ibid., d. Pistor., t. I, p. 742, d. — ⁵ Matth. Par., p. 882, e. — ⁶ Ibid., d; Ms. F, p. 780. — ⁷ Ms. F, p. 780. — ⁸ Matth. Par., p. 742, e, f.

ses enchantements, cette célèbre croisade d'enfants, [1] car il avoit soixante ans en ce temps-ci.

[2] On prétend donc qu'il avoit promis au sultan de Babylone de luy livrer un nombre infini de chrestiens, et de dépeupler la France, afin que les Sarrazins d'Afrique y pussent entrer aisément durant que saint Louis seroit dans l'Orient; [3] et on assure qu'un des compagnons de ce Hongrois se trouva chargé de quelques lettres en arabe et en chaldaïque qui le marquoient, et en même temps de caractères inconnus et de plusieurs poisons. [4] Ils avoient encore un troisième compagnon de leur imposture. [5] Le sultan devoit donner quelque argent pour chaque teste, mais non pas quatre talents.

[6] Ces chefs de voleurs, car on les appelle ainsi, commencèrent donc à aller de costé et d'autre prescher la croix, sans estre envoyez par aucun prélat, et exhortoient à la prendre, particulièrement les bergers et les autres personnes les plus simples de la campagne, [7] ce qui leur a fait donner dans l'histoire le nom de Pastoureaux; [8] leur faisant accroire que c'estoit par eux que Dieu vouloit délivrer la Palestine. [9] Ils disoient qu'ils vouloient aller au secours de saint Louis, [10] conquérir la terre sainte, [11] et venger l'injure faite au roy et à ses frères, [12] Dieu ne voulant se servir pour cela que des personnes les plus méprisables et les plus foibles.

---

[1] Matth. Par., p. 742, d. — [2] Ibid. — [3] Ibid., p. 824, e. — [4] Ibid. — [5] Ms. F, p. 80. — [6] Spicileg., t. II, p. 538; Matth. Par., p. 822, d. — [7] Duchesne, p. 358; Guiart, p. 145, 1. — [8] Ms. F, p. 780. — [9] Pistor., t. I, p. 742, d; Spicileg., t. II, p. 538. — [10] Matth. Par., p. 822, e. — [11] Ibid., p. 823, a; Duchesne, p. 358, b. — [12] Matth. Par., p. 822, e, f; Spicileg., t. II, p. 538.

¹ Leur chef, qu'ils appeloient le maistre de Hongrie, ² prétendoit que c'estoit la sainte Vierge qui luy avoit fait ce commandement, et il avoit toujours la main fermée, comme s'il y eust tenu l'acte de l'ordre qu'elle luy en avoit donné. ³ Ils rapportoient sur cela des visions de la Vierge et des anges qu'ils firent dépeindre sur une ou plusieurs de leurs bannières qu'ils portoient partout, pour tromper les ignorants. ⁴ Leur chef avoit mis sur son étendard un agneau qui portoit une croix ; ⁵ ce que les autres firent ensuite sur les leurs qui estoient au nombre de cinq cents.

⁶ Dès que ces imposteurs appelloient un berger, il quittoit aussitost ses moutons, ses vaches, ou ses chevaux, et sans demander permission ni à ses maistres, ni à ses parens, il les suivoit à pied sans se mettre en peine de rien, ⁷ avec une ardeur ou plutost une rage aussi étonnante qu'extraordinaire, ⁸ et c'est ce qui faisoit croire qu'ils se servoient de sortiléges. ⁹ On comptoit que leur chef arrivant en France avoit jeté en l'air une certaine poudre, comme pour sacrifier au démon. ¹⁰ Ainsi partout où ils passoient, dans les villages et dans la campagne, les paysans qui écoutoient leurs exhortations les suivoient comme le fer suit l'aimant. ¹¹ Les enfans les suivoient aussi, ¹² et même de jeunes filles. ¹³ Ils leur faisoient porter la croix. ¹⁴ Ainsi leur nombre s'augmenta beaucoup en peu de temps.

---

¹ Duchesne, p. 358, *b*. — ² Matth. Par., p. 822, *e*. — ³ *Spicileg.*, t. II, p. 538; Ms. F, p. 234.—⁴ Matth. Par., p. 823, *a*.—⁵ *Ibid.*, p. 823, *b*.—⁶ *Ibid.*, p. 822, *e*.—⁷ Cantipr., l. II, c. IV, art. 15, p. 140.—⁸ Matth. Par., p. 882, *e*; *Spicileg.*, t. II, p. 538. — ⁹ Ms. F, p. 780. — ¹⁰ *Spicileg.*, t. II, p. 538. — ¹¹ Duchesne, p. 258, *b*; Sanud, p. 219, *f*. — ¹² Sanud, p. 219, *f*.—¹³ Matth. Par., p. 822, *f*.—¹⁴ *Ibid.*, p. 823, *a*.

¹ Ils marchoient en corps d'armées sous des capitaines de cent hommes et de mille hommes; ² et ils avoient des drapeaux dans chaque corps. ³ Ils donnoient à quelques-uns d'eux le titre de maistres. ⁴ On prétendoit qu'ils faisoient des miracles, ⁵ et que le vin et les viandes qu'on leur servoient ne diminuoient point, et même se multiplioient.

⁶ Plusieurs les suivoient avec simplicité et bonne intention, ne connoissant point encore les mauvais desseins de leurs chefs. ⁷ Beaucoup d'autres les favorisoient et les aidoient, ne jugeant point hors d'apparence que Dieu se voulust servir de leur foiblesse, ⁸ et généralement tous les peuples estoient pour eux. ⁹ La reine Blanche même, qui gouvernoit alors le royaume, quelque pénétration d'esprit qu'elle eust, y fut trompée comme les autres, et ne connut pas d'abord le danger de cette croisade, ou au moins elle crut la devoir tolérer, ¹⁰ et même la favoriser, ¹¹ dans l'espérance que saint Louis en tireroit quelque secours pour la terre sainte. ¹² C'est pourquoy elle souffroit qu'on leur donnast passage partout.

Mais le désordre devint bientost intolérable, ¹³ car parmi ces gens simples, il se mesla plusieurs voleurs, homicides, ¹⁴ magiciens, sorciers, femmes de mauvaise vie, ¹⁵ bannis, fugitifs, excommuniez; ¹⁶ et c'es-

---

¹ *Spicileg.*, t. II, p. 538. — ² Matth. Par., p. 823, *a*. — ³ Duchesne, p. 358, *b*. — ⁴ *Ibid.*, *b*; Sanud, p. 219, *f*. — ⁵ *Spicileg.*, t. II, p. 539; Ms. F, p. 235. — ⁶ *Spicileg.*, t. II, p. 539. — ⁷ Matth. Par., p. 822, 823. — ⁸ Sanud, p. 219, *f*; Cantipr., l. II, c. IV, art. 15, p. 140. — ⁹ *Spicileg.*, t. II, p. 539; Ms. F, p. 781. — ¹⁰ Matth. Par., p. 823, *a*. — ¹¹ *Ibid.*; *Spicileg.*, t. II, p. 539. — ¹² Ms. F, p. 235. — ¹³ *Spicileg.*, t. II, p. 539. — ¹⁴ Pistor., p. 742, *d*. — ¹⁵ Matth. Par., p. 823, *b*. — ¹⁶ *Spicileg.*, t. II, p. 539.

toient ces gens-là qui avoient plus de part aux secrets des chefs et à la conduite des autres. ¹ Ce désordre commença cette année un peu après Pasques, vers le temps que le pape Innocent IV quitta Lyon pour s'en retourner en Italie ; ² et on prétend que son absence contribua encore à augmenter le nombre et la hardiesse des Pastoureaux.

³ Ils commencèrent à s'assembler vers la Flandre et la Picardie, ⁴ où ils preschèrent plusieurs folies touchant leurs visions. ⁵ Ils vinrent à Amiens, au nombre de trente mille; ils y furent receus avec honneur, et leur chef, qu'on prenoit pour un homme de Dieu, tira tout ce qu'il voulut des habitants. ⁶ S'estant ensuite accrus, en courant le pays, jusqu'au nombre de cinquante mille, ⁷ ils entreprirent alors de faire et de rompre des mariages à leur fantaisie. ⁸ Ils marioient des gens malgré eux, ⁹ confessoient et donnoient absolution des peschez, ¹⁰ bénissoient l'eau comme des évesques, dit l'histoire, ¹¹ donnoient la croix et l'ostoient comme il leur plaisoit ; ¹² et leurs chefs qui, n'estant au plus que laïques, usurpoient le ministère de la parole, preschoient des choses visiblement contraires à la règle de la foy ; et si quelqu'un vouloit s'opposer à eux, ils luy répondoient, non par des autoritez et des raisons, mais par des coups et des blessures ; ¹³ car ils portoient alors des épées, des poignards, des cognées, des traits, et

---

¹ *Spicileg.*, t. II, p. 539; Matth. Par., p. 823, *a*. — ² Matth. Par., p. 823, *b*. — ³ *Spicileg.*, t. II, p. 538. — ⁴ Ms. F, p. 234. — ⁵ *Ibid.*, p. 780. — ⁶ *Ibid.*, p. 780, 235. — ⁷ *Spicileg.*, p. 539; Matth. Par., p. 823, *b*; Guiart, p. 143, 1; Duchesne, p. 358, *b*. — ⁸ Ms. F, p. 900. — ⁹ *Spicileg.*, p. 539; Ms. F, p. 780, 235. — ¹⁰ Duchesne, p. 358, *b*. — ¹¹ *Ibid.*, *c*. — ¹² Matth. Par., p. 823, *c*. — ¹³ *Ibid.*, *b*; *Spicileg.*, t. II, p. 539.

d'autres sortes d'armes; [1] et leur grand maistre estoit environné de gens armez quand il preschoit. [2] Lorsqu'ils passoient par les villes et les villages, ils portoient leurs armes élevées, pour inspirer la terreur à tout le monde; et ils estoient devenus si redoutables, qu'il n'y avoit presque aucun officier de justice qui osast leur résister en quoy que ce fust.

[3] Les ecclésiastiques et les moines n'eurent pas de peine à reconnoistre l'illusion dont on abusoit les peuples. Ils en eurent beaucoup de regret, et voulurent s'opposer à l'erreur. Mais ils ne firent que se rendre odieux au peuple même. [4] Le chef de l'imposture commença à déclamer contre eux, et à leur reprocher publiquement de grands crimes, [5] que le peuple écoutoit avec un plaisir pernicieux. [6] Ces séditieux en tuèrent même plusieurs qu'ils rencontrèrent à la campagne, [7] faisant tous les maux qu'ils pouvoient et à eux et aux autres religieux, parce qu'ils leur résistoient plus que les autres, se contentant néanmoins quelquefois de les dépouiller ou de les battre, [8] et le peuple, en haine du clergé, voyoit leurs crimes avec joie.

[1] Matth. Par., p. 823, c. — [2] *Spicileg.*, t. II, p. 539. — [3] *Ibid.*, p. 539. — [4] Matth. Par., p. 823, c. — [5] *Ibid.*, d. — [6] *Ibid.*, p. 780, *Spicileg.*, t. II, p. 539; Pistor., t. I, p. 742, d. — [7] Ms. F, p. 900; Sanud, p. 219, f. — [8] Cantipr., l. II, c. IV, art. 15, p. 140.

CCCXV.

Désordres des Pastoureaux à Paris, à Orléans et à Bourges. — Ils sont dissipez.

¹ Ces furieux vinrent jusques à Paris, ² et y firent divers maux. ³ Leur chef y prescha, habillé en évesque, dans Saint-Eustache, ⁴ et y donna l'eau bénite dans le même habit. ⁵ Il fit même tuer quelques prestres et d'autres ecclésiastiques, ⁶ et il fallut fermer les ponts pour les empescher de faire le même traitement aux écoliers de l'université, car les écoliers passoient alors pour clercs.

⁷ Cependant on les laissa sortir impunément de Paris ; et ils crurent alors estre échappez de toutes sortes de périls. ⁸ Ils se vantoient qu'il falloit qu'ils fussent gens de bien, puisqu'ils n'avoient trouvé, disoient-ils, aucune opposition dans une ville qui estoit la source de toutes les sciences. Aussi ils en devinrent beaucoup plus hardis à soutenir et à inventer des erreurs, et à commettre toutes sortes de pilleries et de violences. ⁹ Ils attaquoient les villages et les villes mêmes en divers endroits de la France, ¹⁰ tuant et les ecclésiastiques et les laïques. ¹¹ Car, se trouvant estre plus de cent

---

¹ *Spicileg.*, p. 350 ; Duchesne, p. 358 ; Ms. F, p. 781. — ² Matth. Par., p. 824, *b*. — ³ Ms. F, 781. — ⁴ *Ibid.*, p. 900 ; Duchesne, p. 358, *b* ; Guiart, p. 145, 2. — ⁵ Ms. F, p. 781, 756, 900 ; Cantipr., l. II, c. IV, art. 15, p. 140. — ⁶ Ms. F, p. 781. — ⁷ *Spicileg.*, t. II, p. 539. — ⁸ *Ibid.*, p. 539. — ⁹ Cantipr., l. II, c. IV, art. 15, p. 140. — ¹⁰ Duchesne, p. 358, *c*. — ¹¹ Matth. Par., p. 823, *a*.

mille personnes, [1] ils se divisèrent en plusieurs armées, [2] pour s'aller embarquer à divers ports.

[3] Le chef de la troupe vint à Orléans, où les habitants le receurent, le 11 de juin, malgré les fulminations de l'évesque. Il y commit de grands désordres, [4] et y tua plusieurs ecclésiastiques, [5] ce qui ne se fit pas néanmoins sans combat; et les clercs de l'université tuèrent plusieurs des Pastoureaux; [6] de sorte que, craignant que le peuple de la ville ne se soulevast enfin contre eux, ils en sortirent promptement.

[7] Les plaintes de ces désordres furent enfin portées à Blanche, qui avoua avec modestie qu'elle avoit esté trompée, et que, puisque ces croisez estoient de véritables imposteurs, elle vouloit qu'ils fussent excommuniez, pris et punis. Ils furent aussitost dénoncez partout comme excommuniez; [8] et les laïques, qui avoient regardé avec indifférence les meurtres des ecclésiastiques, commencèrent à se soulever lorsqu'ils virent qu'on les attaquoit eux-mêmes; sans quoy le désordre eust encore esté plus loin.

[9] Cependant les Pastoureaux s'avancèrent avec leur chef jusques à Bourges, faisant partout de grands maux. [10] Le clergé avoit averti le bailli et les officiers du roy de ce que c'estoit que ces Pastoureaux, [11] et l'archevesque saint Philippe avoit défendu de les recevoir, ayant peut-estre envoyé cet ordre de Paris, [12] où il estoit le

---

[1] Matth. Par., p. 824, b. — [2] Ms. F, p. 781. — [3] Matth. Par., p. 823, 824. — [4] Cantipr., p. 140; Spicileg., t. II, p. 539; Duchesne, p. 538, c; Guiart, p. 145, 2. — [5] Spicileg., t. II, p. 539. — [6] Matth. Par., p. 824, a. — [7] Ibid., b. — [8] Cantipr., l. II, c. iv, art. 15, p. 140. — [9] Ms. F, p. 900; Spicileg., t. II, p. 540. — [10] Ms. F, p. 781. — [11] Matth. Par., p. 824, b. — [12] Duboulay, p. 241.

19 de juin. ¹ Le peuple ne laissa pas de leur ouvrir les portes, et la pluspart entrèrent dans la ville. Les autres, qui n'y pouvoient avoir place parce qu'ils estoient en trop grand nombre, demeurèrent dans les vignes. ² Ils ne trouvèrent point les ecclésiastiques qui s'estoient cachez ; mais ils se mirent à voler. ³ Ils entrèrent dans les synagogues des juifs, déchirèrent leurs livres, et contre l'ordre de la justice pillèrent tout ce qu'ils avoient.

⁴ Leur chef invita ensuite le peuple à venir écouter son sermon, et à voir les miracles prodigieux et inouïs qu'il devoit faire. Tout le monde y courut ; mais il avança dans son sermon des choses ridicules ; et on reconnut que ses miracles prétendus n'estoient que des illusions. On receut peut-estre en même temps la nouvelle de leur excommunication, et les ordres de Blanche pour les poursuivre. ⁵ Ce qui est certain, c'est qu'estant sortis de Bourges, ils furent poursuivis par les habitants en armes, ⁶ qui les ayant atteints à deux lieues de là, ⁷ tuèrent leur maistre de Hongrie ⁸ avec plusieurs de ceux qui le suivoient, ⁹ entre Mortemer et Villeneuve-sur-Cher. ¹⁰ On prétend que ce fut un boucher qui luy fendit la teste d'un coup de hache. Son corps demeura sur la place, exposé aux chiens.

¹¹ Le bailli et les officiers de Bourges firent pendre ceux qui tombèrent entre leurs mains ayant esté con-

---

¹ Matth. Par., p. 824, b. — ² Ms. F, p. 781. — ³ Spicileg., t. II, p. 540 ; Duchesne, p. 538, c. — ⁴ Matth. Par., p. 824, c. — ⁵ Duchesne, p. 358, c ; Spicileg., t. II, p. 540. — ⁶ Ms. F, 831. — ⁷ Ibid., p. 900 ; Guiart, p. 145, 2 ; Pistor., t. I, p. 742, d. — ⁸ Spicileg., t. II, p. 540. — ⁹ Duchesne, p. 358, e. — ¹⁰ Matth. Par., p. 824, c. — ¹¹ Ms. F, p. 782.

vaincus de leurs maléfices. ¹Il y en eut beaucoup d'autres tuez ou pendus en divers endroits. ²Comme ils devoient s'assembler en partie à Marseille pour s'embarquer, ceux de Bourges y mandèrent les preuves qu'on avoit de leur mauvaise conduite, et qu'on en arrestast les chefs. Ils furent en effet arrestez et pendus. ³Quelques-uns de ces fanatiques furent à Aigues-Mortes, où on les traita apparemment de même que les autres.

⁴ Une de leurs bandes ayant voulu aller à Bordeaux, le comte de Leicester, gouverneur du pays, leur fit fermer les portes et les dissipa. Leur chef ayant esté reconnu dans un bateau où il se pensoit sauver, fut jeté dans la Gironde. ⁵Un des principaux compagnons du maistre de Hongrie passa en Angleterre, et commença à y exciter le même trouble. Mais sur la nouvelle de la mort de ses confrères, il fut mis en pièces.

⁶ Pour les bergers et autres paysans qui avoient suivi ces imposteurs, ils se dispersèrent comme la fumée après la mort de leurs chefs, ⁷ et retournèrent chez eux garder leurs moutons. ⁸Il y en eut beaucoup qui, après avoir reconnu qu'on les avoit trompez, reprirent des mains de leurs prélats la croix qu'ils avoient receue de ces imposteurs, et furent, pour expier leur faute, servir Jésus-Christ sous la conduite de saint Louis, pour l'amour duquel ils avoient pris les armes avec tant d'ardeur.

Voilà ce que l'histoire nous apprend de ce grand

---

¹ Duchesne, p. 358, c; Spicileg., t. II, p. 540; Matth. Par., p. 824, c. — ² Ms. F, p. 781. — ³ Catel, Toul., p. 324. — ⁴ Matth. Par., p. 824, e, d, e. — ⁵ Ibid., e, f; p. 825, a, b. — ⁶ Spicileg., t. II, p. 540; Duchesne, p. 358, c. — ⁷ Ms. F, 781, 331; Guiart, p. 145, 1. — ⁸ Matth. Par., p. 825, a.

mouvement, ¹qu'elle nous représente comme le plus dangereux qui ait esté dans l'Église depuis Mahomet. ²Mais Dieu le fit finir presque aussitost qu'il commença. ³Il peut servir à nous faire voir combien l'antechrist trouvera de disciples parmi ceux même qui portent le nom de Jésus-Christ.

CCCXVI.

Sermens de la ville et de l'université de Paris. — Différend entre l'archevesque et le vicomte de Narbonne.

Il y en a qui croient que ce trouble obligeant la reine à prendre de nouvelles sûretez pour le repos de l'Estat, ce fut la cause des nouveaux sermens que firent en ce temps-là la ville et l'université de Paris; ⁴car le lundi 19 de juin, les bourgeois de Paris firent serment, en présence de la reine, de saint Philippe archevesque de Bourges, etc., de contribuer tout ce qu'ils pourroient à la sûreté publique de la ville, d'obéir à ceux que la reine laisseroit pour la garder, de ne se point retirer lorsqu'ils verroient commettre quelque crime, afin d'en pouvoir rendre tesmoignage, et de dénoncer secrètement au gouverneur ceux qui troubleroient la paix. Car les maximes de l'inquisition avoient alors assez de cours.

⁵Le même jour, l'université promit de faire le même serment, et d'en renouveler un autre contenu dans un

¹ Matth. Par., p. 825, b. — ² Cantipr., l. II, c. IV, art. 12, p. 145. — ³ Ibid., p. 141 — ⁴ Du Boulay, p. 241; Du Tillet, Ord., p. 103; Ms. B. p. 57. — ⁵ Spicileg., t. VII, p. 226; Ms. B, p. 58.

acte qu'elle fit lire, et elle fit ces sermens la même semaine. L'acte qu'elle présenta estoit un statut qu'elle avoit fait, particulièrement sur les écoliers qu'elle pouvoit redemander à la justice séculière, et elle exclud de ce nombre ceux qui couroient durant la nuit, qui voloient, etc. Car, comme tous les membres de l'université estoient considérez comme clercs, et ne vouloient point reconnoistre la justice du prévost, mais seulement celle de l'évesque, ils se donnoient souvent la licence de faire beaucoup de crimes, et les troubles qui arrivoient alors dans la ville venoient de cette exemption. [1] On remarque en effet qu'il y en avoit eu un pour ce sujet, le caresme précédent, qui avoit donné occasion à ce statut. [2] Le pape Innocent ordonna, le 6 juin de cette année même, au chancelier de Paris, de priver des priviléges de l'université les écoliers qui portoient des armes.

Le différend qui estoit depuis plus de cinq ans entre Guillaume, archevesque de Narbonne, et Amauri, vicomte du même lieu, finit enfin cette année. [3] Guillaume, prétendant avoir esté offensé en beaucoup de choses par Amauri, l'avoit excommunié [4] l'an 1248 au plus tard; [5] ensuite de quoy le pape Innocent pria Blanche, le 6 décembre 1250, de faire saisir ses terres, conformément à l'ordonnance de saint Louis du mois d'avril 1229. [6] Blanche envoya peut-estre ses ordres pour cela au sénéchal de Carcassonne. [7] Gui et Hervé de Chevreuse, et Philippe, envoyez par Blanche pour prendre possession du comté de Toulouse au nom

---

[1] Du Boulay, p. 240. — [2] *Ibid.* — [3] *Concil. Narbon., Append.*, p. 119-121. — [4] *Ibid.*, p. 114. — [5] *Ibid.*, p. 113. — [6] *Ibid.*, p. 114, 124. — [7] *Ibid.*, p. 119-121.

d'Alphonse, travaillèrent à assoupir ce différend et firent convenir les parties, le 4 décembre 1249, de remettre leur différend entre les mains de Raimond évesque de Toulouse.¹ Mais cet évesque ne put les accorder, non plus que R... évesque de Beziers, qui y travailla ensuite.

² Enfin les parties estant venues à Paris, convinrent, en présence de la reine, le premier jeudi de caresme, 2 mars 1251, de joindre à l'évesque de Beziers Gui Fulcodi,³ qui n'avoit point alors d'autre qualité que de clerc,⁴ et ces deux arbitres jugèrent ce long différend le 7 juillet de la même année. ⁵ Catel parle de ce différend. ⁶ On en voit beaucoup de pièces dans l'appendice des conciles de Narbonne de M. Baluze; je les ay parcourus bien légèrement. ⁷ Innocent avoit escrit à saint Louis pour l'archevesque contre le vicomte, dès le 30 may 1247. Guillaume Durant, chanoine de Maguelone, y est souvent nommé entre les témoins. On prétend que c'est celuy qui fut depuis évesque de Mende, et qui a escrit.

Guillaume de Dampierre, aisné du second lit de Marguerite comtesse de Flandre, et qu'on qualifioit déjà comte de Flandre, parce que saint Louis en avoit receu son hommage à la prière de Marguerite, avoit suivi saint Louis, comme nous avons dit, au voyage d'Égypte, et y avoit esté le compagnon de sa prison et de sa délivrance. Estant ensuite revenu en France, ⁸ il mourut cette année ⁹ à Trazégnies en Hainaut, tué

---

¹ *Concil. Narbon.*, App., p. 122, 125. — ² *Ibid.*, p. 125, 126. — ³ *Ibid.*, p. 131. — ⁴ *Ibid*, p. 132, 146. — ⁵ Catel, *Lang.*, p. 608, 609, 962. — ⁶ *Concil. Narbon.*, App., p. 99-155. — ⁷ *Ibid.*, 94-100. — ⁸ *Episc. Leod.*, t. II, p. 277. — ⁹ Mayer, p. 76, 1.

et foulé aux pieds des chevaux dans un tournoy où il estoit allé se divertir et faire paroistre son adresse; ce que l'on dit estre arrivé par la trahison de Jean et de Baudouin d'Avesnes, ses frères du premier lit, qui le haïssoient extrêmement. Sa mère le fit enterrer à Marquette, auprès de Lille, le 6 de may, et pleura longtemps sa mort. [1] Il ne laissa point d'enfants : c'est pourquoy Gui, son frère, luy succéda dans ses droits sur la Flandre, [2] pour laquelle il fit serment de fidélité à Blanche, au mois de février 1252, à Paris.

CCCXVII.

L'AN DE JESUS-CHRIST 1252. Pasques le 31 mars. G. F.

Saint Louis fait trêve avec les Égyptiens, qui manquent de parole. Il vient à Joppé.

[3] Il vint, ce semble, à saint Louis, en 1252, quelque secours que la renommée grossissoit beaucoup en Occident. [4] On ajoute même que le roy de Chypre, Henri de Lusignan, s'estoit joint à luy. [5] Ce qui est certain, c'est que ses forces estoient assez petites, et qu'il n'avoit que sept cents chevaliers et quatre cents chevaux légers. [6] Cependant la guerre s'échauffoit toujours entre les deux sultans, [7] de sorte que saint Louis demeuroit dans une grande paix à Césarée ; [8] et même

---

[1] *Episc. Leod.*, t. II, p. 277. — [2] *Invent.*, t. VIII, *Fland.*, 1ᵉʳ coffre, pièce 36. Ms. D; 314. — [3] Matth. Par., p. 842, *b*; p. 843, *b*. — [4] *Ibid.*, p. 843, *b*. — [5] *Addit.*, p. 183, *c*. — [6] *Hist.*, p. 842, *d*. — [7] Joinville, p. 89. — [8] Matth. Par., *Addit.*, p. 183, *c*; Ms. D, p. 393.

chacun des deux partis luy envoya plusieurs fois des députez pour traiter de trèves. ¹Mais leurs propositions étoient si obscures et si embarrassées, *nimis clausa et nullius efficaciæ*, qu'il n'y eut pas moyen de rien conclure.

²Enfin, comme l'armée d'Égypte estoit beaucoup plus foible que celle des Syriens,³ et que celle de saint Louis s'augmentoit, disoit-on, de jour en jour, les principaux officiers de l'armée d'Égypte mandèrent à Moaz, leur sultan, qu'il falloit nécessairement conclure avec le roy et faire au plus tost ou paix ou trêve avec luy; parce que si les François et les Syriens se joignoient ensemble, ils les accableroient sans doute. ⁴Ainsi Moaz fut obligé d'envoyer au roy luy demander humblement la paix et son amitié, luy avouant la nécessité où il se trouvoit, et offrant de traiter avec luy sous des conditions honorables et avantageuses.

⁵Les députez apportèrent des lettres au roy, par lesquelles les émirs déclaroient qu'ils consentoient à tout ce qu'il avoit demandé ⁶à leurs autres ambassadeurs en 1250. ⁷Ainsi le roy estant entré en traité avec eux la semaine de Pasques, ⁸on convint d'une trêve de quinze ans, ⁹à condition que les Égyptiens le quitteroient de ce qu'il leur devoit de reste pour sa délivrance, ¹⁰et accompliroient les autres choses qu'ils luy avoient déjà accordées; ¹¹qu'ils délivreroient tout ce qu'ils avoient encore de chrestiens captifs, ¹²qu'ils ren-

---

¹ Ms. D, p. 393. — ² Matth. Par., *Addit.*, p. 183, *c.* — ³ *Hist.*, p. 842, *d.* — ⁴ *Ibid.*, p. 808, 835, *a.* — ⁵ Joinville, p. 96. — ⁶ *Ibid.*, p. 89. — ⁷ Matth. Par., p. 183, *e.* — ⁸ *Ibid., c; Hist.*, p. 842, *e.* — ⁹ *Hist.*, p. 842, *c*; p. 843, *c.* — ¹⁰ Joinville, p. 96, 97. — ¹¹ Matth. Par., p. 842, 843, *e, f; Addit.*, p. 183, *d.* — ¹² Joinville, p. 96.

droient aux chrestiens le royaume de Jérusalem, [1] c'est-à-dire tout ce qui est en deçà du Jourdain, de quelque Sarrazin que ce fust qu'il fust possédé, à l'exception de Gazara (je croy que c'est Gaza), de Daron et de deux autres chasteaux; [2] que le roy, de sa part, assisteroit les Égyptiens contre tous leurs ennemis, particulièrement contre le sultan d'Alep, [3] sans rien faire néanmoins au préjudice du christianisme, et que tout le butin et les conquestes seroient partagés entre eux également.

[4] Quelques-uns voulurent s'opposer à cette alliance du roy avec les Égyptiens, mais le roy ne s'y arresta pas. [5] Ainsi le traité fut juré de part et d'autre, avec cette clause néanmoins qu'il ne seroit point exécuté et passeroit pour nul si saint Louis ne se trouvoit avec ses troupes à Joppé au milieu du mois de may, et les Égyptiens de même à Gazara, d'où [6] les émirs viendroient à Joppé afin que le traité y fust juré de nouveau par eux, et par le roy et les principaux de sa cour. [7] Cependant le roy rompit tout traité avec le sultan d'Alep. [8] On supposa dans l'Occident les conditions stipulées comme déjà accomplies; on y publioit des triomphes du roy et des Égyptiens sur le sultan d'Alep, qui se trouvoit, disoit-on, hors d'estat de leur résister, et on rapporte même un entretien du roy avec le sultan d'Égypte, qui fait voir au moins l'estime que les Anglois mêmes avoient du zèle et de la piété de saint Louis.

---

[1] Matth. Par., p. 842, 843, c; Addit., p. 183, d. — [2] Hist., p. 842, c; Joinville, p. 96. — [3] Matth. Par., p. 842, e. — [4] Ibid., p. 843, a. — [5] Addit., p. 183, d. — [6] Joinville, p. 96. — [7] Matth. Par., Addit., p. 183, c. — [8] Hist., p. 843.

Mais les choses n'estoient pas en cet estat. [1]Il falloit, comme nous avons dit, pour assurer le traité, que les chrestiens et les Égyptiens se trouvassent à la my-may à Gazara et à Joppé; et c'est ce qu'on ne croyoit pas se pouvoir faire. [2]Car le sultan d'Alep, qui estoit alors à Damas, ayant appris le traité, envoya douze mille hommes à Casey, entre Gazara et Daron, pour empescher la jonction des troupes et la conférence. Il commanda encore trois mille hommes pour joindre les autres, et y en envoya depuis cinq autres mille. [3]Cependant les troupes du roy n'estoient, comme nous avons dit, que de sept cents chevaliers et quatre cents chevaux légers; et les Égyptiens n'avoient en tout que six ou sept mille hommes dont il falloit qu'une partie demeurast pour la sûreté du pays. [4]D'autre part, les Turcomans, à la sollicitation, comme l'on croit, du sultan d'Alep, désoloient le pays d'Antioche, et pilloient celui de Tripoli. Je ne sais si cette grande Césarée n'est point Césarée de Philippe.

[5]Voilà l'estat des affaires au 6 de may, lorsque le trésorier des hospitaliers d'Acre escrivoit sa lettre. [6]Saint Louis estoit encore alors à Césarée, dont il faisoit achever les fortifications. [7]Les vingt mille hommes du sultan d'Alep ne l'empeschèrent point d'en partir et d'aller à Joppé pour la conférence du mois de may. Jean d'Ibelin, comte du lieu, l'y receut avec beaucoup d'honneurs; [8]néanmoins le roy et les seigneurs de sa suite campèrent avec les troupes à la campagne, autour du chasteau.

---

[1] Matth. Par., *Addit.*, p. 183, *d*, *e*, *f*. — [2] *Ibid.*, *d*, *e*; Joinville, p. 96. — [3] Matth. Par., *Addit.*, p. 183, *e*. — [4] *Ibid.*, *f*; p. 184, *a*. — [5] *Ibid.*, p. 183, 184; *Hist.*, p. 842, *b*. — [6] Matth. Par., *Addit.*, p. 183, *c*. — [7] Joinville, p. 97. — [8] *Ibid.*, p. 97; Ms. B, p. 94.

[1] Les émirs d'Égypte n'osèrent venir à Gazara comme ils l'avoient promis, à cause des troupes de Naser. Ils luy envoyèrent néanmoins par mer les testes des chrestiens et les enfants qu'il leur avoit demandez dès 1250. A quoi ils ajoutèrent un éléphant que saint Louis envoya depuis en France. Ils le prièrent aussi de leur marquer un autre jour auquel ils le pourroient venir trouver. Il leur en donna un, et ils promirent d'y venir sans manquer pour y conclure toutes choses. Le roy les attendit. Mais eux, après divers délais, au lieu d'imiter la fidélité avec laquelle le roy avoit rompu toute négociation avec Naser, [2] envoyèrent à ce même sultan une ambassade et firent paix avec luy vers la fin d'avril 1253, [3] par l'entremise du calife de Bagdad, qui leur avoit député pour cela; [4] de sorte que saint Louis demeura moqué de l'un et de l'autre parti, sans avoir ni paix ni trêve soit avec les Égyptiens, soit avec le sultan d'Alep; comme l'Escriture dit que les méchants se moquent de la simplicité du juste. [5] La Palestine demeura au sultan d'Alep, selon Aiton. [6] D'autres écrivent qu'on ne luy donna que ce qui est au delà du Jourdain, et que ce qui est en deçà demeura aux Égyptiens. Ce fut sans doute durant que les Égyptiens s'efforçoient de témoigner de l'union avec saint Louis, [7] qu'il eut le moyen de faire chercher dans toute l'Égypte les prisonniers chrestiens.

[1] Joinville, p. 97. — [2] *Ibid.*, p. 101; Ms. G, p. 244. — [3] Ms. G, p. 244. — [4] Joinville, p. 101. — [5] Raynald, an. 1260, art. 16. — [6] Ms. G, p. 244. — [7] Matth. Par., p. 88, *a, b*.

CCCXVIII.

Saint Louis veut aller à Jérusalem, fait le prince d'Antioche chevalier, fortifie Joppé.

¹ Saint Louis ne partit de Joppé que le 29 juin de l'année suivante. ² Durant qu'il y estoit, on luy dit que le sultan d'Alep estoit prest de luy donner sûreté pour aller à Jérusalem. Il eust été bien aise de satisfaire en cela à sa dévotion; mais on jugea qu'estant le plus grand roy des chrestiens, il n'estoit ni de son honneur d'aller à Jérusalem sans la délivrer, ni de l'intérest des chrestiens d'Orient que les autres princes pussent croire, sur son exemple, avoir satisfait à ce qu'on pouvoit attendre d'eux en visitant les saints lieux comme des particuliers.

³ Les comtes d'Eu et de Guines vinrent trouver le roy à Jaffa. Il les retint à son service et fit le comte d'Eu chevalier. ⁴ On croit que c'estoit Jean de Brienne, fils d'Alphonse de Brienne et de Marie, fille et héritière de Raoul d'Issoudun, comte d'Eu; je croirois plustost que c'est Alphonse même, père de Jean. ⁵ Cet Alphonse estoit fils de Jean, roy de Jérusalem et empereur de Constantinople, et de Bérengère de Castille, nièce de la reine Blanche, que Jean de Brienne épousa vers l'an 1223. ⁶ Belleforest marque comment le comté d'Eu tomba à Alphonse.

⁷ Boémond VI du nom, de la maison de Poitiers,

---

¹ Joinville, p. 105; note, p. 82. — ² *Ibid.*, p. 103, 104. — ³ *Ibid.*, p. 97, 98; note, p. 92, 93. — ⁴ *Ibid.*, note, p. 92. — ⁵ *Ibid.* — ⁶ Bellef., l. III, c. LXXXVII, p. 634. — ⁷ *Abrégé royal* du père Labbe, p. 368.

¹ prince d'Antioche et de Tripoli, vint aussi trouver saint Louis à Joppé, l'an 1252, avec sa mère Lucie, ² fille d'un comte Paul de Rome. ³ C'estoit un jeune prince âgé seulement de seize ans, mais extrêmement sage. ⁴ Il avoit succédé l'année précédente à Boémond V, son père. ⁵ Sa mère avoit le bail et la régence et la devoit avoir encore durant quatre ans, ⁶ selon la coutume universelle de la France, qui fixoit la majorité à vingt et un ans. ⁷ Saint Louis receut fort bien ce prince et sa mère, et leur fit de grands honneurs. ⁸ Il fit Boémond chevalier ; ⁹ et alors ce prince le pria d'une manière fort honneste d'obtenir de sa mère des hommes et de l'argent, afin qu'il pust aller défendre son pays, ¹⁰ que les Turcomans ravageoient alors. ¹¹ Saint Louis lui obtint de sa mère cette grâce dont il se servit très-bien, et pour honorer le roy, il écartela ses armes de celles de France.

¹² Saint Louis ne manqua pas de faire fortifier Joppé dans le long séjour qu'il y fit. Il semble que cette ville si ancienne ne fust plus alors qu'un chasteau situé en une isle ou plustost une presqu'isle. Mais saint Louis y fist bastir et fermer une ville autour du chasteau, y enfermant tout le terrain de la presqu'isle depuis une mer jusqu'à l'autre ; et pour encourager les ouvriers, il leur disoit qu'il avoit souvent porté luy-même la hotte.

¹³ Outre la muraille, il y fit faire vingt-quatre tours grandes et petites, avec trois grandes portes. Le légat

---

¹ Sanud, p. 220, b ; Joinville, p. 98. — ² Abrégé royal du père Labbe, p. 429. — ³ Joinville, p. 98. — ⁴ Sanud, p. 220, b. — ⁵ Joinville, p. 98. — ⁶ Ibid., note, p. 93. — ⁷ Joinville, p. 98. — ⁸ Ibid., p. 98 ; Sanud, p. 220, b. — ⁹ Joinville, p. 98. — ¹⁰ Matth. Par., Addit., p. 183, 184. — ¹¹ Joinville, p. 98. — ¹² Ibid., p. 97. — ¹³ Ibid., p. 104, 105.

eut la commission de faire faire une des portes avec la muraille depuis cette porte jusqu'à l'autre. Joinville croyoit que cette porte pouvoit couster cinq cents livres et la muraille trois cents, mais il luy protesta que l'une et l'autre ensemble luy revenoient à trente mille livres, par où Joinville laisse à juger combien le tout avoit cousté; [1] et il dit que le roy y mit des deniers sans nombre. [2] La dépense de saint Louis depuis l'Ascension de cette année jusqu'à la suivante, se monte à soixante mille six cent quatre-vingts livres pour sa maison, et à deux cent soixante-dix mille cinq cent quarante-sept pour la guerre.

[3] Il fit bastir dans cette nouvelle ville de Joppé une église et un couvent pour les Cordeliers. Il y donna dix calices d'argent doré avec tous les ornements nécessaires pour les dix autels de l'église, des livres pour faire le service, et pour les études des frères, des lits, et en un mot toutes les choses nécessaires pour fournir la maison. [4] Au mois de juillet, saint Louis fit quelques donations à l'abbaye du Lis, datées du camp devant Joppé.

CCCXIX.

Blanche délivre des paysans opprimés par le chapitre de Paris.

[5] Dieu priva cette année saint Louis de la plus grande consolation qu'il eust sur la terre, par la mort de la reine Blanche, sa mère. [6] Saint Louis l'avoit laissée

---

[1] Joinville, p. 104. — [2] Ibid., note, p. 82. — [3] Ms. F, p. 23. — [4] Ms. B, p. 94. — [5] Sanud, p. 220, b; Labbe, Bibl., t. I, p. 378. — [6] Hist. Norm., p. 1008, d.

pour gouverner le royaume en son absence : et elle s'acquittoit de cet employ avec une force d'esprit au-dessus de son sexe [1] et avec beaucoup de prudence et de sagesse. [2] Elle fit durant ce temps-là plusieurs actions de justice, [3] qui luy acquirent l'amour des peuples, et firent davantage regretter sa mort. On en marque une entre autres qui est d'autant plus considérable [4] qu'ayant beaucoup d'amour et de respect pour l'Église, elle sembla même avoir oublié en cette rencontre ce que les ecclésiastiques pouvoient prétendre à la rigueur pour se souvenir qu'ayant l'autorité souveraine entre les mains, elle devoit la protection aux foibles contre qui que ce fust qui les opprimast.

[5] Il arriva donc dans le temps que saint Louis estoit en Orient, que le chapitre de Nostre-Dame de Paris fit prendre tous les hommes de Chastenay et de quelques autres villages de sa jurisdiction, et les fist amener à Paris dans ses prisons, où on ne leur donnoit pas même assez pour vivre, et où on les traitoit si mal qu'ils estoient en danger d'y mourir de faim et de misère. On en fit des plaintes à la reine, qui en eut pitié. Elle envoya en toute humilité, dit l'historien, prier les chanoines de vouloir, à sa considération, délivrer ces paysans sous caution ; les assurant qu'elle auroit soin de s'informer de l'affaire, et leur feroit raison de tout ce qu'ils demandoient.

Le chapitre répondit d'une manière fort arrogante, qu'il n'appartenoit point à la reine de leurs sujets; qu'ils pouvoient les faire mourir, en un mot, comme il

---

[1] Ms. F, p. 430. — [2] *Ibid.*, p. 323. — [3] *Ibid.*, p. 430, 432. — [4] *Ibid.*, p. 1045; Duchesne, p. 413, *a*. — [5] *Ibid.*, p. 323, 332, 431, 782.

leur plaisoit. Et ne se contentant pas de cela, en haine des plaintes faites à la reine, ils firent encore emprisonner les femmes et les enfants des mêmes villages; et ils les maltraitèrent si fort, que plusieurs en moururent, partie de faim, partie de la presse et de la chaleur qu'ils souffroient dans la prison.

La reine ayant sceu cela, fut touchée d'une extrême compassion de voir le peuple traité avec tant d'inhumanité par ceux qui le devoient soulager et protéger, et encore par ceux qui devoient instruire les autres par leur doctrine et par leur exemple. Elle manda la noblesse et les bourgeois de Paris, leur ordonna de prendre les armes, et les mena à la maison du chapitre où estoit la prison. Elle leur commanda d'en enfoncer les portes, et afin qu'ils n'appréhendassent point les censures de ceux qui ne peuvent rien contre la vérité et la justice, elle donna le premier coup avec un baston qu'elle tenoit à la main. Les autres continuèrent, et la prison ayant aussitost esté ouverte, il en sortit un grand nombre d'hommes, de femmes et d'enfants, qui se jetèrent aux pieds de la reine et luy demandèrent sa protection.

Elle n'avoit garde de la leur refuser; et même, d'indignation qu'elle eut contre la conduite du chapitre, elle en fit saisir tous les revenus, jusqu'à ce qu'il luy eust fait satisfaction. Elle l'obligea aussi à affranchir ces paysans pour une somme d'argent qu'ils devoient payer tous les ans, car les paysans et généralement tout le peuple, hors ceux qui avoient droit de commune, estoient alors comme esclaves. [1] M. le Maistre

---

[1] Ms. B, p. 102.

remarque que ce fut la bonté de saint Louis qui porta les seigneurs à les affranchir. Il y a en effet grand nombre d'affranchissements faits de son temps; mais il y en a aussi quelques-uns de plus anciens. [1] Le premier qui se trouve avoir esté fait par le chapitre de Nostre-Dame, est du mois d'avril 1249, et le temps se pourroit rapporter à l'histoire des habitants de Chastenay; mais, selon l'extrait qu'en a fait M. le Maistre, je croy que c'est autre chose.

Pour ce qui regarde les actions particulières de sa seconde régence, outre ce que nous en avons dit en divers endroits, [2] on voit que vers le commencement du mois de mars 1251, elle relevoit d'une longue maladie. [3] Néanmoins, sçachant qu'Innocent IV estoit près de quitter Lyon pour s'en retourner en Italie, [4] comme il fit le mercredi 19 d'avril, [5] elle envoya divers présents, luy offrit toutes les forces de son royaume pour l'assister dans son retour, [6] et luy témoigna qu'elle souhaitoit beaucoup luy parler avant son départ. Le pape luy répondit par une lettre fort obligeante. Mais il s'excusa de l'attendre le 18 mars, ne pouvant différer son retour, et craignant que le voyage de Lyon n'interessast une santé si précieuse, dans la foiblesse où elle estoit encore.

[7] Au mois de janvier 1252, elle donna main levée de la régale à Pierre de Lamballe, élu archevesque de Tours, [8] et receut en février le serment de Gui de Dampierre pour la Flandre. [9] La princesse Jeanne de Boulogne estant morte, elle fit mettre en la garde du

---

[1] Ms. B, p. 102. — [2] Raynald., an. 1251, art. 20. — [3] Ibid., art. 19, 20. — [4] Ibid., art. 30. — [5] Ibid., art. 19, 20.   [6] Ibid., art. 19-22. — [7] Ms. D, p. 195. — [8] Ibid., p. 314. — [9] Ms. B. p. 212.

roy ce qui pouvoit estre litigieux dans sa succession, et donna acte, le vendredi 23 février, aux comtes Alphonse et Charles, que c'estoit sans préjudice des droits qu'ils y pouvoient prétendre. Tous ces actes sont faits à Paris. [1]Au mois d'avril, estant à Maubuisson, elle donna cinquante livres de rente au Lis. [2]Au mois de juillet, elle ordonna, à la prière du pape, au bailli de Caux, de mener dans les prisons de l'archevesque les prisonniers de la jurisdiction ecclésiastique; et cela seulement jusqu'au retour de saint Louis. [3]On peut marquer l'accord qu'elle fit en aoust 1249, à Pontoise, entre les abbez de Sainte-Geneviève et de Cluni.

CCCXX.

Mort de la reine Blanche.

[1]Les derniers jours de novembre, ou le premier de décembre, qui estoit aussi le premier dimanche de l'Avent, causèrent une affliction et une perte extrême à la France par la mort de Blanche. Ayant esté mariée en l'an 1200, elle ne pouvoit avoir alors moins d'environ soixante-cinq ans, qui est un âge assez avancé pour une femme et une reine. [5]Néanmoins on croit que ses afflictions contribuèrent à sa mort plus que son âge. Outre la douleur que luy avoient causée la mort de son mari, les fatigues et les inquiétudes extrêmes de sa régence,

[1] Ms. B, p. 97. — [2] Ms. D, p. 196; *Regist. des compt.*, t. I, p. 64. — [3] *Bibl. Cluniac.*, p. 1516. — [4] Matth. Par., p. 859, *b*. — [5] *Ibid.*, *b*, *c*.

et l'appréhension continuelle que luy donnoit la complexion délicate de saint Louis, elle n'avoit pu voir ses enfants se séparer d'elle pour aller en Orient sans tomber en défaillance. Elle avoit ensuite appris en même temps la mort du comte d'Artois, la défaite de saint Louis, et la captivité honteuse de luy et de ses deux frères.

Saint Louis luy ayant renvoyé pour sa consolation les comtes de Poitiers et d'Anjou, [1] le premier tomba cette année dans une paralysie dont on ne croyoit pas qu'il pust guérir. Cela fut très-sensible à Blanche. [2] Mais ce qui l'accabla tout à fait, fut le bruit qui courut que saint Louis vouloit achever sa vie dans l'Orient, et ne revenir jamais en France; qu'il en avoit même fait vœu. [3] Elle n'eut plus depuis cela ni joie ni consolation, ni santé ni vie. [4] Elle tomba tout à fait malade à Melun, et elle y eut un grand mal de cœur, qui l'obligea de venir promptement à Paris, où la maladie s'augmenta tellement qu'elle en mourut, [5] après avoir donné ordre avec beaucoup de sagesse, et comme une véritable chrestienne, à tout ce qui pouvoit regarder le salut de son âme. [6] Elle receut le corps de Nostre Seigneur avec beaucoup d'humilité, de dévotion et de respect, [7] des mains de l'évesque de Paris [8] Renaud de Corbeil, [9] son pasteur naturel, [10] qu'on dit avoir esté son confesseur ordinaire, et l'un de ses principaux ministres pour les affaires de l'Estat.

[11] Les cordeliers écrivent qu'elle estoit du tiers ordre

---

[1] Matth. Par., c; p. 844, b, c. — [2] Ibid., p. 844, a-c; p. 859, c. — [3] Ibid., p. 844, c. — [4] Ms. F, p. 325. — [5] Ibid., p. 7, 2. — [6] Ibid., p. 243. — [7] Ibid., p. 7, 1; p. 243. — [8] Gall. christ., t. I, p. 445, 2. — [9] D'Auteuil, l. III, p. 125. — [10] Ibid., p. 120. — [11] Ibid., p. 121; note.

de saint François. ¹ Mais cinq ou six jours avant sa mort, elle voulut recevoir l'habit de Cisteaux, ² en fit les vœux et la profession, receut le voile, comme religieuse de la maison de Maubuisson, résolue de demeurer dans cet estat, si Dieu lui rendoit la santé, ³ et passa le temps qu'elle vécut depuis sous l'obéissance de l'abbesse de Maubuisson, ⁴ qu'elle avoit, dit-on, fait venir à Paris avec ses religieuses.

⁵ Approchant de sa fin, elle fut longtemps sans parole ; ce qui fit qu'on la transporta sur un lit, où il n'y avoit qu'une simple serge sur de la paille sans matelas ni autre chose : ⁶ ce fut peut-estre elle-même qui le demanda, la parole luy estant revenue. Je ne sçay si ce n'estoit point pour se conformer en quelque chose à la coutume de l'ordre de Cisteaux, où l'on mettoit autrefois les mourants à terre sur de la cendre : et nous verrons que saint Louis mourut sur la cendre et le cilice.

⁷ Après qu'elle eut esté quelque temps en cet estat, comme les prestres et les ecclésiastiques qui estoient autour d'elle ne songeoient point, dans le trouble où l'on estoit, à faire les recommandations de l'âme, elle les commença elle-même, en disant d'une voix fort basse et avec beaucoup de peine : *Subvenite sancti Dei*, et le reste. Les ecclésiastiques firent donc les prières ordinaires et le service des morts, dont on croit qu'elle dit avec eux six ou sept versets ; et avant qu'elles fussent achevées, elle rendit l'esprit, ⁸ sur les

---

¹ Ms. F, p. 7, 1. — ² *Ibid.*, p. 242 ; Matth. Par., p. 859, c. — ³ Ms. F, p. 7, 1. — ⁴ D'Auteuil, l. III, p. 120. — ⁵ Ms. F, [p. 7, 1 ; p. 243. — ⁶ *Ibid.*, p. 243. — ⁷ *Ibid.*, p. 7, p. 243. — ⁸ D'Auteuil, l. III, p. 127.

deux ou trois heures après midi, fortifiée des sacrements de Jésus-Christ, pleine de foy et de reconnoissance des grâces de Dieu, louant de tout son cœur son créateur et le confessant avec fidélité.

[1] C'est ainsi que cette fidèle servante de Dieu, qui avoit esté si longtemps la gardienne et la tutrice de la France, quitta le siècle pour aller au-devant de Jésus-Christ. [2] Quand elle fut morte, on la revestit de ses vestemens royaux [3] sur ses habits de religion, [4] avec la couronne d'or sur le voile. [5] En cet estat elle fut portée dans Paris par les principaux du royaume en une chaire d'or, dit l'auteur de sa Vie, qui n'est pas ancien. [6] Et comme elle avoit ordonné, avant que de mourir, que son corps fust porté à Maubuisson, [7] elle y fut conduite processionnellement par l'évesque de Paris accompagné de tout son clergé [8] et avec beaucoup de solennité. [9] On peut voir encore quelques particularitez dans M. d'Auteuil, dont je n'ay pas les preuves.

[10] Elle fut enterrée dans cette abbaye, [11] dans une vouste sous terre : et ce fut là son dernier palais. Au-dessus [12] on luy a élevé un tombeau au milieu du chœur des religieuses, avec quelques vers rapportez par M. d'Auteuil; c'est peu de chose. [13] On marque que le 13 mars de l'année suivante, son cœur fut porté solennellement de Maubuisson à l'abbaye du Lis, par Alix, autrefois comtesse de Mascon et alors abbesse du Lis, à qui Blanche même avoit accordé cette grâce.

---

[1] Matth. Par., p. 859, b, d. — [2] Ibid., d. — [3] D'Auteuil, l. III, p. 130. — [4] Matth. Par., p. 859, d; Ms. F, p. 325. — [5] Ms. F, p. 325. — [6] Matth. Par., p. 859, e. — [7] Ms. F, p. 325. — [8] Ibid., p. 238. — [9] D'Auteuil, p. 131, 132. — [10] Duchesne, p. 358, c. — [11] Ms. F, p. 326. — [12] D'Auteuil, p. 152. — [13] Ibid.; J. Marie, p. 703.

Renaud évesque de Paris l'enterra dans le chœur de cette église.

CCCXXI.

Éloge de la reine Blanche.

Voilà quelle a esté la fin de cette grande reine, illustre par sa naissance qu'elle avoit tirée des deux maisons de Castille et d'Angleterre, par son mariage avec le roy Louis VIII, par un grand nombre d'enfants, dont l'un se peut appeler le plus saint de tous les rois, trois autres se sont rendus illustres en piété et en courage, et la fille, nommée Isabelle, a mérité le titre de bienheureuse et la réputation de sainte. Nous avons déjà parlé de toutes ces choses; nous avons vu aussi avec quelle sagesse et quelle vigueur elle a conduit les affaires du royaume durant la minorité de son fils. [1] Elle fit voir alors qu'elle estoit la plus prudente femme de son siècle : « Admodum « callida et ingenii perspicacis. [2] Femineæ cogita- « tioni et sexui masculinum inferens animum, stre- « nue, potenter ac juste administravit jura regni, et « contra plurimos tunc apparentes adversarios solerti « industria defensavit. [3] Mulier magnanimis, [4] tota vi- « rago, [5] regni non muliebriter rexit habenas. [6] Domi- « narum secularium domina; Franciæ custos et tutrix;

---

[1] Duchesne, p. 329, b. — [2] Ibid., p. 395, c; Ms. F, p. 6, 2. — [3] Episc. Leod., t. II, p. 277. — [4] Duchesne, p. 445. — [5] Matth. Par., p 827, a. — [6] Ibid., p. 859, b.

« ¹sexu femina, consilio mascula, Semirami merito
« comparanda, ²inter omnes sexus sui eminentissima. »

³ Mouskes, qui ne luy est pas des plus favorables, la qualifie sage et franche. ⁴ Elle sçavoit et récompenser et punir, ⁵ et se rendre également utile et agréable aux hommes ; ⁶ de sorte que l'on a escrit que toutes sortes de biens estoient entrez en France avec elle. Elle semble avoir eu pour caractère un génie ferme et courageux, et beaucoup de promptitude à exécuter ce qu'elle avoit entrepris.

⁷ Elle n'eut pas moins de soin de se faire aimer de Dieu que des hommes. ⁸ Dès sa jeunesse on avoit dit d'elle que son nom marquoit la blancheur de son âme, qu'elle n'avoit pas moins de beauté au dedans qu'au dehors, et que la noblesse de son cœur surpassoit encore toute la grandeur de sa race. ⁹ Depuis cela le pape Grégoire IX louoit « plenam sinceritatem devotionis
« et fidei quam circa Deum et Ecclesiam semper ha-
« buerat. »

¹⁰ Elle craignoit et aimoit Dieu, et faisoit avec joie ce qu'elle croyoit luy estre agréable. ¹¹ « Virtutibus pol-
« lens, charitate præcellens, accepit a Domino potes-
« tatem in populis, libertatem in arbitriis, humilitatem
« in prosperis, patientiam in adversis. Fuit justitia
« insignis, sapientia laudabilis, discretione mirabilis,
« speculum castitatis, exemplum religionis, larga, pu-
« dica, pia ; et quod in ea præfulgidum erat, misero-

---

[1] Matth. Par., p. 859, d. — [2] Ibid., p. 732, e, f. — [3] Mousk., vers 27 305 et suiv. — [4] Ms. F, p. 769. — [5] Duchesne, p. 445, c. — [6] Ibid., p. 329, b. — [7] Ibid., p. 445, c; Matth. Par., p. 558, a. — [8] Duchesne, p. 158, b. — [9] Ms. F, p. 1045. - [10] Ibid., p. 8. — [11] D'Auteuil, note, p. 14.

« rum necessitatibus subvenire paratissima ; in cunctis
« operibus suis laudabiliter circumspecta. »

[1] Elle estoit fort généreuse en paroles et en actions, aimoit la justice, estoit pleine de bonté, aimoit fort les religieux et les religieuses et tous ceux qu'elle croyoit estre gens de bien ; honoroit beaucoup et sagement les personnes sages et prudentes. Elle faisoit avec joie tout le bien qu'elle pouvoit, vouloit que chacun fist de même celuy qui estoit en son pouvoir, et prenoit part à toutes les œuvres de piété. Au contraire, toute mauvaise action et tout mal luy déplaisoit. Elle fit beaucoup d'aumosnes, et fonda les deux abbayes de Maubuisson et du Lis, [2] ou au moins saint Louis les fonda à sa prière.

[3] Elle maintint le royaume en paix durant l'absence de saint Louis par le soin qu'elle eut de rendre justice à tout le monde, aux grands et aux petits sans acception de personne. [4] Les papes ont reconnu qu'elle avoit toujours esté favorable à l'Église. « De te mater
« Ecclesia » luy dit Innocent IV, « sicut de præcordiali
« filia et virtute præcipua gerit confidentiam plenio-
« rem, cum in cunctis suis necessitatibus tuum sibi
« auxilium senserit favorabiliter affuisse. » [5] Nous avons même remarqué qu'en 1247 elle fut preste de suivre le roy et ses autres enfants pour aller secourir le pape contre Frédéric ; de quoy le pape la remercia avec de grands éloges. [6] Il faut voir la lettre qu'Innocent IV luy escrit le 18. mars 1251.

Son amour pour l'Église ne luy faisoit pas néan-

[1] Ms. F, p. 7, 1. — [2] Ibid., p. 242. — [3] Ibid., p. 326. — [4] Ibid., p. 1045 ; Duchesne, p. 413, a. — [5] Raynald., an. 1247, art. 115, p. 16. — [6] Ibid., an. 1251, art. 19-23.

moins adorer toutes les prétentions des ecclésiastiques. Nous avons vu de quelle manière elle se conduisit l'an 1229 dans l'affaire de l'Université; et ce fut sans doute par son conseil que saint Louis, durant sa minorité, soutint ses droits avec tant de vigueur contre l'archevesque de Rouen et l'évesque de Beauvais. Mais nous avons vu que lors même qu'elle gouvernoit seule en France, elle arresta une croisade contre Conrad, et rompit les prisons du chapitre de Paris.

Elle ne pouvoit pas avoir les vertus qu'on luy attribue, sans y joindre la chasteté. [1] Aussi on la qualifie une princesse très-chaste, [2] et un miroir de chasteté. [3] Tant que son mari vécut ils s'aimèrent parfaitement; et il est marqué que jamais aucune femme n'aima davantage ses enfants et son mari. [4] Depuis qu'il fut mort, quoique son âge d'environ quarante ans n'eust pas encore effacé sa beauté, sa pureté et sa vertu ostoient toute espérance à ceux qui eussent pu avoir pour elle quelque affection moins honneste.

[5] La pureté dans laquelle ont vécu non-seulement saint Louis et la bienheureuse Isabelle, mais encore leurs frères, ne peut estre qu'une suite et une bénédiction de la pureté de leur mère, qui avoit eu tout le soin de leur éducation. Que si l'humilité est la sauvegarde de la chasteté, [6] la réponse qu'elle fit à un religieux qui la reprenoit de souffrir quelques désordres, est une très-grande preuve de l'amour qu'elle avoit pour ces deux vertus.

L'éducation de ses enfants a dû estre le capital de sa piété, et nous avons vu avec quel soin elle s'en est

---

[1] *Episc. Leod.*, t. II, p. 277. — [2] D'Auteuil, note, p. 13. — [3] Mousk., vers 27305 et suiv. — [4] Ms. F, p. 431. — [5] *Ibid.*, p. 103. — [6] Duchesne, p. 445, 446.

acquittée, en parlant de celle de saint Louis. En un mot les étrangers même luy font cette justice, [1] qu'elle a esté, par le consentement de tous les plus excellents auteurs, une princesse pleine de vertu et de piété. [2] Divers auteurs nouveaux luy attribuent le titre de bienheureuse et des miracles, [3] et on l'a mise en cette qualité dans quelques martyrologes. [4] On rapporte une apparition d'elle avec saint Louis et la bienheureuse Isabelle, suivie d'un miracle considérable. Il faut au moins voir l'endroit.

[5] On escrit que les rois ont quelquefois fait mettre le nom et l'effigie de Blanche sur leurs monnoies d'or : j'en voudrois avoir vu. [6] On remarque aussi que jusqu'au siècle dernier, le peuple appelloit toutes les reines veuves *reines Blanches*, soit à cause de la mère de saint Louis, et de Blanche, veuve de Philippe de Valois, qui vécut jusque sous Charles VI, soit parce que les reines veuves s'habilloient de blanc.

CCCXXII.

Défauts imputés à Blanche.

Comme les hommes sont toujours hommes, et les grands toujours exposez à la calomnie, il ne faut pas trouver étrange qu'on ait attribué des fautes à Blanche qui ont pu estre véritables, et d'autres dont il n'est peut-estre pas difficile de la justifier. On sçait ce qu'on

---

[1] Raynald., an. 1230, art. 30. — [2] D'Auteuil, l. III, p. 141-144; note, p. 17-19, 22, 23. — [3] *Ibid.*, p. 22, 23. — [4] Rouillard, p. 445.— [5] D'Auteuil, note, p. 23. — [6] *Ibid.*, l. III, p. 148; du Tillet, I, p. 258.

lit dans l'ancienne édition de Joinville, [1] de la jalousie qu'elle avoit contre la reine Marguerite sa belle-fille, en sorte qu'elle ne pouvoit souffrir que saint Louis luy témoignast de l'affection, et traitoit même le roy avec une hauteur assez étrange. Cela ne se trouve point dans les meilleures éditions de Joinville. Il est néanmoins si difficile de croire que cela ne soit pas de luy, que M. du Cange a cru le devoir ajouter dans ses notes, p. 98. [2] M. d'Auteuil a même reconnu la chose comme vraie et incontestable, et il fait seulement ce qu'il peut pour excuser ce défaut.

Saint Louis ne vouloit rien faire sans elle, et on prétend même qu'il n'osoit. Il semble qu'elle ait porté les interests de la maison de Castille au préjudice des droits qu'elle et ses enfants y pouvoient prétendre. S'il y a quelque chose à blasmer dans la paix faite en 1229 avec le comte de Toulouse, ce blasme retombe assurément sur elle et sur le légat. [3] On prétendit qu'elle avoit donné une grosse somme au premier ministre d'Angleterre pour luy faire trahir son roy. [4] Philippe Mouskes l'accuse d'avoir esté un peu trop amère aux barons durant sa régence, [5] et de n'avoir pas témoigné en faire assez d'estat. [6] D'autres l'ont aussi accusée de fierté. Elle fut trompée par les Pastoureaux en 1251.

[7] Mouskes dit qu'elle fut blasmée au sujet de la mort du comte de Boulogne son beau-frère, qu'on tenoit avoir esté empoisonné par le comte de Champagne. Et il est vrai qu'il semble que les règles de l'honneur ne vou-

---

[1] *Chron. de S. Louis*, c. LXXVI, p. 450-452. — [2] D'Auteuil, l. III, p. 80, 81. — [3] Matth. Par., p. 363, c. — [4] Mousk., vers 27 952. — [5] *Ibid.*, vers 28 004 et suiv. — [6] Matth. Par., p. 354, c, e. — [7] Mousk., vers 28 139.

loient pas qu'elle eust d'union avec ce comte accusé par la voix publique de la mort de son mari et de son beau-frère; surtout si c'estoit à cause d'elle qu'il avoit avancé la mort de son mari. Ce fut sans doute par cette raison qu'elle ne voulut point souffrir qu'il assistast au sacre de saint Louis. Mais voyant depuis que tous les grands s'élevoient contre elle, elle ne crut pas devoir refuser la paix à un prince si puissant, accusé mais non convaincu, ni mépriser le secours qu'il luy offroit dans un si grand besoin, ni manquer à le défendre ensuite contre ceux qui ne l'attaquoient en [quelque sorte] que parce qu'il avoit pris son parti. ¹ Que s'il est vray que les princes luy aient demandé justice contre le comte, et offert de prouver dans les formes qu'il estoit coupable de la mort du roy; elle ne pouvoit refuser [justice] sans violer les règles de l'Estat, sans fortifier la prévention contre le comte, et sans faire tort à sa réputation propre, et elle ne pouvoit aussi l'accorder si le comte estoit coupable, sans se ruiner elle, ses enfants et tout le royaume.

² Matthieu Paris l'accuse d'avoir esté un peu trop viste dans l'affaire de l'Université en 1229 : « muliebri « procacitate, « dit-il, » et impetu mentis agitatam. » ³ Mais pour ce qu'il ajoute qu'elle refusa absolument de rendre justice à l'Université, ⁴ d'autres marquent seulement qu'elle ne voulut pas la leur rendre comme ils la prétendoient avoir. ⁵ Et Albéric ne veut ni l'absoudre en cette occasion ni la condamner : « quot ca- « pita, tot sententiæ, » dit-il. ⁶ Matthieu Paris ajoute,

---

¹ Matth. Par., p. 366, b. — ² Ibid., p. 354, e. — ³ Ibid., e. — ⁴ Ms. F, p. 889. — ⁵ Ms. D, p. 434, 1. — ⁶ Matth. Par., p. 354, e.

ce qui est de plus grande importance, que ceux de l'Université, en quittant Paris, « legatum Romanum « execrantes, reginæ muliebrem maledixerunt super- « biam ; imo eorum infamem concordiam ; » [1] et en un autre endroit : « Dicebatur Romanum corrupisse Blan- « cham ; » [2] et autre part : « oriebatur interim rumor « irrecitabilis ac sinister, scilicet quod dominus lega- « tus secus quam deceret se habebat adversus Blan- « cham. » [3] Il en parle encore autre part d'une manière plus outrageante, comme si la chose avoit passé jusqu'aux derniers excès. Il y joint le comte de Champagne ; [4] et il dit que ce fut pour satisfaire sa passion criminelle que ce comte quitta le siége d'Avignon, et même empoisonna Louis VIII. [5] Ce que Matthieu de Westminster, son abbréviateur, dit aussi, et en des termes encore plus rudes.

[6] Tout ce que nous avons dit cy-dessus de la vertu de Blanche, et particulièrement de sa chasteté, détruit ces noires impostures. Il faut avouer néanmoins qu'elles ont eu quelque cours parmi le monde. Outre le témoignage de Matthieu Paris, [7] nous en sommes assurez par un chanoine de Liége nommé Jean Ocsem, [8] qui, estant né en 1278, escrivit un grand nombre d'ouvrages depuis l'an 1312 jusqu'en 1348, et parut tant en France qu'en divers autres pays où il fut envoyé par son évesque ou par son chapitre.

[9] Cet auteur dit donc qu'on publioit (*multi garriunt*) des bruits fascheux de Blanche : mais il ajoute en même

---

[1] Matth. Par., p. 575, *a*. — [2] *Ibid.*, p. 335, *b, c*. — [3] *Ibid.*, p. 366, *b*. — [4] *Ibid.*, p. 334, *b*. — [5] Matth. West., p. 289, *d*. — [6] Raynald., an. 1230, art. 30. — [7] *Episc. Leod.*, t. II, p. 277. — [8] *Ibid.*, p. 272-275. — [9] *Ibid.*, p. 227.

temps que ce n'estoit qu'un effet de la malignité des princes, qui ne pouvoient souffrir qu'elle s'opposast avec tant de vigueur à leurs mauvais desseins, « con- « tra eam furtive libellos diffamatorios spargentes in « viis et plateis, detractionis improbissimæ excitave- « runt scandalum, ut castissimæ reginæ imponerent « velut commune carnis ludibrium. » Il ajoute que Dieu, pour punir ses calomniateurs, luy donna l'avan- tage de les soumettre tous à sa puissance et de triom- pher d'eux en paroissant toujours à la teste de ses armées. Matthieu Paris même ne parle de ces choses que comme de bruits, et ne les donne jamais pour assurées.[1] Et même il dit sur cela en un endroit : « Sed « impium est hoc credere, quia æmuli ejus hoc disse- « minaverunt ; benignus autem animus dubia in melius « interpretatur. »[2] Nous avons rapporté cy-dessus les éloges qu'il luy donne, et je ne sçay s'il se trouvera aucun endroit où, en parlant de lui-même, il en parle désavantageusement.

La justification de Blanche n'emporte pas celle de Thibaud. Il peut estre coupable et elle innocente. Je n'en trouve rien néanmoins, hors ce qu'en dit Matthieu Paris,[3] que dans une chronique qui finit en 1368,[4] dans un nommé Sala, officier de Louis XII et de Fran- çois Ier,[5] et dans une vie de Blanche faite sous Fran- çois Ier. Ces trois auteurs n'en parlent qu'à l'occasion de la paix que le comte, alors roy de Navarre, fit avec saint Louis en 1236, lorsque Blanche devoit avoir environ cinquante ans. Ils disent, au moins les deux premiers,

---

[1] Matth. Par., p. 335, c. — [2] Ibid., p. 558, a ; p. 732, e, f ; p. 827, a ; p. 859, b, d. — [3] Ms. F, p. 772. — [4] Ibid., p. 431. — [5] Ibid., p. 314.

que Thibaud, pour charmer son ennuy, s'amusa à la musique et composa des airs et des chansons, qu'on lisoit encore alors dans les salles des palais de Troyes et de Provins, et qu'on appeloit les chansons du roy de Navarre. Aucun des trois ne dit que Blanche ait tesmoigné en aucune manière favoriser la passion de Thibaud; [1] et Sala dit positivement que l'ennuy de Thibaud venoit du désespoir où il estoit de la pouvoir satisfaire à cause de la vertu de Blanche.

Que s'il estoit constant que sa passion eust commencé plus tost et dès le temps de Louis VIII, il seroit plus difficile de justifier l'union que Blanche eut avec luy durant la minorité de saint Louis. Mais je ne sçay pas dans quel historien on a trouvé qu'elle ait contribué volontairement à entretenir cette passion pour s'en servir dans les affaires de l'Estat, sans néanmoins aller jusqu'au comble du crime; ni dans quel évangile on a lu qu'elle le pouvoit faire sans blesser son honneur et sa conscience.

[2]Fauchet escrit qu'on voyoit encore de son temps quelques-unes des chansons de Thibaud au chasteau de Provins, outre ce qui s'en trouve dans les manuscrits. Il en donne quelques endroits, et remarque qu'elles ont été connues et estimées jusqu'en Italie et imitées par Dante. [3]Il y a quelques vers dont on peut abuser contre Blanche, mais je ne crois pas qu'ils prouvent rien. [4]M. d'Auteuil cite, pour la justification de Blanche, l'Histoire de Raimond, dernier comte de Toulouse, par Catel, [5]et les annales de Belleforest. Je

---

[1] Ms. F, p. 431. — [2] *Des Poëtes franç.*, l. II, c. xv, p. 564, 565. — [3] *Ibid.*, p. 565, 2; *Chron. de S. Denys*; Ms. D, p. 529. — [4] D'Auteuil, l. I, p. 83. — [5] *Ibid.*, p. 85.

ne trouve rien de considérable dans l'un ni dans l'autre.

CCCXXIII.

Les frères du roy gouvernent l'Estat avec le conseil.

¹La mort de Blanche laissa la France privée de toute sa consolation et son support. ²Le comte de Poitiers prit la conduite des affaires ³avec le comte d'Anjou, Louis fils aisné du roy n'estant pas encore assez âgé pour cela. ⁴Le chapitre de Nevers, voulant demander permission d'élire un évesque, adresse sa requeste : « nobilibus viris gerentibus vicem domini regis in « regno Franciæ. »

⁵Bernard de Ventadour, élu évesque du Puy, demanda à faire serment de fidélité entre les mains des conseillers du roy, qui receurent son serment et luy accordèrent la régale. L'acte est daté du 9 juin 1254, à Paris, en présence du conseil du roy. ⁶Henri de Sulli, dans un acte du mois de novembre 1253, déclare qu'il a receu les biens de Normandie appartenant à l'héritier mineur de Pierre de Courtenay dont il avoit épousé la veuve, « a carissimis dominis et amicis nostris consilia- « riis domini regis. » ⁷Guillaume, évesque d'Avranches, estant mort le 8 décembre 1252, ⁸et Innocent luy ayant substitué Richard l'Ange, selon la chronique de Normandie, page 1009 a; il escrivit, après le 24 juin 1253,

---

¹ Matth. Par., p. 859, d. — ² Du Boulay, p. 257. — ³ Ms. F, p. 238. — ⁴ Invent., t. VI, Elect., pièce 6. — ⁵ Regist., 30; p. 93. — ⁶ Courtenay, note, p. 35. — ⁷ Hist. Norm., p. 1009, a. — ⁸ Invent., t. IX, Mélange de bull., p. 37.

pour lui faire donner la régale, *au conseil du roy estant près de son fils aisné*, comme si Alphonse et Charles eussent gouverné au nom du jeune Louis, leur neveu.

Alphonse paroist avoir eu plus particulièrement l'administration des affaires, tant comme l'aisné que parce que Charles estoit occupé à la guerre de Flandre. [1] L'université et les Jacobins s'adressèrent à luy dans leurs disputes comme estant régent du royaume : *regni tunc rectori*. [2] Cantimpré l'appelle *procuratorem Franciæ*. On voit par un compte de l'an 1253 que le roy donnoit des gages à saint Philippe, archevesque de Bourges, aux évesques d'Évreux et de Senlis, aux doyens de Saint-Agnan d'Orléans et de Saint-Martin de Tours, et à Estienne de Sancerre. Ils estoient apparemment des principaux du conseil.

CCCXXIV.

L'AN DE JÉSUS-CHRIST 1253. Pasques le 20 avril. C.

Saint Louis apprend la mort de Blanche. — Des trois enfants qu'il eut estant en Orient.

[3] Saint Louis estoit encore occupé aux fortifications de Joppé, lorsqu'il y receut les nouvelles de la mort de sa mère [4] avant le mois de mars de cette année. [5] Il l'apprit de la bouche du légat, qui en receut le premier

---

[1] Du Boulay, p. 252, 257. — [2] Cantipr., l. II, c. x, art. 32, p. 182. — [3] Duchesne, p. 359, *e*; p. 467, *b*; Ms. F, p. 782. — [4] Ms. B, p. 191. — [5] Ms. F, p. 900, 901; p. 238; Duchesne, p. 359, 360; p. 457, *b*, *c*.

des nouvelles certaines, comme on le peut voir dans le récit qu'en fait Geoffroy de Beaulieu, [1] qui estoit alors son confesseur, [2] et qui le fut durant les vingt dernières années de sa vie ou environ. [3] Il ne l'estoit pas encore durant sa prison.

[4] L'archevesque de Tyr, [5] nommé Gille, qui portoit alors le sceau du roy, a depuis esté légat en France pour la croisade. Il mourut à Dinant en Allemagne, auprès de Liége, le 23 avril 1266, d'où son corps ayant esté apporté dans l'église paroissiale de Nostre-Dame de Saumur, le peuple témoigna tant d'estime pour luy, qu'il venoit faire de grandes oblations à son tombeau, [6] ce qui a duré jusqu'aux calvinistes, qui ont abattu le tombeau qu'on luy avoit élevé dans cette église.

[7] Il estoit archevesque de Tyr, et vicaire de l'Église de Jérusalem le 10 mars 1251, auquel il condamna en son palais d'Acre un nommé Signoret, qui prétendoit la thrésorerie d'Acre sur une fausse bulle. [8] Son corps fut trouvé par hazard le 2 décembre 1613, et il y en a une relation imprimée en 1614. [9] On croit qu'il estoit de Saumur, tant parce qu'il y fut apporté de si loin, [10] que parce qu'il y a eu dans cette ville une ancienne famille des Gilles qui avoient leur sépulture auprès de cet archevesque, et se croyoient estre ses parens. [11] Urbain IV lui commit le soin d'une affaire de cette église de Saumur.

[12] Saint Louis fut deux jours enfermé dans sa chambre

---

[1] Duchesne, p. 359. — [2] Ibid., p. 446, a. — [3] Ibid., p. 456, b, c. — [4] Ibid., p. 457, b. — [5] Élog. hist. du père Labbe, p. 208, 209; Joinville, note, p. 392; Hist. de Gill., arch. de Tyr, p. 46, 59. — [6] Hist. de Gill., p. 46. — [7] Ms. G, p. 325. — [8] Hist. de Gill., p. 45. [9] Ibid., p. 28. — [10] Ibid., p. 31, 32. — [11] Ibid., p. 32. — [12] Joinville, p. 110.

sans vouloir voir personne de sa cour. Au bout de ce temps, il envoya quérir Joinville, qui le reprit avec sa liberté ordinaire de ce qu'il faisoit paroistre si fort sa douleur.

¹ Saint Louis ne cessa point, tant qu'il vécut, de prier et de faire prier pour sa mère. ² Il luy fit faire plusieurs services dans les églises d'Orient, et envoya en aumosne à celles de France la charge d'un grand cheval de pierres précieuses et de joyaux, avec des lettres où il demandoit leurs prières pour elle et pour luy. Le légat fit l'office au service solennel que le roy fit faire à Joppé.

³ La reine Marguerite, qu'on prétend n'avoir pas eu beaucoup de sujet d'aimer Blanche, ne laissa pas de tesmoigner beaucoup d'affliction à sa mort. On pria Joinville de l'aller consoler, et quand il fut dans sa chambre, il se railla un peu de sa douleur. Aussi elle luy avoua que ce n'estoit pas la mort de Blanche qui l'affligeoit, mais l'estat où elle voyoit le roy, et la peine où elle estoit pour sa fille Isabelle qui demeuroit en la garde des hommes. C'est elle qui devint peu après reine de Navarre, et qui a passé pour une princesse de grande vertu. ⁴ Saint Louis luy escrivit d'Orient une lettre de sa main, où il l'exhortoit avec beaucoup de zèle et de dévotion au mépris du monde et à l'amour de la vie et de la profession religieuse, quoique ce fust son aisnée. Mais Dieu en ordonna d'une autre manière. ⁵ Elle estoit née le 18 mars 1242 (voy. t. II, p. 474).

⁶ Marguerite accoucha vers ce temps-là d'une autre

---

¹ Duchesne, p. 458, a; Ms. F, p. 782, 783, 240. — ² Joinville, p. 110. — ³ Chron. de S. Louis, LXXVI, p. 450. — ⁴ Duchesne, p. 449, a. — ⁵ Ibid., p. 336, c; Spicileg., t. II, p. 815. — ⁶ Ms. F, p. 782, 901, 315.

fille, que saint Louis fit nommer Blanche à cause de sa mère. C'est elle qui fut depuis mariée à Ferdinand, prince de Castille. Il la fit élever dans le monastère de Maubuisson, dans le dessein de l'y offrir à Dieu. Et elle se fust épargné beaucoup de peines et d'afflictions en ce monde, si elle eust suivi la pensée de son père.

Le premier de tous les enfants de saint Louis avoit esté une Blanche, mais elle estoit morte peu d'années après. [1]Outre cette seconde Blanche, Marguerite eut deux enfants en Orient, Jean, et Pierre, né sans doute en 1251; [2]et quand saint Louis s'en retourna, elle estoit grosse apparemment de Marguerite, depuis duchesse de Brabant.

[3]Saint Louis voulut que ces deux princes fussent élevez l'un dans les Jacobins de Paris, l'autre dans les Cordeliers, dans des appartements qu'il avoit fait faire pour cela en ces deux monastères; et il l'ordonna même dans un testament qu'il fit lorsqu'ils estoient encore enfants; voulant qu'ils apprissent parmi ces religieux la piété et les lettres, et qu'ils fussent élevez dans l'amour de la vie religieuse; souhaitant de tout son cœur qu'après avoir receu toutes les instructions nécessaires, Dieu leur inspirast le désir d'embrasser la religion. [4]Mais Dieu jugea peut-estre qu'il estoit plus utile et pour ces princes mêmes et pour l'édification de l'Église, qu'ils vécussent dans le monde et dans le mariage. Ainsi saint Louis leur donna leur apanage, et leur ayant fait épouser de riches héritières, Jean, qui estoit né dans la prison de son père, devint comte

---

[1] Ms. F, p. 448, c; p. 13, 2. — [2] *Spicileg.*, t. II, p. 799. — [3] Duchesne, p. 448, 449. — [4] *Ibid.*, p. 449, a.

de Valois, de Nevers, d'Auxerre et de Tonnerre; et Pierre comte d'Alençon, du Perche, de Chartres et de Blois.

¹ Le premier jour de mars de cette année, saint Louis donna pouvoir à ses frères de faire une trêve avec les Anglois. L'acte est daté de Joppé. ²Si cette trêve se fit, elle ne fut que pour deux ans, et jusqu'à la Saint-Remi de l'an 1255. Ce qui se passa entre saint Louis et Henri III à la fin de 1254 est une grande marque qu'il y avoit trêve.

CCCXXV.

Saint Louis prie le pape d'envoyer des évesques en Tartarie.

³ Les députez que saint Louis avoit envoyez l'an 1249 en Tartarie, y avoient trouvé quelques chrestiens. On peut juger par la lecture du voyage de Rubruquis que ces chrestiens estoient étrangement ignorans dans la doctrine et très-corrompus dans leurs mœurs. Ils estoient même Nestoriens, mais sans savoir apparemment ce que c'estoit que Nestorius. ⁴Ils ne faisoient point de difficulté d'offrir leur communion aux catholiques; ils reconnoissoient sans peine que l'Église romaine estoit la mère de toutes les Églises, et ils disoient même qu'ils auroient dû recevoir leur patriarche du pape, si les chemins eussent esté libres.

⁵ Les Tartares idolâtres et les khans mêmes tesmoignoient du respect pour le nom de Jésus-Christ et

¹ Ms. B, p. 191. — ² Ibid., p. 193. — ³ Joinville, p. 93; Raynald., an. 1253, art. 49. — ⁴ Rubruq., c. xL, p. 196. — ⁵ Ibid., c.

rendoient de grands honneurs à la croix. ¹Si Caiuk et Mangu n'estoient pas chrestiens, comme quelques-uns le publioient, il estoit vray néanmoins qu'ils faisoient plus d'honneur aux chrestiens qu'à tous les autres. ²La mère de Mangu très-considérée parmi les Tartares, estoit chrestienne. Le premier secrétaire de ce prince, par le conseil duquel tout se faisoit à la cour, estoit aussi chrestien.

³Un Arménien, fils d'un prestre dont l'église avoit esté ruinée par les Sarrazins, lui ayant présenté une croix d'argent, il luy demanda quelle récompense il désiroit en avoir. Le chrestien luy demanda quelque chose pour l'aider à rebastir son église ; et luy ayant dit qu'il faisoit estat que ce bastiment cousteroit bien deux mille marcs, Mangu ordonna qu'on luy fournist toute cette somme. ⁴Il exemptoit de tribut et de toutes sortes d'impositions ceux qui faisoient profession de piété : chrestiens, payens, mahométans. Hulacou, son frère, paroissoit aussi avoir de l'inclination pour les chrestiens.

⁵Il y avoit donc lieu de croire que ces peuples n'estoient pas éloignez de recevoir la foy si on avoit soin de la leur prescher. Mais ils avoient fort peu d'évesques, ce qu'on attribuoit au calife de Bagdad, qui s'y opposoit par les Sarrazins qui estoient en grand nombre parmi les Tartares : ⁶de sorte qu'il y avoit des pays où l'évesque venoit à peine une fois en cinquante ans. Et d'ailleurs, ⁷des évesques nestoriens qui conféroient le sacerdoce à tout le monde indifféremment,

¹ *Ibid.*, c. xix, p. 70. — ² Abulphar., p. 310, 322; Rubruq., c. xxx, p. 130. — ³ *Ibid.*, c. xxix, p. 166. — ⁴ Abulphar., p. 328. — ⁵ Raynald, an. 1253, art. 49. — ⁶ Rubruq., c. xxviii, p. 117. — ⁷ *Ibid.*, p. 117.

même à des enfants, n'estoient pas propres pour convertir des peuples et en faire de véritables chrestiens.

[1] Ainsi saint Louis, qui, estant véritablement un roy très-chrestien et un des premiers athlètes de Jésus-Christ, souhaitoit avec ardeur l'augmentation de la foy chrestienne, crut qu'il seroit fort avantageux d'élever à la dignité épiscopale quelques jacobins et cordeliers que l'on destinoit à aller prescher la foy dans la Tartarie pour remplir les églises de ce pays qui estoient vacantes, afin qu'ils y pussent donner les sacremens, établir des ministres, donner les dispenses nécessaires, et y rendre à l'Église les autres services qu'elle peut attendre de la charité et de l'autorité épiscopale. Beaucoup d'autres estoient dans la même pensée, de sorte que saint Louis en escrivit au pape, et il ajouta qu'il croyoit qu'il estoit à propos de permettre le mariage à ceux qui se convertiroient dans les degrez qui ne sont point défendus par la loy de Dieu, et de ne les point obliger aux jeûnes et aux autres observations établies par l'autorité de l'Église, jusqu'à ce que la grâce qui habiteroit dans eux, les eust enracinez plus fortement dans la foy et les eust rendus plus propres pour observer ces sortes de choses.

Le pape écrivit sur cela, le 20 février 1253, à l'évesque de Tusculum, légat auprès de saint Louis, et luy remit le soin de faire sur cela ce qu'il jugeroit estre le plus pour le salut de ceux de ces pays, dont il avoit plus de connoissance que les autres. Nous ne trouvons point ce que le légat fit ensuite..

---

[1] Raynald., an. 1253, art. 49.

CCCXXVI.

De la conversion de Sartach, prince tartare. — Le pape luy escrit. — Saint Louis luy députe Guillaume de Rubruquis.

¹ Entre les Tartares qu'on disoit avoir embrassé la religion chrestienne, on parloit beaucoup du prince de Sartach, ² fils de Batu, qui, comme nous avons dit, estoit petit-fils de [Cingis ou] Gingis-Khan, et estoit maistre de ce que les Tartares possédoient vers l'Occident et le Nord sur les rivières de Tanaïs et de Volga. ³ Sartach, son fils, avoit sa cour entre le Tanaïs et le Volga.

⁴ Un nommé Jean, qui se disoit estre prestre et chapelain de ce Tartare, vint de sa part trouver le pape Innocent IV, l'assurant que luy et quelques-uns des siens avoient quitté l'idolastrie et receu le saint baptesme. ⁵ Ce Jean n'apportoit point de lettres; mais il disoit qu'il avoit esté arresté en Sicile par Conrad, et retenu en prison, où il avoit perdu ses lettres et tout ce qu'il avoit, et n'avoit pu estre délivré qu'après la mort de Conrad. ⁶ Le pape tesmoigna néanmoins ajouter foy à son rapport et escrivit à Sartach, le 29 d'aoust 1254, pour se réjouir de sa conversion, l'exhorter à confesser hautement la foy qu'il avoit embrassée, et le prier de donner liberté à ses sujets d'écouter ceux qui leur prescheroient l'Évangile et de l'embrasser.

⁷ Le bruit de la conversion de Sartach s'estant aussi répandu dans la Palestine en 1252 au plus tard, tous

---

¹ Raynald., an. 1254, art. 2. — ² Rubruq., c. xviii, p. 69. — ³ *Ibid.*, c. xvii, p. 59. — ⁴ Raynald., an. 1254, art. 2. — ⁵ *Ibid.*, art. 4. — ⁶ *Ibid.*, art. 2, 3, 4. — ⁷ Rubruq., c. i, p. 6.

les chrestiens en eurent beaucoup de joie et particulièrement saint Louis, qui sur cela se résolut d'escrire à Sartach [1] des lettres de paix et d'amitié, [2] pour luy tesmoigner sa joie, [3] l'instruire sur les articles de la foy, [4] luy donner avis de tout ce qui regardoit le bien du christianisme, [5] le prier d'estre ami des chrestiens, d'estre ennemi de leurs ennemis et d'exalter la sainte croix.

[6] Il donna ces lettres à porter à frère Guillaume de Rubruquis, cordelier [7] de la province de Palestine, [8] François de nation. [9] Il passoit pour ambassadeur de saint Louis, [10] quoyqu'il protestast toujours qu'il n'estoit envoyé ni de saint Louis ni d'aucun autre prince, [11] et qu'il n'y alloit que de luy-mème par la volonté et la permission de son supérieur, sans y estre contraint par personne, [12] pour prescher la foy aux infidèles suivant les statuts de son ordre. [13] Saint Louis en parloit dans sa lettre à Sartach, et le prioit de permettre à ce frère de demeurer pour cela en son pays.

[14] Le khan l'ayant qualifié ambassadeur lorsqu'il escrivit par luy à saint Louis, il fit oster ce titre. [15] Il avouoit néanmoins le roy pour son maistre [16] et son souverain seigneur; [17] et il ménageoit quelquefois tellement ses paroles, qu'il y a lieu de juger que c'estoit effectivement saint Louis qui l'envoyoit, mais qu'il ne jugeoit

---

[1] Rubruq., c. xxxi, p. 139. — [2] Ibid., c. xxi, p. 80. — [3] Ibid., c. xii; p. 44. — [4] Ibid., c. i, p. 6. — [5] Ibid., c. xxx, p. 126. — [6] Ibid., c. i, p. 1, 6. — [7] Ibid., c. ii, p. 289. — [8] Bergeron, des Tart., p. 7, 8. — [9] Ibid., c. i, p. 5. — [10] Ibid., p. 5; c. ii, p. 39. — [11] Ibid., c. ii, p. 38, 39. — [12] Ibid., c. i, p. 6. — [13] Ibid., c. xviii, p. 66; c. xxi, p. 84; c. xxxi; p. 139; xlvi, p. 120. — [14] Ibid., c. xlvi, p. 254. — [15] Ibid., c. xviii, p. 66. — [16] Ibid., c. xliii, p. 220. — [17] Ibid, c. xi, p. 38, 39.

pas à propos qu'il agist en cette qualité. ¹ Il l'avoua positivement en parlant au grand khan. ² La riche chapelle qu'il portoit et l'argent nécessaire pour un si grand voyage estoient sans doute des libéralitez de saint Louis, ³ aussi bien qu'une fort belle Bible que le saint luy avoit donnée. ⁴ La reine luy donna aussi un psautier très-riche, ⁵ bien doré et bien enluminé, ce qui fut cause qu'il le perdit. ⁶ Il mena néanmoins un esclave qu'il avoit acheté d'aumosnes.

⁷ Il fit traduire à Acre la lettre de saint Louis en arabe et en syriaque. ⁸ Saint Louis luy recommanda quand il partit de luy mander tout ce qu'il verroit et remarqueroit parmi les Tartares, et de ne pas craindre de luy faire de longues lettres. ⁹ Il fut à Constantinople où il fit quelques provisions pour son voyage, ¹⁰ et il en partit le 7 may 1253. ¹¹ Il arriva à la cour de Sartach le 31 juillet ¹² ou plutost le 30, ¹³ où il s'adressa à un chrestien nestorien nommé Coyat, l'un des principaux de cette cour, ¹⁴ qui se saisit de ce qu'il avoit apporté de plus riche.

¹⁵ Coyat l'envoya à celuy qui avoit le soin des ambassadeurs, ¹⁶ à qui Rubruquis faisant excuse de ce qu'estant religieux et ne possédant rien, il ne pouvoit luy faire de présens, sans quoy on n'estoit pas bien receu parmi les Tartares; cet homme luy répondit : « Vous faites bien d'observer votre vœu. Je n'ay nul

---

¹ Bergeron, *des Tart.*, c. xxxi, p. 139. — ² *Ibid.*, c. xvii, p. 62. — ³ *Ibid.*, p. 62, 63. — ⁴ *Ibid.*, p. 63. — ⁵ *Ibid.*, c. xviii, p. 67. — ⁶ *Ibid.*, c. i, p. 8. — ⁷ *Ibid.*, c. xvii, p. 64. — ⁸ *Ibid.*, c. i, p. 2. ⁹ *Ibid.*, p. 7. — ¹⁰ *Ibid.*, p. 2. — ¹¹ *Ibid.*, c. xv, p. 56. — ¹² *Ibid.*, c. xvii, p. 61. — ¹³ *Ibid.*, c. xviii, p. 59. — ¹⁴ *Ibid.*, p. 66, p. 67. — ¹⁵ *Ibid.*, p. 59, 60. — ¹⁶ *Ibid.*, p. 60.

besoin de vos présens ; et j'aime encore mieux vous donner du mien si vous avez besoin de quelque chose que de vous rien demander du peu que vous avez. »
[1] Il luy demanda qui estoit le plus grand prince d'entre les Francs ou Occidentaux. Rubruquis luy répondit que c'estoit l'empereur, s'il eust joui de tout ce qui luy appartenoit. Mais le Tartare répondit que c'estoit le roy de France, dont il avoit ouï parler à un Baudouin de Hainaut et à d'autres.

[2] Rubruquis eut audience de Sartach le 1er aoust, [3] et luy présenta les lettres de saint Louis. Le lendemain Sartach luy fit dire par Coyat qu'il estoit satisfait de la lettre du roy ; mais qu'il luy demandoit des choses difficiles qu'il n'osoit pas entreprendre sans l'avis de Batu son père ; et qu'ainsi il falloit que Rubruquis l'allast trouver. Ces choses difficiles estoient ce que saint Louis demandoit que Rubruquis pust demeurer dans le pays pour y prescher l'Évangile, ce que Sartach n'eust pas trouvé difficile s'il eust eu quelque zèle pour le christianisme ; [4] mais quoique les Nestoriens publiassent de tous costez qu'il estoit chrestien, [5] néanmoins Rubruquis ne sauroit dire s'il l'estoit ou non, et il croit qu'il se moquoit plustost des chrestiens, [6] car il ne vouloit point qu'on dit qu'il le fust, [7] et en donna plusieurs fois cet avis à Rubruquis. [8] Il avoit six femmes, et son fils aisné deux ou trois.

[1] Bergeron, des *Tart.*, c. xviii, p. 61. — [2] *Ibid.*, p. 65. — [3] *Ibid.*, p. 64. — [4] *Ibid.*, c. xix, p. 70. — [5] *Ibid.*, c. xx, p. 73. — [6] *Ibid.*, p. 72. — [7] *Ibid.*, c. xviii, p. 68. — [8] *Ibid.*, p. 59.

CCCXXVII.

Rubruquis est renvoyé à Batu et à Mangu Khan. — Il revient en Palestine.

¹Rubruquis fut donc trouver Batu, qu'il trouva campé sur la rive orientale du Volga, environ à cinq journées au-dessous de la grande Bulgarie, qui fait encore aujourd'hui une des provinces de la Moscovie. ²Batu le renvoya au grand khan Mangu pour avoir la permission de demeurer. ³C'estoit un voyage de quatre mois par des pays extrêmement froids, ⁴et après l'avoir fait demeurer à la suite de Batu durant cinq semaines, ⁵on le fit enfin partir le 15 de septembre.

⁶Il arriva à la cour de Mangu à la fin de l'année. ⁷Il y trouva des ambassadeurs de Jean Batatze, empereur des Grecs. ⁸Le 4 janvier 1254 il eut audience du khan, ⁹à qui il demanda permission de demeurer dans ses pays, afin d'y faire faire les commandemens de Dieu, et le prier pour luy, ou au moins de s'y reposer quelque temps avant que de s'en retourner. ¹⁰Mangu luy permit de demeurer deux mois pour se reposer ou à sa cour ou dans la ville de Caracarrum qui n'en estoit pas éloignée. Sanson met Caracarrum au 128° degré de latitude et au 57° de longitude. ¹¹Il choisit de demeurer à la cour.

¹²On luy voulut faire croire que Mangu avoit receu

---

¹ Bergeron, *des Tart.*, c. xxi, p. 77, 78. — ² *Ibid.*, p. 84. — ³ *Ibid.*, c. xxii, p. 88. — ⁴ *Ibid.*, p. 86. — ⁵ *Ibid.*, p. 89. — ⁶ *Ibid.*, c. xxx, p. 125. — ⁷ *Ibid.*, c. xxxi, p. 133. — ⁸ *Ibid.*, p. 135. — ⁹ *Ibid.*, p. 140. — ¹⁰ *Ibid.*, p. 142; c. xlii, p. 207, 213. — ¹¹ *Ibid.*, c. xxxi, p. 143. — ¹² *Ibid.*, c. xxxiv, xxxv, p. 152, 154.

le baptesme le jour des Rois; mais il vit bien que c'estoit une fable. [1] Il vint avec Mangu à Caracarrum le dimanche des Rameaux. [2] Il y trouva un orfèvre de Paris nommé Guillaume Boucher, [3] qui avoit esté pris en Hongrie. [4] Il célébra la messe en cette ville, le Jeudi saint et le jour de Pasques, dans une église que les Nestoriens y avoient.

[5] Vers la Pentecoste, Mangu luy fit dire qu'il ne souhaitoit pas qu'il demeurast en Tartarie pour y prescher l'Évangile, et qu'il pouvoit s'en retourner quand il voudroit. [6] Rubruquis ne voulut point se charger de mener avec luy un ambassadeur, [7] comme Mangu le vouloit pour connoistre les Occidentaux, et c'estoit sans doute pour cela que Rubruquis ne vouloit pas [le] mener. [8] Mais il prit pour prétexte qu'entre son pays et la Tartarie il y avoit bien des mers, des montagnes et de puissantes nations; et que n'estant qu'un simple religieux, il ne pouvoit pas promettre de garantir un ambassadeur de tant de dangers. [9] Les chrestiens ne souhaitoient pas en effet que les Tartares envoyassent des ambassadeurs en Occident, [10] et en partie afin qu'ils ne vissent pas les dissensions qui y estoient.

[11] La veille de la Pentecoste, 30 de may, Rubruquis parla avec avantage dans une conférence que Mangu fit tenir entre les chrestiens, les mahométans et les idolâtres qu'ils appeloient Tuiniens. [12] Le lendemain,

---

[1] Bergeron, *des Tart.*, c. xxxix, p. 187. — [2] *Ibid.*, p. 192; p. 33, 146. — [3] *Ibid.*, q. xlii, p. 219. — [4] *Ibid.*, c. xl, p. 195-200. — [5] *Ibid.*, c. xliii, p. 224. — [6] *Ibid.* — [7] *Ibid.*, c. xxxiv, p. 150. — [8] *Ibid.*, c. xliii, p. 221, 222. — [9] *Ibid.*, c. xxxiv, p. 150, 151; c. xlii, p. 215. — [10] *Ibid.*, p. 431; Vinc. Bellov. — [11] Rubruq., c. xliii, p. 222-231. — [12] *Ibid.*, c. xliv, 231-234.

Mangu l'ayant mandé, protesta publiquement que luy et les autres Moalles ou Tartares ne croyoient qu'un seul Dieu,[1] et ensuite il luy donna congé.[2] Rubruquis luy demanda la permission de revenir un jour en Tartarie, à cause de quelques Latins habituez en ce pays qui avoient besoin d'un prestre, ayant toute permission de saint Louis son roy d'aller partout où il seroit besoin pour annoncer la parole de Dieu ; mais Mangu ne luy respondit point sur cela.

[3] On luy donna, quelque temps après, la lettre que Mangu escrivoit à saint Louis, qui est pleine de gasconnades impies, et ne dit rien sinon qu'il veut que saint Louis luy envoie des ambassadeurs pour traiter avec luy. [4] Guillaume, l'orfèvre de Paris, luy donna une ceinture où estoit une pierre précieuse dont les Tartares se servoient contre le tonnerre, pour en faire présent à saint Louis de sa part. [5] Il prit congé vers le 8 de juillet. [6] Sur la fin d'aoust il rencontra Sartach qui alloit trouver Batu. Il luy dit qu'il eust bien souhaité de demeurer en ce pays-là, mais que Mangu vouloit qu'il s'en retournast ; à quoy Sartach ne respondit rien autre chose, sinon qu'il falloit contenter Mangu. [7] Il luy fit donner deux habits de soie, l'un pour luy, l'autre pour le présenter de sa part à saint Louis.

[8] Au bout de deux mois et six jours de marche, [9] Rubruquis arriva à la cour de Batu, à la feste de l'Exaltation à laquelle il en estoit parti un an auparavant.

---

[1] Rubruq., c. XLIV, p. 234, 235.—[2] Ibid., p. 236-238.—[3] Ibid., c. XLVI, p. 251-254.—[4] Ibid., c. XLVII, p. 260. — [5] Ibid., c. XLVI, p. 255. — [6] Ibid., c. XLVII, p. 262.— [7] Ibid., p. 204. — [8] Ibid., p. 261.— [9] Ibid., p. 265.

¹ Il quitta la cour de Batu vers le 15 d'octobre. ² Il passa la feste de Noël dans la ville de Naxuam vers la Géorgie, où les chrestiens arméniens avoient deux petites églises, d'environ huit cents qu'on y comptoit avant que les Tartares l'eussent ruinée. ³ Ils attendoient leur délivrance des armes des François.

⁴ Il arriva le premier dimanche de caresme, 14 février 1255, à Arsingan, où il entra sur les terres des Turcs sujets des Tartares. ⁵ Il vit encore à Sébaste l'église des Quarante Martyrs, et à Césarée celle de Saint-Basile. ⁶ Il demeura en Arménie, autrefois Cilicie, depuis la veille de l'Ascension jusqu'après la Pentecoste; et il y vit le roy Aithon, qui receut alors des nouvelles d'un de ses fils qu'il avoit envoyé à la cour de Mangu. ⁷ Aithon avoit esté luy-même trouver Mangu, en 1252, déguisé en valet de son ambassadeur; et ayant esté reconnu en une hostellerie, son ambassadeur lui donna un soufflet.

⁸ Enfin Rubruquis arriva en Chypre à la Saint-Jean, ⁹ et de là à Antioche qu'il trouva en très-mauvais estat. ¹⁰ Il prit ce chemin de la Géorgie, Natolie et Arménie, parce qu'il croyoit trouver encore saint Louis en Syrie; car autrement il eust pris le chemin de Hongrie pour estre plus tost en France. ¹¹ Ayant donc sceu que saint Louis estoit déjà en France, il eust bien souhaité d'y venir aussi; mais son provincial ne le luy voulut pas permettre, et l'envoya à Acre. Ainsi il se contenta de

---

¹ Rubruq., c. xlvii, p. 266. — ² *Ibid.*, c. xlix, p. 275. — ³ *Ibid.*, p. 278, 279. — ⁴ *Ibid.*, p. 282. — ⁵ *Ibid.*, c. l, p. 287. — ⁶ *Ibid.*, p. 288. — ⁷ Abulphar., p. 328. — ⁸ Rubruq., c. xlix, p. 283. — ⁹ *Ibid.*, c. l, p. 289. — ¹⁰ *Ibid.*, c. xlvii, p. 266. — ¹¹ *Ibid.*, c. li, p. 290.

luy escrire la relation de son voyage ¹ par un nommé Goret ² qui l'avoit accompagné jusques chez Sartach, où il l'avoit laissé et l'avoit repris. ³ Il envoya à saint Louis par le même porteur les deux vestes que Sartach luy avoit données et les lettres de Mangu-Khan. ⁴ Il pria saint Louis d'escrire à son provincial afin qu'il luy permist de l'aller trouver. ⁵ Ce voyage a esté traduit en françois partie sur un manuscrit latin, partie sur une traduction angloise. ⁶ On peut voir l'abrégé qu'en fait Bergeron.

⁷ Rubruquis témoigne en finissant qu'il estoit à propos d'envoyer aux Tartares, non des religieux, mais un évesque ou quelque autre personne considérable avec la qualité d'ambassadeur, parce qu'ils écoutoient fort paisiblement tout ce qu'un ambassadeur leur vouloit dire. ⁸ Il assure que ces peuples n'estoient point si formidables; qu'ils faisoient leurs conquestes plus par la ruse et la tromperie que par les armes; ⁹ que les simples paysans de France, s'ils vivoient avec la même frugalité qu'eux, estoient capables de faire encore plus qu'eux. ¹⁰ Il conseille fort de prendre le chemin de terre pour aller faire la guerre en Orient, plustost que celuy de la mer, à cause de la foiblesse où il représente qu'estoient alors la Hongrie, les Grecs et les Turcs.

¹¹ En passant vers la Géorgie, il rencontra cinq jacobins dont quatre estoient François, qui s'en alloient en Tartarie avec des lettres de recommandation du pape

---

¹ Rubruq., c. ɪ, p. 8. — ² *Ibid.*, c. xlvii, p. 265, 267. — ³ *Ibid.*, p. 264. — ⁴ *Ibid.*, c. li, p. 290. — ⁵ Bergeron, *des Tart.*, p. 78, 79. — ⁶ *Ibid.*, p. 79-88. — ⁷ Rubruq., c. li, p. 293, 294. — ⁸ *Ibid.*, c. xlii, p. 215. — ⁹ *Ibid.*, c. li, p. 293. — ¹⁰ *Ibid.*, p. 291-293. — ¹¹ *Ibid.*, c. xlix, p. 283, 284.

pour Sartach et pour Mangu, pour avoir la liberté d'y prescher l'Évangile. Il leur fit espérer peu de succès de leur voyage ; et il ne sçait s'ils n'abandonnèrent point entièrement leur dessein. ¹ Ce sont apparemment les mêmes jacobins pour qui Innocent IV avoit escrit le 16 février 1254 au sultan des Turcs ² et aux évesques de Géorgie. ³ Raynaldus rapporte la lettre escrite au sultan des Turcs.

CCCXXVIII.

L'armée d'Alep se retire. — Saint Louis va à Sidon et prend Bélinas.

Pour revenir à ce que faisoit saint Louis durant le voyage de Rubruquis, nous avons dit ci-dessus que cette année, vers la fin d'avril, les sultans d'Alep et d'Égypte firent la paix entre eux, demeurant tous deux ennemis des chrestiens. ⁴ Le sultan d'Alep retira donc ses troupes de Gadrez ou Gaza, ⁵ où elles avoient esté un an entier avec assez d'incommodité, ⁶ pour empescher la jonction que les Égyptiens tesmoignoient vouloir faire avec saint Louis.

Saint Louis estoit alors à Joppé, assez près de Gaza et du chemin par lequel les troupes d'Alep devoient passer pour s'en retourner. ⁷ Elles passèrent en effet à près de deux lieues de son camp ; mais quoiqu'il y eust trente mille hommes, et que saint Louis n'eust que quatorze cents hommes de défense, néanmoins

---

¹ Raynald., an. 1254, art. 5. — ² *Ibid.*, art. 6. — ³ *Ibid.*, art. 5. — ⁴ Joinville, p. 101. — ⁵ *Ibid.*, p. 102. — ⁶ *Ibid.*, p. 96; Matth. Par., *Addit.*, p. 183, d, e. — ⁷ Joinville, p. 101.

elles n'osèrent jamais l'attaquer. Le roy veilla durant trois jours pour empescher les surprises. ¹ Il y eut seulement une escarmouche le jour de Saint-Jean prochain après Pasques. C'est apparemment Saint-Jean-Porte-Latine, le 6 de may. Ce fut peut-estre aussi en ce temps-là, que ² saint Louis envoya Joinville contre quelques troupes d'Alep qui gastoient les bleds.

³ Une partie des troupes de cette armée, et le sultan même, s'avancèrent presque jusqu'aux portes d'Acre. ⁴ Ils bruslèrent un village, ⁵ mais ne purent obliger le seigneur d'Arsuph ou Antipatride, qui estoit dans la ville, à leur donner de l'argent, comme ils prétendoient. Un jeune chevalier génois signala son courage en cette occasion.

⁶ Les fortifications de Joppé estant achevées, le roy prit le dessein de fortifier de même Sidon, qu'on nommoit alors Sajette. ⁷ Les chrestiens l'avoient déjà voulu faire en 1227, mais quand ils furent sur le lieu, la grandeur et la difficulté de l'entreprise les firent changer de résolution, quoique ce fussent les officiers de l'empereur Frédéric qui eussent formé ce dessein. Il semble qu'ils aient fait depuis quelques travaux, ⁸ puisqu'on marque qu'en 1249 les Sarrazins de Damas la prirent d'assaut après un siége de quelques jours. ⁹ Saint Louis résolut de la fermer et de la rétablir en l'estat qu'elle estoit avant que les Sarrazins l'eussent abattue.

¹⁰ Il avoit commencé à y faire travailler durant qu'il

---

¹ Joinville, p. 101, 102. — ² Ibid., p. 97. — ³ Ibid., p. 102; Sanud., p. 220, b. — ⁴ Sanud., p. 220, b. — ⁵ Joinville, p. 102; note, p. 95. — ⁶ Joinville, p. 105; Sanud., p. 202, b; Duchesne, p. 458, a. — ⁷ Sanud., p. 211, d. — ⁸ Ms. G, p. 127. — ⁹ Joinville, p. 105. — ¹⁰ Duchesne, p. 469, b; p. 360, a.

estoit encore à Joppé, [1] et y avoit envoyé des maçons et d'autres ouvriers en grand nombre, avec des arbalestriers pour les garder; mais il voulut y aller luy-même. [2] Il partit donc pour y aller avec toutes ses troupes, le jour de Saint-Pierre et Saint-Paul, 29 de juin. Estant arrivé à Assur [3] ou Arsuph, assez près de Joppé, [4] il délibéra d'aller prendre Naplouse, autrement Sichem, et tout le monde en estoit d'avis. Mais comme l'entreprise estoit dangereuse, et qu'on ne vouloit pas que le roy exposast sa personne, il ne voulut pas aussi que les autres s'y exposassent sans luy. [5] Ainsi, continuant sa route, il s'avança jusque vers Acre, où Joinville luy présenta une troupe de pélerins de la grande Arménie. [6] Le lendemain Joinville chassa un de ses chevaliers.

[7] Le jour suivant, le roy arriva devant Tyr, qui avoit repris son ancien nom de Sur ou de Sor. [8] Philippe de Montfort, dont nous avons parlé si souvent, neveu du grand Simon de Montfort, prenoit le titre de seigneur de Tyr et de Touron, à cause de sa seconde femme Marie, dame de Touron. [9] Saint Louis ayant jugé à propos de prendre la ville de Césarée de Philippe, nommée alors Bélinas, et ayant enfin consenti à n'y point aller luy-même, y envoya ses troupes, qui se rendirent maistresses de la ville, nonobstant la difficulté des lieux. Mais les chevaliers teutoniques ayant voulu pousser trop loin la victoire pour gagner aussi le chasteau qui estoit placé sur les roches du Mont-

---

[1] Ms. F, p. 74. — [2] Joinville, p. 105. — [3] Ibid., note, p. 95. — [4] Ibid., Hist., p. 105. — [5] Ibid., p. 105. — [6] Ibid., p. 105, 106. — [7] Ibid., p. 106. — [8] Ibid., p. 106; note, p. 96; Lignage d'Outr., p. 437. — [9] Joinv., p. 106, 107; Ms. F., p. 75, 90.

Liban, ils furent assez maltraitez. Les chrestiens se contentèrent de l'honneur qu'ils avoient acquis, [1] et après avoir fait de grands dégasts dans le pays, [2] ils s'en retournèrent trouver saint Louis déjà arrivé à Sidon, sans qu'il paroisse qu'ils aient laissé aucune garnison dans Bélinas.

CCCXXIX.

Les Sarrazins tuent grand nombre de chrestiens.— Saint Louis les enterre et fortifie Sidon.

On ne marque point que saint Louis eust de raison particulière pour attaquer Bélinas; mais c'estoit apparemment pour punir les désordres que les Turcomans avoient faits sur le pays des chrestiens. Nous avons vu cy-dessus ce que c'estoit que les Turcomans. [3] Ils pilloient depuis quelques années le pays d'Antioche. [4] Dix mille d'entre eux s'estoient venus poster l'année précédente à la grande Césarée, qui apparemment est Césarée de Philippe, d'où ils couroient et ravageoient le pays de devers Tripoli, et sembloient ne vouloir pas changer de demeure, car ils n'en avoient point de fixe, jusqu'à ce qu'ils eussent entièrement ruiné tout ce que les chrestiens avoient en ces quartiers-là; et c'estoient eux sans doute qui venoient d'irriter saint Louis par un dernier excès qu'ils avoient commis deux ou trois jours seulement avant qu'il arrivast à Tyr.

Car ce saint ayant, comme nous avons dit, envoyé des ouvriers à Sidon durant qu'il estoit encore à Joppé,

---

[1] Ms. F, p. 75, 901. — [2] Joinville, p. 108. — [3] Sanud, p. 218, Matth. Par., *Addit.*, p. 183. — [4] Matth. Par., *Addit.*, p. 183, 184.

pour faire fermer la ville, [1] grand nombre de Sarrazins sortis de Bélinas [2] s'estant mis en embuscade, [3] les surprirent un matin si inopinément que les arbalestriers qui devoient garder les ouvriers ne s'en aperceurent point et ne se purent mettre en défense; [4] et il y avoit de la négligence de leur part. [5] Ainsi les Sarrazins ne trouvant aucun obstacle, car les murs n'estoient pas encore faits, ils entrèrent dans la ville [6] et s'en rendirent maistres, [7] la pillèrent, rompirent et démolirent tout ce qui avoit esté basti, [8] y tuèrent environ huit cents personnes selon Sanud, [9] et même deux mille, [10] trois mille, [11] ou quatre mille selon d'autres, en emmenèrent plusieurs prisonniers, [12] dont quatre cents furent menez à Damas pour estre présentez au sultan, et d'autres à Bélinas [13] où les Sarrazins les tuèrent, et jetèrent leurs corps hors de la ville. [14] Il y avoit à Sidon un chasteau bien fort et bien fermé, [15] situé dans une isle. Ceux qui eurent le moyen de s'y retirer furent à couvert de la fureur des Sarrazins; [16] mais il estoit si petit que peu de personnes y purent entrer, et ne consistoit peut-estre que dans [17] les deux tours que les chrestiens avoient faites dans l'isle avec une muraille, en 1217 et 1218.

Saint Louis apprit cette nouvelle lorsqu'il estoit déjà en chemin pour aller à Sidon. [18] Il en fut fort affligé, [19] et fort mal content des gens de guerre qui avoient dû garder les ouvriers; [20] mais il n'y avoit pas de remède.

[1] Ms. F, p. 231. — [2] Ibid., p. 783. — [3] Ibid., p. 74. — [4] Ibid., p. 231. — [5] Joinville, p. 103. — [6] Sanud, p. 220, b. — [7] Joinville, p. 103. — [8] Sanud, p. 220, b, c. — [9] Joinville, p. 103. — [10] Ms. F, p. 75, 901; Duchesne, p. 404, c. — [11] Ms. F, p. 783. — [12] Sanud, p. 220, c. — [13] Joinville, p. 107. — [14] Ibid., p. 103. — [15] Ms. F, p. 75. — [16] Joinville, p. 103. — [17] Sanud, p. 211, d. — [18] Joinville, p. 103. — [19] Ms. F, p. 231. — [20] Joinville, p. 103.

Au contraire, les seigneurs du pays ne furent pas faschez de ce malheur, parce que le roy, après avoir achevé les fortifications de Sidon, vouloit aller rétablir un ancien chasteau qui estoit sur le chemin de Joppé à Jérusalem; ce que ceux du pays n'agréoient pas, représentant que ce chasteau estant à cinq lieues de la mer, il seroit fort difficile d'y porter des vivres. Ainsi ils portèrent le roy à rétablir Sidon.

Le roy continua donc sa marche, et ayant envoyé de Tyr une grande partie de ses troupes prendre Bélinas, comme nous venons de dire, [1]il s'en alla à Sidon accompagné du légat Odon, de l'archevesque de Tyr, de l'évesque de Damiette, et d'assez peu d'autres nonobstant le péril où il se mettoit. [2]Car ce chemin, qui estoit de sept lieues, estoit fort dangereux à cause des Sarrazins.

[3]En arrivant à Sidon, il vit le triste spectacle de tant de morts que les Sarrazins avoient tuez trois ou quatre jours auparavant. Ce fut en cette occasion qu'il fit cette action de charité, d'humilité, de générosité relevée par tant d'historiens, en enterrant de ses propres mains jusqu'à se lasser, ces corps déjà infects et si corrompus que personne ne vouloit leur rendre ce dernier devoir. Le confesseur de Marguerite est celuy qui en parle le plus amplement dans le manuscrit F, p. 75, 76, 77. [4]Il employa quatre ou cinq jours dans une occupation si pénible, [5]et eut soin en même temps de faire préparer des logemens pour les troupes qu'il

---

[1] Ms. F, p. 75. — [2] Joinville, p. 111. — [3] *Ibid.*, p. 108; Ms. F, p. 75-77, 231, 783, 901; Duchesne, p. 360, *a*, *b*; p. 404, *c*; p. 469, *b*, *c*. — [4] Duchesne, p. 360, *b*; p. 404, *c*; Ms. F, p. 76. — [5] Joinville, p. 108.

avoit envoyées à Bélinas, et qui revinrent aussitost après.

Saint Louis logea à Sidon, comme autre part, non dans la ville, [1] mais dans son camp qui en estoit proche, comme on le voit par un acte du mois de juillet. Il avoit avec luy Raimond, vicomte de Turenne, [2] que Blanche avoit obligé de venir servir un an auprès de saint Louis avec trente chevaux à ses dépens. Saint Louis luy donna néanmoins cinquante marcs d'argent, et luy en presta cinq cents, [3] que ce vicomte n'avoit pas encore payez en 1283. [4] Le roy fit donc travailler de nouveau à fortifier Sidon; il la fit fermer de grandes murailles faites toutes de neuf, et de grosses tours, et employa à cela le reste de l'année et le commencement de la suivante.

[5] Guillaume, abbé de Saint-Denys, envoya cette année à saint Louis deux de ses religieux, avec un vaisseau chargé de draps, de fromages, de volaille, etc. Saint Louis receut ce présent avec joie, et renvoya les religieux, [6] chargez de présens pour eux et pour leur abbé, dit un historien; [7] car Doublet dit qu'ils ne voulurent rien prendre, [8] ce que la chronique de Nangis marque aussi assez clairement. [9] Ces deux religieux furent envoyez de Saint-Denys le 24 de mars, et y revinrent à Noël. [10] Un seigneur d'Égypte luy envoya aussi à Sidon une pierre fort extraordinaire.

---

[1] *Hist. de Turenne*, note, p. 55; Ms. D, p. 315. — [2] *Ibid.*, p. 66. — [3] *Ibid.*, p. 67. — [4] Joinville, p. 111; Duchesne, p. 360, *a*; Sanud, p. 220, 1. — [5] *Spicileg.*, t. II, p. 816; t. XI, p. 540; Ms. F, p. 237, 782; Doublet, p. 261, 1244. — [6] Ms. F, p. 237. — [7] Doublet, p. 1244. — [8] *Spicileg.*, t. XI, p. 541. — [9] *Ibid.*, t. II, p. 816 — [10] *Chron. de saint Louis*, c. LXXV. p. 447.

[1] La Chronique de saint Louis dit que durant que le roy estoit à Sidon, des marchands y apportèrent la nouvelle de la prise de Bagdad par les Tartares, et de la mort du calife. Il y a quelque chose d'assez beau dans ce récit, [2] et M. Ducange croit qu'il est de Joinville. [3] La chronique de Nangis en fait l'abrégé sur l'année 1254. Mais c'estoit une fausse nouvelle, fondée, ce semble, sur ce que Hulacou, que Nangis et Sanud appellent Haalon, [4] frère de Mangu, khan des Tartares, [5] partit en 1253 pour venir faire la guerre en Occident, [6] et envoya peu après demander du secours au calife, peut-estre dans le dessein de diminuer ses forces pour le vaincre plus aisément; ce qui a quelque rapport avec la nouvelle de ces marchands. [7] Mais il ne luy fit la guerre qu'en 1257, [8] et ne prit Bagdad qu'en 1258.

[1] *Chron. de saint Louis*, c. LXXIV, p. 439-442. — [2] Joinville, p. 97. — [3] *Spicileg.*, t. XI, p. 543, 544. — [4] Abulphar., p. 327. — [5] *Ibid.*, p. 328, 329. — [6] *Ibid.*, p. 336, 337. — [7] *Ibid.*, p. 337, 338. — [8] *Ibid.*, p. 338, 339; *Chron. Orient.*, p. 85.

FIN DU TOME TROISIÈME.

TABLE DES CHAPITRES

CONTENUS DANS LE TOME TROISIÈME.

                                                                        Pages.

CLXXXI. De l'empire des Turcs en Asie. — Courage des Latins. — Révolte de Paperoissole.................... 1

CLXXXII. Les Tartares attaquent les Turcs. — Baudoin II veut marier sa nièce au sultan..................... 4

CLXXXIII. Les Turcs sont défaits par les Tartares et leur payent tribut............................ 8

CLXXXIV. Ce que c'estoit que les Corasmins............ 11

CLXXXV. Des enfants de Saladin et de Saphadin, et des sultans d'Alep, de Damas et de Crak................ 14

CLXXXVI. Des sultans d'Égypte, de Hama et de la Chamèle............................... 16

CLXXXVII. Frédéric, roy de Jérusalem. — Divisions entre les Templiers et les Hospitaliers.................... 18

CLXXXVIII. Frédéric fait trêve avec les Sarrazins, qui rendent Jérusalem. — Alix, reine de Chypre, est reconnue reine de Jérusalem............................ 21

CLXXXIX. Les François et les Templiers font trêve avec le sultan de Damas contre celui d'Égypte............... 25

CXC. Richard et les Hospitaliers font une trêve contraire avec les Égyptiens,........................... 27

CXCI. Les chrestiens traitent et rompent avec l'Égypte, et s'unissent aux sultans de Damas, de Crak et de la Chamèle.................................. 30

CXCII. Les Corasmins saccagent Jérusalem, profanent le saint sépulchre et tous les saints lieux 33

TABLE DES CHAPITRES.

	Pages.
CXCIII. Les chrestiens sont entièrement défaits par les Corasmins.	38
CXCIV. Suite de la défaite des chrestiens.	43
CXCV. Les Corasmins sont défaits devant la Chamèle et périssent. — Le sultan d'Égypte prend Damas et Ascalon...	45
CXCVI. Les Occidentaux travaillent pour le secours de la Palestine.	48
CXCVII. Innocent IV se retire à Lyon.	50
CXCVIII. Saint Louis va à Cisteaux.	54
CXCIX. Maladie de Saint Louis.	58
CC. Saint Louis guérit et prend la croix.	60
CCI. Naissance des princes Louis et Philippe III. — Saint Louis défend aux Anglois de rien posséder en France. — Guerre entre l'Angleterre et la Navarre. — Vincent de Beauvais fait son *Miroir*.	64
CCII. Raimond, comte de Toulouse, revient en France. — Prise de Montségur.	68
CCIII. Le pape assemble le concile de Lyon.	70
CCIV. Premières séances du concile. — L'empereur y est accusé et refuse d'y comparoistre.	72
CCV. Frédéric est condamné et déposé.	76
CCVI. Diverses ordonnances du concile. — Plaintes inutiles des Anglois contre le pape. — Foiblesse de leur roy.	79
CCVII. Le pape fait signer les priviléges de l'Église romaine, et reçoit de grands présens.	82
CCVIII. Ordonnance du pape touchant les Tartares et la croisade.	84
CCIX. Saint Louis demande le légat Odon; tient son parlement à Paris. — Beaucoup de seigneurs se croisent.	86
CCX. Frédéric écrit pour se justifier contre le pape.	89
CCXI. Saint Louis confère à Cluni avec le pape.	93
CCXII. Innocent dépose Sanche, roy de Portugal. — Saint Louis oste un péage à Ghisnes, etc.	96
CCXIII. Le comte de Toulouse, séparé de Marguerite de la Marche, recherche Béatrix de Provence. — Le comte de Provence meurt; son testament.	99
CCXIV. Charles, frère de saint Louis, épouse Béatrix, com-	

TABLE DES CHAPITRES.

tesse de Provence. — Il est fait chevalier et comte d'Anjou.. 102
CCXV. Henri, landgrave de Thuringe, est éleu roy des Romains, défait Conrad et meurt.......................... 107
CCXVI. Saint Louis se prépare à son voyage d'Orient..... 111
CCXVII. Saint Louis fortifie Aigues-Mortes................. 113
CCXVIII. Saint Louis lève une décime sur le clergé....... 115
CCXIX. Les seigneurs de France se soulèvent contre le clergé.. 119
CCXX. Le pape soutient le clergé par les menaces et par les promesses.. 121
CCXXI. Les laïques continuent à combattre la jurisdiction du clergé. — Saint Louis ne veut pas que durant son absence le pape y emploie les anathèmes...................... 124
CCXXII. Mort de Jeanne, comtesse de Flandre. — Marguerite, sa sœur, lui succède.................................... 129
CCXXIII. Marguerite épouse Bouchard d'Avesnes, sous-diacre... 131
CCXXIV. Le mariage de Bouchard et de Marguerite est cassé. — Marguerite épouse Guillaume de Dampierre......... 133
CCXXV. Saint Louis juge entre les enfans de Marguerite... 138
CCXXVI. Mélanges.. 142
CCXXVII. Menaces des Tartares. — Saint Louis tient ses estats sur son voyage... 146
CCXXVIII. Le roy de Norwége et divers Anglois se croisent. 149
CCXXIX. Saint Louis fait des restitutions, mais ne rend rien aux Anglois.. 152
CCXXX. Le comte de Toulouse se croise. — Il ne peut faire enterrer son père... 155
CCXXXI. Saint Louis traite avec Trincavel de Béziers. — Baudoin II vient en France.................................... 158
CCXXXII. Frédéric veut attaquer le pape. — Saint Louis arme pour le défendre. — Siége de Parme................. 162
CCXXXIII. Guillaume, comte de Hollande, est éleu et couronné roy des Romains....................................... 165
CCXXXIV. Saint Louis et les autres croisez terminent plusieurs affaires... 169

TABLE DES CHAPITRES.

Pages.

CCXXXV. Saint Louis fonde l'abbaye du Lis, et donne à divers monastères.................................. 172
CCXXXVI. Mort de Jean, fils de saint Louis, et de Guillaume, évesque de Paris........................ 174
CCXXXVII. Saint Louis part de Paris. — Il renonce à la magnificence des habits......................... 176
CCXXXVIII. Saint Louis déclare sa mère régente. — Il voit le pape à Lyon................................ 180
CCXXXIX. Saint Louis travaille inutilement à réconcilier Frédéric avec le pape.......................... 182
CCXL. Saint Louis continue inutilement à négocier entre le pape et Frédéric............................ 185
CCXLI. Perte de Frédéric. — Il ne peut se réconcilier avec le pape, et le presse par les armes....... 189
CCXLII. Mort de l'empereur Frédéric................. 192
CCXLIII. Des guerres d'entre Frédéric et les papes. — Son testament................................... 195
CCXLIV. Saint Louis et les autres croisez s'embarquent.... 199
CCXLV. Saint Louis renvoye plusieurs Italiens. — Joinville et d'autres le suivent. — Les Anglois n'osent faire la guerre à la France............................. 202
CCXLVI. Saint Louis arrive en Chypre, dont le roy et la noblesse prennent la croix. — Beaucoup de seigneurs y meurent................................... 206
CCXLVII. Saint Louis travaille à réunir les chrestiens, et à convertir les Sarrazins......................... 210
CCXLVIII. Troubles en Chypre. — Saint Louis fait une trêve entre le roy d'Arménie et le prince d'Antioche....... 212
CCXLIX. Guerre et trêve entre les sultans de Babylone et d'Alep................................... 215
CCL. Ambassade des Tartares à Saint Louis.............. 219
CCLI. Suite de l'ambassade des Tartares. — De la conversion de Caiuk-Khan................................. 223
CCLII. Saint Louis envoie des ambassadeurs à Caiuk-Khan. 227
CCLIII. Sédition à Acre. — Saint Louis, résolu d'aller en Égypte, déclare la guerre au sultan................ 229
CCLIV. Saint Louis s'embarque à Limesson.............. 234

TABLE DES CHAPITRES.

Pages.

CCLV. Saint Louis, après une grande tempeste, arrive devant Damiette.................................. 237
CCLVI. Saint Louis prend terre en Égypte malgré les ennemis. 241
CCLVII. Les Sarrazins défaits sur terre et sur mer. — Le comte de la Marche blessé à mort................. 245
CCLVIII. Les Sarrazins, croyant que le sultan estoit mort, abandonnent Damiette........................ 248
CCLIX. Les François entrent dans Damiette............ 252
CCLX. Distribution des richesses de Damiette. — Le sultan fait pendre cinquante-quatre capitaines de la garnison, et se fortifie à la Massoure........................ 254
CCLXI. Saint Louis passe l'été à Damiette.............. 258
CCLXII. Les chrestiens attirent sur eux la colère de Dieu par leurs péchez................................. 259
CCLXIII. Les Sarrazins attaquent le camp des François.... 262
CCLXIV. Quelques Anglois joignent saint Louis et le quittent. — Diverses affaires particulières................... 265
CCLXV. Alphonse vient trouver saint Louis............. 268
CCLXVI. Mort de Raimond, comte de Toulouse......... 271
CCLXVII. Blanche envoye prendre possession du comté de Toulouse au nom d'Alphonse..................... 275
CCLXVIII. Saint Louis se résout à aller attaquer Babylone. — De cette place et de celle de la Massoure........... 277
CCLXIX. Intelligence pour prendre Babylone. — Saint Louis part de Damiette et refuse la paix offerte par le sultan... 281
CCLXX. Mort de Saleh, sultan d'Égypte................ 285
CCLXXI. Facardin gouverne en Égypte................. 287
CCLXXII. Les François arrivent devant la Massoure. — Divers combats entre eux et les Sarrazins.............. 290
CCLXXIII. Les François travaillent inutilement à faire une chaussée pour passer le Thanis.................... 294
CCLXXIV. Les François passent le Thanis à gué......... 296
CCLXXV. Les Sarrazins poursuivis et défaits par le comte d'Artois. — Facardin tué......................... 299
CCLXXVI. Le comte d'Artois entre dans la Massoure et y est enfermé par les ennemis......................... 304

498 TABLE DES CHAPITRES.

Pages.

CCLXXVII. Mort du comte d'Artois et de Guillaume de Salisbury.. 305
CCLXXVIII. Saint Louis attaqué par les Sarrazins demeure enfin maistre du champ de bataille................. 308
CCLXXIX. Divers combats le mercredi des Cendres et le vendredi suivant....................................... 314
CCLXXX. Le sultan Moadam arrive en Égypte. — La maladie se met dans l'armée chrestienne.................. 317
CCLXXXI. Famine dans le camp des chrestiens. — Traité de trêves sans effet................................. 320
CCLXXXII. Les François se retirent vers Damiette. — Saint Louis est pris................................... 324
CCLXXXIII. Joinville et beaucoup d'autres sont pris sur le Nil. — Nombre des morts et des prisonniers..... 329
CCLXXXIV. Remarques sur la défaite de saint Louis. — Estat de la reine à Damiette......................... 333
CCLXXXV. Affliction des Occidentaux.. 336
CCLXXXVI. Estat de saint Louis dans la prison... 340
CCLXXXVII. Cruauté des Sarrazins à l'égard des prisonniers et de saint Louis même. — Ne pouvant avoir Damiette par surprise ni par menace, ils traitent de la délivrance du roy................................. 344
CCLXXXVIII. Saint Louis refuse les demandes déraisonnables du sultan et méprise ses menaces.............. 347
CCLXXXIX. Le traité est conclu entre saint Louis et le sultan.. 350
CCXC. Le sultan Moadam Turanca est tué.. 353
CCXCI. Les Égyptiens veulent offrir la couronne à saint Louis. — Ils la donnent à Sajareldor, et ensuite à Moaz et à Achraf.. 359
CCXCII. Les chrestiens sont maltraitez. — Saint Louis refuse de faire Octaï chevalier..................... 363
CCXCIII. Saint Louis confirme la trêve avec les émirs..... 366
CCXCIV. Saint Louis refuse un serment...................... 369
CCXCV. Damiette est rendue aux Sarrazins et rasée........ 372
CCXCVI. Saint Louis est délivré et divers seigneurs avec luy.. 374

TABLE DES CHAPITRES.

Pages.

CCXCVII. Saint Louis paye deux cent mille livres aux Sarrazins. 377
CCXCVIII. Saint Louis se retire à Acre. — De Gilles le Brun, connestable de France. 379
CCXCIX. Réflexions sur la captivité de saint Louis. — Sentiment qu'il en eut luy-même. 382
CCC. Les Égyptiens rompent la trêve. — Saint Louis se résout à demeurer dans la terre sainte. 387
CCCI. Saint Louis renvoye ses frères en France. 391
CCCII. Saint Louis demande du secours en Occident et en reçoit peu. 393
CCCIII. Le sultan d'Alep se rend maistre de Damas; luy et les Égyptiens recherchent l'alliance de saint Louis. 397
CCCIV. Saint Louis retire tous les chrestiens prisonniers en Égypte. 400
CCCV. Saint Louis fortifie les villes de la Palestine. — Sa piété convertit divers infidèles. 403
CCCVI. Saint Louis demande de nouvelles conditions aux Égyptiens. — Guerre entre les sultans d'Alep et d'Égypte. 407
CCCVII. Le sultan d'Alep est défait par celuy d'Égypte, et néanmoins il demeure le plus fort. 409
CCCVIII. Saint Louis vient à Césarée et la fortifie. 412
CCCIX. Quelques actions particulières de saint Louis à Césarée. 415
CCCX. Du voyage des députez de saint Louis en Tartarie. — Mort de Caiuk-Khan; Mangu luy succède. 417
CCCXI. Retour des comtes de Poitiers et d'Anjou. — La ville d'Arles se soumet à ce dernier. 421
CCCXII. Avignon et Marseille se soumettent aux comtes de Poitiers et d'Anjou. 424
CCCXIII. Entrée d'Alphonse à Toulouse. 426
CCCXIV. Soulèvement des Pastoureaux. 429
CCCXV. Désordres des Pastoureaux à Paris, à Orléans et à Bourges. — Ils sont dissipez. 435
CCCXVI. Serments de la ville et de l'université de Paris. — Différend entre l'archevesque et le vicomte de Narbonne. 439
CCCXVII. Saint Louis fait trêve avec les Égyptiens, qui manquent de parole. Il vient à Joppé. 442

TABLE DES CHAPITRES.

Pages.

CCCXVIII. Saint Louis veut aller à Jérusalem, fait le prince d'Antioche chevalier, fortifie Joppé.................. 447
CCCXIX. Blanche délivre des paysans opprimez par le chapitre de Paris... 449
CCCXX. Mort de la reine Blanche..................... 453
CCCXXI. Éloge de la reine Blanche.................... 457
CCCXXII. Défauts imputez à Blanche.................. 461
CCCXXIII. Les frères du roy gouvernent l'Estat avec le conseil... 467
CCCXXIV. Saint Louis apprend la mort de Blanche. — Des trois enfants qu'il eut estant en Orient.............. 468
CCCXXV. Saint Louis prie le pape d'envoyer des évesques en Tartarie... 472
CCCXXVI. De la conversion de Sartach, prince tartare. — Le pape luy écrit. — Saint Louis luy députe Guillaume de Rubruquis... 475
CCCXXVII. Rubruquis est renvoyé à Batu et à Mangu Khan. — Il revient en Palestine........................... 479
CCCXXVIII. L'armée d'Alep se retire. — Saint Louis va à Sidon, prend Bélinas............................... 484
CCCXXIX. Les Sarrazins tuent grand nombre de chrestiens. — Saint Louis les enterre et fortifie Sidon............ 487

FIN DE LA TABLE DES CHAPITRES

VIE DE SAINT LOUIS.

CCCXXX.

Troubles en Gascogne.

[1] Il y avoit depuis longtemps de grands troubles dans les pays de Gascogne qui restoient aux Anglois, excitez en partie par Gaston, seigneur de Béarn, [2] dont on attribue la cause à la mauvaise conduite de Guillaume de Bueles, sénéschal du pays pour les Anglois en 1247. [3] Henri III fut donc obligé d'y envoyer Simon de Montfort, comte de Leicester, son beau-frère, pour dompter les rebelles, [4] et on prétend que Henri fut bien aise d'avoir occasion d'y envoyer ce grand capitaine pour satisfaire à l'aversion qu'il avoit contre les Gascons, parce qu'ils ne l'avoient point laissé partir de Bordeaux en 1243, qu'après s'estre fait payer d'une grande somme qu'il leur avoit promise. Il luy donna donc ce gouvernement, avec ordre de traiter les Gascons avec toute sorte de rigueur.

---

[1] Matth. Par., p. 757, *e*; p. 732, *d*, *e*. — [2] *Ibid.*, p. 732, *d*, *e*. — [3] *Ibid.*, p. 757, *e*; *Hist. de Béarn*, p. 586. — [4] Matth. Par., p. 838, *a*, *b*, *c*; p. 837, *a*.

www.ingramcontent.com/pod-product-compliance
Lightning Source LLC
Chambersburg PA
CBHW050603230426
43670CB00009B/1245